KB125649

경상대학교 사회과학연구원 사회과학연구총서 21

노동과 조직, 그리고 민주주의

김재훈·조효래 지음

한울
아카데미

국립중앙도서관 출판시도서목록(CIP)

노동과 조직, 그리고 민주주의 / 김재훈 ; 조효래 [공]지음.
-- 파주 : 한울, 2005
   p. ;   cm. -- (한울아카데미 ; 783)(경상대학교 사회
과학총서 ; 21)

참고문헌수록
ISBN   89-460-3439-4 93330

336-KDC4
344.01-DDC21   CIP2005001748

서문

'보이지 않는 손'이 곳곳에서 '보이지 않는 힘'을 과시하고 있다. 불과 10여 년 전만 하더라도 '한국사회에서 권력은 어디에 있는가?' 라는 질문을 던진다면 대부분의 사람들이 청와대나 국회를 머릿속에 떠올렸을 것이다. 한국사회에서 권력은 항상 정치에 뿌리를 두고 재생산되어 왔다. 정치는 처음에는 시장에 대한 인큐베이션 센터의 역할을, 시장이 점차 자라나면서 보호자와 보증자의 역할을 자임해왔다. 한국사회에서 정치는 권력의 정점에 서서 모든 사회 영역을 아우르고 지시하고, 감독하는 판옵티콘의 간수와 같은 존재였다. 권력을 둘러싼 갈등은 정치영역에서의 경쟁, 정치영역과 경제영역의 갈등, 정치사회와 시민사회의 갈등으로 나타났으며, 정치는 항상 그 중심에 서 있었다.

이제, 다시, 그 질문을 던져 본다. '우리 사회에서 권력은 어디에 있는가?' 민주주의가 점차 제도화함에 따라 권력은 정치라는 익숙한, 그러나 그 작동이 가시적이고, 불안정하며, 헤게모니 수준도 낮은 '보이는 손'으로부터 보다 비가시적이고, 안정적이고, 포섭의 수준이 높은 '보이지 않는 손'으로 디딤돌을 넓히고 있다. 이제 청와대와 국회의 뒤편에서 삼성본관의 창연한 자태가 그림자를 드리우고 있다. 시장의 '보이지 않는 힘'은 점차 사자의 탈을 쓴 여우 신세로 전락해가는 정치를 비롯하여 저항의 등불로서 명맥을 유지해왔던 대학의 '밥통'까지 장악하면서 어느덧 시대정신의 영역에서

'절대선'의 경지에까지 도전하고 있다. 과거 정치의 힘에 저항했던 많은 사람들은 시장의 힘에 의하여 하염없이 빈곤의 절벽으로 떨어져 나가는 무수한 사람들을 공포의 눈으로 바라보면서 시장의 권좌에 줄서서 조용히 엎드리고 있다. 30여 년간의 희생을 대가로 발전한 민주주의는 의도하지 않게 정치의 감옥으로부터 시장을 탈출시키면서 역설적이게도 그 시장의 힘으로부터 굴복을 강요당하고 있다.

이제, 또 다시, 물어본다. '우리에게 시장은 무엇인가?' 시장은 흔히 평온하고 자기조절적 기능이 작동하는 자원의 효율적인 배분기제로 '간주'되고 있으나, 역사에 기록된 시장은 권력의 불평등한 배분기제이자 계급불평등의 재생산기제였으며 평온함 대신에 자기전복적이고 파괴적인 결과를 만들어 왔다. 근대사회의 모습이 다양한 이유는 시장에서 발생하는 불평등과 자기전복적인 폭력에 저항해 온 노동이 나라와 사회마다 다른 방식으로 제도화되었기 때문이다. 갈등의 규범이 합의의 규범으로 대체되기 위해서는 시장의 불평등과 폭력이 제도적으로 규제되어야만 한다. 제도적 규제란 단순히 법적 장치나 제도에 의해 이루어지는 것이 아니라 계급정치의 영역에서 중층적으로 형성되는 대항권력에 의해서만 가능하다. 시장에게는 이성이 없다. 시장의 자기전복성은 인간의 성찰적 실천에 의해 규제되어야 한다. 우리가 노동에 주목하는 이유이다.

한국의 노동계급은 경제위기 이후 시장의 공세에 시달려왔다. 단순화의 위험을 무릅쓴다면, 1990년대 중반 이전까지는 노동운동이 국가의 '보이는 손'과 대결하여 왔다면 그 이후는 '보이지 않는 손', 그와 얽힌 여러 신화들과 싸우고 있다. 현실의 시장에서는 유연성이라는 부드러운 이름 아래 절반의 노동자가 비정규직 노동자로 빈곤의 늪에 빠지게 되었지만, 시장의 폭력에 대한 노동의 저항은 평화로움과 사회적 합의, 효율이라는 시장의 신화에 파묻혀 고립되고 있다. 지난 10년간 시장의 공세는 냉전체제에서 감추어져 있던 시장의 야만성을 드러내는 것이었지만, 노동계급에게는 계급연대의 효과에 대항적으로 작동하는 계급분열의 효과를 끊임없이 내면화시키는 요인이기도 했다. 노동은 시장의 야만성에 대해서 뿐만 아니라 자기분열의 정체성에도 저항해야 하는 상황이 되었다.

노동이 시장의 야만성에 저항하고 분열적 정체성을 연대의식으로 대체하는 방법은 자신을 조직화하는 것이다. 노동의 조직화란 집단적 이해의 실현을 위한 수단으로서 의미를 지닐 뿐만 아니라 저항의 실현을 위한 수단이자 노동의 계급적 형성과정으로서 의미를 지닌다. 노동의 조직화란 계급적이고 공적인 이해의 실현을 위하여 노동이 공공적 존재로 형성됨을 의미하며, '보이지 않는 손'이 이끄는 분열과 차별의 경로에 대항하여 연대와 민주주의의 확장을 지향하는 '보이는 손'이다. 우리가 노동, 그 중에서도 노동의 조직화에 주목하는 이유이다.

노동의 조직화에 있어서 1997년부터 2007년까지의 10년은 다른 어느 시기보다 중요한 의미가 있다. 시장은 1987년 노동자 대투쟁의 기세에 눌려 국가의 그늘 아래에서 '보이지 않게' 숨어 있었으나, 노동대투쟁의 열광과 에너지가 거의 바닥을 드러내던 1997년, 노동법 개정과 경제위기를 계기로 양지로 나와 대투쟁의 열광을 시장의 냉정함으로 차곡차곡 대체해가기 시작했다. 노동 또한 기업별노조체제가 안고 있던 조직적 한계를 절감하고 '산별노조 전환'의 기치 아래 기업별노조에서 산별노조로 변화하는 유례없는 실험을 시작하였다. 산별노조 전환의 의미는 단순히 노동조합의 조직체계 변화에 머무르는 것이 아니라 노동조합이 집단적 이해의 실현을 배타적으로 추구하는 다원적 이익집단으로 변질되어갈 것인지, 아니면 공적인 이해의 실현을 계급적으로 추구하는 사회적, 정치적 공공재로서 발전할 것인지를 결정하는 가늠자라는 점에 있다. 우리가 노동의 조직화, 그 중에서도 산별노조 전환에 주목하는 이유이다.

노동의 조직화는 민주주의를 발전시키는 동력이다. 시장에 대한 사회적 규제는 민주적 합의를 필요로 하고, 노동은 실질적 민주주의의 확장에 가장 큰 이해관계를 가지고 있는 시민사회 세력이다. 불평등을 전제로 하는 자본주의에서 노동의 계급적 조직화는 역사적으로 민주주의와 평등을 실현하는 버팀목이 되어왔다. 작업장의 경계를 넘어서는 노동의 조직화는 시장의 폭력에 대항하는 사회적 약자들의 연대와 사회정의, 민주주의의 실현을 위한 거점이 만들어지고 있음을 말한다.

민주주의는 노동자 공동체, 노동조직 내부에서도 작동한다. 한국에서 민주노조운동은 직접참여에 의한 작업장 민주주의를 실현해 왔다. 노동조합은 일상적인 삶 속에서 문제를 제기하고 토론과 참여, 투쟁을 통해 직접민주주의를 훈련해 온 참여와 해방의 공간이었다. 산별노조 전환은 노동조합에게 새로운 민주주의의 실험실로 나아가게 한다. 노동계급 내의 다양한 하위집단들의 이해를 조정하고, 조직규모 확대에 따라 나타날 수 있는 관료화를 피하면서 전문적 정책능력을 높이고, 지도부와 현장의 소통을 원활하게 하여 가능한 한 물리적 거리를 줄이는 것은 새로운 조합민주주의를 만들기 위하여 해결해야 할 과제들이다. 새로운 산별노조들은 사회적 수준에서 실질적 민주주의를 확장해야 할 뿐만 아니라 내부적으로도 민주적 조직으로서 자신의 잠재력을 입증해야 하는 이중의 과제를 안고 있다. 민주주의는 작업장 공동체로부터 사회적 수준에 이르기까지 확장되어야 한다. 우리가 민주주의에 주목하는 이유이다.

산별노조의 전환은 계급의 해체와 계급의 형성, 민주주의의 자기부정과 민주주의의 공고화, 만인에 의한 경쟁과 만인을 위한 연대라는 '두 가지 길'을 둘러싼 갈등의 중심에 놓여 있다. 전국수준에서 복수노조가 허용되고 노조전임자의 임금지급이 금지되는 2007년에는 리트머스 시험지의 색깔이 어렴풋하게나마 나타날 것이므로 남은 일년 반의 시기는 다른 어떤 시기보다도 노동조직의 전환을 둘러싸고 활발한 논의와 실천이 이루어질 것이다. 호리병에서 빠져나온 시장의 야만스러움이 만인을 호리병으로 집어넣을지, 아니면 인간의 실천이 다시 시장의 야만성을 호리병 속으로 집어넣을 수 있을지는 아직 섣불리 예단하기 힘들다. 다만 이 실험의 처음과 현재, 그 끝을 부여잡고 의미를 성찰하며 대안을 캐냄으로써 새로운 출발을 준비할 따름이다.

영화 '올드보이'에서 '오늘만 대충 수습하고 살던' 오대수는 천신만고 끝에 이우진을 만나서 대뜸 "왜 나를 가두었느냐?"고 묻는다. 이우진은 "질문이 잘못되었으니 답이 제대로 나올 턱이 있나! 왜 너를 가두었냐고 묻지를 말고 왜 너를 풀어주었냐고 물어야지!"라며 냉소적으로 대답하던 장면이 떠오른다. 우리는 아직 시장의 의도를 간파하는 날카로운 질문을 발견하지 못하였다. 다만 "왜 시장이 우리를 이렇게 만들었는가?"라고 묻기보다는 "시장의 야만성을 규제하기 위하여 노동은 어떻게 조직화되어야 하는가?"라는 질문을 차선으로 던져 보았을 뿐이다. 이 질문에 대한 작은 답변들이 이 책의 내용이다.

이 책에 실린 대부분의 논문들은 저자들이 지난 4년간 여러 학술지나 학술저서를 통해 발표한 고민의 흔적들이다. 이 흔적들이 과연 단행본으로 발간될 자격이 있는지도 또 다른 고민의 대상이었다. 하지만 노동조합 조직에 대한 연구가 산업사회학이나 조직사회학에서 가장 미진한 연구영역에 속한다는 점에서, 산별노조 전환에 대한 연구서가 시의적절하고, 보다 분석적이고 체계적인 연구를 위한 징검다리가 될 수 있다는 기대에서, 이 책의 발간 이유를 발견하였다. 그 흔적들을 3부로 엮어보았다. 제2, 3, 4, 6, 7장은 김재훈, 1, 5, 8, 9, 10장은 조효래의 논문들이다. 이미 발표된 논문은 각 장의 말미에 출처를 밝혀 놓았다.

제1부는 노동조합 조직과 노동력 재생산을 둘러싼 이론적 시각과 쟁점, 과제에 대해 정리한 것이다. 제1장은 노동조합 조직과 관련한 이론적 쟁점과 노동조합 연구의 현황을 검토하고, 행위자 중심의 시각에서 노동조합의 전략적 선택을 설명하는 요인으로 리더십과 내부정치에 주목하고 있다. 제2장은 노동력 재생산구조에 관한 연구들을 시기별로 나누어 문제의식과 쟁점, 연구성과와 한계를 검토하고, 노동체제 전환에 대한 노동력 재생산 의 효과를 강조하고 있다.

제2부는 노동시장이 조직에 미치는 효과를 분석하고 있다. 제3장은 생산 직 노동자 가계의 소득 및 지출구조를 대상으로 초과노동과 집합적 소비재 의 악순환 관계와 그것이 노동체제의 전환에 미치는 효과를 분석하고 노동 복지의 전략적 중요성을 강조하고 있다. 제4장은 금속노조를 사례로 고령화 와 초과노동이 노동조합에 미친 효과를 분석하고 노동조합 지회의 성격을 유형화하고 있다. 제5장은 사무전문직 노동자의 내부구성과 임금실태의 변동을 통해서 이들이 1987년과 1997년을 분기점으로 하는 축적 및 노동체 제 변동과정에서 어떠한 변화를 경험하고 있는가를 검토하고 있다. 제6장은 노동시장 분절이 산별노조 전환에 어떤 효과를 갖는지를 분석한 것이다. 노동시장의 분절은 산별 전환에 대한 높은 규범적 동의와 낮은 조직적 실천 간의 간극을 넓히고, 산별전환의 속도와 유형, 경로에서 분화를 낳는 요인으로 작용하고 있음을 밝히고 있다.

제3부에서는 주로 산별노조를 대상으로 노동조합 내부조직의 여러 측면 을 조망하고 있다. 제7장은 금속노조를 사례로 노동조합의 조직자원을 분석

하여 '전략적 자원 동원형'으로 유형화하고, 기업별노조의 특징이 강한 조직자원이 산별노조 전환을 제한하는 요인으로 작용하고 있음을 밝히고 있다. 제8장은 금속노조의 핵심지부인 경남지역 지부들의 사례분석을 통해 산별노조로의 전환에도 불구하고 기업별 지회의 권한과 역할이 여전히 강력하며, 지부와 지회 간 의결 및 집행체계의 이중구조가 지역지부의 구심력을 약화시키고 있음을 밝히고 있다. 제9장은 금속산업의 기업별노조들을 대상으로 노동조합 민주주의의 현황을 검토하고, 노동조합에 대한 조합원의 인식에서 '도구적 집합주의' 경향이 강하게 나타나고 있음을 밝히고 있다. 제10장은 대표적인 산별노조인 금속노조와 금융산업노조, 보건의료노조를 대상으로 산별노조 전임간부들의 리더십 특성과 가치지향을 분석하고 있다. 이들은 계급운동으로서의 노동운동에 대한 강한 지향을 보여주고 있지만 직종에 따라 가치지향의 분화가 존재함을 실증하고 있다.

이 논문들은 공통의 문제의식을 지니고 있기는 하지만 서로 다른 시기에 다른 주제를 대상으로 쓰여졌기 때문에 논문들 사이에 약간의 어긋남이 있을 수 있다. 논문의 수정과 보완은 반복적인 내용을 삭제하고 문장을 다듬고, 필요한 부분에 가필하는 수준에서 그쳤다. 고민의 흔적마다 나름의 빛깔과 모습이 있다고 생각한 까닭이다. 삼가 독자 여러분들의 이해를 구한다.

이 책은 2001년부터 경상대학교 사회과학연구원이 수행하고 있는 한국학술진흥재단 중점연구소 지원에 힘입은 바가 컸다. 대부분의 연구는 중점연구과제인 '한국 노동계급의 형성: 1987~2003'(KRF-2003-005-B00008)의 연구성과물들이다. 학술진흥재단에 감사드린다. 이 연구들 곳곳에는 경상대 사회과학연구원 교수들의 실천적 긴장과 지적 자극이 스며있다. 연구책임자인 정진상, 정성진 교수와 공동연구원이신 장상환, 임영일, 김의동, 이종

10

래, 이진동, 주무현, 김영수 교수께 감사드린다. 이 연구들은 노학공동연구사업의 결과라는 점에서 공동의 노력이 빚은 산물이다. 금속노조 정책실의 정일부 실장과 정영주 부장, 경남지부의 김정호, 김춘백 부지부장을 비롯하여 노학공동연구사업에 참여한 노조간부들과 조합원들께 감사드린다. 이 책의 출간에는 도서출판 한울 관계자 분들의 노고가 컸다. 신학기임에도 불구하고 출간일정을 맞추어 주신 점에 감사드린다.

노동과 조직. 이 두 단어와 함께 고민의 세월을 제법 흘려보냈건만 돌이켜 그 흔적을 모아보니 고민의 깊이가 얕고 폭이 좁음에 스스로 부끄럽기 짝이 없다. 보잘것없는 작품을 내놓을 때는 얼굴이라도 두꺼워야 하는 법인데, 얼굴마저 두껍지를 못해서 낯을 가릴 방법이 없다. 한 마디 두 마디 세월을 더 흘려보내다 보면 언젠가는 낯을 가릴 필요가 없는 작품이 나오지 않을까 하는 기대감으로 부끄러움을 대신하고자 한다.

2005년 9월
김재훈·조효래

차례

제1부 노동과 조직: 동향과 쟁점

제1장

노동조합 조직연구의 동향과 쟁점

1. 문제제기

1987년 이후, 국가와 자본으로부터 자율적이고 밑으로부터 조합원들의 참여에 기초한 민주노조운동이 출현하였다. 이들 자율적인 노동조합들은 치열한 투쟁을 거쳐 점차 합법적 조직으로서의 지위와 단체교섭에서의 제도적 역할을 승인 받아왔다. 애초에 이들 노동조합들은 국가와 자본의 탄압에 대항하여 대중동원에 기초한 사회운동으로서의 성격을 강하게 갖고 있었으나, 단체교섭의 제도화와 노동법 개정을 통하여 공식적 제도로서의 성격을 갖게 되었다. 이 과정에서 노동조합들은 조직의 목표와 행동양식, 리더십의 특성에서 많은 변화를 경험해 왔고, 임영일은 이를 "변화를 위한 투쟁"에서 "협상을 위한 투쟁으로"의 변화로 규정한 바 있다(임영일, 1998a).

한국의 노동조합들은 기본적으로 기업별 노동조합이라는 독특한 조직형태를 취하고 있고, 그에 따라 조직의 목표나 운영, 행동에 여러 가지 한계를 보여 왔다. 기업별 노조라는 특성은 조합원들의 직접적 참여와 동원을 쉽게 하는 반면, 노동조합의 조직적 성장과 조합활동의 범위를 제약하고 기업규모별 노동시장의 분절을 심화시킴으로써 노동계급에 대한 대표성에 한계를 안고 있다. 이러한 한계는 경제위기와 구조조정 과정에서 노동조합이 고용위기에 적절하게 대응하지 못함으로써 더욱 심각한 문제로 제기되었다. 때문에 1987년 이후 민주노조운동은 지속적으로 산업별 노조로의 조직형태 전환과 산업별 교섭체계의 확립을 노동조합운동의 주요한 목표로 설정해 왔다.

1987년 이후 노동체제의 전환과정에서 기업별 노동조합과 기업별 교섭체계의 제도화는 한국 노동조합운동의 특징을 집약적으로 보여주고 있다. 기업별 교섭의 제도화과정에서, 기업별노동조합 리더십의 역할이 변화되고, 노동조합 내부정치가 활성화 되는 현상이 나타나고 있고, 산업과 전국수준으로 노동의 시민권이 확장되는 과정에서 민주노조운동 내부의 다양한 균열의 출현, 환경변화에 조응하는 투쟁노선을 둘러싼 경쟁, 조직 전환을 둘러싼 이해갈등 등 조직내부의 역동적인 변화를 경험하고 있다.

이 글은 1987년 이후 출현한 민주노조운동이 노동조합 조직의 측면에서 어떠한 특성과 변화를 보여 왔는가를 분석하기 위한 작업의 일부이다. 이 글의 목적은 노동조합의 조직현황과 조직형태 전환, 조합행동의 특성과 요인, 노동조합 내부정치에 관한 이론적 쟁점과 한국의 노동조합 연구에 관한 기존 연구들을 재검토함으로써, 노동조합 조직연구를 위한 분석틀과 앞으로의 연구과제를 제시하는 것이다.

먼저 서구에서 진행된 노동조합 조직연구에 대한 이론적, 개념적 검토를 통해 향후 연구의 쟁점과 시각을 재구성하고, 이를 기반으로 민주노총 합법화, 산별노조로의 조직전환, 경제위기 이후, 노동조합의 행동과 내부정치의 변화를 분석하기 위한 개념적 틀을 모색한다. 노동조합이 조직의 전략을 선택하는 과정은 노동조합 내부의 행위자들 간의 복잡한 상호작용의 산물이라는 점에서, 이 글은 조합행동을 설명하는 요인으로서 노동조합 내부의 리더십 특성과 의사결정과정을 둘러싼 내부정치에 주목한다.

2. 노동조합 연구의 쟁점

노동조합 조직에 관한 연구들은 보통 노동조합의 행동에 영향을 미치는 요인, 노동조합 내 과두제의 형성 혹은 민주주의의 조건, 지도부와 중간간부, 평조합원 사이의 권력의 배분, 조합원의 참여에 영향을 미치는 요인, 조합행동의 경제적 혹은 정치적 효과에 관심을 집중해왔다. 이러한 관심들은 대체로 사회구조와 변동에서 노동조합의 기능과 역할에 대한 문제의식에서 출발하고 있으며, 설명방식의 차이는 그러한 기능을 수행하는 과정에서 노동조합의 잠재력과 한계에 대한 평가와 관련되어 있다.

1) 노동조합의 딜레마와 내부정치

대부분의 노동조합 조직연구들은 노동조합의 두 가지 성격, 단체교섭을 담당하는 대규모 조직으로서 관료제의 필요성과, 사용자에 대항하는 자발적 결사체로서 민주적 운영의 요구 사이의 내적 긴장에 주목한다. 왜냐하면 노동조합은 목표를 공유하는 사람들의 적극적 참여와 동원을 필요로 하는 운동으로서의 성격과 조직목표 달성을 위해 내부규율을 유지하고, 조합원에 대한 제재와 보상을 수반하는 공식조직으로서의 성격을 동시에 가지고 있기 때문이다(Flanders, 1970). 따라서 관료제와 민주주의의 긴장은 효율성과 민주성, 전문성과 대표성의 딜레마라는 노동조합의 내적인 모순으로 표현되며 이는 노동조합 내부정치의 핵심적 쟁점을 이룬다. 그것은 곧 노동조합이 갖는 공식조직, 제도로서의 필요성과 노동조합의 운동으로서의 성격사이에 존재할 수 있는 갈등을 어떻게 해결할 것인가, 이 과정에서 노동조합의 집합적 정체성을 어떻게 구성할 것인가의 문제를 의미한다. 노동조합이 어떠한 정책적 입장과 이데올로기적 지향, 전략적 궤도를 선택하는가가 노동조합 내부정치의 핵심을 이룬다. 특히 노동조합 내부정치의 필연성은 ① 개별노동자와 집단으로서의 노동자 사이의 긴장, 혹은 노동조합 내부 하위집단들 간의 이익과 견해의 차이, ② 노동자들의 단기적 이익과 장기적 이익의 갈등, ③ 지도부와 평조합원 사이의 이해관계의 차이와 같은 쟁점과 관련되어 있다.

먼저, 노동조합이 노동자들의 이익(interests)을 추구하는 조직이라는 점에도 불구하고, 노동자들의 이익은 양적으로 매우 다양할 뿐만 아니라 이질적이며 종종 갈등적이기까지 하다. 때문에 어떠한 요구들이 노동자들의 이익으로 정의되는 과정은 주어진 것이 아니라 구성되는 것이며, 노동자들의 이익이란 그들이 이해하는 세계와 관련하여 노동조합의 집합적 목표를 정의하는 방식들을 의미한다(Golden, 1988). 따라서 노동조합은 개별노동자의 이익을 넘어 자신의 집합적 정체성을 재구성해야 하며, 이 집합적 정체성은 조합원들의 이익에 대한 표출(express)과 규정(define)이 동시적으로 이루어지는 내부의 의사소통과정을 통해서 형성되고 재생산된다. 이 때, 노동자들 내부의 이질성과 이익의 다양성이 클수록, 조합지도부는 계급적 이익을 포괄적으로 대표하려는 목표에도 불구하고 서로 모순적인 다양한 이익들을 조정할 수 있는 능력의 한계에 직면한다(Offe & Wiesenthal, 1981).

둘째로, 노동자들에게 단기적 이익은 당장의 경제적 성과를 의미하지만, 장기적 이익은 미래에도 계속해서 현재의 경제적 성과를 유지하고 지속시킬 수 있는 조직적 능력을 의미한다. 미래의 성과를 위해 당장의 성과를 희생해야 하거나 하위집단들간의 이익의 다양성 때문에 노동자들의 진정한 이익에 대한 정당한 해석을 노동조합 지도부가 독점할 때 지도부와 조합원들 사이에 인식의 격차가 발생한다. 단기적 이익보다 장기적 이익, 즉각적인 이익보다 조직의 권력을 선택할 때, 노동조합 지도부는 조합원들의 이익에 관한 보다 많은 해석의 여지를 갖게 된다. 그러나 양자간의 해석의 격차가 지나치게 넓어지면 노동조합의 대표체계가 붕괴될 수 있고 조합내부에서 조직적 반대, 새로운 집합적 정체성이 형성될 수도 있다(Pizzorno, 1978).

또한 이념적 수준에서 노동조합은 정치적 형식 내부(within)에서의 계급갈등과 정치적 형식에 관한(about) 계급갈등 사이의 긴장을 피할 수 없다. 전자는 주어진 '게임의 규칙' 내부에서 분배에 관한 쟁점을 의미하며 여기에서는 집합행동의 '비용'과 '이득'에 대한 평가가 중요하다. 반면에 후자는 무엇이 가치 있고 바람직한가 하는 문제로써, 조합행동에 대한 평가가 목적합리적 계산에 의해서가 아니라 특정한 내적 가치와 선호에 의해 규정된다 (Offe & Wiesenthal, 1981).

셋째로, 노동조합의 안전과 안정성, 재정, 조직적 통일과 응집력, 행정적 효율성과 같은 제도적 조직으로서의 목표는 조합원의 실질적 요구와 갈등할 수 있고, 조합지도부와 평조합원들 사이에 인식과 이익의 격차가 발생할 수 있다. 지도부는 노동자들의 장기적 이익을 위해 조합조직의 안전과 안정성을 보다 우선할 수 있고, 그를 위해 자본과 국가가 상대적으로 수용할 수 있는 정책을 지향할 수도 있다. 또한 노동조합의 권력이 노동자들의 단결과 통일에 기반하기 때문에, 노동조합은 조직적 목표로서 내적인 통일과 응집력을 추구할 수 있지만, 이것은 동시에 밑으로부터의 민주적 통제와 갈등할 수 있다. 조합간부들에게 밑으로부터의 과도한 내적 민주주의는 조합의 통합에 대한 위협으로 간주될 수 있기 때문에, 조직내 다양성이 클수록 조합간부들은 민주주의 보다 통일을 우선하는 경향이 있다. 뿐만 아니라 집중화와 전문화, 조합의 행정적 효율성과 대의적 합리성 사이에도 명백한 갈등이 존재한다(Hyman & Freyer, 1975)

이와 같은 노동조합의 본질적 딜레마로부터, 노동조합의 목표와 집합적 정체성의 구성을 위해 내부정치의 과정이 불가피하다.

2) 조합민주주의이론: 경쟁과 참여

노동조합의 내부정치를 설명하는 많은 이론들은 전통적으로 과두제 이론과 마르크스주의이론, 다원주의이론에 그 뿌리를 두고 있으며, 이들은 조합민주주의의 핵심적 요소와 관련하여 경쟁적 민주주의론과 참여적 민주주의론, 조합지도부의 행동을 설명하는 결정요인에 대하여 구조적 결정론과 행위자이론으로 구분할 수 있다.

과두제 이론은 미헬스가 말하는 과두제 철칙에 뿌리를 두고 있다. 미헬스의 과두제 철칙은 민주주의를 지향하는 조직이 역설적으로 강력한 과두제적 경향을 발전시킨다는 것이다. 노동조합은 조직적 성장에 따른 기능의 분화와 전문화 때문에 리더십을 필요로 하지만, 일단 영속적이고 관료적인 조직이 형성되면 조직의 권력자원을 독점한 지도자들이 조합원들로부터 독립하여 자신들의 권력 유지에 집착하게 된다는 것이다. 그 결과 조합원을 위한 지도부의 권력은 조합원에 대한 권력행사로 전환된다는 것이다(Michels, 1962).

반면에 다원주의이론, 특히 폴리아키 명제에 따르면, 노동조합은 단순히 지도자와 평조합원만으로 이루어진 조직이 아니라, 서로 갈등하는 내부의 다양한 이익집단들이 독자적인 권력과 영향력을 위해 경쟁하는 정치체계로 이해될 수 있다는 것이다. 다원주의 이론은 노동조합내 각 집단들의 상이한 이익과 우선성을 특정화하고 있으며, 조합 내부의 협력과 갈등이 지도부와 조합원간의 인식의 격차, 집행부와 반대파의 경쟁, 전국, 지부, 작업장으로 이어지는 각 수준에서 지도자들간의 경쟁 등 다양한 균열에 의해 산출될 수 있음을 보여주고 있다(Kelly & Heery, 1994; Poole, 1981).

다원주의적 접근은 조합민주주의에서 파당들간의 권력경쟁을 강조하며, 순수한 공식적 조직으로서 노동조합의 내부정치와 역학을 분석하는 경향이 있다. 반면에, 마르크스주의적 접근은 노동과 자본의 권력불균형을 전제로

조직 외적 환경이 조직 내적인 역학에 미치는 영향을 강조하며, 조합민주주
의에서 밑으로부터 조합원 참여의 요소를 강조한다. 이는 민주주의에 대한
적합한 개념규정의 쟁점과 관련되어 있으며, 조합원들의 적극적인 참여와
통제가 조합민주주의의 전제조건인지, 아니면 주기적인 선거에 의해 보완
되는 조합원들의 수동적인 동의가 민주주의의 충분조건인지에 대한 인식의
차이와 관련되어 있다.

　이러한 맥락에서 분파들간 경쟁을 민주주의의 핵심적 요소로 보는 립셋·
트로우·콜맨(Lipset·Trow·Coleman, 1956), 에델슈타인(Edelstein, 1967), 마틴
(Martin, 1968)의 연구와 그에 대한 비판으로서 조합원 참여를 강조하는 라마
스와미(Ramaswamy, 1977)의 연구를 비교하는 것은 상당한 시사점을 제공한
다.

　립셋·트로우·콜맨의 연구는 양당제가 제도화된 미국 인쇄공조합(ITU)에
대한 사례분석을 통해 어떠한 조건에서 조합민주주의가 발생하고 제도화되
는가를 설명하고 있다(Lipset·Trow·Coleman, 1956). 이들에 따르면, 첫째, 조합
원들의 소득이 높아 지도부와 조합원간의 격차가 크지 않은 조직에서 민주
주의가 용이하며, 둘째, 정치적 단위가 작을수록 민주적 통제의 가능성이
증대하며, 마지막으로 조합원들이 조합에 대한 충성을 유지하면서 동시에
독립적이며 구조화된 하위집단에 결합되어 있고, 이 집단들간에 힘의 균형
이 존재하는 경우 민주주의가 제도화된다는 것이다.

　나아가 립셋(Lipset, 1981)은 노동조합에서 과두제의 출현을 설명하는 가설
을 제시하고 있다. 그에 따르면, 노동조합이 합리적이고 예측 가능한 행정체
계라는 측면에서 불가피하게 관료제를 요구하며, 관료적 권력의 원천이
① 조합의 규모와 책임 있는 리더십에 대한 자본의 요구, ② 조직 내 공식적
의사소통 수단에 대한 통제, ③ 정치적 기술에 대한 학습기회의 독점, ④
조합지도자들의 사회적 토대와 지위, ⑤ 조합원들의 낮은 참여, ⑥ 조직형성

의 역사적 패턴, ⑦ 지도부 계승의 문제, ⑧ 기존의 균형을 붕괴시키는 위기 상황들, ⑨ 지도자들의 특성과 민주적 가치에 대한 헌신, ⑩ 사회적 가치체계의 효과 혹은 조합의 목표와 기능에 대한 협소한 정의 등과 연관되어 있다는 점을 지적하고 있다. 이러한 시각에서 민주주의는 양당체제 혹은 반대의 제도화로 정의되며, 그것은 지도부의 순환 혹은 교체가능성으로 나타난다. 그의 논의는 노동조합에서는 지도부와 조합원간의 지위격차가 크기 때문에 안정된 체계로서의 민주주의가 불가능하다는 비관적 전망으로 귀결된다.

마틴(Martin, 1968)은 조합민주주의의 정의로서 양당제도 혹은 반대의 제도화 자체가 아니라 '조직적인 반대파의 지위가 용인되는 분파들간의 경쟁 상황'을 강조하고 있다. 왜냐하면, 민주주의의 본질은 경쟁 그 자체가 아니라 '조합원의 의견에 반응하지 못하는 지도부에 대한 제재'이기 때문에, 집행부의 전복을 위한 잠재적 수단으로서 분파의 존재가 집행부의 책임성을 가능하게 한다는 것이다.[1]

이러한 시각에서 보면, 노동조합 내부정치는 노동조합 권력을 장악하기 위한 하위집단들의 경쟁과정으로 정의될 수 있다. 그러나 조합민주주의는 공정한 선거경쟁과 같은 형식적 측면뿐만 아니라, 동시에 노동조합이 자본이나 정부로부터 독립되어 조합원의 요구를 결집하고 이를 성취할 수 있도록 운영되고 있는가 하는 실질적 측면을 내포하고 있다.

라마스와미(Ramaswamy, 1977)는 조합민주주의의 보다 핵심적 요소로서 조합원 참여의 차원을 강조한다. 라마스와미는 인도 노동조합을 준거로 하여 사용자의 적대가 심한 조건에서는 조합간부에 대한 보상이 거의 없다

---

1) 그는 조합지도자가 조직적인 분파의 존재를 용인할 수밖에 없는 요인들로 정치문화, 정부의 태도와 행동, 보다 동질적인 조합원 분포, 산업환경과 사용자의 태도, 경기상황, 기술수준과 변동의 속도, 조합 교섭력의 원천, 조합원들의 특성과 신념, 반대파의 전문성 및 자원, 리더십의 태도와 신념, 조합 하부구조의 자율성과 집중화의 정도, 선거제도 등을 제시하고 있다.

는 점을 강조한다. 이 경우, 경쟁적 선거는 매우 드물지만, 경쟁 없는 선거나 지도부의 장기집권이 필연적으로 무제한적인 권력행사나 독재적인 방식의 조합운영을 의미하지는 않는다는 것이다. 그에 따르면, 과두제가 반대의 억압으로 정의될 수 있다면, 민주주의는 '자신들의 견해를 자유롭게 표현하고 지도부에 반대할 수 있는 조합원들의 능력'으로 해석되어야 한다는 것이다.

그는 조합민주주의에 대한 기존의 연구들이 미국과 같은 특정한 맥락에서 이루어지는 참여의 특정한 형태, 즉 선거에만 주목한다고 비판한다. 민주주의의 잠재력은 분파(faction)의 존재가 아니라 권력에 대한 분파의 잠재적 위협이며, 이 위협은 분파가 내부적으로 민주적이어서 조합원의 참여를 유도할 수 있을 때만 가능하다고 지적한다. 그는 립셋에 대해서 조합원의 참여가 민주주의의 충분조건으로 고려되지 않고 있다고 비판한다. 민주주의는 반대의 정당성에 대한 규범적 조건과 양당체제라는 구조적 조건을 필요로 하지만, 립셋은 후자만을 강조하여 제도화되지는 않았지만 반대의 정당성이 광범위하게 인정되고 있는 상태를 무시했다는 것이다.

그의 시각에서 보면, 조합원들의 참여는 조합원들 사이에 공동체 의식을 창출함으로써 직업적 이익을 넘어 노동조합 공동체의 핵심부문을 형성하는 데 중요하다. 참여적인 조합원들은 모임이나 집회, 파업, 캠페인을 통해 서로 잘 알고 있으며, 특정한 경험과 신념을 공유하고 있다. 이들은 느슨하게 구조화된 비공식적 집단인 경우도 있고, 단일한 세력으로서 조합에 영향력을 행사하기도 한다. 참여적 조합원 집단은, 특정한 시점에서 지도부에 반대하는가 여부와 상관없이, 필요한 경우 반대할 수 있는 잠재력을 갖고 있기 때문이다. 또한 조합원 참여는 과두제적 지배에 대항해 스스로를 보호할 수 있는 능력을 가지고 있다. 왜냐하면 조합원들의 높은 참여를 위한 적절한 토대가 존재하는 한, 조합원의 요구와 정서를 반영하기 위한 제도적 틀이 형성될 수밖에 없기 때문이다(Ramaswamy, 1977:477-8).

이러한 논의들에서 추출되는 조합민주주의의 요소들을 정리해보면, 대체로 ① 분권과 참여, 경쟁을 가능케 하는 규약상의 제도, ②정파의 존재와 선거경쟁, ③조합의 높은 조직률과 대표성, ④조합원의 참여, ⑤조합 활동의 성과와 조합원의 만족도 등으로 요약될 수 있다(Morris & Fosh, 2000).

조합민주주의에 대한 논의를 검토한 한 연구는 조합민주주의의 모델이 시간적, 공간적 현실에 따라 변화한다는 점, 노동조합의 내부관계만이 아니라 국가, 자본과의 관계 속에서 고려되어야 한다는 점, 조합민주주의를 평가하는데 있어서 다양한 속성요소들을 고려하여 변화하는 노조의 성격과 특성을 실천적인 관점에서 접근해야 한다는 점을 지적하고 있다(윤영삼, 2000). 뿐만 아니라 조합민주주의에 대한 다양한 입론들은 노동조합의 본질에 비추어 조합민주주의가 어떠한 조건과 상황에서도 반드시 관철되어야 하는 기본적 원칙인가, 혹은 조합의 목표를 실현하고 조직을 활성화하기 위한 수단인가 하는 인식의 차이와도 관련된다. 보다 중요한 것은 노동조합이 자본 및 국가와의 대항관계 속에서 기능하는 투쟁조직이라는 점에서, 투쟁에 적합한 효율적인 자원동원과 자발적 결사체로서의 내적인 대표와 참여가 항상 조화롭게 작동하지 않는다는 점이다[2]. 이것이 의미하는 바는 조합민주주의를 조합내 위로부터의 집행체계와 아래로부터의 의결체계를 포함하여 다양한 조직단위들 간의 적절한 역할 배분과 효율적인 기능이라는 측면에서 접근해야 한다는 점이다

---

[2] 행정적 합리성과 대의적 합리성의 긴장은 전자가 통일적이고 조정된 통제시스템으로서 권위의 주요 원천을 조직위계의 최상층에 배치하는데 반해, 후자가 권력과 통제의 분산을 주장하며 권위의 원천을 제도적 위계의 하층인 평조합원에 부여하기 때문이다(Child, 1973).

3) 구조적 제약과 리더십의 자율성

노동조합의 행동과 지도부의 결정에 영향을 미치는 요인들에 관해서는, 객관적 구조의 효과를 강조하는 구조적 결정론(Hyman & Freyer, Offe & Wiesenthal, Bok & Dunlop, Clegg)과 행위자들의 가치와 의도, 선택을 강조하는 행위자이론(Kelly & Heery, Golden, Fishman)을 구분해 볼 수 있다.

먼저, 조직과 환경의 관계라는 측면에서 외부적 환경이 조합행동에 미치는 영향을 강조하는 접근들은 조합내 권한의 집중이나 관료적 의사결정을 국가의 개입이나 산업의 집중, 자본이나 정부에 대한 투쟁의 긴급성과 같은 외부적 요인들에 의해 설명한다. 뿐만 아니라 조직내부의 민주적, 평등주의적 신념의 존재 여부는 민주적 가치와 같은 사회적 규범체계에 의해 영향을 받는 것으로 인식된다(Poole, 1980; 144-9).

하이만과 프레이어(Hyman & Freyer, 1975)는 노사관계에서 권력과 갈등이 핵심적이라는 점을 고려한다면, 노동조합을 사회적 맥락으로부터 분리된 공식적 조직으로 연구하는 것은 무의미하며 노동조합을 이해하기 위해서는 외부 권력의 작용과 노동조합이 작동하는 정치경제에 대한 분석이 필요하다고 주장하였다. 이들은 조합원 구성의 이질성, 조합원의 규모와 분포, 조합의 목표에 대한 협소한 정의 등과 같은 변수들이 노동조합의 민주적 운영을 위협하는 요인들이며, 이에 대한 반경향으로 ① 조합원 통제를 촉진하는 조합규약, ② 민주주의의 전통, ③ 반대를 동원할 수 있는 경쟁적 파벌의 존재, ④ 민주주의에 대한 지도자들의 헌신, ⑤ 조합의 목표와 기능의 포괄성, ⑥ 현장조직의 중요성을 강조하고 있다(Hyman & Freyer, 1975).

유사한 맥락에서 앨런(Allen, 1954)은 조합민주주의가 '평조합원의 의견에 대한 리더십의 반응성(responsiveness)'이며, 노동조합은 조합원들의 이익을 성취하는 도구적 집합체이기 때문에 리더십의 효율성은 조합의 목표달성 정도에 달려있다고 주장한 바 있다. 따라서 민주주의의 부족은 사용자에 대해 조합원 이익대표의 실패를 의미하며 그 결과는 선거패배가 아니라 조합원 감소로 귀결된다는 것이다.

오페와 비젠탈은 구조적 제약이나 외부적 환경을 무시한 채 조합내부의 다원주의적 민주주의만을 강조하는 것은 노동조합의 위험성을 최소화하기 위해 노동조합에게 부르주아적인 형식을 부과하는 것이라고 비판한다. 그들은 다원주의적 조합민주주의가 조합내부의 분열을 강화함으로써 노동계급의 집합행동 패턴을 강제적으로 '이익집단'의 행동패턴으로 변화시키려는 것으로 파악한다(Offe & Wiesenthal, 1981).

복과 던롭(Bok·Dunlop, 1970) 역시 많은 연구들이 노동조합의 의사결정과 행동에서 조합지도부의 역할이나 재량권을 과대평가하고 있으며, 민주적 선거를 통해 표출되는 조합원들의 요구나 환경의 압력이 노조지도자들의 결정에 직접적인 제약을 가한다는 점을 강조하고 있다. 이들은 조합의 행동은 리더십의 성격과 능력뿐만 아니라 조합원들의 요구, 전국지도부와 평조합원을 매개하는 단위노조 간부들의 이익과 영향력, 자본과 정부의 정책, 노동시장, 법과 제도 등 외부환경의 압력이 상호 작용한 결과물이며, 환경의 압력은 조합원들의 요구 형성이나 조합의 목표 설정, 이를 달성할 수 있는 방법과 그 성공가능성에 영향을 미친다고 주장한다. 조합지도자들은 이와 같은 환경의 압력과 조합원의 요구가 설정한 한계 내에서만 조합의 새로운 전략을 선택할 수 있고 조직의 목표 혹은 조합원들의 요구를 변형할 수 있을 뿐이라는 것이다.

반면에, 1980년대 이후 최근의 연구들은 리더십의 가치와 의도, 행위 선택의 중요성을 보다 강조하는 경향을 보이고 있다.

이탈리아 노동운동을 분석한 골든의 연구(Golden, 1988)는 노동조합 간부들이 자신들의 목표와 선호에 따라 상황과 쟁점들을 평가하며 이를 기초로 구조적 제약에 반응하는 의식적인 행위자(agents)라는 점에서, 노동조합의 전략 선택에 대해 보다 행위자 중심적인 설명이 필요하다고 주장한다. 그는 '일상적인'(routine) 조직적 결정과 '결정적인'(critical) 조직적 결정을 구분하고 있다. '결정적인' 결정은 미래의 행동에 대한 패턴형성적 선택을 의미하며, 일단 그러한 결정이 이루어지면, 조직은 이 틀 내에서 확립된 정체성과 규정된 역할과 임무에 부응하는 방식으로 행동한다는 것이다. 조직은 그들 자신의 역사와 내적인 행동논리와 일치하는 방식으로 새로운 외적 압력과 기회에 반응하려고 하기 때문에, 대부분의 조직적 결정들은 외적인 자극에 대한 합리적으로 계산된 반응이 아니라 조직의 기존 행동양식들 중에서 예측 가능한 방식으로 이루어진다는 것이다. 따라서 행위자들에 의해 '결정적인' 조직적 결정이 이루어지는 과정과 선택에 대한 분석이 필요하다는 것이다.

스페인 노동운동을 분석한 피쉬만의 연구(Fishman, 1990)도 작업장 지도자들의 역할과 의식, 태도에 초점을 맞추고 있다. 작업장 지도자들은 협소한 당장의 이익과 불만에 민감한 평조합원들과 광범위한 정치적 목표와 전략을 지향하는 전국지도부를 연결하는 존재이며, 이들의 의식과 태도는 조합의 의사결정과 행동에서 결정적이다. 그에 따르면, 노동조합들이 활동가 충원의 어려움을 겪고 있는 상황에서 이데올로기적 혹은 정치적 관심에 민감한 작업장 지도자들은 상대적으로 급진적이며, 전국지도부가 지향하는 소득정책이나 조직의 집중화에 신중한 태도를 갖고 있다는 것이다(Fishman, 1990:19-63).

켈리와 히어리(Kelly & Heery, 1994)는 노동조합 리더십의 역할에 관한 많은 이론들이 구조결정론의 편향을 안고 있어 조합간부들의 가치가 갖는 중요성과 역사적 변화를 고려하지 못한다고 비판한다. 이들은 조직의 행동에 대한 분석에서 조합간부들의 가치를 고려하여 정치적 입장과 조직 및 교섭에 대한 지향(관리자적 지향, 지도자적 지향, 조정자적 지향)을 기준으로

리더십 유형을 구분하고 있다. 또한 조직의 역사적 성격을 고려하여 조직의
형성단계와 안정화단계, 성장의 시기와 위기의 시기를 구분하며, 조합간부
들의 경력이동과 세대적 변화, 경기순환 등을 고려하고 있다.

이러한 시각에서 보면, 노동조합의 정책지향을 설명하기 위해 리더십의
가치와 의도, 행위선택, 노동조합의 목표와 의제의 설정, 분파주의와 내부의
갈등, 의사결정 과정과 같은 조직의 내적인 역학에 대한 분석이 보다 일차적
이다.

서구의 연구들은 노동조합의 행동 지향과 내부정치를 설명하기 위해
① 정부와 자본의 정책, 산업, 기술, 정치문화 등과 같은 환경적 요인, ②
조합원들의 특성, 노동조합 및 단체교섭의 구조와 같은 객관적 구조, ③
리더십의 이념과 가치와 같은 주관적 요인들을 설명변수로 사용하고 있다.
이러한 논의에 기초할 때, 노동조합과 외부환경, 제도들 간의 관계를 기술하
는 외적 변수와 노동조합 내부정치에 관한 내적 변수를 구분하는 것이
필요하며, 외적 변수와 내적 변수들 간의 실질적 관계를 파악하는 것이
요구된다.

3. 국내 노동조합 연구의 동향

노동조합 조직에 대한 국내연구들은 1987년 이후 민주노조운동의 급속한
성장과 역동적 변화를 반영하여 노동조합의 조직과 행동이 어떻게 변화되어
왔고, 앞으로 어떻게 변화되어야 하는가에 관한 규범적이고 실천적인 쟁점
에 관심을 쏟아 왔다. 따라서 많은 연구들이 이론적 쟁점화보다는 노동조합
의 조직과 운영에서 나타나는 특징과 변화의 추이를 추적하는데 관심을
기울여왔다.

대체로 노동조합 조직에 관한 연구동향은 크게 세 시기로 구분해 볼수 있다. 먼저, 1987년 노동자대투쟁과 민주노조운동의 출현을 전후로 하여, 국가의 노동통제가 노조에 미친 효과와 새롭게 출현한 민주노조운동의실태를 분석한 연구들, 둘째, 1990년대 초반 민주노조운동의 대중적 전개과정에서, 대기업을 중심으로 기업별노조의 행동과 내적 역학에 대한 분석을시도하거나, 산별노조로의 조직형태 전환의 필요성과 외국사례를 분석한연구들, 셋째로 1990년대 중반 민주노총 출범과 노동법 개정을 통해 노동환경이 급격히 변화한 이후, 노동조합 조직 활성화를 위한 정책적 연구 및산별노조로의 전환과정에서 제기된 쟁점들과 상급노조의 조직실태를 분석한 연구들이 그것이다. 이러한 연구들은 모두 해당시기 노동조합운동의실천적 쟁점이나 노사관계 개혁을 위한 문제의식을 반영하고 있다.

1) 국가의 노동통제와 민주노조운동: 1980년대 중반 이후

1987년 노동자대투쟁을 전후한 시기에 노동조합에 대한 국내연구들은크게 두 가지로 구분된다. 하나는 남미에서 발전된 '국가조합주의'이론을한국의 국가-노동조합 관계에 적용한 것으로, 국가의 조합주의적 노동통제가 노동조합 조직에 미친 효과를 분석한 연구들(최장집, 1988; 김영래, 1986; 박준식, 1985)이며, 다른 하나는 1987년 이후 등장한 민주노조운동의 실태를조직적 측면에서 분석한 연구들(한국사회연구소, 1988, 1989; 박덕제·박기성, 1989, 1990)이다.

전자의 연구들은 주로 권위주의국가의 조합주의적 노동통제가 미친 효과라는 측면에서 공식적인 노동조합 체계의 조직과 운영상의 특징을 분석한것으로 최장집의 연구(1988)가 대표적이다. 최장집은 섬유, 금속, 화학업종의노동조합들을 대상으로 전국과 지부 수준에서 각각 그 성장유형과 내부역학, 국가 노동통제의 효과를 분석하고 있다. 그에 따르면, 한국 노동조합의 활동양태나 범위를 제한한 것은 국가의 노동정책이며, 노동조합은 코포라 티즘적 이익대표체계의 특징과 흡사한 양상을 띠고 있었고, 노동조합의 진정한 이익대표성 여부가 항상 의문시되어 왔다는 것이다. 그는 한국의 노동운동은 공식적 조합 내부에서 개인들 사이의 파벌투쟁, 회사지배적 노조와 자주노조 사이의 분열이라는 두 가지 수준의 분열을 경험했다고 주장한다. 전국수준의 공식적 조합에서는 국가의 통제 하에 형성된 과두제 적 지도자들 간에 치열한 파벌투쟁이 격화되었던 반면, 후자의 분열은 비정 치적이고 경제적인 노동조합주의라는 동일한 이념적 지평에 위치하지만 진정한 이익대표성이라는 측면에서 근본적인 차이가 있었다는 것이다.

최장집의 연구는 1987년 이전의 노동조합을 대상을 한 것이었지만, 국가 코포라티즘 이론을 한국의 노동조합 분석에 성공적으로 적용함으로써 이후 한국의 이익대표체계, 노동체제 분석의 출발점을 이루고 있다. 특히 노조 지도자들의 파벌투쟁이나 노조유형에 따른 노동조합 내 균열의 구조와 요인을 분석하고 있고, 한국에서 조합민주주의를 분석하는데 있어, 경쟁적 선거보다는 참여의 중요성, 대외적 자주성과 조합민주주의간의 연관성을 강조하고 있다.

이러한 연구가 이론적 자원과 개념적 도구를 사용하여 1987년 이전 노동 조합의 성장유형과 내부역학을 분석하고 있다면, 1987년 이후 민주노조운 동의 실태를 조직적 측면에서 분석한 연구들(한국사회연구소, 1988, 1989; 박덕제·박기성, 1989, 1990)은 노동자대투쟁 이후 노동조합의 폭발적 성장을 반영한 것으로 노동조합 조직에 관한 포괄적이고 체계적인 실태분석을 담고 있다. 이 두 연구는 상이한 문제의식에서 출발한 것이었지만 1987년 이후 폭발적으로 성장한 노동조합들의 조직실태에 대한 많은 정보를 담고 있다.

한국사회연구소의 조직실태 조사(1989)는 민주노조진영에 속한 총 61개

노조를 대상으로 노동조합의 실태와 활동내용, 지도부의 성격을 분석하고
있다. 이 연구는 생산직 노조의 경우 1987-89년 사이에 조합간부들의 세대교
체가 이루어졌으며, 1989년 시점에서 대부분의 민주노조들에서 위원장 직
선과 정기적인 총회, 소위원회 조직, 대중집회 등을 통해 조합원들의 직접적
참여에 의한 의사결정과 조합운영이 일반화되어 있음을 보여주고 있다.
이 연구는 생산직 노조와 사무직 노조 사이에 조합원 참여와 리더십 구성에
서 상당한 차이가 있으며, 같은 직종의 조합들간에도 전투성과 조직적 동원
능력에서 상당한 편차가 있음을 확인해주고 있다. 또한 이 연구는 1987년
이후 2년여 동안 신규노조들에서 리더십의 안정성이 취약하며 조합원의
직접적 참여에 의한 조합민주주의가 활성화되었다는 점을 확인해주고 있으
며, 1989년 시점에서의 민주적 노동조합들을 '전투적 기업별 조합'의 단계로
요약하고 있다.

한편 박덕제·박기성의 연구(1989, 1990)는 노동정책 수립을 위한 기초자료
를 제공하기 위한 목적으로 한국노동연구원에서 노동조합의 전반적인 실태
를 조사한 것이다. 이 연구는 한국노총 및 산하 연맹들의 조직구조와 주요활
동에 대한 연구(1989)와 전 산업에 걸친 1,186개 단위 노동조합의 실태를
조사한 연구(1990)로 이루어져 있다. 이 연구는 금속을 중심으로 한 민주노조
진영 뿐만 아니라, 전 산업의 모든 노조를 대상으로 한 것이라는 점에서
같은 시기에 이루어진 한사연 조사와 차이가 있다. 따라서 이 연구는 노조
설립시기와 상급노조, 업종에 따른 체계적인 비교가 가능하다는 장점이
있다.

이 연구에 따르면, 한국의 단위노조들은 조합원과 지도부 사이에 연령이
나 근속기간에서 별다른 차이가 없으며, 다만 노조위원장의 연령과 근속기
간은 노조설립 시기에 따라 상당한 차이를 보이고 있다. 이 연구는 리더십과
관련해, 대부분의 노조위원장이 임원보다는 평조합원이나 대의원 출신으로

과거 반집행부 성향이었던 경우가 많으며, 위원장의 선출방식은 대부분 직선이지만 임기전 위원장 교체가 빈번하다는 점을 지적하고 있다. 전임위원장의 재임기간과 관련하여, 불신임이나 임기전 사퇴의 비율이 높아 리더십의 불안정이 심각하다는 것이다.

위의 두 조사연구는 노동조합들의 리더십과 조직운영에서 1987년 이전과 이후 사이에 분명한 단절을 확인해주고 있으며, 조합민주주의의 활성화와 리더십의 불안정성을 공통적으로 지적하고 있다. 이 때 조합민주주의의 활성화와 리더십의 불안정성은 노동조합 지도부의 전면적인 세대교체와 활동노선의 변화와 긴밀하게 연결되어 있다는 점을 확인할 수 있다. 또한 이 연구들은 1987년을 전후로 기존노조와 신규노조 간에, 제조업 생산직 노조와 사무직 노조 간에, 대기업노조와 중소기업노조 간에 리더십의 성격, 활동노선과 조합원 참여 정도에 있어서 상당한 차이를 지적하고 있다.

그러나 이 연구들의 조사시점이 조직운영이 미숙하고 조합원들의 기대와 참여가 높은 노동조합의 초기 형성단계라는 점을 고려할 때 이후의 변화를 추적해볼 필요가 있다. 또한 공식적 조합체계에 대한 국가의 강한 통제와 공식체계 외부에서 자율적 노조의 형성이라는 당시 상황을 반영하여, 이 시기 노동조합 조직연구의 주요한 특징은 노동조합의 조직 내적 요인과 과정에 초점을 맞추기보다는 환경요인이 조직의 구조와 운영에 미친 효과를 강조하고, 국가-자본-노동 간의 관계적 관점에서 접근하는 경향을 보이고 있다는 점이다(최장집, 1988; 신광영·박준식, 1990).

2) 기업별노조의 조직적 특성과 내부 역학: 1990년대 초반

1990년 이후 민주노조운동의 공세가 완화되고 기업별 노동조합이 제도화 되기 시작함에 따라, 실태조사를 넘어서 기업별 노동조합의 여러 측면에 대한 인과적 분석이 시도되기 시작했다. 이러한 분석들은 기업별 노동조합들의 노선과 행동선택, 리더십의 성격과 변화과정, 조합민주주의의 형태와 내용, 선거를 둘러싼 노동조합 내부정치, 단체교섭의 제도화와 노동조합의 전문성, 노조 몰입도의 결정요인과 같은 이론적 쟁점화를 시도한다(신광영·박준식, 1990; 박기성, 1991; 김정한, 1994; 송호근, 1994; 이미란, 1994; 김동춘, 1995; 임영일·이성철, 1997; 임영일, 1998), 다른 한편으로 산별노조로의 조직형태 전환에 대한 논의가 활성화됨에 따라, 조직전환의 조건과 필요성, 산별노조의 교섭구조와 운영에 대한 외국의 사례들이 소개되기 시작했다(한국산업사회연구회, 1994; 임영일, 1995; 김금수 외, 1996). 이 연구들은 민주노조운동의 성장에 수반하여 노동운동의 조직적 과제를 정리하고 이에 대한 대안을 모색하려는 실천적인 문제의식에서 이루어졌다.

　기업별 노조의 조직과 활동에 대한 실증적 분석은 앞의 실태조사들에 기초해 신광영·박준식(1990)에 의해 시도되었다. 신광영·박준식(1990)은 국가-자본-노동 간 '생산의 정치'와 전략적 선택론의 시각에서, 노동조합의 조직적 특성과 결정요인들에 대한 분석을 시도했다. 그들은 노동조합의 조직적 특성에 대해, '단체협약의 최종 타결 권한', '연대운동에 대한 태도'를 종속변수로 하고, 노동조합의 설립시기, 조합규모와 산업(직종), 조합원들의 노조활동 참가율 등을 설명변수로 설정하였다. 이들의 분석에 따르면, 단체협약의 최종적 타결권, 즉 조합민주주의나 연대운동에 대한 태도는 모두 1987년 이후 설립된 노조나 생산직 노조에서 높게 나타나며, 1987년 이후 결성된 노조일수록 일반조합원들의 노조활동참가율이 높다는 것이다.

　또한, 박기성(1991)은 노동조합 내부의 정치과정을 분석하기 위해 중위투표자 모형과, 주인-대리인 모형, 게임모형 등의 몇 가지 경제학적 모형을 설정하고 이로부터 이론적 명제와 가설을 검증했다. 노조리더십의 불안정성에 대해서 조합원의 연령분포가 쌍봉 분포에 가까울수록, 타결 임금인상률이 낮을수록, 파업이 발생한 노조일수록, 조합의 규모가 작거나 위원장에 대한 감시가 쉬울수록, 직선제일수록, 위원장 교체 비율이 높은 것으로 평가하고 있다. 그에 따르면, 한국의 노동조합은 형식적인 측면뿐만 아니라, 위원장 교체의 빈도, 위원장의 권한, 반집행부 집단의 존재와 선거경쟁, 의견대립과 의사결정의 번복, 조합원의 참여 등과 같은 내용적인 면에서도 민주적 운영이 일반화되어 있는 반면, 대중성에 대한 과도한 집착으로 인해 조합운영의 전문성이 결여되어 있다는 것이다.

나아가 송호근(1994b)은 1990년대 노동조합이 해결해야할 가장 시급한 문제로 노동조합 리더십의 불안정을 지적하고, 이를 조합원의 참여요구와 제도화 수준의 불일치로 설명하고 있다. 그는 단위노조를 하나의 체제로 본다면 내부정치와 외부정치의 균형이 노조 리더십 안정에 필수적이지만, 체제순응적 리더십은 조합원의 민주화 요구에 의해 내부정치의 균열과 긴장에 직면하기 쉽고, 저항적 리더십은 외부정치로부터의 긴장이 내부정치의 체제균열을 가속화하는 현상에 직면한다는 것이다..

그는 조합원의 결속도와 단위노조의 정치적 저항 의식을 두 축으로 요인분석을 한 결과, 한국 노동조합들은 체제순응적인 기업노조주의와 체제변혁적인 산별노조주의의 대립구도로 수렴되고 있으며, 저항적 노조에서 리더십 불안정성이 심각하다는 것이다. 그의 결론은 현 단계 노동운동의 딜레마가 '경쟁의 개방성'과 '강력한 지도력'간의 모순이며, 이는 조직원리로써의 노조민주주의가 강력한 지도력을 전제로 계급적 이익을 지향하는 민주노조의 이념과 긴장관계에 있기 때문이라는 것이다.

그러나 김동춘은 '민주노조'란 특정한 운동이념을 지칭하는 것이 아니라, 강요된 노사협조주의를 거부하며 이익대변에 충실한 자주적 노조를 의미한다고 정의한다(김동춘, 1995:291). 김동춘에 따르면, 한국의 기업별노조는 요구의 투입과 조직의 문제해결 능력 사이에 심각한 괴리를 안고 있는 '과부하'된 노조이다. 때문에 한국 기업별노조의 리더십은 실리적 성향의 지도자와 연대 지향적 지도자로 분화되었고, 연대지향 간부들은 방어적 동원 행동을 선택하고, 실리지향 간부들은 사용자와의 협력을 선택하고 있다는 것이다.

노동조합의 내부역학과 관련하여, 그는 한국 대기업 노동조합들은 민주적 경쟁이 조직력 강화로 연결되지 않는 조합민주주의의 딜레마를 안고 있으며, 빈번한 집행부 교체로 지도력 재생산의 위기에 직면하고 있다고 지적한다. 이는 취약한 집행부가 가시적 성과를 위한 타협적 태도를 선택해 어용시비에 휘말리거나 선명한 강경 노선을 선택하여 징계구속 사태를 야기하기 때문이며, 단기적 이익에 대한 조합원들의 집착이 손쉬운 집행부 교체로 귀결되거나, 집행부가 조합내 반대파와의 갈등에 직면하기 때문이다. 결국 노조 지도자들의 활동노선은 도덕적 순수주의와 노동자주의, 편의주의적 타협주의로 극단화되어 나타나지만, 둘 다 적극적인 노선 선택의 결과라고 보기 어렵다는 것이다.

시기적으로 이들 연구보다 뒤에 이루어진 것이지만 이 시기 노동조합의 리더십과 조합행동에 대한 중요한 연구성과로 임영일·이성철(1997), 임영일(1998)을 꼽을 수 있다. 임영일의 연구는 계급정치의 거시적 지형 속에서 민주노조운동의 성장과 변화를 분석하고 있으며, 민주노조운동이 1990년대를 지나면서 온건화 되기 시작했고, 급진적 사회변혁의 이념과 결별하고 노동조합운동으로 재정립되었다는 것이다. 그에 따르면 1990년 이후 빈번한 리더십 교체 역시 경제적이고 조합주의적인 가치를 추구하는 과정의 불가피한 산물이었고, 노동자들은 단기적 이익을 극대화하기 위한 방법으로 협조적 리더십과 투쟁적 리더십의 순환적 교체, 투쟁적 집행부와 협조적 대의원의 결합을 선택했다는 것이다. 결국 1992년 이후 민주노조운동은 정치적 조합주의에서 경제적 조합주의, 전투성 게임에서 제도성 게임으로 변화했으며, 이념의 강화와 조직의 불안정보다는 이념의 완화와 조직의

안정을 선택했다는 것이다. 기업별노조의 내부역학과 관련하여, 위원장의
역할과 권한은 절대적이며, 1990년대 초반을 지나면서 선거경쟁에서 민주/
비민주의 구도는 약화되고 활동방향을 둘러싼 정책적 쟁점들이 중시되는
구조로 전환했다는 것이다. 때문에, 양대 노총의 리더십간의 차이는 과거보
다 축소되었으며, 기업별노조 중심의 현장활동에 대한 집중, 실리적이고
경제주의적 활동경향이 확대되었다는 것이다

　전체적으로 기업별 노조의 행동과 내적 역학에 대한 이러한 설명들은
리더십의 불안정성(송호근, 박기성), 기업별노조 체제의 한계(신광영·박준식,
김동춘, 김금수 외), 노동조합운동의 제도화 효과(김동춘, 임영일) 등 문제의식
과 강조점에 차이가 존재한다. 그럼에도 불구하고 이들 연구들은 자본과
국가의 노동배제적 전략과 조합원들의 단기적인 이익극대화 성향 등에
직면해서 조합지도부들에게 주어진 자율적 활동의 공간이 대단히 협소했다
는 점을 지적하고 있다. 또한 이 연구들은 1987년 이후 민주노조운동의
발전과정에서, 기업수준에서 시민권 획득과 교섭의 제도화, 기업별노조
체제의 공고화, 기업별 노조의 틀 속에서 조합민주주의의 활성화, 리더십의
불안정성과 취약한 전문성 등 노동조합의 내부정치와 외부정치의 특성들이
인과적 고리 속에서 밀접히 연관된 현상이라는 점을 확인해주고 있다. 이
연구들은 1987년 이후 기업별노조의 행동과 노선, 리더십의 특성과 제약요
인, 선거와 조합원 참여 등 조직연구의 여러 영역에 대해 이론적 쟁점화와
실증적 분석을 시도하고 있다는 점에서 앞 시기의 연구들에 비해 한 단계
진전된 모습을 보여주고 있다.

3) 조합원 참여와 리더십: 1990년대 후반 이후

　1990년대 중반 이후 민주노총의 출범과 노동법 개정, 1997년 경제위기를

통해 노동환경이 급격히 변화하면서, 양대 노총을 중심으로 노동조합 조직
활성화나 조직형태 전환과 관련된 정책적 검토와 연구가 본격화되었다.
이 시기에는 기업별 노동조합이 공고화되고 조합원들의 실리적 성향이
강화됨에 따라 노동조합운동의 활동전략을 재구성하고, 산별노조로의 전환
과정에서 제기된 조직적 쟁점을 해결하려는 문제의식이 주류를 이루고
있다.

여기에는 한국노총 중앙연구원과 한국노동사회연구소를 중심으로 노동
조합의 조직실태와 조직 활성화방안을 모색하는 연구들(이재열·권현지,
1996; 정이환·황덕순, 1996; 권현지, 1997; 권혜자, 1998; 이원보 외, 1998; 김정한,
1998; 황석만, 1999; 박태주, 2001)이 포함되며, 노동조합 리더십에 대한 관심도
계속되어 노조위원장의 노조활동 성향이나 노동조합의 내부정치, 상급노조
간부들의 실태에 대한 연구들(이성희, 1998; 조효래, 2000; 이병훈 외, 2001)이
이루어졌다. 또한 산별노조로의 조직전환 과정에서 제기되는 주요쟁점이나
상급단체들의 조직 및 교섭체계(강신준, 1997, 1999; 윤진호, 1998; 임영일,
2000)에 대한 검토가 본격적으로 이루어졌고, IFM 경제위기 이후 노동조합
조직률 하락이나 비정규노동자의 조직화(권현지, 1999; 김유선, 2001; 윤진호
외, 2001)에 대한 연구도 이루어졌다.

이재열·권현지의 연구(1996)는 1990년대 이후 노조활동의 안정화, 실리지
향적 경향의 강화, 참여추구 전략의 대두 등 새로운 양상이 전개되고 있고,
노조간 연대성은 실패했으나 기업 내부적으로 강한 동질화 효과를 보이고
있다고 평가하고 있다. 그들에 따르면, 리더십의 측면에서 노조 위원장
중 평조합원 출신은 크게 낮아져 조합운영의 불안정성은 개선되고 있으나
위원장의 임기전 교체 비율은 여전히 높게 나타나고 있다는 것이다. 한국노
총 소속 노조들은 조직의 민주화, 선거참여의 제도화가 뒤떨어지나 리더십
이 안정적인 반면, 민주노총 소속 노조들은 리더십 교체의 폭이 대단히

크다는 것이다. 중요한 것은 노조의 리더십 정립에 가장 큰 장애요인이 분파들간의 갈등이나 자본, 국가의 탄압보다는 조합원들의 무관심, 집행부와 일반조합원간의 의식 차이라는 것이다. 이는 조합원들의 실리주의적 성향이 강화되면서, 노조지도부와 평조합원 간에, 특히 젊은 20대 노동자와 개혁지향적인 30대 지도부간의 괴리가 존재하기 때문이라는 것이다.

이러한 경향을 반영하여, 정이환·황덕순(1996)은 조합원들의 개인주의화와 실리적 태도의 증가, 노동조합 참여 저하가 노동조합운동의 위기를 보여주는 징후라는 점에서, 조합원의 참여 실태와 그 결정요인을 파악하고 대응방안을 모색하고 있다. 이들은 골드소프의 '도구적 집단주의' 명제를 검토한 결과, 이 명제가 한국에서는 단지 부분적으로만 적용된다고 결론짓고 있다. 즉 조합원들의 노조가입 동기는 경제적이고 실제적인 혜택을 얻기 위한 것이며, 노조가 일종의 공동체로 기능하고 있지는 않지만, 노조 가입을 당연한 의무로 생각하는 의식도 강하다는 것이다.

노동조합 참여요인과 관련해서는 조합활동 참여가 노사관계 유형(대등-종속, 대립-원만)이나 노조의 활동방식, 정책에 의해 영향을 받는 반면, 노조 집행 참여에는 개인의 성향이 중요하다는 것이다. 조합원들은 '노조간부를 맡을 의사'와 관련하여 상당한 헌신을 보여주고 있지만, 20대 젊은 노동자의 참여도가 가장 낮아 참여에서 세대간 차이가 드러난다는 점을 확인해주고 있다. 또한 노동조합의 운영형태를 제도화된 참여 기회와 조합원 참여 여부를 기준으로 집행부 독점형, 집행부 주도형, 조합원참여형, 대항권력형으로 유형화할 때, 대부분의 노조가 집행부 주도형과 조합원 참여형에 속한다는 것이다.

앞의 연구들이 1997년 경제위기 이전 양대 노총 산하 전체 노동조합에 대한 실태조사에 근거한 것이라면, 이원보·김준·노중기·이민영의 연구(1998)는 1997년 경제위기 직후 11개 핵심적 노조에 대한 심층분석을 통해 노조운영의 현황을 점검하고 개혁방안을 모색하고 있다. 이 연구는 노동조합의 의사결정방식이나 참여실태에 대해서는 앞의 연구들과 유사한 결과를 보여주고 있으나, 개혁방안에 있어서는 차이를 보이고 있다.

예컨대 노중기는 기업별노조의 조직적 논리에 대하여 민주성과 효율성, 대중성과 전문성의 딜레마라는 틀을 대신해 노조의 민주적 대표성과 계급적 연대성의 통일이라는 관점에서 접근하고 있고, 조직실태에 대한 설명요인에 있어서도 조직특성 요인에 대해 조직환경 요인의 우선성을 강조하고 있다. 또한 노동조합 내부의 분파주의나 균열구조와 관련하여, 분파형성의 객관적 조건은 직종별 이질성, 정치적 운동노선, 학연과 지연, 지역과 지부, 인격적 갈등 등 다양하지만, 그것이 현재화될 가능성은 노조의 규모와 업종에 따라 크게 다르며, 특히 회사에 의한 지배개입 정도, 노동조합의 운동노선과 노사관계 전통이 중요하다는 것이다. 자본의 조직적 개입이나 신경영전략은 조합내 분파주의나 노선대립과 밀접히 관련되어 있으며, 자본이 노-노 갈등을 조장한 경험이 있는 경우 단결과 연대에 대한 강한 정서적 공감이 존재한다는 것이다.

김준은 조합원 의식에서 대기업일수록 실리지향적 성격이 강하지만, 여전히 산별노조로의 전환에 대한 강한 문제의식을 갖고 있어 연대지향적 의식의 잠재력이 남아 있는 상태라고 진단한다. 또한 형식적인 조합민주주의는 대기업일수록 잘 제도화되어 있으나 내용적인 조합원 참여는 조직규모와 비례하지 않으며, 지도부의 유형이나, 사업장의 조직적 특성, 노조내 핵심집단의 존재 여부에 좌우된다는 것이다. 그는 조합원 참여의 약화가 개인주의적이고 실리주의적 성향의 확산, 임금보다는 삶의 질에 대한 관심, 노조활동에 대한 고정관념 등 조합성공의 역설 때문이며, 조합원을 대상화시키는 타성적 동원이나 투쟁 역시 주요한 원인으로 지적하고 있다. 리더십과 관련하여 조합간부 기피현상이 확산되고 있으며, 대의원들의 역할과

활력이 현저히 약화되었다는 점을 지적하고 있다. 뿐만 아니라 과도한 분파
주의는 노조 집행부의 대표성을 약화시키거나 현장조직의 활력을 약화시킨
다는 점을 강조하고 있다.

반면에 조효래(2000)는 이념적 균열에 따른 현장조직들의 경쟁에 대해
보다 긍정적인 평가를 내리고 있다. 그는 대기업노조의 사례를 통해 노동조
합 내 균열의 구조와 현장조직들이 노조의 의사결정과정에 개입하기 위한
자원동원 기제, 집행부와 현장조직들의 관계를 분석하고 있다. 그에 따르면,
한국 노동조합의 중요한 특징은 제도적 교섭과 전투적 동원의 딜레마이며,
이것은 노동조합이 합법화, 제도화되었음에도 불구하고 노동에 대한 자본
과 정부의 배제적 전략이 지속되고 있는 상황을 반영한다는 것이다.

한편, 상급노조 수준에서 노동조합의 조직실태와 산별노조로의 전환과정
을 분석한 것으로 윤진호(1998)의 연구가 있다. 이 연구는 그간 산별노조로의
전환에 대한 규범적 논의나 외국사례에 대한 소개를 넘어, 노동법 개정이후
양대 노총의 조직체계 변화와 산별노조 건설운동의 동향과 대표적 사례들을
분석하고 있다. 이병훈·노광표·오건호·인수범(2001)은 상급노조의 역할이
커지는 가운데 상급노조 상근간부들의 전문성을 극대화하기 위한 정책적
필요성이 증가하고 있다는 문제의식에서, 상근 간부층의 역사적 형성과정
과 실태에 대한 분석을 시도했다. 이 연구는 전국수준에서 활동하는 직업적
노조활동가들에 대한 최초의 연구로서 상급노조의 리더십 연구에 많은
시사점을 제공하고 있다. 이들에 따르면, 한국노총의 채용직 상근간부들은
노동운동 외부에서 충원된 보조적인 실무전문가형에 속하는 반면, 민주노
총의 상근간부들은 학생운동과 현장 활동가들로부터 주로 충원된, 이념적
의식성과 전투적 실천지향성을 강하게 지닌 활동가 유형에 가깝다는 것이
다. 정책적으로 채용직 상근간부들의 저임금과 임금격차의 해결이 시급하
며, 상근간부들에 대한 전문성의 요구는 증대하는 반면에 일상적이고 관성

적 업무로 인해 그 전문성은 떨어지고 있다는 점을 지적하고 있다.

이외에도 경제위기 이후 노동시장 구조의 급속한 변화에 따라 비정규직 노동자들에 대한 조직화문제가 노동운동의 계급적 대표성을 확보하는 것과 관련하여 주요한 과제로 제기되었다(윤진호 외, 2001).

4) 노동조합 조직 연구들의 연구경향

이상 노동조합의 조직역학에 대한 국내 연구들에서 확인되는 몇 가지 경향과 쟁점들을 정리해보면 다음과 같다.

먼저, 연구영역과 관련하여, 그 동안 노동조합 조직에 대한 연구들은 노동조합의 행동 및 노선, 그리고 조합민주주의라는 두 영역을 중심으로 이루어져왔다. 전자는 노동조합의 조직형성과 제도화라는 측면에서 조합행동을 설명하려는 연구들로서 제도화의 효과에 따른 조합의 정체성, 활동노선의 변화를 분석한 것이고, 후자는 리더십의 특성과 조합원의 참여 등 조합민주주의의 쟁점을 중심으로 조직운영과 구조를 분석한 것으로 요약될 수 있다. 이 두 영역은 노동조합의 민주적 대표성과 계급적 연대성의 통일, 리더십의 안정성과 조합원 참여, 관료제적 효율성과 민주적 의사결정, 투쟁성과 전문성 등의 쟁점과 연관되어 있다. 그러나 한국의 경우, 조합의 목표와 행동에 대한 의사결정에서 노조위원장이 거의 절대적인 권한을 갖고 있다는 점에서, 리더십의 특성과 행위지향, 조합의 활동노선의 두 가지 영역은 서로 밀접히 연관되어 있다.

둘째, 기업별노조의 조합민주주의에 대한 연구의 초점이 리더십의 불안정으로부터 점차 조합원 참여와 노동조합 정치(선거와 분파주의)로 옮겨가고 있다. 1987년 이후 노동조합의 형성과 승인단계에서 초기 리더십은 조합원들의 요구와 외부로부터의 압력 사이에서 심각한 불안정을 경험했고, 이는 노동조합 조직 자체의 불안정과 밀접히 관련되어 있었다. 때문에 초기의

연구들은 조합원들의 높은 기대에 부응하지 못하는 취약한 리더십, 사용자
와 정부가 용인할 수 없는 강경한 리더십이 직면한 딜레마를 분석하는데
집중되었다. 여기에는 리더십 특성, 조직내부 혹은 외부와의 관계에서 나타
나는 리더십의 유형, 리더십의 지향과 특성에 영향을 미치는 요인, 리더십의
안정성과 재생산구조, 리더십에 대한 조합원들의 기대와 평가 등이 포함되
었다.

그러나 1990년대 중반을 지나면서 점차 기업별노조가 제도화되고 경제적
조합주의로의 전환이 이루어짐에 따라 노동조합의 안정성과 제도적 권력이
증가했고, 조합권력을 둘러싼 조직적 경쟁과 선거정치가 활성화 되었다.
이에 따라 노동조합 내부의 균열구조와 정치과정이 직접적 연구대상으로
부상하기 시작했고, 조직내 의사결정과정에 대한 권력관계적 시각이 일반
화되어, 선거와 균열의 구조, 자원동원의 기제, 조합 집행부와 조직적 반대파
의 관계 등이 연구되기 시작했다. 또한 교섭의 제도화에 따른 타성적 투쟁과
조합원의 실리주의, 개인주의화, 고령화에 따른 조합원 참여 저하가 중요한
쟁점이 되기 시작했다. 때문에 조합원 참여에 영향을 미치는 요인들에 대한
탐색이 시작되었고, 일부에서는 노동조합 지도부의 관료화에 대한 문제제
기가 이루어지기도 했다.

셋째, 노동조합의 행동에 대한 설명변수로서 외적 요인(국가 및 자본과의
관계)으로부터 내부적 요인으로 강조점이 이동하고 있다. 외부정치로부터
내부정치로, 노동정치로부터 노동조합정치로의 이동이 점진적으로 이루어
지기 시작했다. 이 때, 내부정치는 조합민주주의를 통해 조합원의 자발적
참여를 유도하고 조합내부의 갈등을 조정함으로써 조합원의 결속력을 강화
하고 행동의지를 증가시키는 과정이라면, 외부정치는 노동계급 내부의 연
대, 자본, 국가와의 교섭 및 투쟁과 관련된 쟁점을 의미한다.3) 외적 요인에

---

3) 송호근에 따르면, 노동조합 내부정치는 '조합원의 결속도와 직접 관계되는 것으로
   분파들간의 갈등해소, 정책결정 방식, 절차적 합법성, 조합원 의견수렴 등에 관한

의한 설명은 단일한 행위자로서의 노동조합과 국가, 자본 사이의 전략적
상호작용, 교섭과 투쟁에 의해 특징 지워지는 노동정치를 강조하는 반면,
내적 요인에 의한 설명은 노동조합을 조직론적 시각, 권력관계적 시각에서
접근하는 것을 의미한다. 따라서 설명의 중심축은 탄압과 투쟁과 같이 외부
환경의 자극에 대한 반응으로부터 조합내부의 대표성과 참여, 행위자의
가치와 행위선택으로 이동해 왔다.

넷째, 활동노선 혹은 조직 내부의 균열 구조와 관련하여, 실리지향과
연대지향의 구분은 여전히 유효하다. 이는 일방적 노사협주주의와 전투적
조합주의의 구분 선이 거의 소멸함에 따라 한국노총과 민주노총 계열 사이
의 차별성은 상대적으로 약화되고 있는 반면, 실리지향과 연대지향이라는
민주노조운동의 내적 분화가 진행되는 상황을 반영하고 있다. 이러한 경향
은 형성단계에서 전투적인 대중동원과 정치적 조합주의 경향을 갖고 있던
민주노조운동이 단체교섭의 제도화와 조직 합법화 과정에 의해 내적으로
분화되는 과정을 반영한다. 물론 일반조합원 수준에서의 조직적 균열과
분화라는 형태는 아니지만 대부분의 노동조합에서 이러한 균열은 실질적인
기반을 갖고 있는 것으로 보이며, 이는 사회운동적 노동조합운동으로부터
공식적인 사회제도로의 변화라는 제도화의 효과를 반영하는 것이다. 특히
조합원의식에서 20대 이하와 40대 이상 평조합원들의 실리주의, 개인주의
화 현상과 30대 조합간부의 집합주의적인 세대적 경험의 괴리가 과연 평조
합원들의 실리지향과 조합간부의 연대지향의 격차를 만들어내고 있는가라
는 쟁점을 제기하고 있다.

마지막으로, 1990년대 중반 이후 노동조합 조직연구의 관심이 기업별노
조에서 상급노조에로 이동하는 모습을 보여주고 있다. 현재까지 기업별노

집행부의 행위양식'을 지칭하며, 외부정치는 '노조리더십에 가해지는 조직 외부적
구속력의 수용방식으로 상급노조의 선택과 가입여부, 국가정책에의 순응정도 및
타 노조와의 연계 수준 등에 대한 행위양식'을 지칭한다(송호근, 1994b).

조에 대해서는 노조의 역할과 리더십 성격, 내부정치 등 조직역학에 관한 이론적 설명들이 축적되어왔지만, 상급노조에 대한 연구는 아직 조직현황에 대한 초보적 실태조사와 쟁점에 대한 문제제기의 차원을 넘어서지 못하고 있다. 이는 상급노조의 조직형태가 아직 유동적이고, 역할이 취약하거나 활동이 체계화되어 있지 못한 현실을 반영한 것으로 보인다. 그러나 산별노조로의 전환과 경제위기 이후 노정관계가 전면화 되면서 상급노조들의 기능과 역할, 관료화 가능성과 조직혁신, 선거정치에 관한 관심이 확산되고 있다. 따라서 상급노조의 조직운영과 리더십, 내부정치 등에 대한 이론적이고 체계적인 연구의 축적이 시급한 실정이다. 또한 '사회적 합의주의'를 중심으로 한 활동노선의 쟁점, 비정규직 문제를 매개로 민주노조운동의 대표성과 정체성의 문제가 제기되기 시작했고, 조합간부들의 전문성에 대한 정책적 관심도 증가하고 있다.

4. 연구의 시각과 과제

그간의 연구동향과 쟁점들을 고려할 때, 한국에서 노동조합의 내부정치와 행동에 대한 많은 분석들이 이념형과 유형화에 의존해왔지만, 각 유형들을 설명하는 인과적 변수에 대한 분석은 심도 깊게 이루어지지 못한 감이 있다. 풀이 지적하고 있는 바와 같이, 조합행동의 핵심적 순환구조를 설명하기 위해서는, 외부적 환경의 압력과 함께, 조합원들의 참여와 압력의 정도, 조합정책에 대한 조합원들의 기대, 조합원들의 의견이 지도부에 의해 수용되는 정도, 조합원들의 견해에 대한 해석, 조합지도부의 가치판단, 조합행동에 대한 조합원들의 평가와 같은 요인들(Poole, 1980: 151)뿐만 아니라, 조합내부의 균열과 다양한 집단들의 상이한 이익들과 분파형성, 조합내 정치과정간의 인과적 관계가 고려되어야 한다. 즉 ① '도구주의'와 같은 조합원 성향, 조합원의 기대와 참여의 정도, ② 조합내부의 균열구조와 분파들간의 선거경쟁, ③ 리더십의 성격과 가치들이 인과적으로 어떻게 연결되어 노조 지도부의 전략선택과 조합행동에 영향을 미치는지가 분석되어야 한다.

노동조합 조직연구는 노조의 행동과 조직운영에 영향을 미치는 환경적 요인과 객관적 구조, 주관적 요인들을 종합적으로 고려한 분석틀을 필요로 한다. 노동조합의 행동과 내부민주주의에 대한 분석은 조직으로서의 노동조합을 하나의 체계로 놓고 내부정치와 외부정치, 양자 간의 인과적 관계를 설명하는 방식으로 이루어지는 것이 필요하다. 외부정치를 통해서 외부 환경의 압력이 조합활동가들의 가치와 이념, 조합원들의 요구를 어떻게 규정하며, 특히 노동조합 제도화의 범위와 한계를 어떻게 규정하는가를 분석할 수 있다. 마찬가지로 외부정치의 효과가 내부정치의 과정, 즉 내부분파의 형성과 선거경쟁, 조합원의 참여수준과 형태, 리더십의 성격과 가치지향의 상호작용에 어떻게 영향을 미치는가를 분석할 필요가 있다.

내부정치의 측면에서는 일차적 행위자인 단위노조 전임간부와 비전임 대의원이나 현장조직 간부들, 전국수준의 상급노조 간부들이 자신들의 행동에 대해 어떻게 평가하고 그 선택을 어떻게 정당화하고 있는가를 분석하는 것이 필요하다. 골든이 지적한 바와 같이, 노동조합 간부들은 외부환경의 한계 내에서 상대적으로 자율적인 의사결정의 주체로서 행동하기 때문에, 그들이 자신의 기능과 역할에 대해 무엇을 생각하는가, 환경의 압력과 기회 혹은 자신의 목표와 관련해서 자신들의 행동을 어떻게 평가하는가를 검토하는 것은 조합의 전략과 행동의 선택에 결정적으로 중요하다(Golden, 1988). 한국의 경우 기업별노조의 조직형태 전환이 노동조합운동에 대한 가치, 조합목표에 대한 정의방식과 연관되어 있다는 점에서 산별노조로의 전환과 같은 '결정적인' 조직적 결정이 행위자들에 의해 어떻게 이루어지고 그것이

〈그림 1-1〉 노동조합정치와 조합행동

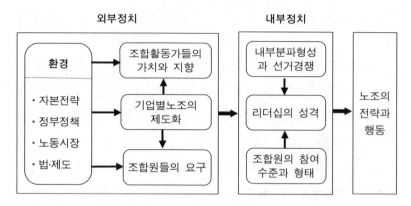

이후의 행위를 어떻게 규정하는가를 분석하는 것이 필요하다. 이러한 연구 시각은 <그림 1-1>과 같이 도식화될 수 있을 것이다.

현재의 연구는 노동조합 내부의 이러한 변화에 초점을 맞추어 1997년 이후 민주노조운동 내부의 의사결정과정과 내부정치의 특징을 분석하고, 이를 통해 노동조합의 전략 선택과정을 해명하는 것을 과제로 한다. 특히 산별노조로의 조직적 전환과 같은 '결정적인' 조직적 의사결정을 둘러싼 내부정치를 분석의 초점으로 한다. 금속산업의 노동조합으로 한정할 경우, 노동조합 조직연구는 산별노조로의 전환, 대기업노조와 상급노조의 관계라는 측면이 주요한 관심의 대상이라는 점을 고려해야 한다. 때문에 리더십과 내부정치에 대한 연구의 지평은 기업별노조로부터 상급노조로 확대되어야 하고, 기업별노조 체제 하에서 활동가들의 가치와 신념, 분파들 간의 선거경쟁, 조합원들의 요구와 참여가 이러한 의사결정과정에 인과적으로 어떻게 연결되어 있는가를 분석해야 한다.

나아가 조합민주주의는 내적으로 다양한 차원을 가질 뿐만 아니라, 시기와 맥락에 따라 조합민주주의의 특정한 속성 요소들의 중요성이 달라진다. 조합민주주의를 선거를 통한 집행부에 대한 견제, 조합원 요구에 대한 반응

성으로 해석할 때, 한국의 기업별노조들에서 조합민주주의는 매우 활성화
되어 있으며, 이는 주로 조합원과 지도부의 거리가 최소화되고 조합원들의
동원을 주된 조직자원으로 삼아 온 기업별노조의 전통에서 비롯된다(조효래,
2003). 그러나 조합민주주의를 조합원들의 의사결정 참여와 권한을 강화하
는 문제로 해석할 때, 조합민주주의에 대한 평가는 상당히 달라진다. 일반적
으로 조합원들이 조합민주주의를 평가하는 기준은 조합의 주요한 방침을
결정하는 과정에서 일정한 절차와 참여가 이루어지고 있는가 여부이다[4].
그러나 민주적인 의사결정과정은 대결적 노사관계 하에서 자본에 대항한
신속하고 효율적인 대응을 어렵게 한다. 노동조합의 목표가 자본관계에서
의 효과적 대응이므로, 조합민주주의는 자본과의 대외적 관계에 대한 고려
없이 조직내적인 문제로만 접근할 수 없다. 자본과의 관계에서 새로운 현안
이 계속 발생하고 끊임없는 충돌과 즉각적인 대응이 필요한 긴장상태에서,
많은 조합간부들은 조합원들의 의사결정 참여와 토론의 높은 비용, 의사결
정의 지연과 즉각적 대응의 어려움으로 인해 충분한 토론과 참여를 고집하
기 어렵다.

　설사 충분한 시간과 여유를 두고 의사결정을 진행한다고 하더라도 노조
내부의 의사소통과 정보의 교류, 밑으로부터 토론의 조직화, 조합원들의
의견수렴과 의사결정 참여는 그것을 가능케 하는 통로를 필요로 한다. 그러
나 취약한 현장 조직력이나 현장간부의 부족은 밑으로부터 토론을 조직하고
의견을 수렴하여 결의를 모아 내는 것을 어렵게 한다. 취약한 조직역량과
과도한 부담, 현안 중심의 단기적 투쟁은 일상 활동에서의 토론과 교육선전
을 어렵게 하고 조합원들의 의사결정 참여를 제약한다.

　조직내 의사소통과 의사결정의 시스템을 확립하는 문제는 기업별노조에

---

4) 노조현안과 상황에 대한 정기적인 보고, 임·단투 요구안 작성과정에서 분임조 형태
　의 현장토론, 임·단협 타결과정에서 잠정합의에 대한 설명과 민주적 의견 수렴,
　투표 전의 충분한 토론기회 등이 주요한 평가기준이다.

비해 산별노조의 조직운영에서 더욱 심각한 문제로 제기된다. 자본과의 외적 관계를 고려할 때, 조직운영은 조합방침에 대한 의사결정과정에서 의견 수렴과 참여, 동의를 획득하는 과정일 뿐만 아니라, 조합 방침의 구속력과 집행력을 강화하는 문제를 내포한다. 이는 조합민주주의를 단순히 리더십의 관료화나 선거경쟁의 문제로 접근하기 보다는, 조직전환의 과도적 단계에서 각 조직단위들의 기능과 역할을 활성화하고 조직역량을 강화하여 제도화하는 문제로 파악해야 한다는 것을 의미한다. 한국의 대결적 노사관계 하에서 특히 산별노조들의 조합민주주의는 조직체계, 조직능력의 문제이다5). 의사결정과정에서 현장의 의견을 수렴하고 정서를 반영하며, 조합방침의 집행과정에서 조합의 방침을 설명하고 투쟁을 조직하는 현장 조직역량과 체계를 고려해야 한다.

결국, 노동조합 조직 내부의 역학과 관련하여, 상급조직과 단위노조 간의 역할 재조정, 조직규모의 증대와 정치적, 정책적 쟁점의 부상에 따른 리더십의 역할 증대, 노동조합의 집합적 정체성의 재구성과 조직적 분파의 형성, 조직운영상의 조합민주주의에 대한 요구와 같은 현상들이 주목되어야 할 것이다. 특히, 민주노조운동의 핵심부문인 금속산업의 경우에는 노동조합 의사결정과정과 내부정치의 변화를 분석하기 위해서 ① 금속산별노조와 금속산업연맹, 대기업 노조들의 조직운영상의 특징과 상-하부조직 간의 관계를 통해 의사결정과정을 분석하고, ② 리더십의 성격과 재생산, 가치지향, ③ 내부분파의 형성과 선거경쟁을 중심으로 내부정치의 과정을 고찰해야 한다.

이러한 측면에서 해명되어야 할 과제들은 다음과 같다.

먼저, 노동조합 조직의 여러 수준들, 특히 연맹과 산별노조, 지역지부,

---

5) 그것은 최고 집행기구와 현장 조합원을 연결하는 매개적 단위들의 기능과 역할을 어떻게 활성화하는가의 문제이며, 이는 본조-지부-지회-분회로 이어지는 수직적 집행 체계와 수평적인 대의원 조직의 기능과 역할과 관련되어 있다.

대기업노조, 작업장 활동가 혹은 현장조직들의 기능과 역할이 어떻게 분화되고 내부통제와 조정이 이루어지고 있는가 하는 점이다. 산별노조로의 조직전환은 기업별노조의 자원과 권한을 상급노조로 이양하는 것을 전제로 하기 때문에 상급단체와 단위노조간의 역할을 재조정해야 하는 과제를 안고 있다. 이는 산하조직에 대한 상급노조의 내부통제와 상급노조의 의사결정에 대한 단위노조의 영향력을 분석하는 것을 필요로 한다.

대부분의 조합원들이 여전히 기업별노조에 소속감을 갖고 있고 인력과 재정이 단위노조에 집중되어 있는 상황에서, 상급노조는 어떠한 방식으로 필요한 자원을 동원하며 독자적인 권력자원과 자기 완결적 활동구조를 갖고 있는 대기업노조를 통제하는가, 산별노조로의 전환과정에서 대기업노조는 상급노조의 의사결정과정에 어떠한 영향을 미쳤으며, 상급노조의 활동과 상호관계에 대해 어떠한 인식을 갖고 있는가를 분석하는 것이 필요하다. 뿐만 아니라 조합원들과의 관계나 국가 및 사용자와의 교섭, 투쟁과정에 대한 인식의 차이에도 불구하고, 조합내 각 수준(단위노조와 상급노조)과 행위자들(대기업과 중소기업, 정규직과 비정규직, 남성과 여성 등) 사이에 어떠한 상호의존의 구조와 규범적인 이데올로기가 전체로서 민주노조운동의 응집력을 가능하게 하는 가도 중요한 관심의 하나이다.

둘째, 단위노조와 상급노조 수준에서 노동조합 리더십의 가치와 태도, 그리고 이에 영향을 미치는 요인들에 관한 것이다. 노동조합 조직의 성격은 많은 경우 조직 지도부들의 성향과 활동방식에 의존한다. 노동조합 간부들의 이념적 지향성과 노사관계에 대한 인식, 활동방식에 따라 조직의 운영과 전략선택의 방향도 상당한 정도 규정된다. 금속산업의 노동조합들에서 리더십은 어떻게 형성되었고, 어떠한 재생산구조와 경력특성을 갖고 있는가, '산별노조로의 전환'의 조직적 결정에 대해, 노동조합 간부들과 활동가들이 어떠한 가치와 태도를 보였고, 이에 영향을 미친 요인들이 무엇이었는가하는 점이다.

현재 민주노조운동의 중심이 대기업 노조에 있다는 점에서, 기업별노조
의 간부들이 현재의 노사관계나 노동조합의 운동노선, 자신의 개인적 전망
에 대해 어떤 생각을 하고 있고, 노동조합의 현장기반은 어떠한 상황에
처해 있는가를 분석하는 것이 필요하다. 왜냐하면, 여전히 노동운동의 권력
자원이 평조합원 동원에 기초하고 있으며, 조직 및 교섭구조가 분권화되어
있는 상황에서, 상급노조의 활동노선 역시 현장 리더십의 성향과 요구에
의해 규정될 수밖에 없기 때문이다.

그러나 기업별 노조의 리더십이 조합원들의 동질적인 구성, 조합원들의
일상적 요구에 기초한 직접적 참여에 기초하고 있으며, 조합활동의 성과
역시 간부들의 전문성보다는 투쟁의지 및 대중동원에 의해 결정되는 반면,
상급노조의 리더십은 하위집단들의 의견을 조정하고 정세에 따라 중장기적
목표에 대한 고려를 해야 하는 위치에 있다. 따라서 상급노조의 지도부들이
투쟁의 목표와 수단을 선택하고 스스로의 활동을 평가하는데 있어서 어떠한
기준을 적용하고 있으며, 제도적 교섭을 통해 성취할 수 있는 목표에의
타협과 계급적 원칙에 입각한 비타협적 투쟁 사이의 긴장을 어떻게 해결하
고 있는가가 중요한 관심이다. 또한 조합지도부의 급진적인 세대적 경험과
비교해 조합원의식의 실리주의화가 진행되고 있다면, 조합내 상층과 하층
의 균열이 리더십의 행위양식에 어떤 영향을 미치고 있는가의 문제도 분석
되어야 할 것이다.

셋째로 노동조합 내부의 균열구조와 조직적 분파들의 선거경쟁에 대한
분석이다. 이는 민주노조운동의 분화와 집합적 정체성의 재구성이라는 측
면에서 중요한 쟁점으로 부각되고 있다. 1997년 이후 민주노조운동 내부에
서는 투쟁방향을 둘러싸고 조직적 분파가 형성되고 선거를 둘러싼 내부정치
가 활성화되고 있다. 따라서 노동조합정치의 균열구조, 노동조합 내부의

조직적 분파들이 어떻게 형성, 분화되었으며, 이들이 노동조합의 전략형성
에 어떻게 개입하고 영향력을 행사하는가에 대한 분석이 필요하다.

또한 노동조합 내부에서 분파들의 경쟁은 선거정치로 표현되며, 이러한
내부정치의 특성은 조합민주주의의 내용 및 조합행동의 방향에 직접 영향을
미친다. 이러한 측면에서, 노동조합 내부정치의 특성과 이에 영향을 미친
요인들을 분석하는 것이 중요하다. 노동조합내 분파들간의 균열구조는 이
념적 지향이나 파벌적인 요소를 갖고 있으면서도 동시에 조합목표 달성을
위한 가장 효과적인 권력자원들을 어떻게 이용하고자 하는가의 지향과도
관련되어 있다. 켈리와 히어리가 강조하듯이, 노동조합의 정책지향은 조합
목표 달성을 위해 노동조합 지도부가 조합이 이용할 수 있는 가능한 권력자
원들(조합원들의 행동의지, 조합들 간의 연대, 자본의 동의와 지지, 노사간의
집합적 협약, 정부의 개입과 입법, 여론, 리더십의 숙련이나 전문성) 중 어떠한
것들을 어떻게 이용하고자 하는가 하는 지향과도 밀접히 관련되어 있기
때문이다(Kelly & Heery, 1994).

마지막으로 조합원들의 참여수준과 형태에 대한 분석이다. 많은 연구들
이 지적하고 있는 바와 같이, 노동조합의 형성기에는 조합원들의 대중적
열기가 높고 조합에 대한 관심이나 기대가 높아 조합민주주의가 활성화되지
만, 조합활동이 일상화되면 이러한 열기가 지속되기 어려운 것이 일반적이
다. 노동조합이 조합원들에게 이차집단의 성격을 갖는가, 공동체적 성격을
갖는가에 따라 달라질 수 있지만, 노동조합의 제도화와 함께 조합원들의
일차적 관심인 경제적 혹은 직무관련 교섭이 조합원들의 대중적 참여 없이
도 이루어질 수 있다는 점에서, 조합원들의 지속적인 참여 혹은 책임 있게
행동하려는 의지를 동원하는 것은 쉬운 일이 아니다. 조합원의 참여는 노조
에 대한 충성, 책임성, 신념과 같은 노조몰입도 뿐만 아니라 노조의 투표나
집회, 모임, 조합선거에서 후보로의 참여, 노동자정당에의 참여 등 그 수준뿐

만 아니라 형태에 있어서도 다양하다. 변화된 조건에서 조합원들의 참여의
수준과 형태, 그것이 리더십의 성격에 미치는 영향도 중요하게 검토되어야
할 것이다.*

---

* 경상대학교 사회과학연구원 엮음. 2002. 『신자유주의 구조조정과 노동체제의 변화』
(한울)에 발표된 논문을 수정·보완하였음.

제2장

노동력 재생산연구의 동향과 쟁점

1. 문제제기

1997년 경제위기는 우리 사회의 각 영역에 많은 문제를 야기하였지만 그 중에서도 가장 심각한 것이 소유불균형의 악화 문제이다. 경제위기 이후 부의 불평등 배분와 빈곤화 문제를 분석한 연구들은 공통적으로 계층간 불평등이 급속히 악화되어 왔음을 보여주고 있다(정건화·남기곤, 1999; 김동춘 외, 2000; 이우성, 2001; 이정우·이성림, 2001; 정진호, 2001; 성명재, 2001). 이 과정에서 대부분의 국민들이 경제적 고통을 감내해 왔지만 중요한 점은 이 고통이 모든 계층에게 공평하게 배분되었는가 하는 점이다. 부유층은 자산가치의 상승과 근로소득의 상대적 상승으로 고통의 분담에서 제외되고 있는데 반해, 근로소득자와 빈곤층은 사회적 안전망의 부재 속에서 대량실업과 소득의 실질적 감소로 더욱 더 고통 받고 있다. 특히 노동자는 대부분 자신의 임금노동에 의해 생존하고 재생산되기 때문에, 소득분배의 악화가 계층간에 미치는 차별적 효과가 클수록 노동력 재생산도 보다 심각한 장애를 경험할 수밖에 없다. 이 점은 노동자 가계의 입장에서는 삶의 질의 악화로 나타나지만, 사회적으로는 안정적인 자본축적의 조건이 심각하게 훼손되고 있음을 의미한다.

이 글의 문제의식은 '1997년 경제위기 이후 노동계급의 노동력 재생산구조가 어떤 변화를 겪어 왔는가' 하는 것이다. 경제위기 이후 진행된 구조조정의 결과, 노동계급과 여타 계급간의 소득분배는 어느 정도 악화되었으며 그 원인은 무엇인지, 노동계급 내부에 존재하는 다양한 계층들 간의 소득분배구조는 어떤 변화를 겪었는지, 소득분배 구조의 변화는 계급 간 소비지출 양식에 어떤 차이를 낳게 되었으며 노동계급의 경우에는 변화된 소득분배에 어떤 방식으로 적응하여 노동력을 재생산하여 왔는지, 노동력 재생산을 위한 미시적·거시적인 제도적 기제는 어떻게 변화되어 왔는지, 노동력 재생산구조의 변화는 축적체제의 변화에 어떤 효과를 미치게 되는지 등의 여러 문제들이 제기된다.

이 글에서는 소비생활을 통한 노동력 재생산구조에 초점을 맞추어[1] 기존 연구들을 살펴보고, 시기별로 주요 문제의식과 쟁점, 연구성과와 한계를 검토한다. 또한 기존의 연구에 기반하여 경제위기 이전의 노동력 재생산구조는 어떤 특징을 지니고 있었으며, 경제위기 이후 노동력 재생산구조의 변화 양상은 어떠한지를 정리하고, 노동력 재생산구조의 변화에 관련된 쟁점들을 검토하고 가설을 탐색한다. 끝으로 연구의 시각과 연구의 과제를 제시한다.

2. 시기별 연구동향

노동력 재생산 영역은 임노동분석의 주요한 영역임에도 불구하고 학문적

---

1) 노동력 재생산에 대한 연구는 세 가지의 영역으로 나눌 수 있다. 첫째는 국가가 교육, 복지, 재정·금융의 정책적 수단을 통하여 노동력을 재생산하는 제도적·거시적 영역이고, 둘째는 보다 미시적으로 기업내의 숙련 형성, 기업복지 등을 통해 노동력이 재생산되는 영역이며, 셋째는 임금을 기반으로 소비생활을 함으로써 노동력이 재생산되는 영역이다.

관심에 비해 그 연구성과는 많지 않다. 지금까지의 연구동향은 크게 세 시기로 구분될 수 있다. 첫 번째 시기는 1980년대 중반부터 후반까지이고, 두 번째 시기는 1990년대 초반부터 1997년 경제위기가 발생하기 이전까지이고, 세 번째 시기는 경제위기가 발생한 다음부터 지금까지이다. 시기별로 나누어 문제의식과 쟁점, 연구성과와 의의, 한계를 간략히 살펴보면 다음과 같다.[2]

1) 저임금구조와 노동력 재생산: 1980년대 중반~1980년대 후반

노동력 재생산을 새로운 연구영역으로 발굴하고 본격적인 연구가 이루어진 시점은 1980년대 중반부터였다. 이 시기부터 1980년대 후반까지 이루어진 연구들은 '장시간 노동과 억압적 노동통제, 저임금구조는 노동력 재생산에 어떤 영향을 미치는가? 노동력 재생산상의 위기가 나타난다면 노동자들은 어떻게 노동력 재생산을 하여 계속 경제활동에 참여하는가? 노동력의 재생산이 사회적으로 유지되는데 비자본제 부문은 어떤 관련을 맺고 있는가?'라는 문제의 해명에 초점을 두었다.[3] 주요한 연구성과는 박희(1985), 정이환(1986), 정건화(1987), 김형기(1987), 김애령(1987), 팽경인(1988), 백욱인(1989)를 들 수 있다.

이 시기에 주목되는 연구는 정이환(1986)과 정건화(1987)이다. 정이환(1986)은 생산직 남성노동자를 중심으로 저임금구조에 적응하는 방식을 분석하였다. 그는 노동자가구 소득에서 가구주 근로소득의 비율이 높고 가구주의 단독취업가구가 많다는 점을 근거로 노동자의 노동력 재생산이

---

2) 노동력 재생산에 대한 연구성과가 빈약하기 때문에 이에 대한 연구사의 정리도 간략하게만 언급되어 왔다. 1990년 이전까지 노동력 재생산에 관한 연구사 정리는 김형기(1990: 303-306)를 참조.

3) 이러한 문제설정에는 '노동에 대한 국가와 자본의 압도적인 계급적 우위'라는 현실적 배경과 '제3세계 이론과 자본주의론의 대립'이라는 이론적 배경이 작용하였기 때문이다.

자본·임노동관계에 극히 의존적이며 소득극대화와 지출극소화를 통해 이에
적응하지만 한계가 있기 때문에 노동력 재생산이 불완전하게 이루어지고
있다고 주장하였다. 그럼에도 불구하고 사회 전체적으로는 노동력의 재생
산이 가능해지는 이유는 개별노동자 가구의 소득구성의 측면에서 비자본제
부문이 보완하기 때문이 아니라, 소생산자가 자기노동력 착취를 통해 사회
전체적인 노동력 재생산비를 낮춤과 동시에 비자본제 부문이 잉여노동력의
공급지 역할을 하기 때문이라고 한다. 정건화(1987)도 도시빈민을 자본제적
발전을 통해 노동계급이 세대에 걸쳐 형성되는 과정 속에서 나타나는 상대
적 과잉인구로 해석하면서 가구수준에서 노동력 재생산이 정상적으로 이루
어지기 어려운 구조적 요인으로 작용하고 있음을 실증하였다. 또한 이 시기
에는 노동력 재생산연구의 방법론을 체계화하기 위한 시도가 주목된다.
김형기(1987)는 임노동분석의 영역으로 노동과정, 노동력 재생산과정, 노동
시장을 제시하고 삼자의 상호규정성을 이론화하고자 하였고, 백욱인(1989)
은 맑스주의적 입장에서 노동계급의 상태를 분석하는 방법론을 체계화하고
자 했다. 노동력 재생산을 둘러 싼 축적체제나 국가, 노동과정, 노동시장
등이 맺는 관계가 보다 뚜렷해지게 되었다.

　이 시기의 연구성과가 갖는 의미는 노동력 재생산에서 비자본제 부문이
자본제 부문과 접합되어 있으므로 온존·강화되는 기능적 관련을 맺고 있다
는 일부의 주장을 실증적으로 반박하면서, 노동력 재생산의 분석은 자본제
와 비자본제 부문간의 관련이 아니라 자본임노동관계가 분석의 중심이
되어야 한다는 점을 부각시킨 것과 노동력 재생산 상의 위기적 상황이
노동운동이 폭발할 수 있는 잠재적 요인으로 형성되고 있음을 지적한 데에
있다. 하지만 이들은 저임금구조 하에서 노동력 재생산이 가능해지는 여러
요인에 주목하였기 때문에 자본제적 발전에 의해 급속히 변해 온 노동자의
노동력 재생산방식이 축적체제와 어떤 관련을 갖는지는 분석되지 못했다.

2) 축적체제와 노동력 재생산: 1990년대 초반~1997년 경제위기 이전

1987년 노동자 대투쟁이 발생하고 대기업을 중심으로 노동자의 실질임금이 상승함에 따라 노동력 재생산에 대해서도 새로운 문제가 제기되었다. '자본주의적 축적체제의 급속한 발전은 노동력 재생산구조에 어떤 영향을 미쳤는가? 계급별 노동력 재생산방식의 차이는 무엇이며, 이것이 계급의식에 갖는 효과는 무엇인가?' 축적체제와 소비양식의 관계가 노동력 재생산연구의 주요한 문제설정이 되었다.[4]

이 시기의 주요 연구성과는 정건화(1993, 1994), 백욱인(1994a, 1994b), 남기곤(1991, 1996a, 1996b)이다. 정건화(1993)는 기존의 상태론적 접근을 비판하고 축적체제론적 시각에서 1960년부터 1988년에 이르는 기간을 대상으로 한국의 노동력 재생산구조의 변화를 소비재의 생산구조와 지출구조의 측면에서 실증적으로 분석하였다. 그에 따르면 1960-1970년대에 이르는 공업화를 통해 노동력 재생산구조에서 중요한 의미를 갖는 식료품, 내구재, 사회적 서비스 부문과 같은 소비재부문의 생산성이 급속하게 증대하여 전통적인 소비양식이 해체되고 규격화·표준화된 내구재 중심의 소비양식이 급속히 보급되었다고 한다. 이것은 전 계층적으로 나타나는 추세이므로 노동자의 노동력 재생산구조 역시 전형적인 자본제적 대량생산체제를 통해 공급되는 자본제적 소비양식에 빠르게 편입되어 왔다는 것이다. 이러한 결론이 함축하는 것은 저임금구조에서도 노동력이 사회적으로 재생산될 수 있었던 경제적 요인이 상대적 과잉인구의 존재뿐만 아니라 자본제적 축적체제가 소비재부문의 생산성 향상을 낳고 이것이 노동력 가치를 하락시켜 온 점이 중요한 요인으로 작용하였다는 점이다. 자본제적 대량생산체제의 성립과 아울러 내구재를 중심으로 하는 소비양식이 확산되어 왔다는 사실은 한국에

---

4) 이러한 문제설정은 1980년대 후반부터 수용되고 확산된 조절이론이 이론적 배경으로 작용하였기 때문이다.

서도 포디즘적 축적체제와 소비양식이 성립되었다는 주장의 근거가 될 수 있다는 점에서 중요한 의미가 있다.

백욱인(1994a)은 1983년부터 1991년 동안에 계급별로 소비구조가 어떤 차이를 보이며 이것이 계급의식에 미치는 효과가 무엇인지를 분석했다. 그도 1980년대 중반 이후 노동력 재생산에 포디즘적 소비방식의 특징을 보임을 발견하고, 대량생산·대량소비의 포디즘적 축적체제의 확립을 주장한다. 포디즘적 소비양식의 발전은 계급의식을 낳는 생산관계의 영향력이 감소되고 분배·소비영역에서 발생하는 계층의식이 확대되는 결과를 낳음으로써 중산층의식이 활성화되고 시민운동이 성장하는 반면 계급의식을 약화시킴으로써 계급적 이해에 기반한 전통적인 사회운동은 정체하게 되는 효과를 낳게 된다고 보았다.[5] 남기곤(1991, 1996a, 1996b)은 주로 생산직 노동자에 범위를 한정시켜 중요한 논점을 제시한다. 그는 생산직과 사무직 노동자 간의 소비지출 격차는 빠른 속도로 완화되고 있으며 노동계급의 절대적 궁핍화를 주장할 실증적 근거가 없음을 주장한다. 또한 노동자계층 내부에서 기업규모별 임금격차가 커짐에 따라 소비지출에서도 노동자계층 내부에서 '이중구조화'현상이 나타나고 있음을 지적하고 있다.

이 시기의 연구성과가 갖는 의미는 조절이론을 배경으로 노동력 재생산 연구를 축적체제와 관련시킴으로써 한국에서도 대량생산·대량소비를 특징으로 하는 포디즘이 성립되었음을 실증하였다는 점과 노동력 재생산과정이 생산방식과 생활양식에 의해 이중적으로 규정된다는 점을 염두에 둘 때[6],

---

5) 이러한 전망에 대해서는 양면적인 평가가 가능하다. 1990년대에 시민운동이 급성장하고 노동자의 중산층의식이 확산되었던 배경에 포디즘적 소비방식의 확산이 놓여 있었다는 점은 타당한 지적이라고 볼 수 있지만 노동운동 역시 '1987년 노동체제'의 성립 이후 계급정치의 주체로서 비교적 성공적인 계급형성의 길을 걸어왔다는 지적도 제기되고 있다(장홍근, 1999a). 필자의 이러한 전망에는 1990년대 초반 방어적 수세기에 접어들었던 노동운동의 침체가 현실적 배경으로 작용하였다고 판단된다.

6) '노동력 재생산과정, 혹은 노동자 생산과정은 자본의 생산과정에서의 생산방식의 성격과 노동자의 생활과정에서의 생활양식의 성격으로부터 이중적으로 규정된다.

계급간 소비지출구조의 분석을 통해 생활양식에 대한 분석에까지 나아갔다는 점이다. 이것은 계급의식과 계급행동을 이해하는 또 다른 준거를 마련한 것으로 보인다. 하지만 아쉽게도 이들의 연구 이후에는 계급론, 축적론의 입장에서 노동력 재생산을 연구하는 흐름이 단절되어졌다. 이 점은 1997년 경제위기를 계기로 단절적인 노동력 재생산의 위기를 경험하였음에도 불구하고 이것이 축적체제와 소비양식의 변화에 갖은 의미가 연구되지 못하고 소득분배구조의 변화라는 차원에서만 논의되는 원인이 되었다.

3) 소득불균형과 노동력 재생산: 1997년 경제위기~현재

1997년 경제위기 이후 진행된 정부의 신자유주의적 구조조정정책과 노동시장의 유연화 정책은 노동계급뿐만 아니라 중산층의 삶의 질도 악화시켜 왔다. 이러한 현실적 배경과 축적체제나 계급론적 시각에서 연구의 공백이 발생한 연구사적 배경 때문에 노동력 재생산의 문제는 소득불균형의 악화와 관련되어 제기되었다. '경제위기 이후 소득분배의 추이는 어떻게 변화되어 왔으며 그 원인은 무엇인가? 소득계층간 지출구조의 차이는 어떠한가'가 주요한 쟁점이 되었다. 경제위기 이후 소득분배구조의 변화에 대한 최근의 연구성과는 현진권·강석훈(1998), 유경준(1998), 정건화·남기곤(1999), 정건화(2000), 이우성(2000, 2001), 박성준(2000), 성명재(2001), 이정우·이성림(2001), 정진호·최강식(2001)을 들 수 있고, 가계부실화와 중산층의 해체 현상에 대해서는 이상영(1998), 류상영·강석훈(1999), 송태정(2001), 빈곤화와 사회안전망에 대해서는 김동춘 외(2000), 류진석(1998)의 연구가 있다. 이 시기의 쟁점은 크게 보아 다음의 세 가지이다.

다른 한편 노동력 재생산과정에서 형성되는 숙련과 노동자의 의식은 생산체제와 노자관계의 성격을 규정하는 주요한 요인의 하나가 된다. 따라서 임노동론에서의 노동력 재생산은 생활양식이란 포괄적 개념에 의해서 총체적으로 인식될 수 있다'(김형기, 1997: 261).

첫째는 경제위기 이후 소득분배구조의 추이이다. 대부분의 연구들은 1997년 경제위기 직후에는 최고소득계층은 소득이 상대적으로 늘어난 반면 중산층과 저소득층의 소득은 상대적으로 감소함으로써 소득분배의 양극화가 나타나고 있고, 도시근로자가구의 가구소득 불평등도의 악화는 중산층의 몰락보다는 저소득층의 몰락에 보다 기인하고 있으며, 연령적으로는 신규노동시장 진입 연령층인 20대 후반-30대 초반의 소득감소율이 크다는 점에는 동의하고 있다(정건화·남기곤, 1999; 성명재, 2001; 이우성, 2001, 정진호·최강식, 2001) 하지만 일시적 호황이었던 1999년 이후의 추이에 대해서는 견해가 다르다. 대부분의 연구는 일시적인 호황에도 불구하고 소득분배구조가 개선되는 모습이 없으며 절대적·상대적 빈곤인구가 증가하고 있다고 주장하는 반면[7], 1999년에는 실업률의 하락과 사회안전망의 확충으로 인해 최저소득층의 소득증가율이 크게 증가함으로써 분배구조를 개선하는 방향으로 전개되고 있다는 주장도 제기되고 있다(성명재, 2001).

둘째는 소득분배악화의 핵심적 요인이다. 대부분의 연구들이 실업률의 상승, 고용구조 및 임금관리체계의 변화와 같은 노동시장의 변화가 소득분배를 악화시킨 요인으로 지적하고 있다. 하지만 몇몇 논자들은 경제위기 이후 심화된 소득불평등의 주요 요인은 근로소득의 불평등이 아니라 자산소유의 불평등으로 본다. 다시 말해 경제위기 이후 소득전체에 대한 소득분배구조는 악화되었지만 소득원천에 따라 세분해보면 근로소득보다 재산소득의 불평등도가 훨씬 높고, 경제위기 이후 최하층에서는 부채의 급증이 나타나는 반면 최고 부유층에서는 부동산의 보유증가 등의 이유로 순자산의

---

7) 이 현상이 일시적 경제위기에 의해 초래된 문제라면 경기가 나아짐에 따라 해결될 수 있는 문제로 볼 수 있으나, 그간에 진행된 구조조정의 결과라면 단순히 경기변화에 의해 해결될 수 없는 구조적인 문제이다. 1999년에 일시적으로 경기가 호전되었음에도 불구하고 오히려 소유의 불평등은 심화되고 상대적 빈곤의 규모도 늘어나고 있는 주장은 이를 뒷받침해 준다(류정순, 2000). 또한 김동춘 외(2000)은 경제위기 이후 절대적·상대적 빈곤인구가 증가하는 현상을 실증적으로 보여주고 빈곤감시시스템의 조속한 제도화를 주장하고 있다.

증가가 나타나고 있다는 점을 근거로 들고 있다. 이들에 따르면 근로소득의 불평등도는 전체 소득불평등도에 비해 낮고 경기회복에 따라 개선될 수 있지만, 자산 소유의 불평등으로 발생하는 재산소득의 불평등도는 그 정도도 크고 경제위기로 심화된 이후 개선되지 않고 지속화하는 양상을 보이는데 그 심각성이 있다고 본다(이우성, 2000; 이정우·이성림, 2001). 이러한 주장에 대해 어떤 논자들은 이 같은 주장은 전체 소득을 구성하는 개별 소득원천에 대한 지니계수의 단순비교에 근거하고 있기 때문에 해석상의 오류라고 비판한다. 이들에 따르면 경상 가구소득을 기준으로 전체 불평등도에 대한 소득원천별 기여도를 분석한 결과, 근로소득의 기여도가 75% 이상으로 가장 높게 나타나는데 반해, 재산소득의 상대적 기여도는 약 5%를 넘는데 그치므로 도시근로자가구에 관한 한 소득불평등의 핵심 요인은 가구주의 근로소득이라고 주장한다(정진호, 2001; 정진호·최강식, 2001). 이 쟁점은 현재의 소득분배악화를 완화할 정책적 초점을 어디에 두어야하는가와 관련된 중요한 문제이다.

셋째는 소득분배악화의 계층별 효과이다. 경제위기 이후 우리 사회 일각에서는 '중산층의 붕괴', '20:80사회로의 이행'과 같은 우려에서 보이듯이 중산층의 하향이동이 소득분배악화의 마치 핵심적 문제로 부각되기도 했다. 일부의 논자들도 중산층에서 실질임금의 감소, 자산디플레이션, 가계부실화의 진전에 따른 신용불량과 파산의 증가 등의 측면에서 분배 양극화로 인한 중산층 해체의 효과를 주장한다(이상영, 1998; 류상영·강석훈, 1999, 송태정, 2001). 하지만 소득분배구조에 대한 대부분의 연구들은 경제위기 이후 중산층 근로자의 소득은 하락하였지만 그 감소율은 그다지 크지 않았으며 저소득층 근로자의 소득감소율이 극심했으므로 경제위기 이후 소득분배구조의 악화는 중산층의 몰락보다는 저소득층의 몰락에 보다 기인하고 있음을 보여주고 있다. 따라서 소득분배악화에 따른 노동력 재생산문제의 핵심은

중산층이 아니라 노동계급을 비롯한 저소득층의 노동력 재생산이라고 볼
수 있다.

이 시기의 연구성과가 갖는 의미는 경제위기 이후 '고통 분담'이라는
이데올로기적 수사 아래 진행되어온 신자유주의적 구조조정과 소득분배의
악화는 계층적으로는 저소득층에 집중되는 '고통 전담'으로 나타났으며,
그로 인한 노동력 재생산상의 불안정성은 경기호전과 같은 순환적 요인에
의해 해결되기 어렵다는 점을 지적한 데에 있다. 하지만 아쉬운 점은 노동력
재생산문제가 분배구조의 차원에서 제기됨으로써 이러한 불안정성이 축적
체제의 변화와는 어떤 관련을 지니는지, 계급별 소비양식의 불평등이 어떠
한지에 대한 해명이 거의 없었다는 점이다.[8]

3. 경제위기 전후 노동력 재생산구조의 특징과 변화

1980년대 중반이후 경제위기 이전까지 노동력 재생산구조는 포디즘적
소비방식의 특징을 보여주었다. 먼저 소비재 부문에서의 생산성은 식료품,
광열·수도·교통통신과 같은 집합적 소비재 부문에서 생산성이 급성장하고,
중화학공업화 시기를 거치면서 1970년대 중반 이후 내구재, 준내구재 부문
에서 대량생산체제가 성립되었다. 소비재 부문의 생산성 상승에 따라 노동
력 재생산비가 지속적으로 하락해 왔으며 자본주의적 생산체제에 소비양식
이 편입되는 조건을 형성하였다.

소비지출의 구조를 보면, 식료품 부문에서 생산성이 빠르게 증가한 결과,

---

8) 이런 점에서 정건화·남기곤(1999)의 연구가 주목된다. 이들은 계층간 소득불평등
    뿐만 아니라 지출불평등의 증대가 저소득층에 집중해서 발생하고 있으며, 주거·보건
    의료·교육 등의 집합적 소비재에 대한 계층간 불평등도 악화되고 있음을 밝히고
    있다.

1980년대 중반이후에는 소비에서 가장 큰 비중을 차지하는 식료품 소비의 비중은 급속히 감소하고 내구재와 개인서비스 부문의 비율이 가장 빠른 속도로 증가하고 있다. 이러한 경향은 상대적으로 소득이 높은 계급에서 더욱 두드러지게 나타나지만 노동계급에서도 동일한 경향을 확인할 수가 있다. 특히 1987년 이후 대기업 노동자를 중심으로 임금수준이 높아짐에 따라 내구재와 개인서비스 부문에 대한 소비지출에서 계급간 격차가 줄어드는 수렴화 현상이 발생하였다. 이것은 노동자의 소비구조가 자본제적 대량생산체제를 통해 공급되는 내구재의 소비를 중심으로 포디즘적 소비양식 내로 편입되고 있음을 의미한다. 1980년대 후반에 이르러 안착된 포디즘적 대량생산체제와 소비방식은 1990년대에는 내수 시장의 확대와 소비생활의 고도화로 이어진다. 소비의 질적인 차이에서 계급별로 다시 분화가 이루어지는 한편, 노동계급의 경우 육체적 재생산 비용이 줄어들고 문화 오락비의 비중이 증가하는데 이는 정신적인 면에서 노동력 재생산의 욕구와 비중이 증가하고 노동력 재생산에서 필수적인 생활수단이 변화하는 것이라 볼 수 있다. 이와 같은 소비구조의 변화를 배경으로 생산관계에 기반하는 계급적 귀속의식보다는 '중산층의식'과 같이 시장상황에 기반하는 계층적 귀속의식이 확산되는 의식적 변화가 나타나게 되고, 시민운동이 활성화되며 이익집단간의 갈등이 가시화되는 조건이 되었다(정건화, 1993; 백욱인, 1994).

요컨대 노동력 재생산방식, 즉 소비지출의 양식은 1980년대 중반에 이미 포디즘적 소비방식의 특징을 보이고 있으며, 1987년 이후 이러한 소비방식이 확산되어 온 것으로 볼 수 있다. 하지만 이 시기의 노동력 재생산구조는 불안정성을 내포하고 있다. 한국의 포디즘적 생산체제는 여전히 중심부의 해외시장에 의존하고 있으므로 고도성장이 이루어지는 조건에서는 실질임금의 상승과 그에 따른 내수의 확대, 소비의 고도화가 가능하지만, 중심부의 수요가 정체하게 되면 축적체제에 대한 소비방식의 포섭정도는 불안정할 수밖에 없다. 더구나 '1987년 노동체제'는 노사 양측의 힘의 균형에 의해 형성된 불안정한 노사관계의 특징을 지니고 사회적 합의체계 역시 성립되지 않았기 때문에 이 불안정성을 조절할 수 있는 수단도 제도화되지 못했다. 따라서 1990년대의 노동력 재생산구조는 한편으로는 포디즘적 축적체제에 포섭됨으로써 대량생산과 대량소비를 특징으로 하는 후기자본주의의 모습을 띠면서도, 다른 한편으로는 노동력가치의 상대적 상승과 잉여가치율의 하락으로 축적체제가 위협을 받게 된다면 포섭의 강도가 약화될 수 있는 불안정한 모습을 띠게 된다.

경제위기 이후 노동력 재생산방식의 변화에 대해서는 계급별 지출구조에 대한 연구가 없기 때문에 확인하기가 어렵다. 하지만 소득계층별 소득 및 소비구조의 변화에 대한 연구들에 따르면 다음과 같은 사실이 확인된다(이상영, 1998; 정건화·남기곤, 1999; 김동춘 외, 2000).

첫째 경제위기 이후 소득불평등이 심화됨에 따라 계층간의 지출불평등도 증가하고 있다. 1998년의 경우에는 경제위기가 모든 계층에 강한 심리적 공황상태를 초래했으므로 소비심리가 급속도로 냉각되어 소비감소가 소득감소를 밑도는 초긴축생활을 하였으나 1999년에 경기가 회복되기 시작하자 상위계층을 중심으로 소비지출의 증가율이 높아진다. 지출관련 지니계수의 변화를 보면 1997년까지는 완만하게 감소하는 경향을 보이지만 1998년에 증가하기 시작하여 경기가 호전되는 1999년에도 그 양상은 지속되고 있다. 이는 경제위기 이후 소득불평등과 함께 지출 불평등 역시 확대하고 있음을 의미한다.

둘째 실업률이 증가하고 고용이 불안정해짐에 따라 무직가구가 증가하고 있다. 가구원 중 취업가구원수가 감소하는 가운데, 생산직에 종사하는 노동자와 봉급생활자가 무직가구에 빠른 속도로 편입되고 있다. 과거에는 무직가구가 고령층이나 저학력층 가구에 집중되었던 반면, 경제위기 이후에는 점차 30~40대 연령층, 고졸 이상, 4인가구 중에서 무직가구의 비중이 늘어 나고 있다. 노동시장 유연화의 진전에 따른 무직가구의 증가는 사회적 안전 망이 미약한 가운데 이루어지고 있으므로 육체적인 노동력 재생산마저 위협받는 절대적·상대적 빈곤인구가 누적되어 감을 의미한다.

셋째 집합적 소비수단에 대한 지출에서도 계층별 차별성이 나타나고 있다. 경제위기 이후 주택 및 전세가격이 크게 하락하였음에도 불구하고 저소득층의 경우 주거비의 지출비중이 다소 증가한 반면, 상위계층의 주거 비 지출비중은 하락하고 있다. 이것은 경제위기 동안 진행된 주택 및 전세가 격의 하락이 저소득층의 주거비 부담의 감소로 이어지지 않고 중간층 이상 의 계층에게 효과를 미쳤음을 의미한다. 또한 교육과 보험비의 비중은 저소 득층일수록 지출비중이 감소한 반면, 상위층의 지출비중은 증가하고 있다. 이는 미래의 소득에 중요성을 갖는 교육과 보험과 같은 집합적 소비재의 지출 불평등도가 심화됨을 말해 주고 있다.

넷째 상당수 중간층의 하층화가 진전되고 있다. 한국사회에서 중간층은 자본주의적 고성장을 통해 가장 빠르게 성장해 온 계층으로서 우리사회의 양극 분화를 막고 사회적 통합을 유지하는데 기반이 되어왔다. 하지만 경제 위기 이후 실업의 증가와 임금의 감소, 자산시장의 동결로 인한 가계자산의 디플레이션, 가계신용의 몰락으로 인한 개인파산의 증가, 주거의 하향이동 으로 인한 주거조건의 악화 등의 요인은 중간층의 재생산기반을 위협하고 있다. 그 결과 중산층에 대한 주관적 귀속의식이 경제위기 이전에는 53.2% 였으나 이후에는 34.8%로 급감함으로써 중산층의식이 급속도로 무너지고 있음을 보여준다(현대경제연구원, 1998; 송태정, 2001). 상대적으로 안정적인 노동력 재생산이 이루어져왔던 중간층도 경제적 기반이 상당히 불안정해졌 으며 '중산층 몰락', 내지는 '20대80사회'에 대한 우려를 낳는 배경이 되었다. 이와 같은 노동력 재생산방식의 변화는 경제위기 이전의 포디즘적 소비방식과는 다른 모습을 보여준다. 육체적 재생산조차 곤란한 빈곤가구가 양산되고 정신적 재생산을 위한 지출이 격감함으로써 내수시장이 감소하게 되고, 노동시장에 공급되는 노동력의 양적·질적 수준이 낮아지게 되어 장기적으로는 자본축적의 한계로 작용할 수 있다. 또한 소비지출의 감소는 조세수입의 감소를 초래하게 되어 재정위기로 연결될 가능성이 높으며, 저소득층의 경우 빈곤을 벗어날 수 있는 투자에 제한을 받음으로써 '빈곤의 함정(poverty trap)'에 빠지게 되어 계층간 이동의 가능성이 더욱 낮아지게 된다. 이는 상대적 박탈감을 증가시켜 대립적 노사관계를 지속시키고, 사회적 합의체계의 성립을 더욱 어렵게 하는 걸림돌이 될 수 있다.

4. 노동력 재생산구조 변화를 둘러싼 쟁점

경제위기 이후 노동력 재생산구조의 변화를 염두에 둘 때 다음과 같은 쟁점을 제기할 수 있다. 이와 관련하여 이 글의 가설적 견해를 덧붙이고자 한다.

첫째는 '1987년 노동체제'와 노동력 재생산이 어떤 관련을 가지고 있는가 하는 점이다.[9] '1987년 노동체제'를 '미시적 수준과 거시적 수준의 괴리가 낳은 과도기적이고 비효율적인 노동체제', 즉 작업장 수준에서의 응집성이 강한 전투적 노조를 기반으로 하는 대립적 노사관계와 제도적 수준에서의 계급타협 장치의 부재와 배제적 노동통제가 충돌함으로써 발생하는 과도기적인 노동체제라고 이해한다면 이 노동체제가 10년 이상을 유지될 수 있었

---

9) 여기에는 노동체제를 어떻게 개념화하고 그 구성요소간의 상호관계를 어떻게 이해할 것인가라는 이론적 문제가 놓여 있다. 노동체제를 '노동통제, 노동시장, 노동운동의 세 하위체계로 구성되는 노동문제의 제도화 양식'(장홍근, 1999a)으로 개념화한다면 노동력 재생산이 노동체제와 맺는 관련이 모호하게 된다(노중기, 1999: 74).

던 근거는 무엇인가 하는 점이다.[10] 필자가 보기에는 그 근거중의 하나가 노동력 재생산이라고 판단된다. 거시적·제도적 재분배수단이 미약한 조건에서는 미시적 수준에서의 분배투쟁이 가장 효과 있는 수단이었고 이것은 거시적으로는 포디즘적 대량소비를 가능하고 축적체제의 재생산에 순기능적인 '의도치 않은 효과'를 낳게 되었다. 노동계급의 노동력 재생산에 있어서 욕구의 상승은 '1987년 노동체제'와 선순환관계를 맺고 상호상승작용을 함으로써 '과도기적' 노동체제가 장기간 지속되는 원인이었다고 볼 수 있다. 따라서 비록 국가 및 자본과 노동 간의 갈등이 지속되어 그 비용이 높고 비효율적이라고 하더라도 효과적이고 정당성 있는 거시적 계급타협의 제도적 장치와 재분배수단이 존재하지 않는다면 노동력 재생산과 '1987년 노동체제' 간의 상호상승효과는 지속될 수 있고, 부분적인 갈등의 제도화에도 불구하고 이 노동체제를 재생산하게 되는 요인으로 작용할 것이라고 추론할 수 있다.

둘째는 경제위기 이후 노동력 재생산방식의 변화를 포디즘적 소비양식이 해체되기 시작하는 징후로 볼 것인가 아니면 포디즘적 소비양식의 불안정성 때문에 나타나는 과도기적 현상으로 볼 것인가 하는 문제이다.[11] 이 점은 경제위기 이후 계급간 소득 및 자산분배구조의 변화와 계급별·계급간 지출구조의 변화에 대한 분석이 있어야 근거 있는 주장이 가능하다. 하지만

---

10) '1987년 노동체제'의 특징과 전환에 대해서는 임영일(1998b, 2000), 노중기(1997)를 참조.

11) 이 쟁점은 한국에서 포디즘이 현실적합성을 지니고 있으며 대량생산과 대량소비가 성립되었다는 점을 전제로 하므로 이 전제 자체가 쟁점이 될 수 있다. 정성진(1997, 2000)은 '사회적 축적구조'의 개념에 기반해서 1987년 노동자 대투쟁을 분기점으로 안정적으로 재생산되어 왔던 사회적 축적구조의 제도적 기반이 붕괴되었으므로 이후 장기적 불황으로 접어들게 되었다고 본다. 이 입장에서는 1990년대에 포디즘적 축적체제가 발전했다거나 노동체제가 안정화될 수 있다는 주장에 대해서는 부정적으로 본다. 또한 포디즘의 현실적합성이라는 전제를 받아들인다고 해도 포디즘의 본질을 '계급타협체제'로 볼 것인지, 아니면 '생산방식과 소비방식의 조응성'으로 볼 것인지에 따라서 서로 다른 결론에 도달할 수 있다.

필자는 경제위기 이후 노동력 재생산방식의 변화가 단절적인 성격을 가지고 있음에도 불구하고 포디즘적 소비방식이 해체되는 징후로 보기보다는 포디즘의 재편과정에서 나타나는 불안정성의 표현으로 보는 것이 타당하다고 본다. 1980년대 후반이후 포디즘적 소비양식의 확산은 축적체제에 양면적 효과를 지니고 있다. 다시 말해 해외시장에서의 실현위기를 완충시키는 효과와 잉여가치율의 하락 때문에 발생하는 이윤율의 하락 효과이다. 현재의 구조조정은 전자의 효과를 유지하면서도 후자의 효과를 감소시키려는 성격을 지니고 있다. 각종 사회안전망의 재정비, 조세정책의 개혁 등의 제도적 개혁과 노동시장의 유연화 정책이 맞물리는 것이 이를 보여준다. 또한 1997년 경제위기 이후 소비의 감소는 소득의 감소를 밑도는 수준이었다는 점은 중산층과 고소득층에 관한 한 소비의 위축이 심리적 패닉에 기인하고 있음을 의미한다. 중산층 역시 하방이탈이 분명히 보이지만 저소득층에 비해서는 상대적으로 큰 타격을 입지 않았으며 1999년의 경기호전에서 보이듯이 소득의 상승탄력성도 크다(박성준, 2000). 노동계급도 1997년 노동법 개정이후 민주노총이 합법화됨으로써 정당성 있는 제도적 타협의 통로가 확보되었고 계급 내부의 임금격차가 확대에 따라 이질화의 경향을 보이고 있다. 이는 사회 전체적으로는 빈부격차는 확대되어 저소득층의 빈곤화는 심화되지만 소비능력이 있는 중산층 이상의 계층에서는 해체의 경향이 발견되지 않음을 의미한다.[12] 따라서 경제위기 이후 노동력 재생산방식의 변화 양상은 새로운 소비양식이 나타나는 징후라기보다는 포디즘적 소비양식의 재편과정에서 보이는 현상으로 해석된다.

셋째는 소득분배의 악화경향이 경기악화에 따른 순환적인 현상인가 아니면 구조적인 현상인가 하는 점이다. 몇몇 논자들은 경제위기 이후 소득분배

---

12) 권혁진(1999)는 1991년과 1996년의 가구소비실태조사에 대한 분석을 토대로 소득분배구조의 추이가 빈부격차는 심화되지만 총소득의 분배 상태는 개선되고 있다고 주장한다.

가 급격히 악화된 것은 사실이지만 1999년의 경기호전 이후에는 다소 개선
되는 경향이 있다고 주장한다. 이 주장에 따르면 1999년에는 전 계층에
걸쳐 전반적으로 소득이 증가했다. 특히 최저소득층의 경우 실업급여를
포함한 사회이전소득이 크게 증가하였고 실업률이 하락함에 따라 소득회복
률이 높아졌다. 또한 증시활황과 벤처붐이 일면서 일부 최고소득층의 소득
이 크게 증가하게 되었다. '이를 통해 선진국형 소득격차 확대현상의 일면을
보이기 시작한 것으로 판단된다(성명재, 2001: 19-27).'는 것이다. 경기회복에
도 불구하고 분배구조가 악화되고 있다는 주장은 상대적 박탈감과 경제위기
의 후유증 때문에 심리적으로 소득격차가 실제보다 과장되게 느껴지는
착시현상이라고 주장한다.[13] 반면 경제위기 이후 분배구조의 악화는 경기
순환에 의해 해결되기 어려운 구조적인 원인이 있다는 주장도 제기된다.
논자에 따라서 앞에서 말했듯이 분배구조 악화의 구조적인 원인으로써
자산불평등에 따른 재산소득의 불평등을 들기도 하고, 노동시장의 변화에
따른 근로소득의 불평등을 들기도 하며, 기술에 대한 수요의 증가를 원인으
로 해석하기도 한다(박성준, 2000). 이러한 원인들은 경기호전에 의해 해소될
수 있는 문제가 아니다. 필자가 보기에는 경제위기 이후 분배구조가 악화된
구조적 원인은 축적체제의 경쟁우위를 확보하기 위한 제도적 기반이 구축되
지 못했기 때문이라고 본다. 다시 말해 경제위기 이전부터 진행된 개방경제
로의 이행은 국제적 차원에서 자본간 경쟁을 격화시켜 왔다. 중국을 비롯한
후발개도국의 추격으로 낮은 수준의 기술과 저가제품을 생산해 온 전통적인
산업과 중소기업의 경쟁우위가 사라지게 되었고 자본의 유기적 구성이

---

13) 이런 주장은 경기가 호전된다면 저소득층은 더 이상 빈곤화되지 않으면서 고소득층
의 소득증가로 빈부격차는 심해지는 '디지털 디바이드(digital divide)'의 성격이 강해
질 것이라는 전망과 연결될 수 있다. 이는 현재의 분배구조가 '선진경제로 진입하는
과정에서 성과주의 임금체계 또는 연봉제 등에 의해 도전적 경영·경쟁 및 그를 통한
성공의 대가로 주어지는 보상체계에 따른 소득격차의 확대에 따라 야기된 어느 정도
는 바람직한 것으로 판단되는 분배격차'(성명재, 2001: 21)의 일면을 가지고 있다는
주장이다.

고도화됨에 따라 이윤율은 1990년대 초반 이후 꾸준히 하락하여 왔다(정성진, 2000). 1990년대 말부터 정보기술산업의 발전과 벤처기업의 성장은 새로운 경쟁우위를 구축함으로써 이윤율을 상승시키려는 적극적인 시도이며, 1997년 노동법개정은 실질임금의 상승을 가능케 했던 제도적 기반인 기업별노조를 약화시킴으로써 이윤율의 하락을 상쇄시키려는 소극적인 시도라고 해석할 수 있다. 1999년 경기의 성격이 '양극화 경기'였다는 점과 뒤이어 바로 불황이 도래했다는 점은 축적체제의 과도기적 성격과 그에 따른 불안정성의 표현이라고 해석된다. 따라서 현재의 분배구조의 악화는 축적체제의 제도적 기반이 재정비되지 않는 한 지속되는 구조적 성격을 지니고 있다고 판단된다.

5. 연구의 시각과 과제

사회경제적 불평등에 대해서는 다양한 이론에 의해 설명되어 왔지만 노동력 재생산, 즉 소비구조와 양식에 관해서는 축적된 이론적 성과가 많지 않다. 먼저 불평등을 설명하는 이론을 보면 인적자본론은 교육이나 경력과 같이 개인의 선택에 따른 인적 자본의 축적이 상이한 생산성과 기술 수준을 낳고, 이것이 소득의 차이를 낳는다고 본다. 노동시장 분단론은 노동시장이 기업 규모별, 성별, 산업별로 분단되어 있거나 기업내부에 내부노동시장이 형성되기 때문에 임금, 승진기회 등에서 차별이 발생하게 되고, 이것이 소득격차를 낳는다고 본다. 이 이론들은 소득격차를 유발시키는 학력, 교육, 노동시장의 구조 등의 요인들에 주목하지만 이 요인들이 터해 있는 계급관계를 전제함으로써 자본주의적 생산과정과 노동력 재생산과정이 어떤 관련을 지니고 있는지에 대해서는 이론적 지평을 열어놓지 못한다. 한편 고전적인 맑스주의적 접근에서는 생산수단의 소유관계가 계급간 불평등을 낳고 이것이 소득격차나 노동력 재생산을 규정한다고 본다는 점에서 생산과정과 소비과정의 연관 관계를 중요시한다. 하지만 소비과정은 생산과정에 의해 우선적으로 규정된다고 봄으로써 생산영역이 우선적인 분석의 대상으로 설정되고 소비생활의 계층적 차이나 불평등 문제는 부차적인 것으로 간주되어 소비구조에 대한 이론을 발전시키지 못하고 있다. 그 결과 자본주의의 역사에서 특정한 소비구조와 양식이 왜 특정한 시기에 출현하게 되는가에 대해서는 설명하기 어렵다.

조절이론은 노동력 재생산 문제를 축적체제와 관련시켜 설명한다는 점에서 주목할 만하다. 아글리에타(Aglietta, 1979)에 따르면 자본주의가 절대적 잉여가치에 의존하는 단계에서 상대적 잉여가치의 생산에 의존하는 단계로 잉여가치 생산방식이 변화해갈 수 있었던 조건은 노동력 재생산구조의 변화라고 한다. 잉여가치 생산방식의 변화는 노동생산성의 향상이 일차적인 조건이지만 이에 부합하는 소비방식의 변화가 필수적이라는 것이다. 만일 노동생산성이 생산수단 생산부문 내로 제한된다면 잉여가치율의 상승은 불가능하므로 상대적 잉여가치가 상승하기 위해서는 생산성 향상이 소비재 생산부문으로 파급되어 노동력의 가치가 하락해야 한다. 이 노동력의 가치하락은 바로 노동자들의 소비생활을 통해 실현된다. 따라서 자본주의가 새로운 축적체제로 이행하기 위해서는 새로운 소비방식의 등장에 따른 노동력 재생산구조의 변화가 필수적인 요건이 된다. 포디즘적 축적체제란 바로 생산과정상의 기술적 변화만이 아니라 소비과정에서의 새로운 규범을 요구하게 된다. 포드주의적 소비방식은 대량생산에 의해 제공되고 개별적으로 소비되는 표준화된 상품과 의료, 교육, 교통수단 등 공공재화나 공공서비스의 형태로 제공되는 '집합적 소비재', 그리고 실질임금의 지속적인 상승과 소비자신용의 확대, 간접임금이라 할 수 있는 사회보장혜택과 같이 소비의 안정성과 연속성을 보장하는 요소들로 특징지을 수 있다. 리피

에츠(Lipietz, 1991)는 조절이론적 시각에서 동아시아 신흥공업국의 노동력 재생산구조 변화를 분석한다. 그에 따르면 중심부 포드주의의 위기에 따라 포디즘의 지리적 한계가 넓어져서 주변부에서도 일부 국가들이 수출주도형 산업화 전략을 취하게 됨으로써 내구소비재 부문에서 대량생산체제가 성립한다. 이에 따라 도시 중간계급이 성장하고 이들의 실질임금이 상승함에 따라 국내시장이 성장하게 되며 이것은 중심부의 해외시장이 정체될 때 포디즘적 축적체제가 재생산되는데 일정한 역할을 하게 된다는 것이다. 따라서 주변부 포디즘에서의 노동력 재생산구조는 일정한 한계는 있지만 유혈적 테일러리즘과는 다른 소비규범이 나타나게 된다고 본다.

조절이론적 시각은 한국의 노동력 재생산구조의 변화를 분석하는데 유용한 시사점을 준다. 한국의 경우, 중화학공업화를 통해 내구성 소비재를 중심으로 대량생산체제가 성립되었고, 신중간계급의 성장과 1987년 이후 노동계급의 실질임금의 상승을 기반으로 국내시장의 확대됨으로써 포디즘적 소비방식의 특징이 나타나게 되었다고 볼 수 있다. 또한 경제위기 이후 노동력 재생산구조와 노동시장의 변화는 1980년대 중반 이후 성립된 포디즘적 축적체제의 한계를 돌파하고 새로운 자본축적체제를 구축하는데 필요한 조건을 형성하는 과정으로 볼 수 있다.

지금까지 노동력 재생산에 대한 연구 동향을 시기별로 검토하고 경제위기 전후로 노동력 재생산의 특징과 변화 양상을 정리한 다음, 주요 쟁점들에 대한 가설을 제시하였다. 마지막으로 노동력 재생산 영역에서 연구되어야 할 과제들을 짚어보겠다.

노동력 재생산에 대한 지금까지의 연구결과를 살펴보면 몇 가지의 한계가 발견된다. 첫째 1980년대 후반에 성립된 포디즘적 소비방식이 1990년대 중반이후, 특히 경제위기 이후 어떤 변화를 겪었으며, 이것이 포디즘적 축적체제의 변화와 어떤 관련이 있는지에 대한 실증적 연구가 없다. 둘째 경제위기 이후의 연구는 주로 소득계층별 소비지출의 차이를 분석한 것이어서 계급간 지출구조에 어떤 차이가 있고, 노동계급 내부의 각 계층간에는 어떤 차이가 발생하는지에 대한 연구가 없다. 셋째 노동력 재생산방식의 변화가 노동계급의 의식에 어떤 효과를 지닐 것인지에 대한 연구가 없다. 따라서 경제위기 이후 노동력 재생산방식의 변화를 분석하기 위해서는 다음의 과제들에 대한 연구가 필요할 것으로 보인다.

첫째는 경제위기 이후 소득과 자산의 계급 간 불평등이다. 경제위기 이후 진행된 구조조정의 결과, 노동계급과 여타 계급간의 소득분배는 어느 정도 악화되었으며 그 원인은 무엇인지, 노동계급 내부에 존재하는 계층들 간의 소득분배구조는 어떤 변화를 겪었는지가 연구되어야 한다. 특히 1997년 노동법 개정 이후 산별노조로 전환되어가는 움직임이 점차 가속화되어가면서 노동계급 내부에서 대기업노조와 중소기업노조 사이에 임금을 비롯한 노동조건의 차이가 걸림돌로 작용하고 있다. 따라서 노동력 재생산방식에서 노동자 내부의 이질화가 노동자 의식의 형성, 나아가 노동체제의 전환에 어떤 효과를 낳고 있는지에 대한 연구가 필요하다.

둘째는 계급간 소비지출의 불평등이다. 소득분배 구조의 변화는 계급간 소비지출 양식에 어떤 차이를 낳게 되었는지, 노동계급의 경우에는 변화된 소득분배에 어떤 방식으로 적응하여 노동력을 재생산하여 왔는지가 연구되어야 한다. 경제위기 이후 고용안정성이 심각하게 훼손되면서 노동자들은 이에 적응하기 위하여 한편으로는 소득극대화 전략으로서 자발적으로 노동시간을 연장시키면서, 다른 한편으로는 지출을 극소화하면서도 사회적 사고에 대비하는 위험회피 전략으로서 사보험시장에 의존하는 현상이 발견되고 있다.[14] 이러한 현상은 집합적 소비재에 대한 계급간, 계급내 차별성을 낳고 결국 노동력의 세대간 재생산에서 '빈곤의 함정'에 빠지는 문제를

---

14) 금속노조의 정책관계자 L씨와의 면담

야기할 수도 있기 때문에 개인적 수준에서의 적응전략이 집합적으로는 노동력 재생산에 어떤 결과를 야기할 것인지 연구할 필요가 있다.

셋째는 거시적 수준에서의 분배 및 복지제도가 노동력 재생산, 나아가 노사관계에 어떤 효과를 미치는가에 대한 연구이다. 노동력 재생산은 노사 교섭을 매개로 노동 및 복지정책의 성격과 방향에 영향을 미치고, 정부의 임금, 고용, 교육 훈련, 복지정책은 노동력 재생산이 이루어지는 제도적 환경이다. '1987년 노동체제'가 노사정 삼자에게 모두 고비용·비효율의 체제임에도 불구하고 상당 기간 지속된 데에는 기업별노조에 기반한 대립적 노사관계가 임금 및 고용을 둘러 싼 협상에서 노동자 측에 가장 직접적이고 가시적인 성과를 제공한 제도적 기반이었기 때문이다. 거시적인 분배 및 복지제도가 노동체제의 성격과 전환에 영향을 미치는 중요한 거시적 독립변수라면 노동력 재생산은 양자를 매개하는 변수가 된다. 따라서 거시적 분배 및 복지제도가 노동력 재생산에 미치는 효과에 대한 연구는 노동체제의 전환을 전망하는데 중요한 근거가 될 수 있다.

넷째는 기업 내 노동조건의 변화가 노동력 재생산에 미친 영향에 대한 연구이다. 임금수준은 노동력의 재생산 수준에, 임금구조와 고용구조는 노동력 재생산의 안정성과 이질적 노동력의 재생산구조에 영향을 미치므로 기업 내 노동시장, 복지 및 숙련형성제도는 노동력의 재생산을 규제하는 미시적 조건이다. 경제위기 이후 신자유주의적 구조조정은 노동시장의 조건을 변화시키는데 초점을 두어 왔고, 기업 내 복지제도나 숙련형성제도 역시 비용 절감과 노동과정의 변화에 따라 상당히 다른 모습을 보여주고 있다. 또한 기업규모별 노동조건의 차이는 노동력 재생산을 매개로 노동력의 이질화를 낳는 중요한 미시적 변수이다. 지금까지의 노동력 재생산에 대한 연구가 거시적 수준에서 주로 이루어지고 기업이라는 미시적 수준에서 연구된 성과가 극히 적다는 것을 감안한다면, 경제위기 이후 기업 내 노동조

건의 변화가 노동력 재생산에 미친 영향에 대한 연구는 중요한 의미를
지닌다.

　노동력 재생산은 거시적, 미시적 변수들이 노동체제의 전환에 영향을
미치는 매개변수로서의 의미를 지니기 때문에 위의 연구과제들에 대한
성과를 바탕으로 앞서 언급한 쟁점들에 대한 실마리를 얻을 수 있을 것으로
기대되며, 노동계급의 의식 변화와 노동체제의 변화에 갖는 함의도 드러날
것이다.*

---

* 경상대학교 사회과학연구원 엮음. 2002.『신자유주의 구조조정과 노동체제의 변화』
(한울)에 발표된 논문을 수정·보완하였음.

제2부 시장과 조직

제3장

생산직 노동자의 노동력 재생산구조

1. 머리말

최근 사회적으로 문제가 되고 있는 신용불량자의 양산과 자살의 증가, 경제문제로 인한 가족해체의 현상들은 1997년 경제위기의 '극복' 이후에도 위기적 양상은 계속되고 있음을 극명하게 보여준다. 생산직 노동자의 경우, 가계소득에서 임금소득이 차지하는 비중이 매우 높기 때문에 소득분배의 악화가 계급에 미치는 차별적 효과가 클수록 노동력 재생산에서 보다 심각한 장애를 경험할 수밖에 없다(김재훈, 2002: 168).

이 장에서는 1997년 경제위기 이후 진행되어 온 구조조정의 결과, 생산직 노동자의 노동력 재생산구조는 어떤 특징을 보이고 있는지를 가계소득 및 소비구조에 초점을 두어 분석한다.[1] 생산직 노동자의 노동력 재생산에서 특징적인 현상은 '초과노동'과 '집합적 소비재에 대한 부담'이다. 이 두 현상은 서로 밀접하게 연관되어 있는데, 초과노동은 노동자 가계의 소득구

---

1) 노동력은 세 가지의 영역으로 재생산된다. 첫째는 국가가 교육, 복지, 재정·금융의 정책적 수단을 통하여 노동력을 재생산하는 거시적 영역이고, 둘째는 기업 내의 숙련형성, 기업복지 등을 통해 노동력이 재생산되는 작업장 영역이며, 셋째는 가계의 소득을 기반으로 소비생활을 함으로써 노동력이 재생산되는 가계 영역이다.

조를, 집합적 소비재의 부담은 소비구조를 특징짓고 있다. 이 장에서는 다음과 같은 연구 과제를 다룬다.

첫째 노동자 가계의 소득구조를 분석하여 초과노동이 발생하는 요인을 살펴보고, 초과노동의 부담과 노동시간 단축에 대한 태도가 노동자 계층들에 어떻게 차별적으로 나타나고 있는지를 검토한다. 둘째 노동자 가계의 소비구조에 대한 분석을 통하여 지출 극소화와 위험회피전략을 살펴보고, 집합적 소비재가 어느 정도 부담이 되고 있는지를 검토한다. 셋째 작업장 영역에서의 노동력 재생산이 어떻게 이루어지고 있는지에 대하여 사내 복지를 중심으로 살펴본다. 넷째 노동력 재생산구조의 변화가 노동체제[2]의 전환에 갖는 효과를 검토한다.

연구의 대상은 동남해안 공업벨트의 금속노동조합에 소속된 노동자이다. '1987년 노동체제'를 형성시킨 것은 생산직 노동자를 중심으로 하는 응집된 계급투쟁이었고 금속노동자는 가장 핵심적인 역할을 담당하였다. 비록 지난 15년간에 산업구조의 변화로 인해 노동자 구성이 변화함에 따라 생산직 노동자의 비중이 빠른 속도로 축소되어 왔고, 전체 노동조직에서 차지하는 비중 역시 감소되어 왔지만[3] 울산, 경남, 부산·양산 지역에 있는 금속노동조합들은 지금까지 노동운동에서 주도적인 역할을 해온 핵심적 세력이다. 노동체제를 형성하는 주요 변수가 노동운동임을 감안한다면 이들이 노동력

---

2) 1990년대 후반부터 산업사회학에서 '노동체제'라는 개념이 자주 사용되고 있다. 기존의 노사관계나 노자관계 대신 노동체제의 개념이 사용되는 배경에는 한국의 경우 노동문제가 제도화되는 양식과 그 결과를 이해하기 위해서는 무엇보다도 국가의 역할이 중요하다는 인식과 기존의 개념들이 노동문제가 가지고 있는 정치적, 경제적, 사회적인 다면성을 포괄하는 데에는 부적절하다는 인식이 깔려 있다. 이 점은 정당성을 가지고 있다고 하더라도 논자에 따라 이 개념이 다양하게 사용되고 있을 뿐만 아니라 학문적 시민권을 얻기 위해 필요한 개념적 합의를 획득하고 있지는 못하다는 점에서 아직은 불완전한 개념이라고 볼 수 있다. 이 글에서는 잠정적으로 이 개념을 '노동문제를 둘러싼 노·사·정 간 노동정치의 제도화 양식'으로 사용한다. 노동체제의 개념에 대해서는 송호근(1990, 1994a, 1994b), 노중기(1997, 2000, 2003), 임영일(1998b, 2000), 장홍근(1999a), 이종래(2002), 조효래(2002b), Valenzuela(1989) 등을 참조.
3) 민주노총의 경우 제조업 생산직 부문의 노동조합은 전체 조직구성의 1/3 이하이다.

재생산의 측면에서 어떤 특징을 보이고 있는지를 분석하는 것은 노동체제의
전환을 가늠하는 중요한 시금석이 된다. 연구의 자료는 경상대학교 사회과
학연구원이 2002년 7·8월에 울산, 경남, 부산·양산 지역의 92개 금속노동조
합에 소속된 약 85,000명의 조합원을 대상으로 실시한『노동자 생활실태조
사』를 이용한다. 이 조사는 금속연맹과 사회과학연구원이 노학연계를 통해
조직적으로 수행한 표본조사로서 노동력 재생산을 연구하는데 필요한 가계
소득과 소비, 기업복지, 노동과정, 주관적 만족도에 관련된 문항들이 포함되
어 있다. 표본의 크기는 2,482개이고 회수율은 45.2%, 유효표본수는 1,123개
이다.[4]

2. 가계의 소득구조

1997년 노동법 개정 이후 산별노조로 전환되어가는 움직임이 점차 가속
화되어가면서 노동계급 내부에서 대기업노조와 중소기업노조 사이에 임금
을 비롯한 노동조건의 차이가 걸림돌로 작용하고 있다.[5]

이 절에서는 금속노동자의 노동력 재생산을 가계의 소득구조의 측면에서
살펴보겠다. 여기에서 초점은 초과노동의 문제이다. 이를 위하여 노동자
가계의 소득에 절대적인 비중을 차지하고 있는 임금의 수준과 초과노동에
대한 평가와 태도, 노동력 가치분할의 지표로서 배우자의 취업을 살펴보겠
다.

---

4) 이 조사와 아울러 같은 시기에   노동자 의식조사   를 실시하였는데 두 조사에 대한
   결과는 경상대 사회과학연구원(2002b)와 정진상·김재훈·이종래(2003)를 참조.
5) 2003년 6월 현대자동차노조가 산별노조로의 전환에 실패한 배경에는 자본측이나
   보수언론의 역공세 때문만이 아니라 보다 근본적으로는 노동계급 내부에서 노동력
   재생산조건의 이질화가 심각하게 진전되어 있기 때문이다.

1) 임금수준

금속노동자의 속성별 임금수준은 <표 3-1>과 같다. 그 특징을 보면 첫째 140만 원 이상 180만 원 미만의 임금을 받는 비중이 약 29%로 가장 높고, 전체의 약 79%가 100만 원 이상 220만 원 미만의 상당히 낮은 임금을 받고 있다. 이들이 연령이나 근속년수에서 고령화되어 있고 기혼유배우자의 비중이 매우 높기 때문에 임금만으로 노동력이 정상적으로 재생산되기 어려운 수준이다.[6] 둘째 연령별 임금격차에서 주목되는 현상은 20대와 30대, 30대와 40대의 임금격차는 나타나지만 40대와 50대 이상의 임금격차는 거의 없다. 40대에 이르면 임금상승률이 정점에 도달하여 근속년수나 연령에 따른 임금격차가 거의 없기 때문이다. 학력별 임금격차는 주로 4년제 대학졸업을 경계로 두드러진다. 셋째 근속년수별로 보면 입직 후 근속년수 5년을 경계로 하여 임금격차가 크다는 점과 근속년수가 올라갈수록 임금이 상승하기는 하지만 그 상승률은 떨어져서 10년 이상 근속자의 경우에는 근속년수별 임금격차가 작다. 넷째 기업규모별로는 중소기업과 대기업 간뿐만 아니라 대기업과 거대기업 간[7]의 임금격차도 뚜렷하게 나타났다.[8] 기업규모별 임금격차가 나타나는 원인 중의 하나는 기업규모가 클수록

---

6) 금속노동자의 고령화 추세에 대해서는 3절 1항과 4장 3절을 참조.

7) 일반적으로 기업규모의 분류는 100인과 300인, 혹은 100인과 500인을 기준으로 소기업, 중기업, 대기업으로 분류하지만 응답자가 속한 기업 중에서 소기업은 2개 사, 응답자는 11명에 불과하였고, 500인 이상 사업장에 소속된 응답자가 86.4%에 달하므로 대기업 범주를 2,000인을 기준으로 대기업과 거대기업으로 나누고, 중소기업을 한 범주로 분류한다. 여기에서 대기업과 거대기업을 나누는 기준으로서 2,000인의 종업원수를 사용하는 이유는 첫째 경험적으로 보통 종업원수가 2,000인을 넘으면 노동조합의 간부가 평조합원과 대면적 인간관계가 어려우므로 관료조직의 특징을 보이게 된다는 점, 둘째 기업규모를 중요한 변수로 볼 때 대기업과 중소기업의 차이뿐만 아니라 거대기업과 대기업의 차이 또한 중요한 연구관심이기 때문이다.

8) <표 3-1>에는 생략되었지만, 가구모형별로는 3인가구 이상의 임금수준은 140만 원 이상 220만 원 미만에 주로 분포되어 있다. 가구원수가 많은 가구일수록 가계소득이 높을 수도 있지만 소득이 있는 가구원(주로 배우자)이 없다면 가계에 대한 경제적 압박이 커질 수 있다.

〈표 3-1〉 월평균 임금수준

(단위 : %)

		100만 원 미만	100-140 만원	140-180 만원	180-220 만원	220-260 만원	260-300 만원	300만원 이상	합계
연령	20대	25.0	40.8	21.1	11.8	1.3	-	-	100.0
	30대	5.8	29.4	26.5	23.2	8.8	3.5	2.7	100.0
	40대	2.2	22.2	31.6	24.6	12.7	2.9	3.7	100.0
	50대 이상	4.0	20.0	31.2	26.4	12.0	3.2	3.2	100.0
교육수준	중졸 이하	5.7	27.4	34.0	18.9	6.6	2.8	4.7	100.0
	고졸·고중퇴	5.3	26.2	28.4	24.2	10.5	3.2	2.2	100.0
	전문대졸·대학중퇴	7.3	28.2	27.3	23.6	8.2	.9	4.5	100.0
	4년제 대졸	-	17.1	25.7	17.1	22.9	5.7	11.4	100.0
	대학원 이상	-	-	50.0	25.0	25.0	-	-	100.0
근속년수	5년 미만	35.4	46.3	11.0	6.1	1.2	-	-	100.0
	5-10년 미만	6.0	37.9	26.6	16.5	7.7	2.8	2.4	100.0
	10-15년 미만	2.5	23.8	28.7	25.9	12.8	3.5	2.8	100.0
	15년 이상	1.8	18.2	33.0	28.4	11.6	3.2	3.8	100.0
기업규모	중소기업	13.2	46.4	21.9	13.9	4.6	-	-	100.0
	대기업	5.1	36.1	28.7	17.6	9.7	0.9	1.9	100.0
	거대기업	3.9	19.1	30.3	27.1	11.5	4.2	3.9	100.0
	합계	5.4	26.1	28.9	23.5	10.3	3.0	3.0	100.0

주 1) 무응답은 분석에서 제외함.
2) 기업규모에서 중소기업은 500인 미만, 대기업은 500인 이상 2,000인 미만, 거대기업은 2,000인 이상임. 매일경제(2002)의 기업체별 종업원수를 기준으로 작성. 이하 동일.

근속년수가 많은 응답자가 상대적으로 높은 비율로 분포되어 있기 때문이다 (<그림 3-1>). 근속년수 10년 이상의 비중을 보면, 중소기업과 대기업/거대기업 간의 차이가 뚜렷하고, 15년 이상의 비중이 대기업보다 거대기업에서 더 높다.

기업규모별 근속년수의 차이가 뚜렷한 데에는 몇 가지 원인이 지적될 수 있다. 먼저 기업조직의 변화이다. 1987년 노동자 대투쟁 이후 기업들은 작업장 차원에서 급속히 커진 노동조합의 영향력을 약화시키고 비용을 절감하기 위해 아웃소싱이나 소사장제와 같은 외부화 전략을 취함으로써 신규 입직이 제한되는 효과가 발생하였고, 둘째 자동화의 진전으로 노동절약적 생산조직으로 변화한 점도 신규 고용의 필요성을 약화시켰다. 셋째

〈그림 3-1〉 기업규모별 근속년수

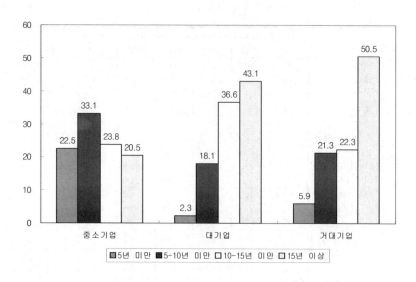

노동조합의 제도적 효과로서, 노동력의 수급구조가 변화하더라도 고용안정에 대한 노동조합의 통제력이 커짐으로써 기존의 고용관계에 대한 제도적 보호가 신규 입직에 대한 제한으로 나타났다.9)

낮은 임금수준과 기업규모별 임금격차, 고령화된 노동력 구성은 소득극대화를 위하여 초과노동을 선택하게 하는 가장 기초적인 요인으로 작용하고 있다.

2) 초과노동

임금의 수준이 낮고 장기근속자와 고연령층의 비중이 높기 때문에 소득

---

9) 이 요인들 중에 어느 것이 보다 중요한지는 심층적인 분석이 필요하겠지만 기업규모별 근속년수의 차이는 거대기업이나 대기업의 입장에서는 고비용의 비효율적인 노사관계의 요인이 되고, 노동조합의 입장에서는 조합원의 고령화와 이념적 보수화를 낳고, 기업규모별로 노동조합의 이질화를 낳는 요인으로 작용하고 있다.

〈표 3-2〉 초과노동수당

(단위 : %)

		10만 원 미만	10-30 만원	30-50 만원	50-70 만원	70-90 만원	90-110 만원	110만 원 이상	합계
연 령	20대	14.1	52.1	23.9	5.6	2.8	1.4	-	100.0
	30대	12.7	39.2	24.7	14.2	3.5	4.2	1.5	100.0
	40대	11.4	32.9	28.1	15.5	6.9	4.0	1.2	100.0
	50대 이상	6.9	52.6	28.4	5.2	5.2		1.7	100.0
교 육 수 준	중졸 이하	10.0	44.0	35.0	6.0	3.0	1.0	1.0	100.0
	고졸·고중퇴	9.2	38.1	26.7	14.7	5.9	4.0	1.4	100.0
	전문대졸·대중퇴	21.1	42.1	20.0	10.5	2.1	3.2	1.1	100.0
	4년제 대졸	46.7	40.0	10.0	3.3	-	-	-	100.0
	대학원졸 이상	100.0	-	-	-	-	-	-	100.0
근 속 년 수	5년 미만	17.1	52.9	20.0	8.6	-	1.4	-	100.0
	5-10년 미만	16.5	47.7	24.8	7.3	3.2	0.5	-	100.0
	10-15년 미만	10.7	27.5	24.0	20.2	7.6	7.6	2.3	100.0
	15년 이상	9.0	39.3	29.4	12.7	5.3	2.9	1.5	100.0
규 모	중소기업	10.7	45.8	31.3	6.9	3.8	0.8	0.8	100.0
	대기업	17.9	40.8	30.3	7.0	2.5	0.5	1.0	100.0
	거대기업	9.8	37.3	24.4	16.2	6.0	4.8	1.5	100.0
	합계	11.5	39.1	26.5	13.1	5.0	3.5	1.3	100.0

과 지출수준의 격차가 커지게 되므로 노동자들은 소득극대화 전략으로서 초과노동을 택하게 된다. <표 3-2>는 금속노동자의 속성별로 초과노동수당의 수준을 보여준다. 초과노동수당의 비중을 보면 10만 원 이상 30만 원 미만이 약 39%로 가장 높고, 10만 원 이상 50만 원 미만에 약 66%, 50만 원 이상 90만 원 미만에 약 18%, 90만 원 이상에 약 5%가 분포되어 있다.[10] 연령별로는 20대와 50대 이상보다 30대와 40대에서 더 강하게 나타나고 있다. 초과노동이 고용안정에 대한 심리적 불안과 가계소비에 대한 경제적 압박에 의해 나타나므로 이 연령층에서 고용불안과 경제적 압박에 따른 초과노동의 동기가 가장 강하게 작용하고 있다. 근속년수별로

---

10) 조합원들에 대한 면접 결과에 따르면 한달에 120-150시간 정도의 초과노동을 하는 노동자도 있다고 한다. 이런 경우에는 휴일도 없이 하루 평균 4-5시간 정도 노동시간이 연장됨으로써 '일하고, 사람 만나고, 밥 먹고, 자는 것 외에는 하는 일이 없다'(카스코 조합원 K씨와의 면담).

는 10년 이상의 장기근속자에서, 기업규모별로는 거대기업에서 초과노동수당의 수준이 높게 나타났다. 거대기업에 소속된 10년 이상의 근속년수를 지닌 30-40대 연령층에서 초과노동수당의 수준이 높았고 전체 임금에서 초과노동수당이 차지하는 비중은 약 23%로 나타났다.[11] 금속노동자의 인구학적 구성을 감안한다면 초과노동을 하지 않는다면 정상적으로 노동력이 재생산되기 어려움을 알 수 있다.

가계의 소득구조에서 초과노동이 갖는 의미를 이해하기 위해서는 노동시간에 대한 주관적 평가를 살펴볼 필요가 있다. <표 3-3>은 현재의 노동시간에 대한 평가를 보여준다. 현재의 노동시간에 대해서는 약 59%의 응답자가 현재의 노동시간을 장시간 노동으로 평가하였다. 이들을 대상으로 '노동시간에 대한 태도'를 물어본 결과는 '소득이 줄더라도 노동시간을 줄이고 싶다'가 약 48%, '소득이 준다면 노동시간을 줄이고 싶지 않다'가 약 52%로 나타났다. 전자는 노동시간 단축에 대한 적극적인 지지층으로 볼 수 있는데 전체 응답자 중에는 약 31%를 차지하고 있으며, 후자는 소득극대화를 위해 현재의 노동시간을 수용하고 있으므로 노동시간의 단축에 대한 조건부 지지층으로 볼 수 있는데 전체 응답자 중에서 약 28%를 차지하고 있다. 이것은 노동시간 단축이 소득감소와 연동되어 추진될 경우 그 지지층이 매우 협소해질 수 있음을 의미한다.[12] 이것을 좀더 상세하게 살펴보겠다.

노동시간에 대한 평가와 태도를 속성별로 보면 몇 가지 특징적인 현상이 발견된다.

첫째 연령·혼인상태·근속년수별로 보면 '노동시간에 대한 평가'와 '노동

---

11) 초과노동의 문제는 수당의 수준뿐만 아니라 총 임금에서 차지하는 비중이 분석되어야 하지만 『노동자 생활조사』에서는 임금총액에서 초과노동수당의 비중을 묻는 문항이 없다. 이 조사와 함께 진행된 『노동조합 실태조사』의 결과에 의하면 응답한 노동조합의 월평균 근로시간은 206.1시간, 초과노동시간은 49.5시간, 전체 임금에서 초과노동수당이 차지하는 비중은 23.3%로 나타났다.

12) 이 점이 '주 5일 근무제'의 쟁점이 노동조건 변화와 연동되어서는 지지받기 곤란한 이유 중 하나이다.

〈표 3-3〉 노동시간에 대한 평가와 태도

(단위 : 점, 명, %)

		평균[1]	합계	너무 짧다	적당 하다	너무 길다	노동시간 감소에 대한 태도 합계	적극적	소극적
	전체	2.58	1,096 (100.0)	1.2	39.7	59.1	640 (100.0)	47.7	52.3
연령	20대	2.44	77 (100.0)	1.3	53.2	45.5	34 (100.0)	64.7	35.3
	30대	2.65	444 (100.0)	1.4	32.2	66.4	291 (100.0)	51.2	48.8
	40대	2.56	448 (100.0)	1.1	41.5	57.4	254 (100.0)	42.5	57.5
	50대 이상	2.58	121 (100.0)	-	52.9	47.1	57 (100.0)	43.9	56.1
혼인 상태	미혼	2.53	137 (100.0)	1.5	44.5	54.0	71 (100.0)	64.8	35.2
	기혼유배우	2.59	941 (100.0)	1.1	39.2	59.7	557 (100.0)	45.6	54.4
	기혼무배우	2.64	11 (100.0)	-	36.4	63.6	7 (100.0)	57.1	42.9
근속 년수	5년 미만	2.46	80 (100.0)	1.3	51.3	47.5	36 (100.0)	69.4	30.6
	5-10년 미만	2.60	241 (100.0)	0.8	38.2	61.0	145 (100.0)	51.7	48.3
	10-15년 미만	2.69	278 (100.0)	1.1	29.1	69.8	193 (100.0)	49.7	50.3
	15년 이상	2.53	489 (100.0)	1.4	44.6	54.0	261 (100.0)	40.6	59.4
기업 규모	중소기업	2.59	148 (100.0)	0.7	39.2	60.1	87 (100.0)	49.4	50.6
	대기업	2.56	210 (100.0)	1.4	41.4	57.1	117 (100.0)	29.9	70.1
	거대기업	2.58	738 (100.0)	1.2	39.3	59.5	436 (100.0)	52.1	47.9
노조 직책	평조합원	2.55	825 (100.0)	1.5	41.8	56.7	464 (100.0)	48.5	51.5
	임원·상집간부	2.54	70 (100.0)	1.4	42.9	55.7	38 (100.0)	36.8	63.2
	대의원	2.66	90 (100.0)	-	34.4	65.6	57 (100.0)	52.6	47.4
	소위원	2.82	40 (100.0)	-	17.5	82.5	32 (100.0)	50.0	50.0
	기타	2.58	12 (100.0)	-	41.7	58.3	7 (100.0)	42.9	57.1
조직 형태	금속연맹	2.60	755 (100.0)	1.3	37.2	61.5	460 (100.0)	51.3	48.7
	금속노조	2.53	341 (100.0)	0.9	45.2	54.0	180 (100.0)	38.3	61.7

주: 1) 3점 척도의 평균값임.

시간 감소에 대한 태도' 사이의 상반된 경향이 강하게 나타난다. 예컨대, 연령별로는 30대와 40대가 다른 연령층에 비해 장시간 노동을 경험하는 것으로 나타났지만 노동시간 감소에 대한 태도에서는 오히려 40대에서 적극적인 지지의 비중이 가장 낮았다. 이 현상은 혼인상태나 근속년수별로도 공통적으로 발견된다. 노동시간에 대한 평가와 노동시간 감소에 대한 태도가 상반되어 나타나는 이유는 연령별로 가계의 소득과 지출 수준의 격차가 다르기 때문이다. 20대의 경우 소득수준은 낮지만 지출 수준 역시 낮기 때문에 양자의 격차가 작다. 이것이 소득극대화를 위한 압박이 낮추기 때문에 노동시간의 감소에 대한 적극적인 지지의 비중이 높게 나타났다. 연령이 높아질수록 가계의 소득 수준은 올라가지만 지출 수준은 더 빠르게 증가하기 때문에 양자의 격차가 커져서 소득극대화를 위한 압박이 커지므로 소극적인 지지의 비중이 높게 나타났다고 해석될 수 있다. 이러한 경향은 40대에서 가장 뚜렷하다. 연령이 반영된 혼인상태와 근속년수별로도 이와 같은 해석이 가능하다. 기혼유배우자가 미혼자나 기혼무배우자에 비해 가계 압박의 수준이 높기 때문에 노동시간의 감소에 대한 희망보다 소득감소에 대한 우려감이 더 크게 작용하므로 소극적 지지의 비중이 더 높게 나타나게 되었다. 근속년수가 많아질수록 연령이 높고 기혼유배우자가 많기 때문에 비슷한 현상을 보이고 있다.

둘째 기업규모별로 보면 노동시간에 대한 평가에서는 '노동시간이 너무 길다'라는 응답이 약 60% 수준으로 큰 차이가 발견되지 않지만 노동시간 감소에 대한 태도에서는 대기업의 경우 소극적인 지지의 비중이 70.1%로서 중소기업이나 거대기업보다 월등히 높게 나타났다. 그 이유 중의 하나는 기업규모별로 응답자의 인구학적, 사회경제적 구성이 다르기 때문이다(<표 3-4>). 기업규모별로 연령별 구성을 보면, 가계 지출의 부담이 큰 30대와 40대의 비중이 중소기업은 71.5%, 거대기업은 80.6%인데 반해, 대기업은 92.5%로 가장 높다. 또한 84.7%가 기혼유배우자이며, 10년 이상 장기근속자의 비중이 79.7%로 중소기업 44.3%, 거대기업 72.8%보다 높았다. 30대와 40대, 기혼유배우자, 10년 이상의 장기근속자들은 앞에서 살펴본 바와 같이 소득극대화를 위한 가계 압박을 가장 많이 받는 층이므로 대기업에서 노동시간 감소에 대한 태도에서 소극적인 지지의 비중이 높게 나타났다. 또 다른 이유는 대기업에서 임금과 지출수준의 격차가 가장 강하기 때문이다.

〈표 3-4〉 기업규모별 인구학적·사회경제적 분포

(단위 : 명, %)

		전 체	중소기업	대기업	거대기업
연령	20대	77 (7.0)	16.6	4.7	5.7
	30대	453 (40.6)	40.4	45.1	39.3
	40대	459 (41.1)	31.1	47.4	41.3
	50대 이상	127 (11.4)	11.9	2.8	13.7
	소 계	1,116 (100.0)	100.0	100.0	100.0
혼인 상태	미혼	141 (12.6)	23.2	13.0	10.4
	기혼유배우	964 (86.4)	76.2	84.7	88.9
	기혼무배우	11 (1.0)	.7	2.3	.7
	소 계	1,116 (100.0)	100.0	100.0	100.0
근속 년수	5년 미만	83 (7.4)	22.5	2.3	5.9
	5-10년 미만	248 (22.2)	33.1	18.1	21.3
	10-15년 미만	282 (25.3)	23.8	36.6	22.3
	15년 이상	502 (45.0)	20.5	43.1	50.5
	소 계	1,115 (100.0)	100.0	100.0	100.0
월평균 임금 총액	140만 원 미만	350 (31.5)	59.6	41.2	23.0
	140-180만 원 미만	321 (28.9)	21.9	28.7	30.3
	180-220만 원 미만	261 (23.5)	13.9	17.6	27.1
	220만 원 이상	180 (16.2)	4.6	12.5	19.6
	소 계	1,112 (100.0)	100.0	100.0	100.0
가구의 월평균 생활비	100만 원 미만	248 (23.4)	36.5	22.8	21.1
	100만-200만 원 미만	617 (58.3)	55.5	64.6	57.0
	200만-300만 원 미만	176 (16.6)	7.3	12.1	19.7
	300만 원 이상	18 (1.7)	.7	.5	2.2
	소 계	1,059 (100.0)	100.0	100.0	100.0

<표 3-4>에서 월평균 임금총액과 가구의 월평균 생활비의 수준을 기업규모별로 비교하면, 대기업과 거대기업의 규모별 임금격차가 뚜렷하고 대기업과 중소기업의 임금격차는 더 낮다. 반면 가구의 월평균 생활비를 보면 거대기업보다 가계 압박이 강한 연령층으로 구성되어 있음에도 불구하고 생활비의 수준은 거대기업에 비해 상당히 낮다. 대기업에 소속된 응답자의 경우에는 중소기업이나 거대기업에 소속된 응답자보다 임금과 지출수준의

격차가 가장 크므로 노동시간 감소에 대한 태도에서 소극적인 지지의 비중이 높게 나타났다.

셋째 노동조합 직책별로는 소위원과 대의원에서 '노동시간이 너무 길다'고 응답한 비중이 각각 82.5%, 65.6%로 높게 나타났고 노동시간 감소에 대한 태도에서도 적극적인 지지의 비중이 높았다. 반면 임원·상집간부에서는 소극적인 지지의 비중이 63.2%로 가장 높게 조사되었다. 언뜻 보아 이 현상은 금속노조 간부의 높은 정치의식을 고려해 볼 때 납득되지 않는 현상이다. 이 차이는 이들의 인구학적· 사회경제적 속성이 평조합원이나 대의원, 소위원과 다르기 때문에 나타난 현상이라고 보기는 어렵다. 왜냐하면 임원·상집간부들은 다른 직책에 비해 30대 연령층의 비중이 다소 높게는 나타나지만 교육수준, 혼인상태, 근속년수에서 뚜렷한 차이가 발견되지 않기 때문이다. 임원·상집간부의 직책에서 노동시간 감소에 대한 소극적인 지지 비중이 높게 나타나는 것은 오히려 노동시간의 감소가 임금의 감소와 연동되어서는 안 된다는 인식이 평조합원이나 기타 직책보다 강하기 때문으로 보인다. 다시 말해 개인적인 차원에서 임금이 감소한다면 노동시간을 줄이고 싶지 않다는 소극적 지지를 표명한 것이 아니라, 노동운동 전체의 차원에서 '주5일 근무제'와 같은 노동시간 감소 투쟁은 임금의 감소와 연동되는 방향으로 나가서는 안 된다고 하는, 노동운동 간부로서의 견해를 표명한 것으로 보인다.[13]

---

13) 이 현상을 임원이나 상집간부의 개인적 차원에서 해석해 볼 수도 있다. 임원이나 상집간부의 경우 초과노동을 하지 않는 비율이 높기 때문에 수당이 적고 임금이 낮다. 이 때문에 단체협약을 통해서 상근 시간을 초과노동시간으로 계산하여 임금 부족분을 보충하게 되는데 노동시간이 단축되면 임원이나 상집간부의 초과노동시간이 단축되기 때문에 임금수준의 하락이 발생하게 된다. 이것이 노동시간 감소에 대한 태도에서 임원이나 상집간부가 소극적 지지의 비중이 높은 원인으로 해석할 수도 있다. 하지만 금속노조 간부의 의식수준은 상당히 높게 나타나기 때문에 개인적 차원에서 응답한 것이라기보다는 간부의 차원에서 응답한 것으로 보는 편이 더 타당할 것으로 생각된다(정진상· 김재훈·이종래, 2003).

〈표 3-5〉 조직형태별 인구학적, 사회경제적 분포

		전 체	금속연맹	금속노조
기업규모	중소기업	152 (13.5)	4.4	33.6
	대기업	216 (19.2)	17.0	24.2
	거대기업	755 (67.2)	78.6	42.2
	소 계	1,123 (100.0)	100.0	100.0
월평균 임금총액	140만 원 미만	350 (31.5)	26.6	42.2
	140-180만 원 미만	321 (28.9)	30.4	25.6
	180-220만 원 미만	261 (23.5)	24.7	20.7
	220만 원 이상	180 (16.2)	18.3	11.5
	소 계	1,112 (100.0)	100.0	100.0
가구의 월평균 생활비	100만 원 미만	248 (23.4)	22.4	25.6
	100만-200만 원 미만	617 (58.3)	58.9	56.9
	200만-300만 원 미만	176 (16.6)	16.9	16.0
	300만 원 이상	18 (1.7)	1.8	1.5
	소 계	1,059 (100.0)	100.0	100.0

넷째 조직형태별로는 금속연맹이 금속노조보다 장시간 노동으로 평가하는 비중이 더 높았고, 노동시간 감소에 대한 태도에서도 금속연맹이 금속노조보다 노동시간 감소에 대한 적극적인 지지가 높게 나타났다. 노동시간의 평가와 태도에서 금속연맹과 금속노조 사이에 차이가 나는 것은 기업규모와 임금수준에서 차이가 뚜렷하기 때문이다(<표 3-5>). 기업규모별 구성은 금속연맹의 경우 거대기업이 78.6%, 대기업 17.0%, 중소기업 4.4%인 반면, 금속노조의 경우 거대기업 42.2%, 대기업 24.2%, 중소기업 33.6%로 금속연맹보다 금속노조의 기업규모가 훨씬 작다. 앞에서 말한 기업규모별 노동시간의 평가와 태도의 특성을 염두에 둔다면 조직형태의 기업규모별 속성의 차이 때문에 노동시간의 평가와 태도에서 금속연맹이 보다 적극적으로 나타난다. 거대기업의 비중이 높은 금속연맹이 금속노조보다 임금수준이 더욱 높기 때문에 가계 압박의 정도가 금속연맹 조합원보다는 금속노조 조합원에서 더 크다. 기업규모와 임금수준 때문에 금속연맹이 금속노조보

다 노동시간에 대한 태도와 평가에서 보다 적극적으로 나타났다.

요컨대 초과노동은 금속노동자 대부분에게 가장 일반적인 소득극대화 전략으로 수용되고 있기 때문에 장시간 노동에 따르는 피로감과 삶의 질 악화를 경험하면서도 개별 가계의 입장에서는 회피하기 어려운 경제적 강제이다.[14] 노동력 재생산조건의 차이 때문에 초과노동에 대한 평가와 태도는 연령, 기업규모, 조직형태, 직책 등의 속성에 따라 다르게 나타나고 있다.

3) 배우자의 취업

초과노동을 낳는 또 다른 요인은 노동력의 가치분할이다. 일반적으로 가구주의 임금이 낮을 경우 경제적 능력이 있는 다른 가구원, 주로 배우자의 취업이 원활히 이루어지면 초과노동의 동기는 약화될 수 있지만, 배우자의 취업이 곤란하다면 초과노동에 대한 동기는 그만큼 강해질 것이다. 따라서 배우자의 취업은 노동력 가치분할의 지표로서 초과노동에 대한 높은 의존을 설명하는 변수이다.

근로소득 외에 한 해 동안 벌어들인 소득[15]을 살펴보면 <표 3-6>과 같다. 전체적으로 근로소득을 제외한 다른 소득의 비중은 금융소득을 제외

---

14) 필자가 면접 조사한 결과에 의하면 일부 사업장의 경우 '주5일 근무제'에 대해 찬성하는 동기가 삶의 질의 향상이나 인간적 노동조건에 대한 희망 때문이 아니라 휴일이 늘어나면 현재와 동일한 노동시간을 유지하더라도 특근으로 인한 초과노동수당이 늘어나서 소득 증가에 도움이 되기 때문으로 응답하였다. 가계 지출 압박에 따른 초과노동이 얼마나 경제적 강제로 작용하는지를 잘 보여준다.

15) 이러한 소득에는 금융소득, 부동산소득, 사회보험의 급여, 이전소득 및 기타소득이 있다. 금융소득이란 금융자산을 통하여 벌어들인 수입으로 예금의 이자소득, 주식의 매매차익이나 배당금, 사채 또는 채권의 이자 등이 포함된다. 부동산소득이란 부동산에서 발생하는 수입으로 집세, 토지임대료, 부동산 매매차익 등이 포함된다. 사회보험의 급여란 정부에서 운영하는 사회보험의 급여대상이 되어 받는 모든 소득을 의미하며, 이전소득이란 생활비나 교육비 등의 명목으로 친척, 친지로부터 받는 지원금과 정부 및 사회단체로부터 받는 보조금을 말한다.

〈표 3-6〉 근로소득을 제외한 연간 소득

(단위 : 명, %)

전체	명 (%)
금융소득	188 (16.7)
부동산소득	27 (2.4)
사회보험의 급여	23 (2.0)
이전소득	14 (1.2)
기타	8 (0.7)

〈표 3-7〉 배우자의 취업

(단위 : 명, %)

전체	1,014 (100.0)
배우자가 없다	113 (11.1)
배우자는 있으나 소득이 없다	654 (64.5)
배우자의 소득이 있다	247 (24.4)
월평균 소득[1]	238 (100.0)
50만 원 미만	39 (16.4)
50만-100만 원 미만	130 (54.6)
100만-150만 원 미만	41 (17.2)
150만-200만 원 미만	17 (7.1)
200만 원 이상	11 (4.6)
취업 개시년도[2]	220 (100.0)
1993년 이전	32 (14.5)
1994-1996년	38 (17.3)
1997-1999년	40 (18.2)
2000년 이후	110 (50.0)
고용형태[3]	236 (100.0)
고용주나 자영업자	52 (22.0)
가족종사자	3 (1.3)
시간제 노동자	86 (36.4)
전일제 노동자	95 (40.3)

주: 1) 무응답한 9명 제외   2) 무응답한 27명 제외   3) 무응답한 11명 제외

〈표 3-8〉 배우자의 취업 동기

(단위 : 명, %)

	전체	제1순위	제2순위
배우자 또는 다른 가족이 실직하여	9 (2.0)	6 (2.6)	3 (1.4)
자녀의 교육비가 부족해서	152 (33.8)	109 (47.6)	43 (19.5)
주택구입비나 전세자금의 마련	83 (18.4)	36 (15.7)	47 (21.3)
사업자금을 마련하기 위해서	8 (1.8)	- (0.0)	8 (3.6)
사보험비를 충당하기 위해서	23 (5.1)	4 (1.7)	19 (8.6)
실직에 대비하기 위해서	16 (3.6)	3 (1.3)	13 (5.9)
노령에 대비하기 위해서	63 (14.0)	24 (10.5)	39 (17.6)
부모(친척)로부터 경제적으로 보조받기 싫어서	16 (3.6)	7 (3.1)	9 (4.1)
갚아야 할 빚이 많아서	45 (10.0)	25 (10.9)	20 (9.0)
지식이나 기술의 활용을 위해	17 (3.8)	10 (4.4)	7 (3.2)
여가 시간을 활용하기 위해	12 (2.7)	3 (1.3)	9 (4.1)
기타	6 (1.3)	2 (0.9)	4 (1.8)
합 계	450 (100.0)	229 (100.0)	221 (100.0)

하고는 매우 낮다. 가구의 소득구성에서 근로소득에 대한 의존도가 매우 높다.

<표 3-7>에서 배우자의 소득수준과 취업을 시작한 시기, 고용형태를 보면 전체 응답자 중에서 약 89%가 배우자가 있었으며 그 중 소득이 있는 배우자의 비중은 전체의 약 24%로 나타났다. 취업해 있는 배우자의 월평균 소득은 50만 이상 100만 원 미만이 54.6%로 가장 높았으며 71%가 100만 원 미만으로 나타나서 가계보조적인 수준이다. 배우자가 취업을 시작한 시기는 1997년 경제위기 이후에 주로 취업한 것으로 나타났으며, 고용형태는 전일제 노동자가 40.3%, 시간제 노동자가 36.4%를 차지하여 임금근로자의 형태가 약 77%로 나타났다. 배우자가 취업은 상당히 제한된 범위에서만 이루어지고 있으며, 배우자가 취업한 경우는 최근 5년 내에, 주로 100만 원 미만의 저임금근로의 형태로 이루어지고 있다.

배우자의 취업 동기에 대한 복수응답의 결과를 보면(<표 3-8>), 제1, 2순위를 포함하여 자녀의 교육비가 가장 높고, 주거비, 노령에의 대비,

〈표 3-9〉 배우자의 미취업 이유

(단위 : 명, %)

	전체	제1순위	제2순위
본인이 원하지 않아서	94 (10.2)	60 (12.4)	34 (7.7)
취업, 창업정보가 부족하거나 잘 몰라서	51 (5.5)	17 (3.5)	34 (7.7)
학력, 기술, 기능, 경험이 모자라서	37 (4.0)	16 (3.3)	21 (4.7)
제시된 사업 또는 일자리의 수입이 적어서	41 (4.4)	11 (2.3)	30 (6.8)
노동시간이나 노동조건이 안 맞아서	167 (18.0)	68 (14.1)	99 (22.3)
나이가 너무 많아서	31 (3.3)	14 (2.9)	17 (3.8)
사업자금이 부족해서	25 (2.7)	10 (2.1)	15 (3.4)
집안일이나 육아 때문에 시간이 없어서	300 (32.4)	236 (48.9)	64 (14.4)
여성이기 때문에 취업이 어려워서	60 (6.5)	13 (2.7)	47 (10.6)
일자리가 없거나 부족해서	92 (9.9)	26 (5.4)	66 (14.9)
학업 때문에	6 (0.6)	3 (0.6)	3 (0.7)
기타	22 (2.4)	9 (1.9)	13 (2.9)
합 계	926 (100.0)	483 (100.0)	443 (100.0)

채무 등이 주요 동기로 나타났다. 배우자가 취업을 하는 가장 두드러진 동기가 자녀의 교육비가 부족하기 때문이고, 주택구입이나 전세자금의 마련과 같은 주거비부담도 주요한 동기로 나타나서 배우자 취업의 가장 중요한 동기는 교육과 주거 같은 집합적 소비재 부담 때문이다.

배우자가 일자리를 가지지 않은 이유에 대한 결과를 보면(<표 3-9>), 약 90%의 응답자가 취업을 원하고 있지만 가사·육아노동으로 인한 시간부족(32.4%)과 부적합한 노동조건(18.0%), 일자리 부족(9.9%)의 이유로 취업을 하지 못하는 것으로 조사되어 가사와 육아노동으로 인한 시간부족과 일자리 부족이 배우자의 취업을 제한하는 주요한 이유였다.

요컨대 금속노동자의 노동력 재생산조건의 특징을 가계 소득구조의 측면에서 본다면 낮은 임금수준, 고용에 대한 불안감, 교육과 주거와 같은 집합적 소비재 부담 때문에 소득극대화를 추구하지만, 배우자의 취업이 가사노동의 비사회화와 일자리 부족으로 제한되어 있기 때문에 초과노동을 통한 소득극대화가 거의 유일한 전략으로 선택되고 있어서 가계 소득에서 가구주

임금의 비중이 매우 높다. 또한 기업규모별로 중소기업, 대기업, 거대기업 간의 임금격차가 크고 노동력의 구성이 다르기 때문에 초과노동에 대한 의존도와 태도가 상이하게 나타나고 있다. 이런 이유로 한편으로는 주 5일 근무제와 같은 제도적 권리 확보가 마모적 노동력 재생산의 방지를 통한 노동자의 삶의 질을 향상시키기보다는 소득극대화의 수단으로 변용되고 있다. 초과노동은 기업별 노동조합체제에 근거한 전투적 경제주의와 노동 자층들 간의 경쟁을 강화시킴으로써 노동계급의 응집성을 떨어뜨리고 있다.

3. 가계의 소비구조

경제위기 이후 고용안정성이 심각하게 훼손되면서 노동자들은 이에 적응하기 위하여 한편으로는 자발적으로 노동시간을 연장시키는 소득극대화 전략을 , 다른 한편으로는 사회적 사고에 대비하기 위하여 지출을 극소화하는 위험회피 전략을 선택하고 있다. 소득극대화의 주요 동기가 교육과 주거 같은 집합적 소비재의 부담 때문이었다. 일반적으로 소득구조가 불균형적일 수록 집합적 소비에 대한 계층간 차별성을 강화시켜 노동력의 세대간 재생산에서 '빈곤의 함정'에 빠지는 문제를 야기할 수 있다. 이 절에서는 집합적 소비재 부담에 초점을 맞추어 가계의 소비구조를 생활비와 지출 구성, 가계부실화의 원인, 집합적 소비로 나누어 살펴보겠다.

1) 생활비와 지출 구성

가계의 지출 수준과 구성은 우선 노동자의 인구학적 구성과 관련이 있다 (<표 3-10>). 여기서 특징적인 점은 '고령화 현상'이다. 10년 이상 장기근속 자의 비중이 매우 높고, 40대 이상 연령층의 비중이 절반을 넘고 있다.

〈표 3-10〉 응답자의 특성

(단위 : 명, %)

전체[1]		1,123 (100.0)
연령	20대	78 (7.0)
	30대	453 (40.6)
	40대	459 (41.0)
	50대 이상	127 (11.4)
교육수준	중졸 이하	108 (9.7)
	고졸·고중퇴	856 (76.8)
	전문대졸, 대학중퇴	112 (10.0)
	4년제 대졸	35 (3.1)
	대학원(석사)졸 이상	4 (0.4)
혼인상태	미혼	141 (12.6)
	기혼-유배우	964 (86.4)
	기혼-무배우	11 (1.0)
가구모형	1명	70 (6.3)
	2명	81 (7.3)
	3명	237 (21.4)
	4명	526 (47.6)
	5명	150 (13.6)
	6명 이상	42 (3.8)
근속년수	5년 미만	83 (7.4)
	5-10년 미만	248 (22.2)
	10-15년 미만	282 (25.3)
	15년 이상	502 (45.0)

주: 1) 결측값은 분석에서 제외. 이하 동일.

이 연령층은 대부분 3~4인 가구의 가구주로서 교육, 주거, 의료 등에서 가계소비의 규모가 가장 큰 계층이므로 가계소득이 가계소비를 따라주지 못한다면 가계부실로 이어지거나, 소득을 극대화하기 위하여 초과노동을 한다든지, 지출을 극소화시킴으로써 세대내, 세대간 노동력을 재생산하는 데에 곤란을 겪을 가능성이 크다.

월평균 생활비[16]를 가구주의 인구학적 속성별로 보면(<표 3-11>), 연령별

16) 생활비란 식품비, 주거비, 교육비, 보건의료비, 교통통신비, 각종 공과금 등과 같이 생활하는데 드는 돈이다. 저축이나 부채에 대한 원리금 상환이나 냉장고, TV와 같은 내구재 구입비, 혼수 장만이나 교통사고 보상금 지불과 같이 특별한 일로 인해 지불한

〈표 3-11〉 가구의 월평균 생활비

(단위 : 명, %)

특성	생활비	전 체	100만 원 미만	100만-200 만 원	200만-300 만 원	300만 원 이상
연령	20대	66(100.0)	60.6	31.8	7.6	
	30대	428(100.0)	32.5	58.4	9.1	
	40대	440(100.0)	11.8	59.8	25.5	3.0
	50대 이상	119(100.0)	11.8	68.1	16.0	4.2
교육 수준	중졸 이하	101(100.0)	16.8	68.3	14.9	
	고졸·고중퇴	812(100.0)	22.9	57.6	17.2	2.2
	전문대졸, 대학중퇴	101(100.0)	29.7	56.4	13.9	
	대졸 이상	37(100.0)	32.4	51.4	16.2	
혼인 상태	미혼	119(100.0)	61.3	31.9	5.9	0.8
	기혼유배우	922(100.0)	18.3	61.7	18.1	1.8
	기혼무배우	11(100.0)	18.2	72.7	9.1	
가구 모형	1명	66(100.0)	74.2	25.8	-	-
	2명	75(100.0)	44.0	54.7	1.3	-
	3명	220(100.0)	28.2	58.6	12.3	0.9
	4명	501(100.0)	15.8	63.3	18.6	2.4
	5명	141(100.0)	9.9	61.7	27.0	1.4
	6명 이상	41(100.0)	4.9	53.7	36.6	4.9
가구 총소 득	100만 원 미만	19(100.0)	73.7	26.3	-	-
	100만-200만 원 미만	460(100.0)	35.2	61.3	3.3	0.2
	200만-300만 원 미만	362(100.0)	11.9	62.4	24.6	1.1
	300만 원 이상	151(100.0)	7.9	40.4	43.7	7.9
근속 년수	5년 미만	71(100.0)	52.1	43.7	4.2	-
	5-10년 미만	232(100.0)	43.5	47.4	9.1	-
	10-15년 미만	267(100.0)	21.7	61.8	16.1	0.4
	15년 이상	481(100.0)	10.6	63.4	22.5	3.5
기업 규모	중소기업	137(100.0)	36.5	55.5	7.3	0.7
	대기업	206(100.0)	22.8	64.6	12.1	0.5
	거대기업	716(100.0)	21.1	57.0	19.7	2.2

돈은 생활비에서 제외된다. 월평균 생활비는 평균 135.9만원으로 노동패널조사의 107.6만원보다 28.3만원이 높게 나타났다. 지출범주별로 보면 100만 원 이상 150만 원 미만이 29.8%로 가장 높고, 150만 원 이상 200만 원 미만이 28.4%, 100만 원 미만 23.4%의 순로 나타나서 전체 응답자의 81.6%가 200만 원 미만의 생활비를 지출하고 있다. 이는 노동패널조사(3차년도)의 87.1%보다 5.5%가 낮은 수치이다. 200만 원 이상의 생활비에서는 본 조사의 비중이 18.3%로 나타나서 노동패널조사의

로는 20대와 30대 이상에서 지출수준의 차이가 매우 뚜렷하였고, 연령이 높을수록 생활비의 지출수준도 높게 나타나서 40대가 지출수준의 정점을 이루고 50대 이상에서는 하락하는 분포를 보였다. 교육수준별로는 교육수준이 높을수록 생활비 지출수준이 낮은, 언뜻 보아 의외의 현상이 발견되는데, 이것은 교육수준과 연령 및 부양가족수의 상관관계 때문이다. 응답자의 교육수준이 높을수록 연령이 낮고 부양가족수가 적기 때문에 생활비의 지출수준도 낮다. 가구의 총소득별로 보면, 100만 원 미만의 저소득층 중에서 100만 원 이상의 지출을 보이는 비중이 약 26%에 달하고 있는데, 이 소득층에서 가계부실화가 빠르게 진행될 수 있다는 점에서 우려스러운 계층이다. 요컨대 금속노동자들은 대부분 200만 원 미만의 생활비를 쓰고 있으며 근속년수 10년 이상의 40대 기혼유배우자에서 지출수준이 높게 나타났다.[17]

임금이나 소득이 감소할 경우 가장 먼저 지출을 줄일 수 있는 항목에 대해 복수응답한 것이 <표 3-12>이다. 전체적으로는 우선적인 지출 감소항목으로서 식료품비 20.8%, 교양오락비 19.5%, 교통통신비 12.9% 등의 순으로 조사되었다. 여기에서 주목되는 것은 우선적인 지출 감소항목에서 교양오락비에 비해 식료품비가 비슷한 비중으로 나타났다는 점이다. 식료품비의 지출탄력성이 크지 않음을 감안한다면 이는 생물학적 노동력의 재생산 못지않게 문화적인 욕구 충족을 중요하게 생각하는 노동자들이 많음을 의미한다. 가계의 큰 부담으로 작용하고 있는 교육비는 가구·가사·집기비나 교통통신비보다 낮게 나타났다. 이것은 소득이나 임금이 감소할 경우, 현재의 문화적·생물학적 노동력 재생산의 축소를 감수하더라도 세대 간 사회이동의 수단이 되는 교육비 지출의 감소를 최소화시키고자 하는

12.6%보다 5.7% 정도 높게 나타났다.

17) 기업규모별 임금격차를 생각한다면 중소기업 노동자에게서 소득수준과 지출규모의 격차가 가장 심하게 나타날 것으로 생각된다.

〈표 3-12〉 지출감소 우선순위

(단위 : 명, %)

지출항목	전 체	제1순위	제2순위
식료품비	431 (20.8)	259 (24.8)	172 (16.7)
주거비(관리비 포함)	123 (5.9)	63 (6.0)	60 (5.8)
광열수도비	50 (2.4)	13 (1.2)	37 (3.6)
가구·가사·집기비	257 (12.4)	102 (9.8)	155 (15.1)
피복비	231 (11.2)	76 (7.3)	155 (15.1)
교육비	238 (11.5)	132 (12.7)	106 (10.3)
교통통신비	268 (12.9)	108 (10.4)	160 (15.6)
보건의료비	25 (1.2)	10 (1.0)	15 (1.5)
교양오락비	404 (19.5)	272 (26.1)	132 (12.9)
조세공과금	26 (1.3)	3 (0.3)	23 (2.2)
기타	17 (0.8)	5 (0.5)	12 (1.2)
합 계	2,070 (100.0)	1,043 (100.0)	1,027 (100.0)

태도로 해석된다. 수직적인 사회이동에 대한 강한 열망 때문에 교육비의 부담에도 불구하고 지출 감소의 의향은 낮게 나타난다.

사보험에 대한 지출이 높은 점도 주목할 만한 현상이다.[18] 사보험의 가입 여부와 월평균 불입액를 보면(<표 3-13>), 응답자의 85.4%가 가입하고 있으며 월평균 불입액은 22.4만 원으로 나타났다. 범주별로 보면 10만 원 이상 20만 원 미만이 약 30%로 가장 높고 20만 원 이상 30만 원 미만이 27%로서 두 범주가 응답자의 약 57%를 차지하고 있다. 사보험의 가입동기를 보면(<표 3-14>), 불의의 사고에 대한 걱정, 노후 대비, 자녀의 장래에 대한 염려의 세 가지 동기가 대부분을 차지했다. 노동자층에서 사보험에 대한 지출이 높은 이유는 한편으로는 노동자들이 다른 계층에 비해서 밀도가 높은 사회적 연결망 내에 포섭되어 있기 때문에 인간적 연줄에 더욱 노출되어 있다는 점[19]과 다른 한편으로는 사내 복지나 국가 복지와 같은

---

18) 경제위기 이후에 금속노동자들 간에는 사보험에 대한 가입하는 비중이 급격히 늘었다고 한다. 금속노조의 정책관계자 L씨와의 면담

19) 금속노동자들은 기업내부, 기업외부에 걸쳐 다른 계층에 비해 훨씬 사회적 연결망

〈표 3-13〉 사보험 가입여부와 월평균 불입액

(단위 : 명, %)

전체	1,079 (100.0)
가입하지 않음	158 (14.6)
가입하고 있음	921 (85.4)
월평균 불입액	905 (100.0)
10만 원 미만	107 (11.8)
10만 원 이상 20만 원 미만	271 (29.9)
20만 원 이상 30만 원 미만	244 (27.0)
30만 원 이상 40만 원 미만	159 (17.6)
40만 원 이상 60만 원 미만	96 (10.6)
60만 원 이상	28 (3.1)
평 균(만 원)	22.4

〈표 3-14〉 사보험 가입동기

(단위 : 명, %)

	전 체	제1순위	제2순위
언제 직장을 그만둘지 몰라서	100 (5.9)	50 (5.7)	50 (6.1)
노후를 대비하기 위해서	544 (32.1)	260 (29.7)	284 (34.5)
자녀의 장래가 염려되어서	259 (15.3)	84 (9.6)	175 (21.3)
불의의 사고에 대한 걱정이 커져서	669 (39.4)	453 (51.8)	216 (26.3)
인간관계 때문에 어쩔 수 없어서	61 (3.6)	19 (2.2)	42 (5.1)
저축보다 이점이 있어서	18 (1.1)	1 (0.1)	17 (2.1)
IMF 위기의 심리적 충격이 커서	11 (0.6)	2 (0.2)	9 (1.1)
주위의 사람들이 많이 가입해서	21 (1.2)	4 (0.5)	17 (2.1)
기타	13 (0.8)	1 (0.1)	12 (1.5)
	1,696 (100.0)	874 (100.0)	822 (100.0)

기존의 사회안전망이 미흡한 조건에서 사회적 사고에 대한 불안감이 확산됨에 따라 가구 소득의 범위 내에서 시장 복지의 대안을 선택하고 있는 것으로 보인다.

이러한 해석은 1997년 경제위기 이후 최근 5년간 복지환경 전반의 변화에

내에 깊이 포섭되어 있다(정진상·김재훈·이종래, 2003: 117-126).

〈표 3-15〉 최근 5년간 복지환경에 대한 평가

(단위 : 점, %)

	평균 (점)[1]	매우 그렇다	조금 그렇다	보통	별로 그렇지 않다	전혀 그렇지 않다
임금 감소	3.03	12.3	20.7	28.8	27.8	10.4
노동시간 증가	2.80	13.6	28.9	29.8	19.6	8.1
교육훈련 증가	2.44	3.0	12.8	30.5	32.7	20.9
교육비 증가	2.01	43.1	32.1	12.2	5.4	7.2
주거비 증가	2.06	33.3	41.4	15.5	5.3	4.5
의료비 증가	2.00	37.2	36.7	18.2	5.0	2.9
사보험비 증가	2.15	27.8	41.7	21.4	6.2	3.0
경조사비 증가	2.26	19.9	44.0	28.3	5.5	2.3
사회보험 혜택 증가	2.11	2.1	4.9	24.9	38.0	30.0
전반적 사회복지 개선	1.98	0.6	5.9	19.9	38.1	35.5

주 1) 5점 척도의 평균값임. 임금감소, 노동시간 증가, 교육비 증가, 주거비 증가, 의료비 증가, 사보험비 증가, 경조사비 증가는 '매우 그렇다'를 1점, '전혀 그렇지 않다'를 5점으로 하는 5점 척도의 평균값이고, 교육훈련 증가, 사회보험 혜택 증가, 전반적 사회복지 개선 항목은 '매우 그렇다'를 5점, '전혀 그렇지 않다'를 1점으로 하는 5점 척도의 평균값임.

대한 주관적 평가를 항목별로 나타낸 <표 3-15>에서 확인된다. 최근 5년간의 가계경제의 변화에 대해 가장 긍정적인 평가를 5점, 가장 부정적 평가를 1점으로 하는 5점 척도를 점수화하고 범주별로 비중을 나타냈다. 최근 5년간 전반적인 사회복지 개선에 대한 주관적 평가의 점수는 1.98로 부정적인 평가가 강했다. 항목별로 보면 교육비, 의료비, 주거비와 같은 집합적 소비재에 대한 복지 혜택에 대한 평가가 가장 낮고, 사보험비나 경조사비의 증가에 대한 평가도 낮다. 임금의 감소나 노동시간의 증가는 상대적으로 만족도가 높다. 임금이나 노동시간과 같은 노동조건보다는 가계소비나 지출과 관련된 항목에 대한 복지 불만족도가 높다. 그 결과 전체적인 사회복지의 개선 여부에 대한 부정적인 평가가 73.6%에 달하였다. 사회복지의 포괄성과 적용범위는 확대되어 왔지만 그 급여의 적절성의 측면, 특히 집합적 소비재의 부문에 대한 불만족도가 높다.[20] 노동자들이 소득의 범위 내에서

시장복지의 대안을 선택하는 배경에는 국가 복지나 기업 복지가 급여하는
복지혜택이 복지수요에 크게 못 미치는데 대한 불만과 불신이 작용하고
있다.

2) 가계 부실화의 원인

금속노동자의 가계 부실화 정도를 부채의 여부와 규모, 동기를 통해
살펴본다.[21] <표 3-16>을 보면, 가계경제에 경제적 어려움이 있는지의
여부에는 약 67%가 '경제적 곤란이 있다'고 응답했으며, 경제적 곤란의
내용으로는 채무의 원리금 상환과 교육비가 각각 약 40%와 약 39%를
차지하여 두 항목을 합하면 약 79%의 높은 비중을 점하고 있었다. 금속노동
자 가구의 약 70%에 이르는 비중이 가계 지출의 압박을 경험하고 있으며
그 원인은 주로 채무의 상환과 교육비 때문이었다. 다음 세대의 사회적
이동에 대한 강한 희망과 경직성이 강한 금융비용, 그리고 배우자의 취업이
제한되어 있는 지역노동시장의 구조적 조건이 금속노동자들이 택할 수
있는 가장 일반적인 소득극대화 전략으로서 초과노동을 택하게 하는 원인으

---

20) 복지의 '포괄성(comprehensiveness)'이란 복지제도가 대상으로 하고 있는 복지혜택
의 종류를 의미하고, '보편성(universality)'이란 복지혜택이 적용되는 대상의 범위를
의미한다. 이외에 복지의 척도로서는 복지혜택의 수준을 의미하는 '급여의 적절성
(adequacy)'과 복지혜택으로 인한 재분배효과를 의미하는 '평등화(equalization)'가
있다.

21) 엄밀하게 본다면 가계부실화는 부채뿐만 아니라 자산의 여부와 종류, 규모가 분석되
어야 한다. 하지만 자산보다는 부채가 가계부실화의 주요 지표로 볼 수 있으므로
지면상 자산 항목은 생략하였다. 자산은 크게 부동산자산과 금융자산으로 나눌 수
있다. 금속노동자의 경우, 부동산 자산의 소유 비중이 약 14%이고, 금융자산의 소유
비중은 47%였다. 금융자산의 종류별로는 은행예금이 48.7%로 가장 높았고 저축성
보험이 23.3%, 유가증권이 21.9%의 순이다. 개인적인 채권이나 계 등의 비중의
아주 낮다. 금속노동자의 경우 사회적 연결망의 밀도가 다른 계층에 비해 조밀한
특징을 보이고 있음에도 불구하고 사금융이나 계와 같은 전통적 금융제도에 대한
경제적 의존도는 낮고 근대적 금융제도에 대한 의존이 훨씬 높게 나타났다.

〈표 3-16〉 경제적 곤란의 여부와 내용

(단위 : 명, %)

전체		1,076 (100.0)
경제적 곤란이 없음		354 (32.9)
경제적 곤란이 있음		722 (67.1)
	내 용	636 (100.0)
	식료품비	31 (4.9)
	교육비	246 (38.7)
	채무의 원리금 상환	254 (39.9)
	의료비	20 (3.1)
	주거비	56 (8.8)
	기타	29 (4.6)

로 작용하고 있다.

가구의 부채상황을 보면(<표 3-17>), 부채가 있는 가구의 비중이 65.3%
에 달하였으며 부채의 잔액은 1,000만 원 이상 2,000만 원 미만이 31.7%로
가장 높았고, 2,000만 원 미만의 부채액을 가진 가구의 비중은 71.3%로
대부분을 차지했다. 부채의 종류는 금융기관에서 빌린 것이 54.4%로 절반을
넘었고, 회사를 통해 빌린 돈이 20.3%, 개인적으로 빌린 돈이 14.3% 등의
순이다. 빚을 지게 된 가장 큰 동기로는 주택구입이나 전세자금 마련이
66.7%로 압도적인 비중을 점하였고, 생활비의 부족으로 인한 궁핍성 채무도
14.6%로 나타났다.

금속노동자의 가계 지출을 압박하는 가장 큰 요인은 주거, 교육과 같은
집합적 소비재 부담의 불평등성이라고 볼 수 있다. 소득극대화 방안으로서
초과노동이 거의 유일한 대안인 상황에서 집합적 소비에 대한 욕구를 시장
을 통해 해소하기 때문에 가계압박과 초과노동의 악순환이 지속되고 있
다.[22]

---

22) 이것은 가계 지출에 대한 압박이 큰 계층을 중심으로 주거, 교육과 같은 집합적
소비재의 부담을 낮출 수 있는 복지정책이 필요함을 보여준다.

〈표 3-17〉 가구의 부채유무와 부채 잔액 및 종류, 채무의 동기

(단위 : 명, %)

전 체	1,070 (100.0)
부채가 없음	371 (34.7)
부채가 있음	699 (65.3)
부채 잔액	685 (100.0)
500만 원 미만	91 (13.3)
500만 원 이상 1,000만 원 미만	180 (26.3)
1,000만 원 이상 2,000만 원 미만	217 (31.7)
2,000만 원 이상 3,000만 원 미만	98 (14.3)
3,000만 원 이상 5,000만 원 미만	70 (10.2)
5,000만 원 이상	29 (4.2)
종 류[1]	897 (100.0)
금융기관 부채	488 (54.4)
회사를 통해 빌린 돈	182 (20.3)
개인적으로 빌린 돈	128 (14.3)
전세금이나 임대보증금	77 (8.6)
미리 타고 앞으로 부어야 할 계	10 (1.1)
기타	12 (1.3)
채무의 동기	631 (100.0)
생활비가 부족해서	92 (14.6)
주택구입이나 전세자금 마련 때문에	421 (66.7)
카드결제를 하지 못해서	21 (3.3)
학비가 부족해서	17 (2.7)
주식투자에 실패해서	31 (4.9)
기타	49 (7.8)

주: 1) 복수응답 문항임.

3) 집합적 소비: 교육 및 주거

자본주의체제에서 노동자의 노동력 재생산은 일차적으로 임금을 원천으로 하는 소비를 통해 이루어지지만 국가복지와 기업복지가 발전함에 따라 간접임금을 통한 노동력 재생산의 중요성이 점차 높아져 왔다. 하지만 한국의 경우 복지 부문에 대한 국가의 방치로 인해 집합적 소비부문에 대한 소비가 철저하게 사적인 통로를 통해 해결됨으로써 계층불평등 심화와 같은 잔여적 복지국가의 문제점이 뚜렷하게 나타나고 있다. 집합적 소비재에서 계층간 지출의 불평등성이 갖는 의미는 계층간의 불평등을 세대내뿐만 아니라 세대간으로 확대 재생산시킨다는 점에 있다(정건화·남기곤, 1999: 14). 금속노동자의 경우에도 앞에서 살펴보았듯이 교육과 주거비 같은 집합적 소비재 부담이 초과노동과 배우자의 취업 동기, 가계 지출 순위와 부실화에 큰 영향을 미치는 요인이었다.[23] 사교육비[24]와 주거비를 중심으로 집합적 소비에 대한 부담을 살펴보겠다.

<표 3-18>을 보면, 대학생 이하의 자녀가 있는 가구 중에서 사교육(보육)시설을 이용하는 비중은 약 92%였다. 월평균 지출하는 사교육비는 약 42만 원으로 범주별로는 20만 원 이상 40만 원 미만이 37.6%로 가장 높았고 40만 원 이상 60만 원 미만도 32.8%에 이른다. 두 범주를 합하면 월평균 20만 원 이상 60만 원 미만의 사교육비를 지출하는 비중이 약 70%였다. 사교육비를 충당하는 방법으로는 잔업이나 특근 등의 연장근로를 하는 비중이 65%로 단연 높았고, 다른 생활비의 지출을 축소하는 방법이 21.4%, 본인이나 배우자가 부업을 하는 방법으로 충당하는 비중은 10.7%였다.

---

23) 집합적 소비재에는 교육이나 주거 외에도 보건의료, 사회보장, 연금 등 여러 품목들이 포함된다. 경제위기 이후 주거, 보건의료, 교육, 개인연금 등의 집합적 소비에 있어서 계층적 불평등성에 대한 논의는 정건화·남기곤(1999)을 참조.
24) 여기에서 사교육비란 대학생 이하의 자녀를 사설 교육 및 보육기관에 위탁함으로써 발생하는 일체의 교육비용을 의미하는 용어로 한정하고자 한다.

〈표 3-18〉 사교육(보육) 시설의 이용

(단위 : 명, %)

전 체	625 (100.0)
사교육(보육) 시설을 이용하지 않음	52 (8.3)
사교육(보육) 시설을 이용함	573 (91.7)
월평균 사교육(보육)비	558 (100.0)
20만원 미만	48 (8.6)
20만원 이상 40만원 미만	210 (37.6)
40만원 이상 60만원 미만	183 (32.8)
60만원 이상 80만원 미만	67 (12.0)
80만원 이상 100만원 미만	26 (4.7)
100만원 이상	24 (4.3)
평 균(만 원)	42.2
비용 충당 방법	543 (100.0)
잔업이나 특근 등의 연장근로	353 (65.0)
본인이나 배우자의 부업	58 (10.7)
다른 생활비의 지출 축소	116 (21.4)
기타	16 (2.9)
경제적 부담의 정도	569 (100.0)
매우 부담된다	352 (61.9)
약간 부담된다	182 (32.0)
보통이다	29 (5.1)
별로 부담되지 않는다	5 (0.9)
전혀 부담되지 않는다	1 (0.2)
평 균(점)1)	4.54

주: 1) 5점 척도의 평균값임.

경제적 부담의 정도를 보면 '매우 부담된다'가 61.9%로 매우 높고, '약간 부담된다'가 32%로서 사교육비에 대해 부담을 느끼는 비중이 약 94%에 이르렀으며, 부담의 정도에 대한 5점 척도의 평균값은 4.54라는 매우 높은 수치를 보였다. 사교육비의 부담 때문에 한편으로는 교육비를 제외한 생활비의 지출을 극소화시키면서, 소득극대화 전략으로는 부업과 같은 소득다각화 전략보다는 초과노동을 통한 임금소득의 극대화전략을 선택하는 비중

〈표 3-19〉 주거 조건

항 목		빈도 (%)
주거유형	자가	766 (69.2)
	전세	201 (18.2)
	월세	26 (2.3)
	기타	114 (10.3)
	소 계	1,107 (100.0)
주택의 종류	단독주택	180 (16.3)
	아파트(상가아파트 포함)	719 (65.0)
	연립주택(빌라 포함)	79 (7.1)
	다세대 주택	58 (5.2)
	비주거용 건물 내의 주택	1 (0.1)
	오피스텔	2 (0.2)
	상가주택	6 (0.5)
	기타	61 (5.5)
	소 계	1,106 (100.0)
주거면적	10평 미만	17 (1.6)
	10평 이상 20평 미만	228 (21.6)
	20평 이상 30평 미만	597 (56.4)
	30평 이상 40평 미만	180 (17.0)
	40평 이상	36 (3.4)
	소 계	1,058 (100.0)
	평 균(평)	24.1

이 매우 높다. 교육비 지출에 대한 높은 부담과 경직성은 다른 계층에 대비한 지출의 불평등성은 차치하고라도 다른 항목에 대한 지출을 압박하는 효과가 있기 때문에 세대간은 물론이고 세대내의 노동력 재생산에 있어서 장애를 낳고 있는 요인으로 작용하고 있다.

주거비의 부담을 살펴보자. 주거 조건을 주거유형, 주택의 종류, 주거면적으로 나누어 살펴보면(<표 3-19>), 주거유형으로는 자가보유의 비중이 약 69%로 상당히 높았고, 전세가 18.2%의 순으로 나타나서, 자가와 전세를 합하면 87.4%로 대부분을 차지하였다. 주택의 종류로는 아파트가 65%로 가장 높고 단독주택이 16.3%로서 대부분이 아파트나 단독주택에서 살고 있었으며, 주거면적은 평균 24.1평이었다. 범주별로는 20평 이상 30평 미만

〈표 3-20〉 최근 5년간 이사여부

(단위 : 명, %)

전체		1,060 (100.0)
이사한 적이 없음		619 (58.4)
이사한 적이 있음		441 (41.6)
	이사 횟수	436 (100.0)
	1회	255 (58.5)
	2회	123 (28.2)
	3회	41 (9.4)
	4회 이상	17 (3.9)
	평 균(회)	1.6
	이사 동기	413 (100.0)
	자녀의 성장이나 교육환경 때문에	65 (15.7)
	보다 쾌적한 주거환경을 갖고 싶어서	145 (35.1)
	전·월세값이나 집값이 올라서	105 (25.4)
	여유자금을 마련하기 위해	23 (5.6)
	기타	75 (18.2)

이 56.4%로 가장 높고, 10평 이상 20평 미만이 21.6%로 78%가 10평 이상 30평 미만에 살고 있었다.

<표 3-20>은 최근 5년간 이사를 하였는지의 여부를 보여준다. 1997년 경제위기 이후 이사를 한 적이 있는 가구는 41.6%였고 이사 횟수는 평균 1.6회였다. 이사 동기로는 보다 나은 주거환경에 대한 동기가 35.1%, 자녀의 성장이나 교육환경이 15.7%로서 흡인요인(pull factor)에 의한 이사가 50.8%를 차지했고, 압출 요인(push factor)에 의한 주거 축소형이사는 주거비 부담과 여유자금의 마련을 위한 동기가 각각 25.4%, 5.6%로서 합하면 31%로 상대적으로 낮다.

주거 조건의 면에서는 본다면 주거 면적은 넓지 않지만 자가 보유율이 높고 흡인요인에 의한 이사가 많다는 점에서 상당히 안정적이다. 하지만

주거 조건이 가계 채무의 가장 큰 요인이라는 점에서는 불안정적인 측면도
지니고 있다. 고용의 불안정성이 늘어나고 자산시장의 디플레이션이 발생
할 경우에는 주거비 부담으로 인한 가계 부실화가 나타날 수 있는 불안정성
을 가지고 있다.

금속노동자 가계의 소비구조의 특징은 첫째 노동력 구성이 고령화됨에
따라 소득과 지출능력의 격차가 커졌으며 이것은 연령별로는 40대, 기업규
모별로는 중소기업 노동자에게 더욱 뚜렷하였다. 둘째 노동력의 재생산에
서 가장 장애를 낳는 요인은 교육과 주거, 사보험과 같은 집합적 소비
부문에 대한 지출이다. 거시적인 사회복지수준이 결여된 조건에서 노동자
들은 직접임금을 원천으로 시장을 통해 집합적 소비재 부문에 지출함으로써
다른 부문에 대한 소비가 압박을 받게 되고, 세대간뿐만 아니라 세대내의
노동력 재생산에서 곤란을 겪고 있다.

4. 기업복지와 노동력 재생산

임금수준은 노동력의 재생산 수준에, 임금구조와 고용구조는 노동력 재
생산의 안정성과 이질적 노동력의 재생산구조에 영향을 미치므로 기업
내 노동시장, 복지 및 숙련형성제도는 노동력의 재생산을 규제하는 미시적
조건이다. 경제위기 이후 신자유주의적 구조조정은 노동시장의 조건을 변
화시키는데 초점을 두어 왔고, 기업 내 복지제도나 숙련형성제도 역시 비용
절감과 노동과정의 변화에 따라 상당히 다른 모습을 보여주고 있다. 이
절에서는 작업장내 노동조건 중에서 사내 복지를 포괄성과 보편성, 급여의
적절성의 측면으로 나누어 살펴보겠다.[25]

---

25) 작업장내 노동력 재생산조건에는 사내 복지뿐만 아니라 직업훈련도 노동력의 숙련
   재형성에 중요한 의미를 지닌다. 지면상 상세히 논의할 수는 없으나 경제위기 이후

1) 포괄성과 보편성

복지의 '포괄성'이란 복지제도가 대상으로 하고 있는 복지혜택의 종류를 의미하고, '보편성'이란 복지혜택이 적용되는 대상의 범위를 의미한다.

사내 복지의 포괄 범위와 적용 대상의 범위를 응답자의 속성별로 나타낸 것이 <표 3-21>이다. 사내 복지제도의 포괄 범위는 85.7%에서 99.6%로 매우 높았다. 항목별로 사내 복지의 포괄범위를 살펴보면 급식과 휴가비 지원은 거의 지원받고 있었고, 학자금·의료비·차량구입 및 교통비 지원도 약 95% 내외로 나타났다. 사원주택 제공이나 주택구입 및 전세자금 지원, 긴급생활안정자금의 지원은 상대적으로 낮은데 주거와 관련된 집합적 소비재에 대한 지원의 포괄범위가 가장 낮았다.

사내 복지의 적용 범위를 살펴보면, 사원주택이나 주택구입 및 전세자금의 지원과 같은 주거조건의 지원에서는 여성, 20대, 근속년수 5년 미만, 중소기업이 낮았고, 학자금이나 의료비 지원에서는 연령이 높아질수록, 기업규모가 클수록 적용범위가 넓어졌다. 긴급생활안정자금의 지원은 여성과 20대, 단독가구와 5년 미만의 근속자, 중소기업, 금속노조에서 낮았다. 전체적으로 사내 복지의 포괄성은 높지만 적용 범위에서 대기업 이상에서 장기근속을 하는 기혼 남성에서 상대적으로 높았다.

2) 복지혜택의 적절성

'급여의 적절성'이란 복지혜택의 수준을 의미한다. 사내 복지에서 제공되는 복지혜택의 적절성에 대한 주관적 만족도를 나타낸 것이 <그림 3-2>이

근속년수 10년 미만에 속하는 고졸 학력의 30대 미만의 층을 중심으로 직업훈련에 대한 잠재적 수요가 상당히 커졌다. 이것은 지역노동시장 내에서 직업훈련을 위한 수요구조의 특징을 보여준다는 점에서 주목할 만한 현상이다.

〈표 3-21〉 사내 복지 여부

(단위 : %)

		사원주택	주택구입전세자금	학자금	의료비	차량구입교통비	급식	긴급생활안정자금	휴가비
	평균	85.7	91.7	94.9	95.8	93.7	99.6	92.3	99.6
성	남성	86.9	91.9	95.8	96.8	93.9	99.6	93.1	99.6
	여성	47.1	84.8	66.7	63.6	88.2	100.0	64.5	100.0
연령	20대	72.4	84.0	80.6	88.0	86.3	100.0	80.0	100.0
	30대	88.9	94.6	93.9	95.9	95.2	100.0	93.2	99.8
	40대	85.4	90.8	96.9	96.0	93.0	99.1	93.4	99.3
	50대 이상	82.6	88.7	99.2	99.2	95.0	100.0	92.1	100.0
혼인상태	미혼	83.5	89.7	88.4	92.0	88.1	100.0	87.1	99.3
	기혼유배우	86.1	92.0	95.8	96.4	94.5	99.6	92.9	99.7
	기혼무배우	70.0	90.0	90.0	90.9	90.9	100.0	100.0	100.0
가구모형	1명	82.4	88.2	90.6	95.7	86.6	98.6	85.1	98.6
	2명	81.8	91.1	89.6	93.7	92.3	100.0	92.1	100.0
	3명	89.3	92.4	95.6	95.7	93.9	100.0	92.5	99.6
	4명	84.6	91.3	94.9	95.7	93.9	99.4	92.1	99.6
	5명	86.1	93.6	97.2	96.6	95.8	100.0	95.0	100.0
	6명 이상	87.8	92.9	100.0	100.0	95.2	100.0	94.7	100.0
근속년수	5년 미만	79.0	85.0	84.6	92.6	87.2	100.0	83.3	100.0
	5-10년 미만	86.6	93.4	93.5	94.2	93.4	100.0	91.2	100.0
	10-15년 미만	88.0	94.5	95.2	97.1	96.3	99.6	95.2	99.6
	15년 이상	85.0	90.3	96.9	96.3	93.3	99.4	92.6	99.4
규모	중소기업	69.0	85.9	90.1	84.5	88.1	100.0	81.2	99.3
	대기업	87.2	93.8	95.7	95.2	93.3	99.5	93.7	98.6
	거대기업	88.5	92.3	95.6	98.1	94.9	99.6	94.1	100.0
조직	금속연맹	88.8	92.8	96.1	98.1	95.0	99.9	93.9	99.7
	금속노조	78.9	89.3	92.3	90.5	90.8	99.1	88.9	99.4

다. 전체적으로 보면 사내 복지에 대한 만족도의 항목별 평균 점수가 모두 3이하로 상당히 낮았다. 항목별로 보면 학자금과 급식 지원에 대한 만족도가 상대적으로 높았고, 휴가비 지원, 의료비 지원, 주택구입 및 전세자금 지원, 사원 주택 제공 등이 중간대의 점수를 보였으며, 차량구입 및 교통비 지원이나 긴급생활안정자금의 지원에 대한 만족도가 가장 낮았다.

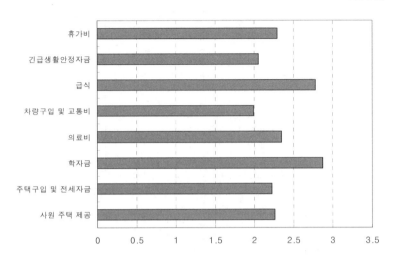

〈그림 3-2〉 사내 복지 만족도

(단위: 점)

속성별 사내 복지 만족도를 보면(<표 3-22>), 연령별로는 20대와 50대 이상보다 30대와 40대의 만족도는 상대적으로 낮았다. 이것은 불만족의 원인이 복지환경의 포괄성이나 적용 범위가 아니라 복지혜택의 적절성이기 때문이다. 고령화가 됨에 따라서 집합적 소비재에 대한 복지 수요와 지출은 증가하지만 임금수준이 그에 미치지 못함에 따라 격차가 커지게 되는데, 복지 급여의 적절성은 매우 낮기 때문에 이 격차를 메워주지 못하는 데서 발생하는 불만족으로 볼 수 있다. 하지만 연령과 밀접한 변수인 근속년수별로는 15년 이상의 장기 근속자에서 교육 및 주거혜택에 대한 만족도가 다소 높았다. 이것은 기업규모의 변수가 반영된 결과이다. 기업규모가 클수록 교육 및 주거 항목에 대한 복지급여가 높은데 15년 이상의 장기 근속자는 기업규모가 클수록 그 비중이 높기 때문이다(<그림 3-1> 참조).

복지 급여의 적절성의 높이기 위한 목적으로 실시되어 온 종업원 지주제를 살펴보겠다. 종업원 지주제는 경제적으로는 노동자의 소득을 보전하고

〈표 3-22〉 사내 복지 만족도

(단위 : 점)

		사원 주택 제공	주택 구입 전세 자금	학자금	의료비	차량 구입 교통 비	급식	긴급 생활 안정 자금	휴가 비	평균
	평균(점)	2.26	2.22	2.87	2.35	1.99	2.78	2.05	2.29	2.38
연 령	20대	2.44	2.54	2.97	2.68	2.06	2.84	2.38	2.77	2.62
	30대	2.07	2.04	2.68	2.23	1.99	2.60	1.98	2.23	2.25
	40대	2.37	2.29	2.93	2.37	1.95	2.83	2.01	2.22	2.40
	50대 이상	2.48	2.49	3.24	2.53	2.11	3.20	2.27	2.46	2.64
임 금 수 준	140만원 미만	2.08	2.12	2.70	2.25	1.94	2.67	1.96	2.29	2.35
	140-180만원 미만	2.28	2.22	2.92	2.30	2.02	2.85	2.01	2.26	2.24
	180-220만원 미만	2.34	2.27	2.89	2.40	1.99	2.81	2.19	2.31	2.33
	220만원 이상	2.39	2.27	3.01	2.52	1.99	2.79	2.02	2.28	2.48
근 속 년 수	5년 미만	2.16	2.18	2.91	2.35	1.96	2.57	1.95	2.40	2.30
	5-10년 미만	1.98	2.02	2.62	2.27	1.87	2.59	1.99	2.32	2.38
	10-15년 미만	2.12	2.09	2.75	2.29	2.09	2.75	2.06	2.31	2.43
	15년 이상	2.50	2.39	3.03	2.42	2.00	2.91	2.08	2.24	2.43
기 업 규 모	중소기업	1.79	1.90	2.55	1.86	1.83	2.73	1.79	2.40	2.21
	대기업	2.47	2.22	2.76	2.28	1.85	2.79	1.94	2.52	2.37
	거대기업	2.27	2.28	2.96	2.45	2.06	2.78	2.12	2.20	2.42

사회적으로는 회사에 대한 귀속감을 높임으로써 사내 통합을 증진시키는데 목적이 있다. <표 3-23>을 보면, 전체 응답자 중에서 종업원 지주제가 실시되고 있는 사업장에서 근무하는 응답자 비중은 약 75%로 상당히 높았고, 종업원 지주제로 우리 사주를 취득한 적이 있는 응답자도 60.4%로 높았다. 하지만 그 경제적, 사회적 효과는 다소 부정적이었다. 종업원 지주제가 소득에 미친 효과에 대해서는 '도움이 되었다'고 응답한 비중이 21.2%였고, 손해를 본 비중은 53.7%로 훨씬 높았다. 이것은 국내 주식시장의 장기적 침체 때문이었기도 하지만 취득가가 높음으로써 종업원의 소득을 보전하기보다는 회사의 자금동원의 효과가 더욱 컸던 점에도 원인이 있다. 종업원 지주제가 회사의 귀속감에 대해 갖는 사회적 효과는 '도움이 된다'는 응답이 23.5%, '도움이 안 된다'는 응답이 49.2%, 평균 점수는 2.52로서, 경제적

〈표 3-23〉 종업원 지주제의 실시 여부와 효과

(단위 : 명, %)

전체	1,008 (100.0)
종업원 지주제가 없음	255 (25.3)
종업원 지주제는 있으나 주식을 취득한 적이 없음	144 (14.3)
종업원 지주제로 주식을 취득한 적이 있음	609 (60.4)
소득에 대한 효과	598 (100.0)
많은 도움이 되었다	20 (3.3)
약간 도움이 되었다	107 (17.9)
그저 그렇다	150 (25.1)
약간 손해를 보았다	70 (11.7)
많이 손해를 보았다	251 (42.0)
평 균(점)	2.29
회사의 귀속감에 대한 효과	592 (100.0)
많은 도움이 된다	40 (6.8)
약간 도움이 되는 편이다	99 (16.7)
그저 그렇다	162 (27.4)
별로 도움이 안 된다	116 (19.6)
전혀 도움이 안 된다	175 (29.6)
평 균(점)	2.52

효과보다는 덜하지만 사내 귀속감에 대한 효과도 부정적인 응답이 높았다. 종업원 지주제는 의도한 바와는 달리 경제적인 소득증가나 사회적인 통합의 효과를 거두지 못하고 있었다.

기업복지와 노동력 재생산의 관계라는 측면에서 본다면 기업복지가 형식적으로는 포괄 범위와 대상 범위가 매우 넓게 나타나지만 급여의 적절성 때문에 만족도가 낮았으며, 노동시장 분절 때문에 사내 복지에 대한 만족도도 기업규모별로 달랐다.

5. 노동체제 전환에 대한 함의

지금까지 금속노동자를 사례로 생산직 노동자의 노동력 재생산구조를 가계소득구조와 소비구조의 측면에서 분석하였다. 그 특징을 요약하면 첫째 고령화가 심각한 수준에 이름에 따라 노동력 재생산에 있어서 교육·주거와 같은 집합적 소비재 부담이 매우 큰 부담이 되고 있고, 둘째 소득과 지출수준의 격차에 대응하는 전략으로서는 배우자의 취업이 제한되어 있기 때문에 소득다각화 전략보다는 초과노동이 유일한 대안으로서 수용되고 있으며, 셋째 경제위기 이후 사회적 사고에 대한 불안감 때문에 사회안전망에 대한 욕구가 늘어났지만, 국가복지나 기업복지의 적절성에 대한 불만과 불신 때문에 소득능력의 범위 내에서 시장복지의 대안을 선택함으로써 가계 소비를 압박하고 있고, 넷째 기업규모별로 임금수준과 기업복지 수준의 격차가 크기 때문에 노동력 재생산 조건에서 노동계급 내부의 이질화가 심화되고 있다. 초과노동과 집합적 소비 부담이 서로 악순환하면서 상호작용하고 있다. 이러한 노동력 재생산상의 특징이 노동체제 전환에 가지는 함의가 무엇인지를 검토해 보자.

1987년 이후 약 10년간 유지되어 온 이른바 '1987년 노동체제'[26]는 1997년 노동법 개정을 계기로 새로운 노동체제로 전환되어가는 징후를 보이고 있다. '1987년 노동체제'의 제도적 기반인 전투적 기업별노조체제는 노동환경의 변화에 대응하여 산별노조로의 조직변화를 추진하고 있지만 계급적 대표성을 확보하는 데는 크게 못 미치고 있으며, 노동계급의 정치세력화가

---

26) '1987년 노동체제'의 특징과 전환에 대해서는 임영일(1998b, 2000), 노중기(1997), 장홍근(1999a), 조효래(2002b)를 참조할 수 있다. 여기에서는 '1987년 노동체제'를 '미시적 수준과 거시적 수준의 괴리가 낳은 과도기적인 노동체제'라고 정의한다, 작업장 수준에서 응집성이 강한 전투적 노조를 기반으로 하는 대립적 노사관계가 제도적 수준에서 계급타협 장치의 부재나 배제적 노동통제와 충돌함으로써 발생하는 과도기적인 노동체제라고 이해한다. 2장 4절을 참조.

이번 대선을 계기로 상당히 의미 있는 진전을 이루었음에도 불구하고 아직
거시적 계급타협을 위한 제도적 장치는 마련되고 있지 못하다. '1987년
노동체제'를 가능케 했던 노동계급의 계급적 응집성은 비정규직의 확대와,
노동자 구성의 변화, 기업규모별 노동시장 분절 등과 같은 이질화의 경향에
의해 점차 이완되고 있다. 현재의 시점은 기존의 노동체제가 해체되어가고
는 있지만 아직 새로운 노동체제의 윤곽이 드러나지 않는 전환기이다.

노동체제의 전환과 특징에 대한 기존의 연구들은 노동체제를 주로 노동
통제, 노동시장, 노동운동을 주요 요소로 다루고 있기 때문에 노동력 재생산
이 노동체제 전환에 어떤 효과를 미치는지에 대해서는 언급하고 있지 않
다.27) 하지만 노동력 재생산은 노동체제의 특징과 변화에 영향을 미치는
중요한 변수이다. 현재 생산직 노동자의 노동력 재생산조건은 '초과노동과
집합적 소비재 부담의 악순환'으로 특징지을 수 있다. 노동력 재생산방식이
지금과 같이 사회안전망이 미약한 거시적·제도적 조건, 기업의 지불 능력의
격차, 노동시장에 대한 노동조합의 낮은 사회적 규제력과 같은 조건에서
지속된다면 노동계급 내의 노동자층들 간의 이질화는 더욱 심화될 것이
다.28) 이러한 이질화 경향은 거대기업 노동조합에게는 기업별노조체제에서
전투적 경제주의에 기반한 분배투쟁을 더욱 강화시키는 요인으로 작용할
것이고, 중소기업과 일부 대기업 노동자들에게는 거대기업 노동조합에 대
한 이질감과 불신을 증폭시켜 계급적 응집성을 떨어뜨리는 요인이 된다.

---

27) 여기에는 노동체제를 어떻게 개념화하고 그 구성요소간의 상호관계를 어떻게 이해
할 것인가라는 이론적 문제가 놓여 있다. 노동체제를 '노동통제, 노동시장, 노동운동
의 세 하위체계로 구성되는 노동문제의 제도화 양식'(장흥근, 1999a)으로 개념화한다
면 노동력 재생산이 노동체제와 맺는 관련이 모호하게 된다(노중기, 1999: 74). 노동
력 재생산구조의 시기별 연구 동향과 쟁점, 연구과제들에 대해서는 2장을 참조.
28) 물론 자본주의가 발전함에 따라 노동자 구성이 다양해지고 제조업 생산직 부문의
노동자층이 감소하면서 핵심적 노동자층의 이질화가 발생하는 것은 보편적 경향으로
지적되고 있다(정이환, 1994). 하지만 노동계급이 해체되거나 재조직되는 모습과
경로는 각국이 처한 조건에 따라 다양하게 나타날 수 있다.

노동력 재생산의 차이가 노동조합의 이질화를 낳고 이것이 산별노조 전환을 통한 조합주의적 노동체제로의 전환을 가로막는 요인으로 작용하고 있다.

'1987년 노동체제'를 형성시킨 가장 중요한 요인이 노동계급의 투쟁이었고 1997년 경제위기를 계기로 이 노동체제가 해체되는 요인도 노동시장에 대한 제도적 규제력을 확보하지 못했던 노동계급 능력의 한계 때문이었다. 향후 '1987년 노동체제'가 어떤 방향으로 나아갈 것인지를 결정하는 가장 중요한 요인은 노동계급의 계급적 응집력에 달려 있다. 현재의 노동력 재생산 방식은 노동계급의 응집성을 약화시키는 요인으로 작용하고 있다. 노동력 재생산의 부정적 효과를 약화시키기 위해서는 초과노동과 집합적 소비 부담의 악순환을 차단할 수 있는 복지제도가 매우 중요하다. 노동체제의 민주적 전환을 위해서는 어느 때보다 '복지'가 중요한 전략적 가치를 지니는 시기이다.*

---

* 경상대학교 사회과학연구원 엮음. 2003b. 『신자유주의 구조조정과 노동문제: 1997-2001』(한울)에 발표된 논문을 수정·보완하였음.

제4장

생산직 노동자의 고령화와 초과노동

1. 머리말

노동시간 단축이 최근 몇 년간 정부와 자본, 노동 간에 중요한 정책적 쟁점이 됨에 따라서 주로 정책적 관심에서 노동시간의 실태, 노동시간 단축의 방향과 효과, 쟁점 및 정책적 과제 등에 대한 연구가 진행되어 왔으며 초과노동은 이와 관련하여 부수적으로 다루어져 왔다(김소영·전병유·유성재, 1999; 김훈, 1999; 박우성, 1999; 윤진호 외, 1999; 김재훈·강현주, 2002; 김승택, 2002, 2003; 김승택·김원식, 2004). 이 연구들은 정책적 연구라는 한계를 지니지만 초과노동을 결정하는 요인에 대해서는 유의미한 이론적 함의를 끌어낼 수 있다. 종합해보면 초과노동에 영향을 미치는 요인으로는 임금구조(임금수준 및 안정성), 조합원의 인구학적·사회경제적 구성(성, 연령, 학력, 소득, 가구 등의 구성), 기업복지 및 사회복지제도, 노조의 교섭력, 경기변동과 기업의 지불능력[1] 등을 들 수 있다. 앞의 세 요인이 초과노동을 동기화시키

---

[1] 초과노동에 가장 큰 영향을 미치는 요인으로는 경기변동이 지적되고 있다. 산업, 업종간 경기변동의 차이는 기업의 시장지배력의 차이와 결부되어 기업의 임금지불능력의 차이로 나타난다. 임금지불능력이 높다고 해서 노동시장에서 더 높은 임금을 지불해야 할 필연적인 이유는 없다. 노동조합의 교섭력이나 사용자의 효율임금전략에 따라서 임금의 수준과 구성은 달라질 수 있다(조성재 외, 2004: 9). 기업의 지불능

는 요인이라면 뒤의 두 요인은 초과노동에 대한 차별적인 기회구조를 제공하는 매개적 요인이다. 또한 고령화가 노동시장에 미친 영향에 대해서도 연구가 이루어져 왔는데, 이 연구들은 주로 고령화가 노동력 구성이나 취업률, 직무 및 직종분리, 임금제도 등에 미치는 영향에 대해 분석하고 있으므로 노동조합이나 노동체제에 미친 효과에 대해서는 분석하고 있지 않다(박경숙, 2000, 2002; 장지연, 2003; 장지연 외, 2004).[2]

고령화와 초과노동은 제조업 생산직 노동자에서 나타나는 특징적인 현상으로 지적되어 왔고, 노동현장에서도 중요한 정책적 과제로서 제기되어 왔음에도 불구하고 이것이 노동조합과 노동체제의 변화에 어떤 효과를 미치는지에 대한 연구는 거의 없다. 노동력 재생산을 가계, 기업, 국가의 세 영역에서 소득구조와 지출구조를 매개로 노동력 구성을 결정하는 요인으로 본다면, 고령화는 노동력 구성을, 초과노동은 소득구조를 특징짓고 있으므로 두 요인이 노동조합에 미치는 효과를 분석하는 것은 노동력 재생산과 노동체제의 연관성을 이해하는데 도움이 될 것이다.[3]

력의 차이는 프리미엄 임금률의 차이로 나타나므로 대기업일수록 초과노동의 유인동기는 강하게 나타난다. 기업간 임금지불능력의 차이가 초과노동에 미치는 영향은 흥미로운 연구과제이지만 이 글이 초과노동의 결정요인에 대한 분석은 아니므로 여기에서는 다루지 않는다. 기업의 임금지불능력에 대한 측정지표에 대해서는 유관희(1992)와 윤영삼(1997) 등의 연구가 있다. 윤영삼은 기업의 임금지불능력을 측정하는 대표적인 지표로서 '1인당 순부가가치'를 사용할 것을 제안하고, 대체지표로는 '1인당 전체몫'이나 '1인당 상한선'을 들고 있다. 기업의 임금지불능력의 기준이 되는 부가가치의 업종별 계산과 공시에 대해서는 윤순석·위준복(2000)을 참조.

2) 2002년 7월에 경상대 사회과학연구원에서 금속연맹과 공동으로 실시되었던 제1차 금속노조 실태조사에서 드러난 가장 심각한 문제 중의 하나가 '고령화 현상'이다. 이 조사는 금속노조 뿐만 아니라 금속연맹 소속 사업장도 포함되어 있었는데 40대 이상의 연령층이 52.4%, 15년 이상 장기근속자의 비중이 45.0%로 매우 높았다. 이 연령층은 대부분 3~4인 가구의 가구주로서 교육, 주거, 의료 등에서 가계소비의 규모가 가장 큰 계층이므로 가계소득이 가계소비를 따라주지 못한다면 가계부실화로 이어지거나, 소득을 극대화하기 위하여 초과노동을 한다든지, 지출을 극소화시킴으로써 세대내, 세대간 노동력을 재생산하는 데에 곤란을 겪을 가능성이 크다(정진상·김재훈·이종래, 2003).

3) 노동력 재생산과 노동체제의 관련성에 대해서는 3장 5절을 참조.

이 장에서는 금속노조를 사례로 하여 고령화와 초과노동이 노동조합에 미치는 효과를 분석하고, 금속 지회를 유형화하고자 한다. 금속노동자에서 고령화와 초과노동은 일반적인 현상으로 지적되고 있지만 지회별로 동일하게 나타나지는 않는다. 이 글의 초점은 고령화와 초과노동이 지회의 속성별로 어느 정도 다르게 나타나고, 지회는 어떻게 나누어질 수 있는지에 놓여 있다. 좀더 구체적으로는 첫째 연령과 근속년수에 초점을 두어 금속노조 조합원의 고령화 수준과 변이를 분석한다. 둘째 임금수준 및 안정성과 관련하여 초과노동의 성격, 그 수준과 변이를 분석한다. 셋째 고령화와 초과노동을 중심으로 금속노조의 지회를 유형화한다. 결론에서는 노동력재생산이 노동체제에 갖는 이론적 함의와 초과노동의 성격이 갖는 정책적 함의를 살펴본다.

2. 연구대상과 자료

이 논문의 연구대상은 금속지회이며, 사용하는 자료는 2003년 경상대 사회과학연구원에서 실시한 '금속지회 실태조사'이다. 이 조사는 2003년 12월부터 2004년 1월까지 전국의 금속노조 소속지회를 대상으로 배포조사의 방법으로 실시한 전수조사이며 배포와 회수는 금속노조에서 담당하였다. 조사 대상은 2003년 10월 30일 현재 금속노조에 소속된 전국 165개 지회이다. 최종적으로 회수된 유효설문지는 109개이며 소속 조합원수는 26,312명이고, 회수율은 66.7%, 유효응답률은 66.1%이었다. 회수 후 응답의 신뢰성이 낮거나 중요한 문항에 응답을 하지 않은 경우에는 추가조사를 하여 자료의 신뢰성 수준을 높이고자 했다. <표 4-1>은 응답 지회의 개요이다.

〈표 4-1〉 응답 지회

(단위 : 개, 명, %)

지 부	지 회	조합원	조직률1)
경기	11 (10.1)	1,024 (3.9)	58.4
경남	23 (21.1)	9,477 (36.0)	64.2
경주	12 (11.0)	1,847 (7.0)	65.5
광주전남	3 (2.8)	307 (1.2)	9.2
구미	2 (1.8)	1,337 (5.1)	81.2
대구	4 (3.7)	1,010 (3.8)	76.2
대전충북	7 (6.4)	1,694 (6.4)	63.2
만도	1 (0.9)	907 (3.4)	72.6
부산양산	6 (5.5)	504 (1.9)	44.0
서울	2 (1.8)	645 (2.5)	40.3
울산	6 (5.5)	1,752 (6.7)	74.9
인천	11 (10.1)	3,328 (12.6)	47.8
지부 미구성	1 (0.9)	493 (1.9)	80.8
충남	11 (10.1)	1,594 (6.1)	57.7
포항	9 (8.3)	393 (1.5)	46.3
합 계	109 (100.0)	26,312 (100.0)	57.4

1) 조직률은 명목조직률임.

3. 고령화

조합원의 인구구성은 지회의 중요한 속성이다. 조합원의 인구구성은 노조의 전략적 선택을 방향지우고 제한하는 중요한 요인이다. 이 절에서는 조합원의 인구구성을 연령과 근속년수에 초점을 맞추어 고령화의 수준과 변이를 분석한다.

인구구성은 크게 인구학적 구성과 사회경제적 구성으로 나뉜다. 인구학적 변수로서 성과 연령을, 사회경제적 변수로서는 직종과 근속년수를 살펴본다. 이 변수들은 개인을 조사 단위로 해야 가장 정확하지만 그 경우

집단의 평균적 속성에 대한 응답을 얻기 힘들다. 이 변수들은 조합원의 인구학적, 사회경제적인 평균 속성이므로 조합원 개인의 속성이 아니라 지회의 속성이다.[4]

1) 성과 직종, 연령

<그림 4-1>은 금속노조 조합원의 인구구성을 보여준다. 그 특징을 보면 첫째 성별로는 남성, 직종별로는 생산직의 비율이 매우 높다. 성별 구성을 보면 남성 22,633명(90.5%), 여성 2,384명(9.5%)으로 나타나서 성비(性比)는 9.5이다.[5] 직종별로는 생산직의 비중이 88.6%로 매우 높다. 특징적인 점은 연령, 직종, 근속년수에 따른 성비의 차이이다. 연령대별 성비가 차이가 큰 이유는 여성이 남성보다 연령 구성이 고르기 때문이다. 20대의 성비는 남성의 최초 입직 시점이 여성보다 늦기 때문이고, 50대의 여성은 주로 직종의 성별 분리에 따른 것으로 보인다.[6] 직종별로 보면 생산직이나 사무직 모두 남성 비중이 높고 사무직에서 오히려 약간 더 높다.[7] 직종을 제외하면 연령과 근속년수별로는 여성이 남성에 비해 고르게 분포하고 있다. 근속년 수별로 보면 5년을 분기점으로 성비가 가파르게 올라가서 15년 이상에서 24.1로 가장 높다. 연령별 50대와 근속년수 15년 이상 범주에서의 성비가 매우 대조적인 것은 여성의 경우 장기근속자가 적음을 의미하는 것으로 내부노동시장에서의 성별, 연령별 분리를 시사한다.

---

4) 응답자가 개인이 아니므로 개인을 조사단위로 할 경우보다는 신뢰성이 떨어질 수 있다. 따라서 속성별 범주를 구성할 때에는 간격을 넓게 묶어서 사용하였다.
5) 지회당 평균 남성 조합원은 215.6명, 평균 여성 조합원은 22.7명으로 조사되었다. 속성별로 성별 조합원수와 성비가 다소 불일치하는 것은 결측값 때문이다.
6) 이들은 주로 100인 이상의 사업체에 분포하고 있기 때문에 사무직보다는 하위 생산직이나 사업장내 하위서비스직(예컨대 청소부, 식당 등)을 담당하는 것으로 보인다.
7) 사무직에서 남성의 비중이 생산직보다도 오히려 다소 높게 나타나는 것은 생산직을 제외하고는 모두 사무직에 포함시켜 응답했으므로 사무직 범주에는 판매서비스직을 비롯하여 기타 직종이 모두 포함되어 있는 탓도 있다.

〈그림 4-1〉 연령대별 직종별 근속년수별 비중과 성비

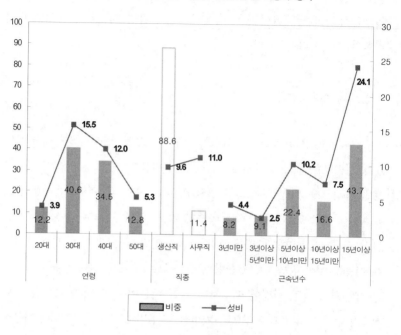

둘째 조합원의 고령화가 뚜렷하다. 연령 구성별로는 30대와 40대의 비중이 75.1%로 가장 높고, 20대와 50대는 비슷한 비중을 차지하고 있다. 근속년수별로는 15년 이상 범주에 43.7%로 가장 많이 분포되어 있다. 남성의 경우 15년 이상 범주에 46.5%로 가장 많이 분포되어 있고 성비의 불균형도 가장 큰데 비해, 여성의 경우는 3년 이상 5년 미만에 26.3%로 가장 많이 분포되어 있으며 근속년수가 높아질수록 약간씩 감소하는 경향을 보인다. 40대 이상이 47%, 근속년수 15년 이상이 44%를 차지하고 있다는 사실은 고령화가 금속노조 조합원의 인구구성을 특징짓는 현상임을 말해준다.

조합원 인구구성의 특징이 높은 생산직 남성중심성과 고령화라고 한다면 이에 대한 추가적인 분석이 필요하다. 고령화가 심각하다고 할 때 어느 부문에서 고령화가 더 진전되고 있는지를 살펴볼 필요가 있다. <그림 4-2>

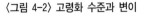

〈그림 4-2〉 고령화 수준과 변이

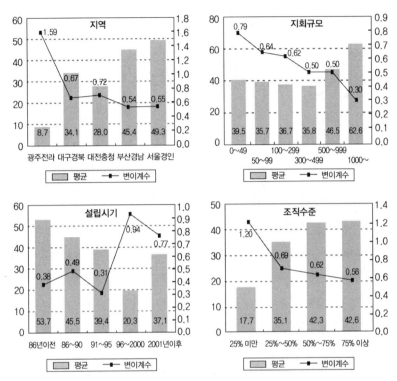

는 주요 속성별로 고령화의 수준과 변이계수[8]를 나타낸 것이다. 고령화의
지수는 전체 조합원의 연령구성에서 40대 이상의 장년층 비율이다.[9] 이

---

8) 평균과 표준편차는 절대적 분포를 측정하는데 반해, 상대적 변이계수(CRV: coefficient
of relative variation)는 표준편차를 평균에 의해 대략 표준화하여 상대적 분포를
측정하는 측도이다. 표준편차는 평균값에 영향을 받지만, 이것은 표준편차를 평균으
로 나누어 줌으로써 평균과 표준편차가 다른 여러 종류의 통계집단이나, 평균이
다른 동종 집단의 분포를 비교하는데 유용하다. 변이계수는 아래와 같은 수식으로
나타낼 수 있다.

$V_c = \frac{S}{\bar{x}} \times 100$ (V_c: 변이계수, $\bar{x}$: 평균, S: 표준편차)

9) 인구학에서 노령화를 측정하는 방법으로는 노령화지수를 들 수 있다. 이것은 노년인
구(65세 이상)을 소년인구(15세 미만)로 나누어준 백분율이다. 하지만 이 지수를
개별 지회의 고령화 정도를 측정하는데 사용할 수는 없다.

방법은 20대와 30대의 비율, 40대와 50대의 비율을 반영하지 못한다는
점에서 한계가 있지만 고령화를 측정하는 '조잡하지만 간단한' 방법이다.
  지역별로는 서울경인과 부산경남지역에서 장년층의 비중이 높고 변이도
낮다. 이 지역이 다른 지역의 금속지회에 비해 고령화가 더 진전되어 있으며
지역내 대부분의 지회에서 고령화의 수준이 유사함을 보여준다. 고령화
수준의 차이는 있지만 대구경북과 대전충청지역도 비교적 변이가 낮다.
따라서 사례수가 적은 광주전라지역을 제외하면 고령화의 문제는 수준의
차이는 있을지언정 대부분의 지회에서 공통적으로 경험함을 알 수 있다.
지회규모별로는 500인 이상의 대규모 지회에서 고령화의 정도가 높게 나타
나서 대규모지회일수록 고령화의 문제가 심각함을 알 수 있다.[10] 설립시기
별로 보면 고령화의 문제가 대체로 조직의 연령과 비례함을 보여준다. 지회
가 설립된 지 오래될수록 고령화가 더욱 심하다. 이것은 고령지회나 중견지
회일수록 입직률이나 노조가입률이 낮음을 반증하는 것이다. 신생지회의
경우도 고령화 수준이 상당히 높은데 변이계수 또한 높다. 이것은 신생지회
의 경우에는 고령화가 이들 지회 사이에서 공통적인 문제라기보다는 조합원
인구구성의 편차가 심함을 의미한다. 조직수준별로는 대체로 조직수준이
높을수록 고령화가 진전되어 있으며 그 변이도 안정적이다. 전체적으로는
서울경인이나 부산경남지역에 소재하는 지회 중에서 설립된 지 오래된
고령지회나 중견지회, 조직률이 높은 대규모 지회에서 고령화의 수준이
가장 진전되어 있다.

2) 근속년수

  고령화 문제는 장기근속자의 비중을 통해서도 살펴볼 수 있다. 연령과

---

10) 거대규모의 지회에는 두산중공업, 오리온전기, 대우종합기계가 속하며, 대규모 지회
   는 통일중공업, 만도, 효성(창원), 발레오만도, 세종공업 지회가 속한다.

〈그림 4-3〉 장기근속자의 비중과 변이

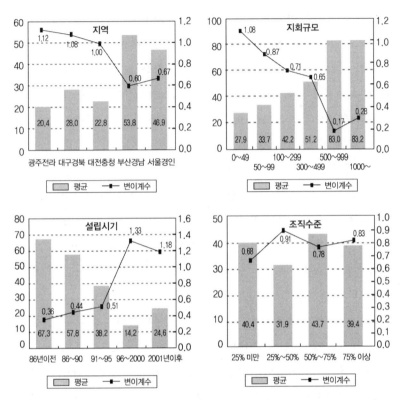

장기근속은 강한 상관성을 가지고 있지만 연령이 높다고 해서 반드시 장기
근속의 비중이 높은 것은 아니다. 내부노동시장에서 고령화가 진행된다면
장기근속자의 비중이 높게 나타나겠지만, 이러한 제도적 효과가 없이 고령
화가 진행된다면 고용의 불안정성 때문에 장기근속자의 비중이 낮을 수
있다. 이것은 고령화가 진행되더라도 제도적 효과로 인해서 시장의 폭력성
에 노출되어 있는 보다 취약한 지회가 있을 수 있음을 의미한다.

<그림 4-3>은 10년 이상 장기근속자의 비중과 변이를 보여준다. 지역별
로 보면 부산경남지역의 장기근속자 비율이 가장 높고, 다음이 서울경인지

역이며, 다른 세 지역과는 뚜렷한 차이를 보인다. 앞의 두 지역은 장기근속의 비중이 높을 뿐만 아니라 지회들 간의 변이가 작아서 지역별 고령화 현상과 일치하고 있다. 한편 장기근속자의 비중이 다른 지역에 비해 더 높고 안정적이라는 사실이 의미하는 것은 지역별로 고령화가 차별적인 효과를 낳을 수 있다는 점이다. 이 지역에서는 기업 내부노동시장이나 고용에 대한 노동조합의 개입과 같은 제도적 효과에 의해 고령화가 장기근속으로 이어지는 반면, 다른 지역에서는 고령화가 장기근속으로 이어지기 보다는 시장의 불안정성에 노출될 가능성이 더욱 크다.

규모별로 보면 지회규모가 클수록 장기근속의 비율이 뚜렷하게 높아질 뿐만 아니라 지회들 간의 변이도 낮아진다. 300인을 분기점으로 하여 대규모 지회에서는 고령화가 장기근속으로 이어지는 반면에 그 미만의 기업과 지회에서는 고령화에 따른 불안정이 장기근속 비율의 감소로 연결된다. 기업 내부노동시장과 노동조합의 개입이라는 제도적 효과가 300인 이상의 대기업에서 주로 작동하며 그 이하의 규모에서는 제도적 무방비 아래에 놓여 있음을 알 수 있다. 금속노조가 중소기업과 중소규모의 지회 비중이 높다는 점을 상기한다면 고령화 문제의 일차적인 대상은 300인 미만의 중소기업과 지회임을 의미한다. 설립시기별로는 1990년 이전에 설립된 고령지회와 중견지회에서 장기근속의 비중이 더욱 높고 신생지회의 경우 고령화는 상당히 진전되어 있으나 장기근속의 비중은 낮고, 지회들간 장기근속자 비중의 변이도 크다. 이것은 고령화 문제에 대한 정책적 대응의 필요성은 있으나 신생지회들 간에는 이 정책에 대한 이해와 관심이 상당히 다를 수 있음을 의미한다. 조직수준별로는 약간의 차이들은 보이지만 뚜렷한 경향성은 없다. 이는 장기근속의 비중이 조직 수준보다는 지회의 규모에 더욱 의존함을 보여준다.

고령화는 단순한 인구학적 요인에 따른 변동으로 볼 수 없다. 1987년

노동자 대투쟁 이후 기업들은 작업장 차원에서 급속히 커진 노동조합이
영향력을 약화시키고 비용을 절감하기 위해 아웃소싱이나 소사장제와 같은
외부화 전략을 취함으로써 신규 입직이 제한되어 왔다는 점, 또한 노동절약
적 생산조직으로 변화하고 생산성이 향상됨에 따라 신규 고용의 필요성이
약화되었다는 점, 노동력의 수급구조가 변화하더라도 고용안정에 대한 노
동조합의 통제력이 커짐으로써 기존의 고용관계에 대한 제도적 보호가
신규 입직에 대한 제한으로 나타났다는 점 등이 작용한 결과이다(7장 참조).
　금속노조의 핵심 지회는 조직수준이 높은 고령 및 중견지회와 신생지회
들이다(김재훈·이종래, 2004: 37-57). 그 중에서 대규모 지회는 전략적인 지위
를 차지한다. 고령화가 바로 이 지회들에서 가장 진전되어 있다는 점은
금속노조의 조직적 특성이 점차 실용주의적으로 변화될 가능성이 있음을
의미한다. 이것은 예컨대 파업참가율의 하락, 지회간부의 재생산을 위한
인적 자원의 감소, 간부 기피현상, 임금을 중심으로 하는 경제주의적 기업별
교섭의 선호, 노조의 목표와 활동방식을 둘러 싼 세대간 갈등, 노동환경의
변화에 대한 적응력의 감퇴, 작업장내 조합원간의 경쟁의 심화 등과 같은
현상을 낳는 요인으로 지적되고 있다.11)
　고령화의 문제는 다른 변수보다는 규모 변수에 따라 차별적인 효과를
지닐 수 있다. 다시 말해 기업내부 노동시장이나 고용에 대한 제도적 보호
능력이 있는 지회의 경우 고령화가 고용안정성의 확대로 연결될 가능성이
있지만, 중기업이나 중규모 지회 이하에서는 고령화가 고용보호가 아닌
임금문제와 트레이드오프(tradeoff)되면서 전투적 경제주의를 강화시키는 가

---

11) 노동운동의 이념적 변화는 조합원의 고령화 이외에 다양한 요인 때문에 나타날
　수 있다. 고령화와 이념적 지향의 변화의 관계는 연령별 파업참가율이나 노조활동
　및 정치적 지향에 대한 분석이 필요하다. 하지만 경험적으로 보면 고령화는 '간부
　재생산의 곤란을 야기하여 윤번제로 간부를 맡는다든지, 고연령층일수록 파업참가율
　이 낮아져서 무임승차자 문제를 둘러싼 세대간 갈등을 낳는다든지, 조합원의 피로도
　가 증가하여 현장 권력의 약화를 야기하고 있는 원인'으로 지적되고 있다(금속노조
　간부 H씨와의 면담).

능성이 커진다. 고령화가 규모별로 차별적 효과를 낳지만 합리적 행동의
집합적 결과는 지회간, 조합원간 연대성을 약화시키는 효과를 낳기 쉽다.
따라서 금속노조에서 고령화는 일반적인 추세이지만 조직의 특성에 따라
서로 다른 효과를 미치고 있다.

4. 초과노동

금속지회의 인구구성에서 고령화 현상은 임금구조와 노동력 가치분할의
수준, 가계의 지출구조 등의 요인과 맞물려 노동시간에 영향을 미치게 된
다.[12] 이 절에서는 초과노동의 성격, 그 수준과 변이를 살펴본다.

1) 초과노동의 성격

일반적으로 가구주의 임금이 낮을 경우, 경제적 능력이 있는 가구원(주로
배우자)의 취업이 원활히 이루어진다면 초과노동의 동기는 약화될 수 있지
만, 배우자의 취업이 곤란하다면 초과노동에 대한 동기는 그만큼 강해질
것이다. 따라서 배우자의 취업은 노동력 가치분할의 지표로서 초과노동에
대한 높은 의존을 설명하는 변수가 될 수 있다.

2003년 금속지회 실태조사는 조사단위가 지회이므로 배우자의 취업 비중
을 알 수 없다. 하지만 2002년 금속노조 조합원을 대상으로 실시한 생활조사
에 의하면 금속노동자의 경우 배우자 중 약 90%가 취업의 의사가 있지만,
소득이 있는 배우자의 비중은 약 27%에 불과하여 배우자의 취업이 제한적인
범위에서 이루어지고 있다(<표 4-2>). 이들의 취업 동기는 교육비나 주거비

---

12) 금속노동자 가계의 지출구조는 3장을 참조.

의 마련이 가장 주요한 동기이고, 최근 5년 내에 주로 100만 원 미만의
저임금 임금노동 형태로 이루어지고 있다(3장 2절 3항 참조).

연령별로는 육아 부담이 상대적으로 가장 큰 연령층인 30대가 가장 낮으
며 지출수준이 높아지는 40대 이상에서는 약 30% 정도로 다시 높았다.
이것은 '육아부담의 정도'와 '지출수준의 변화'에 관련되어 있는 것으로
보인다. 20대의 경우 육아의 부담이 낮기 때문에 배우자의 취업 비중이
높게 나타나지만 육아 부담이 늘어나면서 그 비중이 감소하다가 가족의
성장기에 접어들면서 육아부담이 줄어들고, 가구원수가 늘어나면서 가계의
지출이 늘어나기 때문에 배우자의 취업 비중이 높아진 것으로 보인다. 근속
년수별로 보아도 그 분포는 유사하다. 교육수준별로는 수준이 높을수록
배우자의 취업 비중이 높다. 노동시장에서 학력이 중요한 인적자본이므로
교육수준이 높아질수록 배우자가 노동시장에 진입하는 장벽이 상대적으로
낮기 때문이다. 중졸 이하의 범주는 고졸·고중퇴보다 높게 나타나는데 이는
학력간 임금격차로 인해 저학력의 경우 낮은 임금을 보충하기 위한 가계
압출적 요인이 더욱 강하게 작용한 결과로 보인다. 월평균 임금수준을 보면,
140만원 미만의 범주에서 배우자 취업의 비중이 36.3%로 가장 높고, 임금수
준이 높아질수록 그 비중은 낮았다. 기업규모별로 보아도 임금수준이 낮은
중소기업의 경우 38.9%인데 반해 대기업과 거대기업은 각각 35.4%, 23.1%
로 점차 낮은 분포를 보이고 있다. 조직형태별로는 중소기업의 비중이 높은
금속노조가 대기업 이상의 비중이 높은 금속연맹보다 배우자 취업의 비중이
높다. 요컨대 배우자의 취업 비중은 가구주의 임금수준이 낮을수록, 육아의
부담이 낮을수록, 학력이 높을수록 높아지는 경향을 보이고 있다.

40대 이상의 고연령층은 임금상승률이 정점에 이르는 연령층이고 기혼유
배우자로서 3-4인 가구의 가구주인 경우가 많다.[13] 이들의 가계지출구조의

---

13) 금속노동자의 연령별 임금격차를 보면 20대와 30대 간, 30대와 40대 간의 임금격차
는 나타나지만 40대와 50대 간의 임금격차는 거의 없다. 즉 40대에 이르면 임금상승

〈표 4-2〉 배우자의 취업

(단위: %)

		배우자 취업 비중			배우자 취업 비중
연령	20대	35.3	교육 수준	중졸 이하	33.3
	30대	23.3		고졸·고중퇴	25.1
	40대	30.1		전문대졸·대학중퇴	34.6
	50대 이상	29.4		대졸 이상	46.7
근속 년수	5년 미만	41.2	월평균 임금 수준	140만 원 미만	36.3
	5-10년 미만	24.1		140-180만 원 미만	25.7
	10-15년 미만	23.4		180-220만 원 미만	25.1
	15년 이상	30.2		220만 원 이상	20.9
기업 규모	중소기업	38.9	조직 형태	금속연맹	22.9
	대기업	35.4		금속노조	37.7
	거대기업	23.1			
합　　계					27.4

주: <2002년 금속노조 조합원 생활조사>에서 작성. 결측값은 제외.

특징은 교육이나 주거와 같은 집합적 소비재에 대한 부담이 높기 때문에 소득과 지출수준의 격차가 커지게 된다. 배우자의 취업과 같은 소득다각화 전략를 통해 가계소득을 보조하고자 하지만, 배우자의 취업이 제한되어 있기 때문에 가계소득에서 가구주의 임금이 차지하는 비중이 높다. 따라서 초과노동은 노동자 가계의 소득극대화를 위한 거의 유일한 전략으로 선택될 수밖에 없다.

초과노동을 강제하는 요인으로서 금속지회의 평균 임금수준과 임금구성이 초과노동에 미치는 효과를 분석한다. 초과노동이 발생하는 원인을 분석하기 위해서는 현재의 임금수준을 가구주 충족생계비와 비교해야 한다. 가구주 충족 생계비란 가구의 총소득에서 가구주의 근로소득이 차지하는 비율을 말한다. 임금노동자의 가구소득에서 근로소득이 차지하는 비중은 절대적이지만 두 범주가 동일한 것은 아니다. 임금수준의 비교 준거는 표준

률이 정점에 도달하여 근속년수나 연령에 따른 임금격차가 거의 없어진다.

〈그림 4-4〉 2003년 표준생계비(단위: 원)

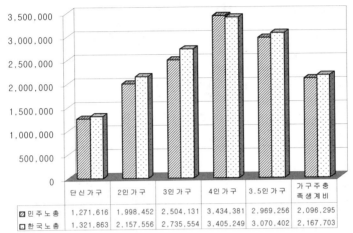

	단신가구	2인가구	3인가구	4인가구	3.5인가구	가구주충 족생계비
▨ 민주노총	1,271,616	1,998,452	2,504,131	3,434,381	2,969,256	2,096,295
□ 한국노총	1,321,863	2,157,556	2,735,554	3,405,249	3,070,402	2,167,703

주: 1) 3.5인 가구의 표준생계비=3인가구 표준생계비+ 〔(4인가구 표준생계비-3인가구
　　표준생계비)×0.5〕
　　2) 가구주 충족생계비=3.5인가구 생계비×0.706(2003년 3/4분기 전국평균 도시근로
　　자 가구소득중 가구주 근로소득 비중)

생계비가 아니라 가구주 충족생계비이다. 하지만 가구주 충족생계비는 표
준생계비를 기준으로 산출되므로 일단 표준생계비를 살펴보아야 한다.

<그림 4-4>는 2003년 민주노총과 한국노총의 표준생계비이다. 금속노
조의 경우 독자적인 표준생계비를 산출하지 않고 민주노총의 표준생계비를
토대로 임금요구안을 만들기 때문에 조합원의 가구모형에 대해서는 알
수가 없다. 도시근로자 평균 가구 규모인 3.5인을 기준으로 하면 금속노조의
표준생계비는 민주노총과 한국노총의 표준생계비를 기준으로 각각 2,969,
256원과 3,070,402원이 산출된다. 이 표준생계비에 2003년 3/4분기 전국평
균 도시근로자 가구소득중가구주 근로소득의 비율인 0.706를 곱하면, 민주
노총과 한국노총의 가구주충족 생계비는 각각 2,096,295원, 2,167,703원이
된다.14)

────────────────

14) 민주노총의 표준생계비에 비해 한국노총의 그것이 약간 더 높기 때문에 가구주

이것을 기준으로 금속지회의 평균 임금수준과 비교한 것이 <표 4-3>이다. 지회평균 임금수준을 보면, 평균변동수당을 제외한 월평균임금은 약 187만 5천 원, 중위값은 약 178만 6천 원이다. 월평균 임금총액은 약 222만 4천 원, 평균 변동수당은 약 34만 9천 원으로 임금총액에서 변동수당이 차지하는 비중은 15.7%이다. 2003년 상용노동자 10인 이상 사업체의 경우,

〈표 4-3〉 지회평균 임금수준과 가구주 충족생계비의 비교

(단위 : 원, %)

			평균	중위수	임금계층		
					25%	50%	75%
지회평균 평균임금(A)			1,875,242	1,786,057	1,563,437	1,786,057	2,155,320
지회평균 임금총액(B)			2,224,349	2,171,285	1,827,269	2,171,285	2,483,869
지회평균 변동수당(C)			349,108	305,000	164,000	305,000	500,000
민주노총	A	가구주충족생계비 대비 비율	0.89	0.85	0.75	0.85	1.03
	B	가구주충족생계비 대비 비율	1.06	1.04	0.87	1.04	1.18
한국노총	A	가구주충족생계비 대비 비율	0.87	0.82	0.72	0.82	0.99
	B	가구주충족생계비 대비 비율	1.03	1.00	0.84	1.00	1.15
C/B(%)			15.7	14.0	9.0	14.0	20.1

주 1) 무응답 9개 지회는 제외됨.
  2) 민주노총의 가구주충족생계비는 2,096,295원, 한국노총의 가구주생계비는 2,167,703원으로 계산.
  3) 평균임금=조합원 평균기본급+평균 고정수당+평균 월할상여금+년월차수당
  4) 임금총액=조합원 평균기본급+평균 고정수당+평균 월할상여금+년월차수당+평균 변동수당(초과노동수당)
  5) 평균임금과 변동수당의 합이 임금총액과 일치하지 않는 것은 개별 문항으로 응답한 임금총액을 사용하였기 때문임.

노동자 1인 월평균 임금총액은 222만 8천 원, 변동수당이 15만 원이므로 임금총액에서 변동수당이 차지하는 비중은 6.7%이다. 금속지회의 평균 임금총액의 수준은 10인 이상 사업체와 거의 같지만 변동수당의 비중은

충족 생계비 역시 71,408원 높다.

훨씬 높다(노동부, 2004: 24-26).[15] 지회평균 평균임금과 가구주 충족생계비를
비교해 보면 평균임금의 평균값에는 0.89, 중위값에는 0.85수준이고, 임금계
층을 4분위로 나누어서 각 분위별로 비교해보면 상위 25%에서만 가구주충
족생계비에 도달할 뿐 나머지 분위에서는 이를 충족시키지 못하고 있다.
특히 임금계층 25% 이하에서는 0.72-0.75 수준에 불과하다. 가구주 충족생
계비를 초과노동수당(변동수당)을 포함한 지회평균 임금총액과 비교하면
평균 임금총액이 가구주 충족생계비에 도달한다. 임금계층별로는 25%이하
의 계층에서는 0.84-0.87에 머무르고 가구주 충족생계비에 못 미치고 있다.
결국 금속지회의 평균 임금수준에 비추어볼 때 초과노동을 하지 않으면
임금계층의 약 3/4이 가구주 충족생계비에 미달하게 되며, 초과노동을 하더
라도 약 1/2은 노동력의 축소재생산이 불가피하다.[16] 초과노동을 해야만
가까스로 노동력 재생산이 가능하다는 점에서 생계유지적 성격이 강한
초과노동이다.[17]

초과노동의 성격에서 지적될 수 있는 또 하나의 특징은 임금수준이 높을
수록 임금총액에서 변동수당이 차지하는 비중이 높다는 점이다. <표 4-3>
을 보면 임금계층 1분위의 변동수당 비중은 9.0%이지만, 2분위와 3분위는
각각 14.0%, 20.1%로 훨씬 높다. 이것은 초과노동이 기업규모와 밀접한
연관관계가 있음을 보여준다. 대기업의 경우 노동조합의 조직률이 높기
때문에 노조의 교섭력이 높다. 노조의 교섭력이 높을 경우 초과노동에 대한

---

15) 2003년 3/4분기 현재 도시가계조사상의 가구주 개인 평균소득은 213만원 정도이므
로 지회평균 평균임금은 여기에 약 23-33만원 정도 못 미치고 지회평균 임금총액은
이와 비슷하게 된다.
16) 소득과 지출수준의 격차를 극복하기 위하여 소득극대화 전략을 구사하지만 이에
성공하지 못하는 경우 지출극소화에 무게가 더욱 실리게 되어 절약과 내핍이 경제적
으로 강제된다. 하지만 이것도 실패하는 경우 궁핍성 채무의 발생으로 가계의 부실이
나타나게 된다. 이러한 노동빈곤층은 세대내 뿐만 아니라 세대간에 걸쳐 빈곤의
덫에 빠지게 될 가능성이 크다.
17) 초과노동이 생계유지적 성격이 강하므로 경직성을 띠게 되어 투쟁력을 약화시키고
있다. 6장 주20) 참조.

관리가 엄격하여 무급 초과노동이 발생하기 어렵고, 통상노동시간을 최소화하고 통상 외 노동시간을 최대화하려는 경향이 강하기 때문에 초과노동이 발생할 가능성이 더 높다(김승택, 2002: 61). 또한 대기업일수록 프리미엄 임금률과 계층상승에 대한 기대수준이 높은 점도 초과노동의 발생 가능성을 높이는 요인이다(조주은, 2004). 이 요인들이 기업규모별 초과수당의 격차를 낳기 때문에 임금수준이 높을수록 변동수당의 비중이 높아진다. 하지만 기업규모별로 변동수당 비중의 차이가 크다는 점이 대기업일수록 초과노동시간이 길다는 것으로 해석되기는 어렵다. 일반적으로 중소기업의 경우 대기업에 비하여 정액급여가 낮기 때문에 초과노동수당에 대한 유인동기가 높지만 통상노동시간이 길고, 노동조합의 교섭력이 낮기 때문에 무급 초과노동이 행해질 가능성이 더 높기 때문이다.

현재의 초과노동이 생계유지적 성격이 강하며 기업규모별로 임금격차를 낳은 주요 요인이라는 점은 초과노동시간 단축이 임금보전을 위한 제도적 장치 없이 이루어진다면 대부분의 계층에게 생계의 위협이 가해질 수 있음을 보여준다(김소영 외, 1999: 89-90). 초과노동의 수준과 변이는 지회의 속성에 따라 다양하게 나타날 수 있으므로 지회의 속성별로 분석할 필요가 있다.

2) 초과노동의 수준과 변이

초과노동은 가계소비에 대한 경제적 압박이 고용안정에 대한 심리적 불안과 맞물려 나타난다. 초과노동은 금속지회의 일반적인 현상이지만 조합원이나 지회 속성에 따라 그 수준과 변이는 다르게 나타날 것이다. 예컨대 30대와 40대에서는 초과노동시간이나 수당이 차지하는 비중이 높을 것으로 예상할 수 있다.[18] 하지만 이 글에서의 분석단위는 개인이 아니라 지회이므로 지회의 속성별로 초과노동이 어떻게 다르게 나타나는지를 살펴보겠다.

금속지회 실태조사에는 지회평균 초과노동시간을 직접 응답하는 문항이 없고 대신 지회의 월평균 노동시간을 묻는 문항이 있다. 초과노동시간은 이 문항에 대한 응답으로부터 계산하였다. 응답한 105개 지회들 중에서 주5일근무제를 실시하는 지회는 56개(53.3%), 실시하지 않는 지회는 49개(46.7%)이다. 주5일제를 실시하는 지회는 법정근로시간인 주 40시간을, 주5일제를 실시하지 않는 지회는 주 44시간을 기준으로 월평균 주수인 4.33으로 곱하여 법정 월평균 근로시간을 계산하고 이것을 기준으로 초과노동시간을 산정하였다.[19]

<그림 4-5>는 지회의 속성별로 초과노동의 수준과 변이를 보여주고 있다. 전체적으로는 지회평균 초과노동시간은 61.2시간으로 나타났고, 변이계수는 0.85이다. 범주별로 보면 50시간 미만이 36.9%로 가장 높고 50시간 이상 100시간 미만이 34.5%로 비슷한 분포를 보였다. 100시간 이상 범주도 16.7%를 차지했고 초과노동을 하지 않는 지회도 11.9%로 나타났다.

먼저 지역별로 보면 부산경남, 서울경인, 대구경북이 높고 대전충청이나 광주전라지역은 낮은 편에 속한다. 변이계수를 보면 서울경인지역은 초과노동 수준이 높은 지회와 그렇지 않은 지회들 간의 불균등성이 심하다. 영남권의 지회들이 다른 지역의 지회들에 비해 초과노동이 일반화되어 있다. 기업규모별로는 100인 미만의 소기업과 500인 이상의 대기업에서 초과노동의 수준이 높다. 하지만 이들 모두 초과노동 수준에서 지회들 간의

18) 개인을 조사단위로 한 제1차 지회실태조사에서는 10년 이상의 근속년수를 지닌 30-40대 연령층에서 초과노동수당이 차지하는 비중이 높았고 전체 근로소득에서 초과노동수당이 차지하는 비중이 23.3%로 다소 높았다.

19) 노동조사의 항목 중에서 근로시간, 특히 초과노동시간은 신뢰성 있는 응답을 얻어내기가 힘들다. 초과노동시간은 실노동시간으로 응답하기도 하고, 가중치로 계산된 노동시간으로 응답하기도 한다. 심지어 월평균 노동시간이 1,575시간이나 3시간으로 응답하는 경우도 있다. 여기에서는 자료의 신뢰성을 높이기 위하여 100시간 미만이나 500시간 이상으로 응답한 지회 중 신뢰성이 없는 것은 결측값으로 처리했다. 그 결과 결측값이 다소 많아져서 109개 중에서 84개가 유효응답으로 처리되었다.

〈그림 4-5〉 초과노동수준과 변이

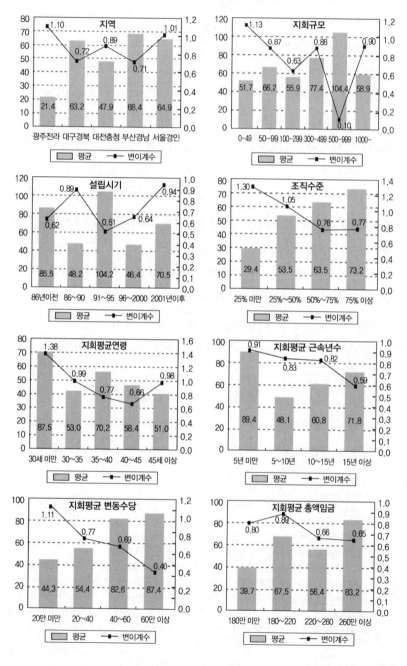

편차가 상당하다. 반면 지회규모별로는 전혀 다른 양상을 보여준다. 500인
이상 1,000인 미만의 대규모 지회에서 초과노동이 유난히 심하고 변이계수
도 0.10으로 매우 낮다. 왜 이 지회규모의 범주에서 유독 초과노동 수준이
높고 변이가 낮은지에 대해서는 좀더 설명할 필요가 있다. 500인 이상
1,000인 미만의 대규모지회는 장년층의 비율이 46.5%이고 10년 이상 장기근
속자의 비율이 83.3%로 매우 높다. 이들은 대부분 기혼유배우자로서 소득극
대화를 위한 가계압박을 가장 많이 받는 층이다. 그럼에도 불구하고 임금수
준에서는 지출 수준을 따라가지 못하는 이른바 '임금수준과 지출수준의
격차'가 가장 크다. 따라서 초과노동을 가계의 소득극대화를 위한 경제적
수단으로 활용할 수밖에 없는 압력이 가장 크다.[20]

설립시기상으로 보면 사례수가 매우 적은 1991년-1995년 범주를 제외하
면 고령지회와 신생지회에서 초과노동의 수준이 높다. 하지만 고령지회보
다 신생지회에서 초과노동 수준의 편차가 심한 것을 알 수 있다. 조직수준별
로는 조직수준이 높을수록 초과노동 수준이 높은데 이는 지회규모 변수가
반영되었기 때문이다. 지회평균연령별로는 30세 미만의 젊은 지회에서 매
우 높고, 근속년수별로는 5년 미만 범주에서 높다. 이것은 고용불안정이
높은 중소지회의 경우 초과노동에 대해서 소극적으로 수용하는 태도가
강함을 시사한다.[21] 하지만 그 변이는 높은 편이어서 지회별로 불균등이
심하다. 또한 5년 이상 10년 미만의 근속년수 범주에서 초과노동의 수준이
가장 낮고 근속년수가 올라갈수록 초과노동의 수준이 높아지고 그 변이도
낮아진다. 지회평균 변동수당이나 임금총액별로 보면, 평균 변동수당과

20) 이런 이유로 이들은 노동시간의 감소에 이중적인 태도를 보이고 있다. '노동시간이
   너무 길다'고 생각하지만 노동시간 축소가 임금 삭감을 전제로 하는 주5일제의 실시
   에는 반대하는 '소극적인 지지'의 태도를 지니게 된다(김재훈, 2003b).
21) 초과노동에 대한 소극적 수용이란 한편으로는 노동시간의 축소에는 찬성하지만
   다른 한편으로는 초과노동을 소득극대화의 한시적 전략으로 채용하는 양면적 태도를
   의미한다. 소위 "붙어있을 때 한 푼이라도 벌어야 나가서 장사라도 하지", "언제
   짤릴지 모르는데 한 푼이라도 버는 게 남는 거 아냐" 등의 태도가 그것이다.

임금총액이 높은 지회일수록 초과노동의 수준이 높고 변동수당의 경우가 더욱 뚜렷함이 확인된다. 업종별로는 전기전자와 기타업종에서 그 수준이 상대적으로 낮고 다른 업종은 초과노동의 수준이 높고 변이도 낮다.

초과노동은 금속지회의 일반적인 현상이지만 300인 이상 1,000인 미만의 조직률이 높은 고령 및 중견지회와 신생지회에서 보다 진전되어 있다. 금속지회의 핵심 지회가 100인 이상 500인 미만의 고령 및 중견지회인데, 이들 핵심적 지회에서 초과노동이 생계비 보전의 주요 수단으로 사용되고 있다.

5. 고령화와 초과노동에 따른 지회 유형

고령화와 초과노동이 금속노조를 특징짓는 현상이라면 이것을 기준으로 금속지회들의 유형을 나눌 수 있다. 유형화를 하기 위해서는 기준이 필요하므로 '40대 이상 고연령층의 비중'과 '초과노동시간'을 기준으로 각 지회를 2차원 평면상에 도시하겠다. 먼저 두 기준의 단위와 분포가 다르므로 동일한 평균과 표준편차, 즉 평균이 0이고 표준편차가 1인 Z점수로 표준화시켜야 한다. 장년층의 비중을 Z점수로 표준화한 것을 '고령화지수'로, 지회평균 초과노동시간을 표준화한 것을 '초과노동지수'로 만든 다음, 이것을 기준으로 결측값이 없는 79개의 지회를 좌표 평면상에 나타내면 <그림 4-6>과 같다.[22] 좌표 상에서 X축은 고령화를, Y축은 연령을 나타낸다. 교차점은 평균을 의미하는데 장년비중의 평균은 40.4%, 초과노동시간의 평균은 59.8시간이다. 여기서 멀어질수록 금속노조의 평균적 수준과 차이가 커지게 된다. 각 점들은 초과노동과 고령화의 절대적인 수준을 의미하는 것이 아니

---

22) 변수가 두 개이므로 2차원 상에서 지회들의 포지셔닝(positioning)이 가능하다. 하지만 여기에 규모, 임금, 조직연령, 조직률과 같은 변수가 더 늘어나면 다차원척도법(multidimensional scaling)과 같은 통계기법을 사용해야 한다.

〈그림 4-6〉 초과노동과 고령화에 따른 지회유형

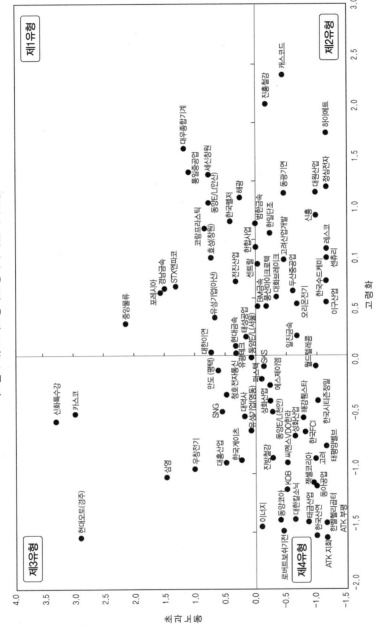

〈표 4-4〉 지회유형별 속성

속성＼유형	전체 평균	I	II	III	IV
빈도(%)	73(100.0)	19(26.0)	18(24.7)	12(16.4)	24(32.9)
조직연령(개월)	136.1	193.0	135.2	146.6	86.5
기업규모(명)	456.5	529.2	608.9	319.7	353.0
지회규모(명)	266.3	332.6	404.4	217.8	134.6
조직률(%)	59.6	67.0	56.4	65.3	53.3
평균연령(세)	37.1	40.2	40.9	33.7	33.6
평균근속년수(세)	9.4	11.2	11.6	6.8	7.8
장년비중(%)	40.4	60.1	62.2	22.3	17.4
초과노동시간	60.2	96.0	25.7	119.3	28.3
월평균임금총액(원)	2,153,936	2,181,112	2,248,065	2,203,481	2,037,052
임금안정성(%)	86.5	86.2	85.9	80.1	90.4

주 1) <그림 4-6>에 속한 지회 중에서 6개 지회(중앙물류, 정심전자, SNG, ATK부평, 한벨헬리콥터)는 결측값으로 제외됨.
2) 임금안정성은 고정급여에 대한 임금총액의 비중임.

라 금속지회 내에서 다른 지회들과 비교하여 측정된 상대적인 지위를 의미한다. 두 축을 기준으로 보면 금속지회들을 네 가지의 유형으로 나눌 수 있다. 각 지회유형별로 주요 속성을 나타낸 것이 <표 4-4>이다.

제1유형은 고령화와 초과노동의 수준이 모두 평균보다 높은 지회들이다. 여기에는 금속지회 중 26%가 속한다. 이 지회들은 1986년 이전 금속노조운동의 태동기와 1986부터 1990년까지 노동운동의 공세적 발생기에 설립된 지회들의 비중이 높아서 조직연령과 조직수준이 높고 기업규모 및 지회규모가 크지만, 고령화의 진전으로 평균 연령, 평균 근속년수, 장년층의 비중이 모두 높다. 연령 수준에 비해 임금수준은 높지 않아서 초과노동시간이 길고 임금총액에서 변동수당의 비중이 약 14%를 차지하고 있다. 이 지회들 중에서는 대우종합기계와 통일중공업, 세신창원지회 등의 고령화가 가장 진척되어 있음을 알 수 있고, 중앙물류, 포레시아, 경남금속, STX엔파코 등의 초과노동 수준이 더욱 높다.

제2유형은 고령화는 평균 수준보다 높지만 초과노동 수준은 평균 이하인 지회들로 전체에서 약 25%를 차지한다. 이 지회들은 금속노조운동의 공세적 발생기에 설립된 비중이 높다. 기업규모와 지회규모가 가장 크게 나타나지만 이것은 대기업이자 대규모지회인 두산중공업과 오리온전기가 포함되어 있기 때문이다.[23] 이 두 지회를 제외하면 기업규모와 지회규모는 각각 208.6명, 107,8명으로 대부분 300인 미만의 중소기업과 중소규모의 지회들로 구성되어 있다. 이 지회들은 임금수준이 높은 대규모 및 소규모 지회들과 임금수준이 낮아서 소득과 지출의 격차를 초과노동을 통해 해결하는데 가장 어려움을 겪는 소규모 지회들로 분화된다. 이 지회들 중에서는 진흥철강, 캐스코드와 같은 지회들의 고령화가 심각하다. 초과노동시간이 없는 이구산업, 정심전자, 센츄리, 한국수드케이, 레스코, 하이메트 등의 지회들이 이 유형의 하단을 형성한다.

제3유형은 고령화의 수준이 평균보다 낮고 초과노동의 수준이 높은 지회들이다. 이 유형에는 12개 지회가 속하며 약 16%를 차지하고 있다. 이 지회들은 기업규모와 지회규모는 작지만 응집성이 높고 저연령층이 비중이 높으며 초과노동 시간이 가장 길다. 특히 신화특수강, 카스코, 현대오토(경주)지회에서 초과노동의 수준이 매우 높게 나타난다. 현대오토(경주)지회의 경우 지회의 평균 연령도 매우 낮으면서 초과노동의 수준도 매우 높은 예외적인 사례에 속한다. 지회들 간의 거리가 다른 유형에 비해 멀어서 초과노동수준의 변이가 높은 유형이다. 나머지 지회들은 중심으로부터 크게 떨어져 있지 않아서 연령이나 초과노동수준에서 평균에 근접하고 있다. 이 유형은 초과노동을 소득극대화의 수단으로 활용하는데 상대적으로 가장 적극적인 지회들이며 임금총액에서 변동수당의 비중도 가장 높다.

---

23) 두산중공업은 종업원수 6,224명, 조합원수 4,464명이고, 오리온전기는 종업원수 1,400명, 조합원수 1,090명이다.

제4유형은 고령화나 초과노동 수준이 모두 평균보다 낮은 지회들이다. 초과노동시간이 60시간을 넘지 않으며 장년층의 비중이 40.4%보다 낮은 지회들이 속한다. 이 유형에는 약 33%의 지회가 속하는데, 이들은 대부분 1996년 이후 산별노조로의 조직전환 모색기에 설립된 지회의 비중이 높다. 따라서 조합원의 연령은 상대적으로 낮지만 조직수준과 임금수준이 낮고 규모도 가장 작다. 이 유형의 좌측 측면에는 장년층의 비중이 없거나 비중이 매우 낮은 ATK부평, ATK지회, 한국산연, 로버트보쉬기전, 대한칼소닉 등이 위치해 있고, 하단에는 초과노동을 하지 않는 지회들이 위치해 있다. 이 지회들은 소득과 지출의 격차를 초과노동을 통해 해결하는데 가장 어려움을 겪는 유형이다.

지회의 유형화가 갖는 함의를 끌어내보면 첫째 초과노동과 고령화가 금속지회의 일반적 특징이라고 하더라도 지회별, 유형별로 다르게 진전되어 있기 때문에 이에 대한 정책적 관심도 달라질 수 있다. <그림 4-6>은 이와 관련된 정책의 대상과 목표를 명확히 하는데 도움을 준다. 그 출발점은 장년층의 비중 약 40%, 초과노동 약 60시간이 기준이 된다. 여기에서 Y축의 +방향으로 갈수록 초과노동에 대한 관심이 커질 수 있으며 -방향으로 갈수록 이에 대한 관심 수준이 낮아질 수 있다. 또한 고령화 문제도 X축의 +방향으로 갈수록 문제의 심각성이 더함을 말해주며 -방향으로 갈수록 다른 문제가 우선적인 순위가 될 수 있다. 둘째 시계열적으로 각 지회들의 위치 이동을 할 수 있기 때문에 각 지회에서 인구의 구성이나 초과노동의 수준이 변함에 따라 이 문제에 대한 정책적 관련 정도가 어떻게 변하는지를 파악할 수 있다. 셋째 지회들간의 상대적 거리를 '한눈에' 볼 수 있기 때문에 지회들의 정책적 관심과 이해 수준을 판단하는 준거가 될 수 있다.

6. 맺음말

금속노조를 사례로 하여 고령화와 초과노동의 수준과 변이를 살펴보고 지회들을 유형화하였다. 분석결과의 이론적, 정책적 함의를 간단히 살펴보겠다.

먼저 이론적 함의를 살펴본다. 노동체제의 전환과 특징에 대한 기존의 연구들은 노동체제를 주로 노동통제, 노동시장, 노동운동을 주요 요소로 다루고 있기 때문에 노동력 재생산이 노동체제의 전환에 어떤 효과를 미치는지에 대해서는 언급하고 있지 않다. 현재 생산직 노동자의 노동력 재생산 조건은 '초과노동과 집합적 소비재 부담의 악순환'으로 특징지을 수 있다. 노동력의 재생산 방식이 지금과 같이 사회안전망이 미약한 거시적·제도적 조건, 기업의 지불 능력의 격차, 노동시장에 대한 노동조합의 제도적 규제력의 열위와 같은 구조적 조건에서 지속된다면 초과노동은 피하기 어려운 경제적 강제로 작용하므로 노동자층들 간의 이질화는 더욱 심화될 것이다. 이러한 이질화 경향은 대규모 지회에서는 기업별 교섭에 더욱 무게를 싣고 전투적 경제주의의 관행에 기반한 분배투쟁을 더욱 강화시키는 요인으로 작용할 것이고 중소규모 지회들에게는 지회들 간에 이질감과 불신을 증폭시켜 계급적 응집성을 떨어뜨리는 요인이 된다.[24] 노동력 재생산의 차이가 지회들 간의 이질화를 낳고, 이것이 산별노조로의 전환을 지렛대로 하는 조합주의적 발전 대신 시장자유주의적 모델로의 전환을 압박하는 요인으로 작용하고 있다. 노동력 재생산은 노동조합의 분화와 산별노조로의 발전,

---

24) 최근 금속노조에서 가장 큰 지회인 D중공업에서 나타난 지회와 본조의 갈등에는 노조에 대한 회사의 회유와 협박이라는 요인 외에도 경제주의적 요구를 중시하는 기업별 교섭의 관행과 연대를 중시하는 산별 교섭의 원칙 간의 충돌이라는 요인과 노동조합의 의결과 집행의 중복구조라는 조직적 요인이 개입되어 있다고 판단된다. 금속노조의 조직체계에서 의결기구와 집행체계의 중복구조에 대해서는 8장 3절을 참조.

나아가 노동체제의 변화에 영향을 주는 중요한 요인이다.

　정책적 함의를 살펴보겠다. 노동력 재생산의 차이가 연대의 수준을 낮추는 효과를 제어하기 위해서는 '최저임금제'나 '주 5일 근무제', '노동시간 단축을 통한 일자리 나누기'등의 정책들은 그 의의에도 불구하고 일정한 한계를 가지고 있다. 왜냐하면 현재의 초과노동은 생계유지적 성격이 강하므로 '주 5일 근무제'는 '노동시간 단축을 통한 삶의 질의 개선'보다는 소득극대화를 위한 수단으로 변용되기 쉽고, '근로시간 단축을 통한 일자리 나누기' 역시 많은 규칙위반자를 양산할 뿐만 아니라 핵심 지회들로부터 비공식적, 공식적 저항에 부딪힐 가능성이 크다. 또한 최저임금제 역시 제도적인 안전판으로서의 의의를 지님에도 불구하고 그 대상이 주로 비정규직 노동자, 여성노동자, 영세사업장의 노동자이므로 이에 해당되지 않는 지회의 경우에는 소극적 지지를 얻을 수는 있지만 적극적이고 조직적인 동원을 하기가 어렵다. 따라서 초과노동에 따른 조합원간, 지회간 이질화를 낮추기 위해서는 최저임금제로부터 한 단계 더 나아가서 생활임금제로 발전시키는 방안이 보다 효과적이라고 생각된다. 생활임금제는 최저임금제에 비해 포괄되는 지회의 범위가 확대되므로 조직적 동원 수준을 높일 수 있고, 초과노동의 생계유지적 성격을 완화시킴으로써 초과노동의 동기를 다소나마 약화시킬 수 있으며, 초과노동이 노동통제의 수단으로 작동하는 효과를 줄일 수 있기 때문이다.*

---

* 한국산업노동학회. 2004. ≪산업노동연구≫ 제10권 제2호에 게재된 논문을 수정·보완하였음.

제5장

사무전문직 노동자의 구성과 상태

1. 머리말

1970년대 이래 대량생산체계의 확립과 기업조직의 관료제화를 통해 화이트칼라 노동자들은 양적으로 급속히 증가하였고, 자본축적구조의 변화에 따라 앞으로의 비중 역시 더욱 높아질 것으로 전망된다. 상대적으로 생산직 노동자의 규모가 정체되고 있는 상황에서, 양적으로 급속히 성장하고 있으면서도 조직화 수준이 낮은 화이트칼라 노동자들의 의식과 행동은 한국의 노동조합운동의 미래에 또 하나의 변수로 되고 있다. 그러나 한국 노동계급에 대한 연구는 생산직 노동자들의 계급상태와 조합운동의 성격을 둘러싸고 많은 성과를 축적해 왔지만, 화이트칼라 노동자들의 상태와 운동에 대해서는 상대적으로 많은 분석이 이루어지지 못했다.

1980년대 중반이후 화이트칼라 노동자들은 노동과정 합리화와 과학적 관리의 대상으로 편입되었고, 자본축적의 위기를 극복하기 위한 생산성 향상과 비용절감 과정에서 급속한 내적인 분화와 지위하락을 경험하였다. 화이트칼라 노동자의 하층은 사무자동화에 따른 탈숙련화와 여성화를 경험하면서 노동계급의 일부로 편입되었고, 전문기술직을 포함한 화이트칼라 상층 역시 관료적 통제에 대한 저항과 노동 자율성을 목표로 독자적인

노동조합운동의 흐름을 형성해 갔다[1]. 화이트칼라 노동자들은 1997년 경제
위기 이후 기업 구조조정과 노동시장 유연화의 일차적인 표적이 되었고,
신규채용 동결, 일상화된 명예퇴직, 비정규직화, 연봉제 도입 등 급격한
변화의 압력에 직면하고 있다. 1987년 이후 화이트칼라 노동조합운동이
노동시장에서의 상대적 우위를 기반으로 관료제적 통제에 대항하는 작업장
민주화와 의사결정 참여를 지향하고 있었다면, 1990년대 중반, 특히 경제위
기 이후 사무전문직 노동자들의 고용불안과 작업상황의 급격한 변화가
노동조합에 대한 인식과 집합행동에 어떠한 영향을 미치고 있는가에 대해
주목할 필요가 있다.

이 글은 1997년 경제위기 이후 사무전문직 노동자들의 계급상태 변화와
이러한 변화가 사무전문직 노동조합운동에 대해 갖는 함의를 분석한다.
전통적으로 사무전문직 노동자들의 노동시장은 안정된 고용관계와 기업내
부노동시장, 노동과정에서의 자율성을 특징으로 하고 있었다면, 이러한
노동시장 상태가 1987년과 1997년의 축적체제 및 노동체제 변동과정에서
어떠한 변화를 경험했는가를 통계적 지표를 통해서 분석한다.

먼저, 사무전문직 노동자들의 내적 구성이 자본축적과정에서 성, 학력,
연령, 고용형태별로 어떻게 변화되어 왔는지를 검토한다. 특히 1997년 경제
위기 이후 사무전문직 노동시장 변화의 주요한 특징들과 이러한 변화가
노조활동에 어떠한 함의를 갖는가를 분석한다.

둘째, 1997년 경제위기 이후 사무직 노동자들의 상대적 지위가 생산직
노동자들과 비교해 어떻게 변화되어 왔는가를 검토한다. 생산직노동자에
대한 노동조합의 강력한 보호 효과에 비교해, 고용관계 개별화를 특징으로
하는 사무직 노동자들의 상대적 지위가 어떻게 변화되었는가를 분석한다.

---

1) 이 글에서 화이트칼라는 정신노동에 종사하는 임금노동자, 주로 전문직, 사무직으로
한정하며, 노동계급의 하층에 위치하는 판매, 서비스직 노동자들은 연구대상에서
제외한다.

셋째, 사무전문직 노동자들의 내부 분화라는 측면에서, 성과 학력집단별로 기업규모, 근속기간, 노조유무, 고용형태 등 주요변수에 따른 상대적 임금격차의 변화 추이를 분석한다.

2. 양적 성장과 직업별 분포

<표 5-1>에서 『인구 및 주택 총조사』를 기준으로 직업대분류별 임금근로자의 변화추이를 보면, 생산직의 비중은 1980년 51.0%로 정점에 이른 후 꾸준히 감소하여 2000년에는 36.1%까지 축소되었다. 반면, 사무직 근로자의 비중은 1990년 25.2%에 이르기까지 꾸준히 증가추세를 보이고 있고, 통계기준이 변경된 1993년 이후에도 여전히 일정한 수준을 유지하고 있는 것을 알 수 있다. 또한 전문기술직은 1980년대 동안 9~10% 수준을 유지하다가, 1990년대 중반 이후 크게 증가하여, 2000년에는 전문가 12.6%, 기술공 및 준전문가 10.2%에 달하고 있다. 이는 사무전문직을 중심으로 한 화이트 칼라 노동자의 비중이 앞으로도 꾸준히 증가할 것이며, 노동시장 및 노사관계와 관련하여 사무전문직 노동자들의 역할이 더욱 증가할 것임을 보여주고 있다.

<표 5-2>에서 사무전문직 노동자들의 내부구성을 직업 중분류 수준에서 확인해보면(1993-1999년과 2000년 이후 직업분류방식이 약간 변화됨), 전문가 집단의 경우 남성은 교육전문가와 공학전문가, 컴퓨터전문가가 높은 비중을 차지하고 있고, 여성은 교육전문가와 보건의료전문가(주로 간호원)가 대부분을 차지하고 있다. 기술공 및 준전문가 집단에서는 남성이 71.7%로 대부분을 차지하며 주로 공학기술종사자와 경영, 재정 준전문가가 다수를 이루고 있다. 여성의 경우에는 학원강사를 포함한 교육 준전문가가 다수를

<표 5-1> 화이트칼라 노동자의 증가 추이

(단위 : 명, %)

	총취업자	임금 근로자	화이트 칼라	행정관 리직	전문 기술직	사무직	판매직	생산직	기타
1966	7,963	2,564 (100.0)	677 (26.4)	41 (1.6)	193 (7.5)	328 (12.8)	115 (4.5)	1,132 (44.2)	755 (29.4)
1975	12,682	5,165 (100.0)	1,488 (28.8)	40 (0.8)	353 (6.8)	823 (15.9)	272 (5.3)	2,493 (48.3)	1,184 (22.9)
1980	12,682	5,507 (100.0)	2,030 (36.9)	50 (0.9)	497 (9.0)	1,181 (21.5)	302 (5.5)	2,807 (51.0)	669 (12.2)
1984	13,736	6,541 (100.0)	2,388 (36.5)	57 (0.9)	589 (9.0)	1,332 (20.4)	410 (6.3)	3,212 (49.1)	942 (14.4)
1987	15,446	7,909 (100.0)	3,029 (38.3)	66 (0.8)	747 (9.4)	1,717 (21.7)	499 (6.3)	3,851 (48.7)	102 (13.0)
1990	15,750	9,411 (100.0)	4,198 (44.6)	44 (0.5)	1,009 (10.7)	2,376 (25.2)	769 (8.2)	4,270 (45.4)	943 (10.0)

	총취업자	임금 근로자	화이트 칼라	고위임 직원	전문가	기술공	사무직	판매직	생산직	기타
1995	17,988	10,932 (100.0)	5,549 (50.8)	301 (2.8)	906 (8.3)	1,755 (16.0)	1,981 (18.1)	605 (5.5)	4,571 (41.8)	812 (7.4)
2000	18,456	11,556 (100.0)	6,326 (54.7)	463 (4.0)	1,453 (12.6)	1,182 (10.2)	2,298 (19.9)	930 (8.1)	4,174 (36.1)	1,056 (9.1)

자료: 조우현·윤진호(1994), 홍성우(1990)에서 인용. 통계청, 인구주택총조사보고서, 각 호. 경제기획원, 고용구조특별조사결과보고.

이루고 있다. 사무직 내부에서는 일반사무직이 대부분을 차지하며, 고객봉사사무직의 경우에는 여성의 비중이 상대적으로 높게 나타난다.

<표 5-2>에서 1995년과 2000년 직업중분류 수준의 변화를 비교해보면, 전문가집단의 규모는 60.3%나 증가하였다. 여성전문가의 상대적 비중은 36.5%에서 45.9%로 크게 증가하였고, 특히 여성의 비중이 높은 교육전문가와 보건전문가의 수가 크게 증가하였다. 기술공과 준전문가 집단은 그 절대 규모가 67.3%수준으로 감소하였으며, 여성의 상대적 비중은 27.6%에서 28.3%로 별다른 변화가 없었다. 사무직근로자는 약 32만 명가량 증가하였으며, 내부적으로 일반사무직이 증가한 반면 고객봉사 사무직의 규모가 크게 감소하였다.

〈표 5-2〉 직업 중분류별, 성별 임금근로자수 추이

(단위 : 명)

	1995				2000		
	임금 근로자	남성 근로자	여성 근로자		임금 근로자	남성 근로자	여성 근로자
전체	10,932,261	7,429,546	3,502,715	전체	11,556,822	7,385,571	4,171,251
전문가	906,007	575,321	330,686	전문가	1,452,729	786,104	666,625
물리,수학,공학	206,471	191,067	15,404	과학전문가	15,745	12,461	3,284
생명/보건전문가	95,693	38,862	56,830	컴퓨터	140,535	108,984	31,551
교육전문가	483,939	256,581	227,358	공학	221,278	207,104	14,174
기타전문가	119,904	88,810	31,094	보건의료	204,480	44,417	160,063
				교육	634,604	256,606	377,998
				행정/경영/재정	44,173	38,552	5,621
				법률/사회서비스	60,266	51,843	8,423
				문화/예술방송	131,648	66,137	65,511
기술공/준전문가	1,755,324	1,271.680	483,644	기술공/전문가	1,182,355	847,929	334,426
자연/공학기술공	354,677	296,256	58,421	과학기술종사자	10,203	8,217	1,986
생명과학/보건	84,557	16,937	67,620	컴퓨터준전문가	56,087	39,472	16,615
교육준전문가	190,311	48,097	142,214	공학기술종사자	342,435	288,110	54,325
기타준전문가	1,125,779	910,390	215,389	보건의료	57,196	10,772	46,424
				교육준전문가	160,638	44,645	115,993
				경영/재정	314,442	268,002	46,440
				사회서비스/종교	34,938	16,212	18,726
				예술연예경기	31,496	22,777	8,719
				기타 준전문가	174,920	149,722	25,198
사무직원	1,981,315	1,104,657	876,658	사무직원	2,298,037	1,311,043	986,994
일반사무직원	1,459,085	949,716	509,369	일반사무직	1,987,692	1,205,660	782,032
고객봉사사무	522,230	154,941	367,289	고객봉사사무직	310,345	105,383	204,962

자료: 통계청, 인구주택총조사보고서, 1995, 2000.

이하에서 경제활동인구조사 자료를 통해 직업대분류수준에서 사무전문
직 노동자들의 내부구성의 변화를 검토해 보자.2)

---

2) 경제활동인구조사는 약 33000 표본가구를 대상으로 만 15세 이상인 자를 대상으로
   매월 15일이 포함된 1주간 조사가 이루어지며, 조사원이 대상가구를 방문하여 면접조
   사 하는 방식으로 이루어진다.

3. 여성화와 비정규직화

장기적 추세로서 사무전문직 노동자 내부구성에서 나타난 가장 큰 변화는 여성이 차지하는 비중이 급격히 증가하고 있다는 점이다. <그림 5-1>에서 직종별 여성추이를 보면, 사무직근로자 중 여성이 차지하는 비중은 1990년대 중반이후 급격히 증가해 50%를 넘어섰다. 그러나 여성사무직의 비중은 호황기에 증가하였다가 불황기인 1998년과 2003년에 감소하는 양상을 보여주고 있어 이들이 경기불황의 일차적인 희생자가 되고 있음을 알 수 있다. 기술공 및 준전문가의 경우에는 여성의 비중이 완만하게 증가하였으며 불황기에 오히려 약간 증가하는 추세를 보여 준전문가로 분류된 여성의 노동시장 지위가 취약함을 알 수 있다. 전문가집단에서도 여성의 비중은 증가추세를 보이고 있고, 특히 2001년 이후 급격한 증가추이를 보이고 있다. 물론 이는 주로 보건의료 인력에서 간호사의 분류를 전문가로 변경한 것에 기인한다.

사무전문직에서 여성이 차지하는 비중은 고용형태별로 커다란 차이를

<그림 5-1> 직종별 고용형태별 여성비중 추이(%)

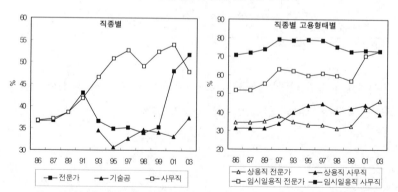

주: 1993년 이후 직업대분류에서 전문기술직이 전문가, 기술공 및 준전문가로
　　세분화되어 통계의 단절이 있음.
자료: 『경제활동인구조사』 원자료 각 년도. 이하 동일.

보이고 있다. <그림 5-1> 전문가와 사무직의 고용형태별 여성의 비중을
보면, 사무직의 경우 상용직에서 여성의 비중은 1986년 31.5%에서 1997년
44.6%까지 증가하였고 1998년과 2003년 불황기에 감소하는 특징을 보여주
고 있다. 그러나 임시일용 사무직에서 여성의 비중은 경제위기 전까지
78.5-79.3%수준을 유지하였고 경제위기 이후 남성 임시직의 증가로 그
비중이 2003년 72.9%까지 감소하고 있다. 전문기술직은 사무직에 비해
여성의 비중이 낮지만 그 증가추이는 2000년대 들어 매우 급속히 진행되는
양상을 보여주고 있다. 전문가의 경우 여성의 비중은 상용직에서 2001년
이후 40%대, 임시일용직에서 70% 대로 급격히 증가하는 모습을 보여주고
있다. 특히 경제위기이후 고용형태를 막론하고 전문가 직종에서 여성의
비중이 급격히 증가하고 있다. 전체적으로 여성이 임시일용직의 62-73%를
차지하고 있어서 여성 사무전문직 노동자들의 비정규직화가 심각하다는
점을 확인할 수 있다.

　이런 의미에서 사무전문직 노동자들에서 여성화의 진전은 동시에 고용의
불안정화, 비정규직화의 확산과 맞물려 있는 현상이다. 성, 학력집단별로
시기와 정도의 차이가 있지만 모든 집단에서 비정규직화가 급속히 진행되고
있다. <그림 5-2> 직종별 비정규직화의 추이를 보면, 사무직에서 임시직의
비중은 1986년 13.2%에서 1995년 19.4%를 기록한 이후 2001년에는 27%까
지 증가하였다. 더욱이 일용사무직은 1998년 경제위기 이후 급격히 증가해
2001년에 7.7%까지 늘어났다. 특히 기술공 및 준전문가의 경우 비정규직화
는 경제위기 이후 40%에 육박하는 가파른 상승 추세를 보이고 있다.

　사무전문직의 비정규직화는 일차적으로 사무전문직에서 여성의 비중이
증대하는 현상과 깊은 관련을 맺고 있다. <그림 5-2> 여성의 직종별 비정규
직 증가추이를 보면, 여성 사무직에서 임시직과 일용직을 합친 비정규직의
비중은 1989년 31.1%로 증가한 이후 1998년 39.5%, 2001년 47.1%까지

〈그림 5-2〉 집단별 비정규직 비중 추이(%)

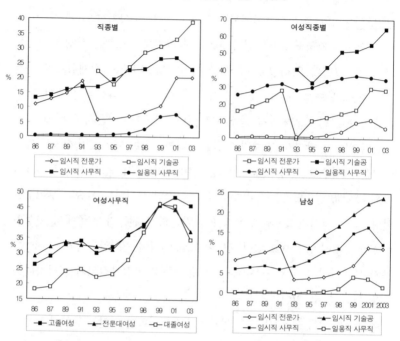

증가하여 경제위기 이후 여성사무직의 절반 정도가 비정규직으로 전락한 것으로 나타났다. 임시직의 비중은 상대적으로 완만하게 증가하고 있지만 일용직의 비중은 1998년 이후 급속히 증가해 2001년 11.1%를 차지하고 있다. 여성 준전문가의 경우에는 경제위기 이전에 이미 비정규직이 40%를 넘어섰고 경제위기 이후에는 66.2%에 이르는 것으로 나타났다. 여성전문가 의 경우에는 경제위기 이후 약 30%가 비정규직으로 전락하여, 분류기준의 변경을 감안하더라도 경제위기 이후 사무전문직 여성근로자들의 비정규직 화가 심각한 수준에 달해 있음을 보여주고 있다.

<그림 5-2> 여성사무직 근로자의 학력별 비정규직 추이를 보면, 비정규 직 비중은 고졸 여성사무직에서 가장 높아 2001년 48.4%를 차지하고 있다. 그러나 상대적으로 비정규직화 속도가 가장 빠른 집단은 대졸 여성사무직이

다. 대졸여성사무직에서 비정규직의 비중은 경제위기 이전 25% 미만에서
1999년에 45.7%까지 증가해 전체적으로 전문대졸 여성사무직과 비슷한
추이를 보여주고 있다. 마찬가지로 남성 사무직 역시 비정규직화가 가파르
게 진행되어 1995년 8.6%에서 1999년 19.2%, 2001년 20.3%까지 증가하였
다. 남성 사무전문직의 경우 비정규직화는 기술공 및 준전문가에서 높아
특히 1998년 19.2%에 이르렀고, 이후 25%에 육박하고 있다. 남성전문가의
비정규직화도 2001년 10% 수준을 넘어섰다.

4. 고학력화와 상용직의 고령화

사무전문직 노동자 내부구성의 변화를 가장 분명하게 보여주는 것이
고학력화 현상이다. 사무직 학력분포 추이의 가장 큰 특징은 대졸 근로자의
급속한 증가와 전문대졸 근로자에 의한 고졸근로자의 대체현상이다. 대졸
이상 근로자의 비중은 1997년 28%에서 2003년 40.2%로 증가하고 있다.
또한 1990년대 중반 이후 고졸근로자 비중이 급격히 감소하고 전문대졸
근로자 비중이 증가하는 현상은 단순사무직에서 고졸 근로자들이 전문대졸
근로자들로 대체되고 있음을 보여주고 있다.
    <그림 5-3> 성별, 직종별 학력분포 추이를 보면, 남성사무직에서 고졸
비중은 1986년 49%에서 꾸준히 감소하여 2003년 현재 30.7%로 떨어졌다.
반면에 대졸과 전문대졸 근로자 비중이 증가하고 있고, 대졸 이상 근로자
비중은 1993년 41.1%에서 2003년 51.5%수준을 넘어서고 있다. 여성 사무직
근로자들의 학력별 구성은 보다 급격한 변화를 보여주고 있다. 여성사무직
에서 고졸의 비중이 1986년 84.6%에서 1998년 60.7%, 2003년 44.2%까지
하락한 대신에 대졸과 전문대졸의 비중은 2003년 각각 27.8%, 26.5%로

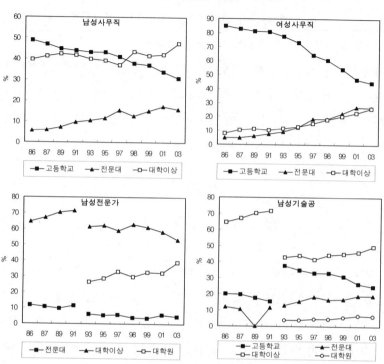

〈그림 5-3〉 성별, 직종별 학력분포 추이(%)

증가해 학력구성이 다양화되고 있다.

전문기술직에서는 전문가 집단과 기술공·준전문가 집단 사이에 상당한 학력격차가 존재한다. <그림 5-3>에서 보면, 2003년을 기준으로 남성전문가에서 대학원 졸업자 비중이 39.1%로 매우 높고 대졸이상의 비중이 92.4%에 달하고 있으나, 기술공 및 준전문가에서는 2003년 현재 전문대졸이하가 44.4%를 차지하는 반면 대졸이상은 55.6%에 불과해 학력구성의 측면에서 두 집단이 매우 이질적임을 알 수 있다. 여성의 경우에는 대졸미만 학력자의 비중이 상대적으로 높다. 특히 여성 준전문가의 경우에는 대졸이상이 1993년 33.7%에서 2003년 43.6%로 증가하는데 그쳐 상대적으로 전문대졸 이하

〈표 5-3〉 사무전문직 노동자들의 평균연령 추이(만 나이)

	남성				여성			
	사무직	전문가	기술공	조립원	사무직	전문가	기술공	조립원
1986	36.0	37.5		33.9	23.7	28.8		31.8
1987	36.1	37.0		34.1	23.7	29.0		32.5
1989	36.5	38.4		35.4	23.7	28.8		35.1
1991	36.6	37.9		36.6	23.7	28.2		37.4
1993	35.5	39.9	36.0	35.1	24.2	32.1	27.5	34.5
1995	35.4	39.9	36.2	35.9	24.9	32.8	28.2	35.2
1997	36.1	40.7	36.2	37.1	25.7	34.2	28.9	37.3
1998	36.7	41.2	36.8	37.3	26.8	33.4	29.0	36.8
1999	36.6	41.6	37.3	37.5	27.2	33.7	29.0	36.8
2001	37.3	41.2	38.4	40.3	29.9	32.0	30.8	39.0
2003	38.0	40.0	36.4	39.3	29.4	32.3	29.8	39.0

학력의 비중이 높다.

기본적으로 사무전문직 노동자들의 고학력화는 고학력 젊은 세대들이 주로 사무전문직으로 충원되고 있기 때문이다. 때문에 생산직에 비해 사무전문직 노동자들의 고령화현상은 완만하게 나타나고 있고 생산직과 비교한 남성사무직과 남성기술공의 상대적 연령이 낮아지고 있다. 그러나 사무전문직 내부적으로 보면 대부분의 청년 노동자들이 비정규직으로 충원됨으로써 상용직 노동자들의 고령화현상이 심화되고 있고, 연령과 고용형태에 따른 사무전문직 내부의 분절현상이 나타나고 있다.

<표 5-3>에서, 남성 사무전문직 노동자들의 평균연령은 1987년 이후 별다른 변화가 없거나 약간 감소하다가 2000년대 들어 약간 상승한 것을 알 수 있다. 이는 생산직 노동자들의 빠른 고령화 속도와 비교할 때, 사무직과 기술공은 상대적으로 젊은 노동자들로 구성되어 있음을 알 수 있다. 그러나 여성 사무전문직의 평균연령 상승은 생산직과 유사한 속도로 진행되고 있고, 이는 여성 경제활동참가율 증가에 기인한 것이다. 평균연령 변화가 가장 극적으로 나타나고 있는 집단은 여성 사무직 근로자들로서 1986년 23.7세에서 2003년 29.4세로 증가하고 있으며, 여성전문가는 오히려 평균연

〈그림 5-4〉 사무직 연령분포 추이(%)

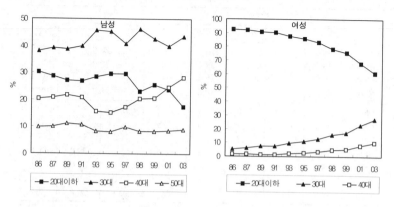

령이 약간 감소하는 것으로 나타나 여성사무전문직 내부에 연령의 동질화 현상이 나타나고 있다.

<그림 5-4>에서 사무직의 연령분포 추이를 보면, 남성사무직의 경우 20대 남자의 비중은 1986년 30.3%에서 일정한 수준을 유지하다가 1998년 이후 급속히 감소해 2003년 17.4%까지 감소하였다. 전체적으로 30대 근로자의 비중이 가장 크고, 40대 근로자의 비중은 1990년 초반 감소추세에서 경제위기 이후 증가로 반전되고 있다. 이는 사무직 노동시장이 경력직에 의해 충원되고 청년실업이 증가하고 있는 현상을 반영하는 것이다. 여성사무직의 경우에는 20대 이하의 비중이 1986년 92.7%에서 꾸준히 감소되어 2003년 60.7%까지 떨어진 반면, 30대 근로자의 비중은 경제위기 이후 급속히 증가하여 2003년 27.4%를 차지하고 있다. 40대 여성 사무직의 비중도 2003년 10%까지 증가하여 경제위기 이후 급속히 증가하였다.

연령과 학력구성의 변화가 갖는 의미를 가장 분명하게 보여주는 것은 고용형태별 연령 및 학력구성이다. 이는 상용직의 고령화와 젊은 층의 비정 규직화로 요약된다. <그림 5-5> 사무전문직 성별, 고용형태별 연령구성을 보면, 남성사무직의 연령구성 추이에서 나타난 가장 중요한 특징은 경제위

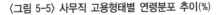

〈그림 5-5〉 사무직 고용형태별 연령분포 추이(%)

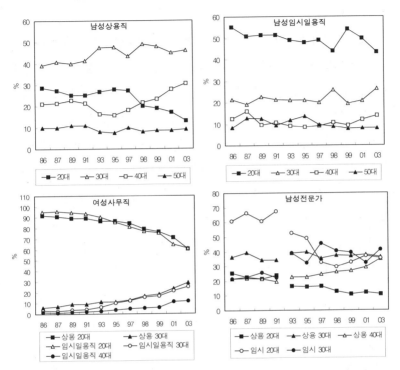

기 이후 상용직에서 20대 비중이 급속히 감소하고 40대 비중의 급속히 증가하고 있다는 점이다. 상용직에서 20대 이하 청년 근로자들의 비중은 경제위기 전인 1997년 27.4%에서 2003년 13.2%까지 급속히 하락하였고, 대신에 40대 근로자의 비중은 같은 기간 18.2%에서 30.6%로 증가하여 사무직에서 정규직 노동자들의 고령화 현상을 보여주고 있다. 임시일용직 에서는 같은 기간에 20대 비중이 49.1%에서 43.4%로 약간 감소하였으며 2000년대 이후 30대와 40대의 비중이 증가하고 있다. 대신에 임시일용직에 서 50대와 60대의 비중이 감소되어 이들이 비정규직 고용시장에서조차 퇴출되는 양상을 확인할 수 있다. 이는 임시일용직 시장에서 젊은 층과

노년층의 비중이 감소하는 대신 청장년 핵심노동자층의 비중이 증가하고 있음을 말해준다.

여성사무직의 경우에는 경제위기 이후 모든 고용형태에서 20대 비중이 급속히 하락하고 30대와 40대의 비중이 증가하는 양상을 보여주고 있으며, 이는 전체적으로 여성의 경제활동 참가율이 증가하고 있는 현상을 반영한다. 남성전문가들의 경우에는 모든 고용형태에서 20대 비중이 감소하는 반면, 40대 비중이 증가하여 고용형태와 무관하게 고령화현상이 확인된다. 다만 상용직에서는 40대, 임시일용직에서는 30대의 증가속도가 빠르게 나타난다. 이는 전문가 집단의 학력이 전체적으로 높아지면서 상용직의 고령화와 젊은 층의 비정규직화 현상이 진행되고 있음을 의미한다. 남성기술공의 경우에도 마찬가지로 상용직과 임시일용직 모두에서 20대 감소와 30대, 40대 증가 현상을 확인할 수 있다.

전체적으로 남성사무직에서 젊은 층의 비정규직화와 상용직의 고령화, 여성사무직에서 모든 연령층의 급속한 비정규직화라는 특징이 나타나고 있다. 동시에 남성 전문기술직의 경우에는 상용직에서 20대가 줄어드는 만큼 40대가 증가하는 양상을 보이고 있고, 경제위기 이후 20대 젊은 층이 대부분이던 비정규직에서 30, 40대의 비중이 빠르게 늘어나는 특징을 보여주고 있다.

노조운동의 측면에서 상용직의 고령화와 젊은 층의 비정규직화는 정규직 종업원으로 구성된 기업별 노동조합의 고령화와 이들의 고용안정과 단기적 경제적 이익을 중심으로 노동조합 활동의 보수화를 초래하고 있으며, 동시에 젊은 층 비정규직의 노동조합에 대한 무관심, 회의적 시각을 초래하는 원인이 되고 있다. 전문가집단의 경우에는 모든 고용형태에서 고령화가 진행되고 있지만, 특히 임시일용직의 대부분을 차지하던 20대가 30대와 40대에 의해 대체되는 현상이 나타남으로써 연령상승과 함께 비정규직에서

〈그림 5-6〉 사무직 고용형태별 학력분포 추이(%)

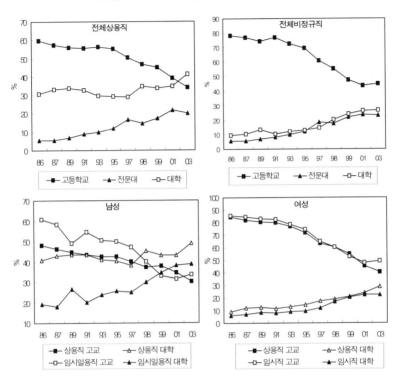

정규직으로 상승하는 연령과 고용형태의 연관성이 약화되고 있다. 이는 연령과 무관하게 고용형태의 분리가 나타나고 있고 비정규직으로 고착화된 사무전문직 노동자들의 조직화 필요성과 가능성이 증대되고 있음을 의미한다.

다음으로 고용형태별로 노동자들의 인적 속성에 어떠한 차이가 있는가를 확인해보자. <그림 5-6>을 통해 사무직노동자들의 학력분포가 성별, 고용형태별로 어떻게 변화되어 있는가를 보면, 먼저, 사무직에서 상용직과 임시일용직의 학력격차는 지속적으로 축소되어 왔으며, 특히 경제위기 이후에는 그 속도가 더욱 가속화되었다.

상용직과 비정규직을 비교하면 대졸이상의 비율은 상용직이 1993년 31.2%에서 2003년 44.4%로 증가한데 대해 같은 기간에 임시일용직은 13.2%에서 28.5%로 보다 빠르게 증가하고 있다. 고졸자의 비중은 상용직에서 1986년 59.6%로부터 2003년 34.2%로 감소한 반면, 임시일용직의 경우 1986년 84.5%에서 2003년 48.5%로 감소하였다. 전문대 졸업자의 비중은 상용직에서 1986년 5.3%에서 2003년 20.2%로 증가하였으나 임시일용직에서는 같은 기간 5.6%에서 23.2%로 증가하였다. 이처럼 고용형태별 학력격차는 1999년 이후 급속히 축소되어 고용형태를 결정하는 데 있어 학력이 미치는 영향이 약화되고 있음을 알 수 있다.

<그림 5-6>에서 이를 성별로 구분해 보면, 남성사무직의 경우 상용직과 임시일용직의 학력격차가 경제위기 이후 크게 약화되는 모습을 보이고 있으며, 여성사무직의 경우에는 경제위기 이전부터 고용형태별 학력구성의 격차가 별로 없는 것을 알 수 있다. 남성 사무직의 경우 상용직에서 대졸이상의 비중은 1993년 39.4%에서 2003년 53.2%로 증가했고, 임시일용직에서는 같은 기간에 25.6%에서 41.7%로 증가했다. 여성사무직은 상용직과 임시일용직 모두에서 고졸자의 비중이 빠르게 감소하고 있는 반면, 전문대졸과 대졸자 비중이 급속히 증가하고 있다.

전문가의 경우는 고용형태별로 상당한 학력격차가 있으나 기술공 및 준전문가의 경우에는 고용형태별 학력격차가 전문가에 비해 현저하게 작다. 성별로 남성 전문기술직의 경우 고용형태별로 학력격차가 상대적으로 크게 나타나 학력별 차이가 고용형태의 차이로 나타나고 있다. 남성 전문가의 경우, 2003년 현재 상용직에서 대학원졸 비중이 훨씬 높으며(41.4% > 21.7%), 기술공 및 준전문가의 경우, 임시일용직에서 전문대졸 이하의 비중이 크게 높다 (55% > 41.1%). 그러나 여성 전문가의 경우, 남성에 비해 고용형태별 학력격차가 적어 상용직에서 대졸의 비중이 약간 높은 반면(59.2% > 49.4%), 준전문가

의 경우에는 오히려 임시일용직에서 대졸자 비중이 훨씬 높고(48.8% >
33.4%) 전문대졸과 고졸이하의 비중이 낮아(임시직 26.7%, 24.4%, 상용직
32.2%, 34.3%) 학력이 고용형태에 별다른 영향을 못 미치는 것으로 나타났다.

5. 상대적 임금수준의 변화

<그림 5-7>을 보면, 생산직과 비교한 전문기술직, 사무직의 상대적인
평균임금 수준은 1976년에 최대에 이르렀다가 중화학공업화가 본격화된
이후 1981년까지 크게 하락하였다. 이후 1987년까지 생산직과의 상대적
임금격차를 보면 전문기술직은 210 수준에서 안정적인 격차를 보였던 반면,
사무직의 경우는 이미 1980년에 150, 1985년에 140, 1987년 132까지 급속히
하락하였다. 1988-89년 이후 생산직의 급속한 임금인상은 전문기술직, 사무
직과의 격차를 크게 축소시켰고 특히 사무직과의 임금격차는 거의 의미가
없어지는 것으로 나타나고 있다.
직업분류방식이 변경된 1993년 이후로 핵심노동자층인 장치 및 기계
조작·조립원의 임금을 100으로 할 때, 사무전문직의 임금수준은 1993년

〈그림 5-7〉 월평균임금 기준 직종별 임금격차 추이

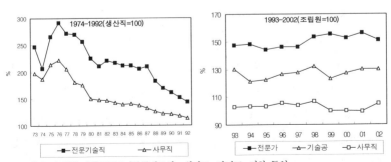

자료: 노동부, 『임금구조기본통계조사』 원자료, 각년도. 이하 동일.

전문가 147.5, 기술공 130.1, 사무직 102.9에서 1997년까지 미세하지만 격차가 약간 증가하는 추이를 보이고 있다. 생산직과 사무전문직의 임금격차는 양보교섭이 이루어졌던 1999년을 제외하면 미세하지만 지속적으로 확대되어 왔음을 알 수 있다.

1) 사무전문직 기업규모별 임금격차 추이

사무직 노동자들의 기업규모별 임금격차는 생산직에 비해 그 정도는 덜하지만 모든 성과 학력집단에서 발견된다. 남성 사무직의 경우, 기업규모별 임금격차는 1997년부터 벌어지기 시작한 후 2000년대 들어 크게 벌어졌다. <그림 5-8> 사무전문직 각 집단들의 기업규모별 임금총액의 변화추이를 보면, 10-29인 규모 남성사무직 노동자들의 임금을 100으로 할 때, 2002년에 500인 이상 규모에서 고졸 남성사무직은 146.2, 대졸 남성사무직은 138.2로 고졸사무직에서 격차가 약간 크지만, 그 변화의 추세는 동일하다. 그러나 이러한 규모별 임금격차는 500인 이상 대기업의 남성 고졸생산직(기계장치 조작 및 조립종사자)의 임금이 10-29인 규모에 비해 1997년 154.1, 2001년 195에 이른 것과 비교하면 상대적으로 온건한 수치이다. 여성 고졸사무직의 규모별 임금격차는 불황기에 감소하고 호황기에 증가하여 경기상황에 크게 영향을 받는 것으로 나타났지만, 그러나 남성사무직에 비해 규모별 임금격차가 크지 않아 비교적 단일한 노동시장을 형성하고 있는 것으로 보인다.

전문기술직의 규모별 임금격차는 <그림 5-8>에서 보듯이 사무직에 비해 매우 크게 나타나며, 특히 여성전문가의 규모별 임금격차가 가장 크다. 이는 사무직 내 모든 집단에 비해서도 크며, 고졸 남성생산직의 규모별 임금격차에 육박하는 수준이다. 이는 주로 보건의료부문의 간호원들이 여성전문가의 다수를 이루고 있기 때문인 것으로 보인다. 대졸 남성전문가들의 규모별 임금격차는 대졸여성전문가에 비해서는 적지만 대졸남성사무직

〈그림 5-8〉 사무전문직 규모별 임금총액(10-29인 규모 임금=100)

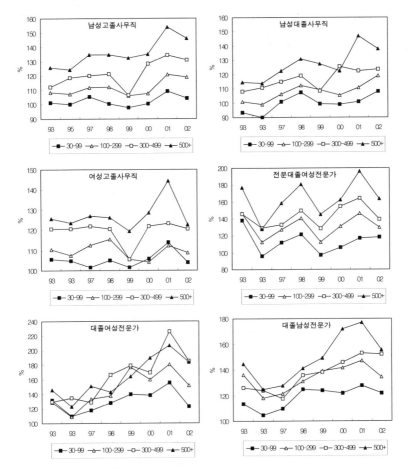

에 비해서는 높은 편으로 역시 2000년 이후 크게 더욱 확대되는 양상을
보이고 있다.

전체적으로 사무전문직의 경우 남성 고졸생산직에 비해 규모별 임금격차
는 크지 않지만 상대적으로 사무직에 비해 전문가에서 규모별 격차가 크다.
사무직 내에서는 대졸보다 고졸, 여성보다는 남성에서 규모별 임금격차가
크게 나타나 남성 고졸사무직에서 규모별 임금격차가 가장 크게 나타나고

있다.

2) 대기업 생산직과 비교한 사무직 임금수준의 변화

사무직 전체의 임금을 100으로 하여 사무직 내 기업규모별 집단들과 대기업 생산직의 임금수준을 비교하였다. <그림 5-9>에서 사무직 근로자 전체의 평균 임금총액을 생산직 조립원과 비교하면, 500인 이상 대기업 사무직의 임금은 100보다 상당히 높은 수준을 유지하고 있고 약간 상향추세인데 반해, 생산직 조립원 전체의 경우에는 사무직 전체에 비해 1988년 이후 그 격차가 꾸준히 감소하였고 통계기준이 변경된 1993년 이후로도 1997년 89.5%수준까지 감소되었다. 그러나 경제위기 이후로는 그 격차가 오히려 약간 커졌거나 일정한 수준에서 큰 변화가 없는 것으로 나타나고 있다. 비록 500인 이상 대기업 조립원의 임금총액은 경제위기 이후 사무직 전체 평균을 넘어서고 있지만 전체 생산직 조립원과 사무직 전체와의 격차는 일정한 수준에서 유지되고 있다.

<그림 5-9>에서 초과급여의 비중이 큰 생산직 근로자들의 임금을 고려해, 월 임금총액을 총 근로시간으로 나눈 시간당임금을 비교해보면 직종간

〈그림 5-9〉 남성사무직과 조립원 임금비교(사무직 전체=100)

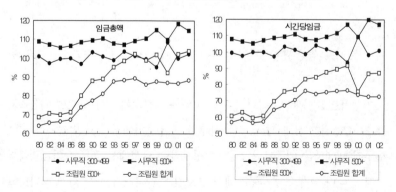

의 격차는 보다 크게 나타난다. 사무직 전체와 기계장치 조작·조립원의 임금격차는 훨씬 큰 수준으로 벌어지고 있고, 500인 이상 대기업 조립원들의 시간당임금 역시 사무직 전체평균의 90%에 미치지 못하고 있다. 이는 외형상으로 나타나는 생산직과 사무직의 임금격차 축소, 사무직 평균을 넘어서는 대기업 생산직의 임금인상은 주로 생산직 노동자들의 초과근로에 의한 것임을 말해주고 있다.

따라서 생산직 노동자들, 특히 대기업 생산직 노동자들과 사무직 노동자들의 상대적 노동시장 지위는 표면적인 임금격차 축소만으로 평가하기 어렵다. 양자 간 임금수준의 수렴은 500인 이상 대기업 생산직에 한정된 것이고 정상근로시간을 전제로 시간당 임금을 비교하면 직종간 임금격차는 규모에 따라 별다른 변화가 없거나 오히려 증가하고 있는 것을 알 수 있다. 임금격차 축소가 생산직 노동자들의 초과근로에 의해 유지되고 있다는 점을 고려하면, 생산직 노동자들의 열악한 작업환경과 과도한 근로시간은 사무직 노동자들의 생활상태의 우위를 말해주는 것이라고 할 수 있다.

<그림 5-10>에서 사무직 근로자들의 월 근로시간 추이를 보면, 생산직과 사무직의 근로시간 격차가 매우 크다는 점을 알 수 있다. 사무직 노동자들의 경우 규모별 근로시간 격차는 상대적으로 적은 반면, 학력별 근로시간 격차는 매우 크게 나타난다. 사무직 노동자들의 경우, 학력이 낮을수록 상대적으로 근로시간이 길며, 대졸 사무직의 근로시간이 가장 적은 반면, 남성의 경우 고졸 사무직의 근로시간이 가장 길고 여성의 경우 전문대졸 전문가의 근로시간이 가장 길다.

대기업 생산직 노동자와 사무직 노동자들의 임금격차를 보다 자세히 보기 위하여, 500인 이상 대기업의 고졸 기계장치 조작 및 조립원의 임금을 100으로 하여 사무직 노동자들의 학력별, 기업규모별 상대임금을 비교하였다.

<그림 5-11>에서 대기업 생산직 노동자들의 임금총액을 100으로 하여

〈그림 5-10〉 사무직, 조립원 근로시간 추이(단위: 시간)

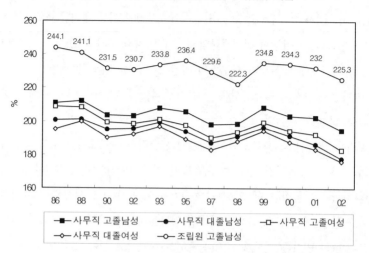

고졸 사무직, 대졸 사무직 노동자의 기업규모별 상대임금을 보면, 1992년에 대기업 생산직에 대한 대졸 사무직의 상대적 임금수준이 1987년 이전 고졸 사무직의 상대적 임금수준으로 축소되었고, 1995년에는 500인 이상 대기업 생산직의 임금수준이 고졸 사무직의 임금수준을 앞지르게 되었다. 경제위기 이후 고졸 사무직 전체의 상대적 임금총액은 500인 이상 대기업 생산직 임금총액의 90% 수준을 유지하고 있고, 대졸 사무직 전체의 임금수준은 대기업 생산직의 임금을 약간 넘어서는 수준에 머물러 그 격차가 크게 축소되었다. 그러나 같은 규모의 두 직종을 비교할 때 500인 이상 대기업의 사무직은 고졸과 대졸 모두에서 대기업 생산직 노동자와의 격차를 일정하게 유지하고 있다.

근로시간을 고려한 상대적인 시간당 임금의 변화 추이를 보면, 대기업 생산직 남성노동자들의 시간당임금은 100인 이하 중소기업의 고졸사무직 노동자들을 제외한다면 전체로서의 고졸 남성사무직의 시간당임금을 넘어서지 못하고 있다. <그림 5-11>에서 대졸 사무직 노동자들의 상대적 시간

〈그림 5-11〉 남성사무직 임금총액 및 시간당임금(고졸 조립원 500인 이상 임금=100)

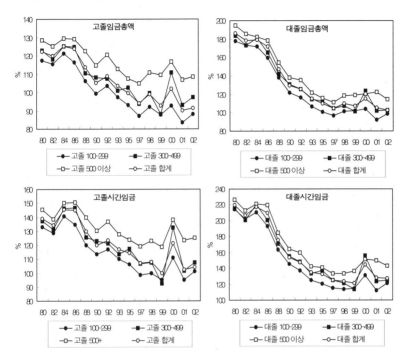

당 임금은 1987년 이전까지 생산직 대기업 노동자들의 2배에 달했고 1987년 이후에도 그 격차는 상대적으로 크게 남아 있다. 대기업 조립원으로 대상을 한정한 1993년 이후의 추이를 보면 상대적 격차는 꾸준히 감소되고 있지만 그 폭은 상대적으로 완만하다. 특히 2000년 이후에는 100인 이상 대졸 사무직 노동자들의 상대적 시간당임금 격차가 오히려 증가하고 있다. 고졸 사무직 노동자들의 상대적 시간당 임금 역시 1988년 이후 급속하게 축소되고 있지만 그 축소의 폭은 임금총액에 비해 상대적으로 완만하다. 전체적으로 고졸 사무직 노동자 전체의 시간당임금은 대기업 생산직 노동자들에 비해 1999년에만 역전되었을 뿐 그 이후 다시 대기업 생산직 노동자보다 약간 높은 수치를 보여주고 있다.

6. 근속기간별 임금격차 변화

사무직 노동자들의 기업 내부노동시장은 경제위기 이후 일상적인 구조조정과 평생직장의 퇴조, 연봉제의 도입으로 상당한 변화를 경험하고 있다. 특히 대졸 남성사무직은 전통적으로 기업 내부노동시장이 가장 발달한 집단이라는 점에서 이들 집단의 근속기간별 임금수준의 변화에 주목할 필요가 있다. 그러나 근속년수별 임금격차의 추이가 갖는 의미는 실제 각 근속기간별 근로자 분포의 변화나 장기근속자의 상대적 비중을 고려해서 평가되어야 한다.

<그림 5-12>에서 전체 사무직노동자의 근속년수별 분포추이를 보면, 완만하지만 5년 미만 근속자의 비중이 감소하는 반면, 5-10년, 10년 이상 근속자 비중이 증가하여 전체적으로 장기근속자의 비중이 증가하는 경향을 보여주고 있다. 이는 주로 사무직에서 구조조정이나 명예퇴직에도 불구하고 신규채용의 축소가 보다 광범위하고 우선적으로 활용되고 있음을 반영하는 것으로 보인다. 대졸 남성사무직의 경우 1990년대 들어 3년 미만 근속자의 비중이 꾸준히 감소해왔지만, 경제위기 이후 5-10년, 10년 근속자 비중이 완만하게 증가하는 양상을 보이고 있다. 1990년 정점에 올랐던 근속년수별

〈그림 5-12〉 사무직 전체 및 대졸남성사무직 근속년수별 분포추이(%)

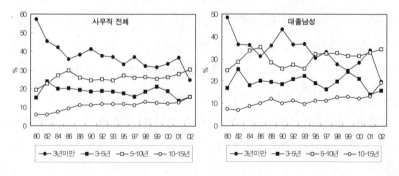

피라밋형 구조는 1990년대 중반 항아리형으로 변화되었으며, 이러한 추세는 경제위기 이후 더욱 강화되었다. 다만 경기순환과 신규채용의 변동에 따라 3년 미만과 3-5년 층의 비중에서만 약간의 변화가 발생하고 있다.

대졸 남성사무직의 근속기간별 분포의 변화는 근속년수별 임금격차의 변화에 반영되고 있다. <그림 5-13>을 보면, 기업내부노동시장의 피라밋 구조를 반영하여 이미 1980년대부터 벌어지기 시작한 근속년수별 임금격차는 1988년에 최대로 벌어졌고 1995년까지 일정한 수준을 유지해왔다. 그러나 1995년 이후 신인사제도가 광범위하게 도입되면서 1999년까지 근속년수별 임금격차는 감소하기 시작했다. 그러나 1999년 이후 3년 미만과 3년 이상 근속자의 임금격차가 크게 증가해 1988년 수준으로 되돌아간다. 고졸 남성사무직의 근속년수별 임금격차는 80년대 중반까지 일정한 수준을 유지해오다가 1988년 이후 미세하지만 약화되는 추이를 보여 왔다. 1999년 경제위기 이후에는 대졸사무직과 마찬가지로 근속기간별 임금격차가 증가하고 있다. 대졸 남성사무직에 비하면 3년 이상 10년 미만자의 경우에는 그 격차가 상대적으로 적지만 10년 이상자의 경우에는 약간 크게 나타난다. 고졸 사무직의 경우에는 고졸 생산직에 비해서도 근속년수에 따른 격차가 가장 적게 나타나며 상대적으로 근속년수별 격차가 안정적인 추이를 보이고 있다.

전체적으로 사무직에서 근속년수에 따른 임금격차는 1988년 이후 약간 강화 되다가 1995년 이후 감소추세로 돌아섰고, 2000년 이후 다시 증가하는 추이를 보이고 있다. 2000년 이후 성, 학력, 직종 모든 부문에서 근속년수별 격차가 급격히 벌어지는 추세를 보이고 있으며, 이것은 일정한 정도 1999년 이후 모집단위에서 유동성이 높은 5-9인기업의 근로자들이 추가됨으로써 3년 미만 근로자들의 평균임금이 약간 하락하였기 때문으로 추정된다.

전문가, 기술공 및 준전문가의 경우에도 3년 미만과 3-5년 근속자의 비중

〈그림 5-13〉 대졸 남성사무전문직 근속년수별 임금총액(3년 미만=100)

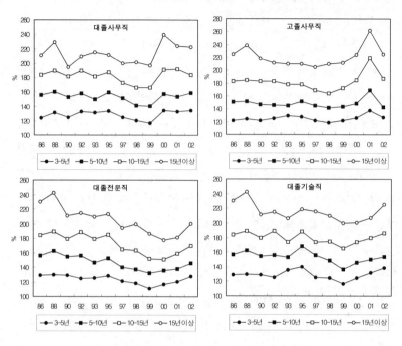

이 감소하거나 정체상태를 보여주고 있는 반면에, 10년 이상 장기근속자의 비중이 크게 증가하여 장기근속이 강화되는 경향이 보이고 있다. <그림 5-13>에서 대졸 남성 전문기술직의 근속년수별 임금격차는 1980년대와 90년대 초반까지 일정한 수준을 유지하였다. 통계기준이 바뀐 1993년 이후 대졸 남성전문가들의 근속년수별 격차는 1995년에 정점에 이르렀고, 이후 1999년까지 근속년수별 격차가 감소하다가 2000년부터 크게 증가하는 모습을 보여주고 있다. 대졸 남성기술공 역시 근속년수별 임금격차는 1995년에 정점에 도달한 후 꾸준한 감소추이를 보이다가 2000년부터 크게 벌어져 1995년 수준으로 회귀하고 있다. 근속년수별 임금격차는 전문가집단에 비해 기술공집단에서 상대적으로 크게 나타나고 있다.

7. 노조유무별 상대적 임금수준의 변화

임금구조 기본통계조사를 통해 본 사무·전문직 종사자들의 노조 조직비중
은 생산직에 비해 상대적으로 낮게 나타난다. 또한 추세적으로 직업중분류
수준에서 사무·전문직 모두에서 노조 조직사업장에 근무하는 근로자의 비중
이 뚜렷하게 감소하고 있다. <표 5-4>에서 2002년 현재 직업별, 성별 노조
조직사업장의 비중을 보면, 사무직의 경우에는 전문가에 비해 남성과 여성
간의 격차가 매우 크게 나타난다. 이는 사무직에서의 노동조합이 상당한
정도 남성중심으로 구성되어 있음을 보여준다. 직업중분류 수준에서 보면,
보건의료전문가의 경우 여성의 조직률이 매우 높은 반면, 교육전문가의
경우 매우 낮게 나타나고 있다. 사무직의 경우 특히 고객서비스사무직 여성
노동자의 조직률이 낮게 나타나고 있다.

노조 유무에 따른 임금격차를 보면, 대체로 고졸 사무직이나 전문대졸
여성전문가의 경우에 노동조합 유무에 따른 임금격차가 매우 높게 나타나
며, 대졸사무직이나 대졸전문가들의 경우에는 노동조합에 따른 임금격차가
상대적으로 높지 않다.

<그림 5-14>를 보면, 남성사무직의 경우 노동조합 유무별 임금격차는
모든 학력 층에서 1988년 이후 감소 추세를 보이다가 1998년 경제위기
이후, 특히 2001년에 크게 확대되었다. 이는 경제위기 이후 노동조합 유무가
조합원의 임금 유지, 개선에 보다 직접적인 효과를 미치고 있음을 의미한다.
상대적으로 고졸 남성사무직에서 노조 유무에 따른 임금격차가 가장 크고,
1990년대 중반이후 유노조기업의 상대적 임금이 생산직에 비해서도 높게
나타나고 있다. 그러나 고졸을 제외한 여성사무직과 전문기술직의 경우에
는 1990년에 노조유무에 따른 임금격차가 가장 컸다가 이후에 약간 감소하
였고 1997-98년 경제위기 이후 다시 확대되는 양상을 보이고 있다. 여성사무

〈표 5-4〉 직업중분류별 노조조직 존재 여부(2002)

	사무직		전문가						기술공 및 준전문가				
	일반사무직	고객서비스사무직	컴퓨터	공학	보건	교육	행정경영재정	문화예술	컴퓨터	공학관련	보건의료	경영재정	기타
남성	56.2	56.4	35.1	57.4	58.5	50.3	52.9	61.5	37.3	57.1	69.4	56.6	57.0
여성	43.0	36.7	35.1	47.6	64.2	32.1	38.6	36.3	39.6	39.6	59.2	60.2	36.4

자료: 노동부, 『임금구조기본통계조사』 2002년 원자료.

직의 경우에는 노조유무에 따른 임금격차가 고졸과 전문대졸에서 상대적으로 크게 나타나고 있다.

전문기술직에서는 전문대졸 여성전문가 집단에서 노조유무별 임금격차가 가장 크며, 경제위기 이후에는 다른 어느 집단에 비해서도 노조유무별 임금격차가 크게 나타난다. 그러나 대졸이상 전문가와 기술공·준전문가 집단에서는 노조유무별 임금격차가 상대적으로 적게 나타나며, 특히 대졸 남성전문가 집단에서 임금격차가 가장 적게 나타난다.

<그림 5-14> 시간당 임금에서도 고졸 남성사무직은 고졸 남성조립원에 비해 노조유무에 따른 임금격차가 큰 반면, 대졸 남성사무직에서는 노조유무에 따른 임금격차가 상대적으로 작다. 여성사무직의 시간당임금을 보면, 고졸사무직에서 노조유무에 따른 시간당 임금 격차가 가장 크고, 모든 사무직집단들에서 생산직 조립원에 비해 노조유무에 따른 시간당임금 격차가 크게 나타난다. 전문기술직을 보면, 상대적으로 전문대졸 여성전문가에서 유노조기업의 상대적 시간당임금이 가장 크며, 전체적으로 여성전문가의 경우 남성에 비해 유노조기업의 시간당 임금이 보다 높게 나타난다.

시기별로 임금총액 격차와 시간당임금 격차를 비교해 보면, 대졸 남성사무직이나 고졸 남성사무직은 임금총액 격차에 비해 시간당임금 격차가 미미하지만 약간 감소되는 반면, 전문대졸 여성전문가나 고졸 여성사무직

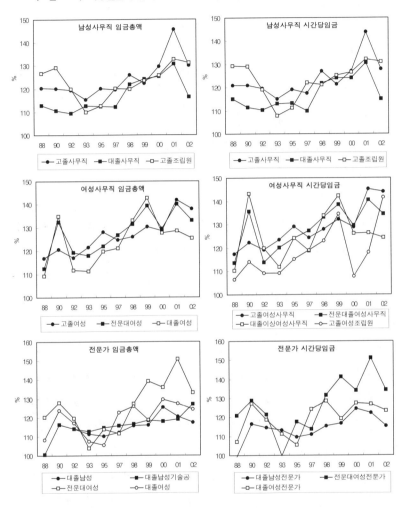

〈그림 5-14〉 사무전문직 유노조기업의 임금총액/시간당임금(무노조기업 임금=100)

은 경제위기 이후 시간당임금의 격차가 남성사무직에 비해 약간 더 큰 것으로 나타나 같은 근로시간일 때, 노조유무에 따른 임금격차가 더욱 크게 나타난다. 이는 여성 사무직에서 노조의 보호효과가 더욱 크다는 것을 의미한다.

〈그림 5-15〉 2001년 사무직 규모별 유노조기업 임금총액 (비노조기업=100)

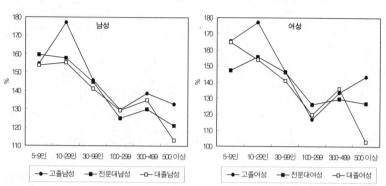

그러나 상당수의 유노조 기업이 대기업이라는 점에서 노조유무별 임금격차는 기업규모별 효과를 반영한 것 일수도 있기 때문에, 기업규모를 통제한 후 노조 유무에 따른 차이를 검토하는 것이 필요하다. 이를 위해 2001년 임금구조기본통계조사를 통해, 사업체 규모를 통제한 후 유노조기업 노동자들의 상대적 임금총액을 검토해 보았다.

<그림 5-15>를 보면, 전체적으로 기업규모가 작을수록 무노조 사업장에 비해 유노조 사업장의 임금수준이 훨씬 높지만, 100인 미만 사업장의 경우 대부분 노조가 없다는 점에서 노조유무에 따른 임금수준의 비교가 큰 의미를 갖기는 어렵다. 조사대상을 100인 이상 규모로 한정한다면, 고졸 여성사무직을 제외하고 300-499인 규모 기업에서 노조의 임금효과가 가장 크게 나타나며 500인 이상 대기업에서는 노조의 임금효과가 오히려 적게 나타난다. 대졸 사무직의 경우 남녀 노동자 모두 절반 이상이 500인 이상 규모에 속하지만, 이 규모에서 노조유무에 따른 임금격차는 남자 113.2, 여자 102.8로 가장 적게 나타나 대기업에 근무하는 고학력 사무직 집단에서 노조의 임금효과가 적음을 알 수 있다. 반면에 고졸 여성사무직의 경우에는 100-299인 규모를 기준으로 규모가 클수록 노조의 임금영향력이 크게 나타나 노조

유무에 따른 임금격차는 500인 이상 기업에서 143.2에 이르고 있다.

8. 요약과 결론

1997년 경제위기 이후 사무전문직 노동자들의 내부구성에서 급격한 변화가 발생하고 있다. 그 주요한 특징들은 사무전문직에서 여성 비중의 급격한 증가와 평균연령 상승, 고용형태에서 임시일용직의 급격한 증가, 전반적인 고학력화 현상 속에 학력과 고용형태의 상관관계 약화, 상용직의 고령화와 젊은 층의 비정규직화 등을 포함한다.

이미 전문가와 사무직에서 여성의 비중은 50%를 넘어섰으며, 전통적으로 20대 초반의 미혼 고졸이라는 여성사무직 노동자의 전형적 특징은 급격한 평균연령의 상승과 고학력화 현상으로 상당한 변화를 보이고 있다. 그럼에도 불구하고 여성의 노동시장 지위는 경제위기 이후 크게 악화되어 사무직과 전문가 각각에서 여성은 비정규직의 73%, 62%를 차지하고 있다. 고졸 여성사무직뿐만 아니라 대졸 여성사무직이나 여성전문가의 경우에도 30-35%가 비정규직으로 고용되고 있고 증가속도도 매우 빨라 사무전문직 노동운동에서 여성 비정규직의 조직화가 갖는 의의가 대단히 중요해지고 있다.

뿐만 아니라 사무전문직 노동자 내부에서 노동시장 분절의 성격이 변화하고 있다. 노동시장 분절의 축이 성과 학력으로부터 점차 성과 연령에 따른 고용형태의 차이로 변화되고 있다. 이는 사무전문직 전체로 비정규직화 현상의 급격한 확산에 기인하는 것이다. 사무직에서 상용직과 임시일용직의 학력격차는 1999년 이후 급속히 축소되어 고용형태 결정요인으로서 학력이 차지하는 비중이 약화되고 있고, 같은 대졸 사무전문직 내부에서도 고용형태에 따른 분화가 진행되고 있다.

사무전문직 내부적으로 보면 대다수 청년 노동자들이 비정규직으로 충원 됨으로써 상용직 노동자들의 고령화현상이 심화되고 있고, 연령과 고용형 태에 따른 사무전문직 내부의 분절현상이 나타나고 있다. 상용직의 고령화 와 젊은 층의 비정규직화는 현재 상용직 중심의 기업별노조운동의 한계를 보여준다. 현재 사무전문직 노조의 조합원은 대부분 상용직으로 구성되어 있고 그 다수는 30-40대 남성 사무전문직이다. 상용직의 고령화와 청년 층의 비정규직화는 정규직 종업원을 가입대상으로 하는 기업별 노동조합의 고령화와 조합활동을 이들의 고용안정과 단기적 경제적 이익에 한정하는 조합의 보수화를 초래하고 있으며, 동시에 젊은 층의 노동조합에 대한 무관 심과 회의적 시각을 초래하는 원인이 되고 있다. 이는 사무전문직 노동운동 의 역동성과 건강성을 유지하기 위해서는 여성과 청년층 비정규직의 조직화 과제가 대단히 시급하다는 것을 의미한다.

전문가집단 역시 모든 고용형태에서 고령화가 진행되고 있지만, 특히 임시일용직의 다수를 차지했던 20대가 30대, 40대에 의해 대체됨으로써 연령과 고용형태의 연관성이 약화되고 있다. 이는 전문가나 기술공·준전 문가에서 비정규직으로 채용되었다가 정규직으로 경력이동하는 패턴이 약화되고 연령과 무관하게 고용형태별 분절이 나타나고 있음을 의미한다.

생산직과 사무직의 노동시장 지위를 보면, 경제위기 이후 생산직(조립원) 과 사무직의 임금격차는 지속되고 있으며 2000년대 들어 오히려 약간 확대 되고 있다. 500인 이상 대기업 사무직노동자는 고졸과 대졸 모두 대기업 생산직 노동자와의 격차를 유지하고 있다. 더욱이 생산직과 사무직의 근로 시간 격차는 매우 커서 임금격차 축소의 대부분은 생산직의 초과근로에 의해 설명된다. 시간당 임금을 기준으로 하면 500인 이상 대기업 조립원의 시간당임금에 대해 대졸 사무직은 상당한 격차를 보이고 있고, 고졸 사무직

역시 우위를 유지하고 있다.

그러나 사무전문직 노동자들 내부에서 임금과 근로시간의 격차는 크게 나타난다. 상대적으로 규모별 근로시간의 격차는 별로 크지 않은 반면, 학력에 따른 근로시간 차이는 매우 커 학력이 낮을수록 근로시간이 상대적으로 길게 나타난다. 기업규모별 임금격차는 생산직만큼 크지는 않지만 상대적으로 사무직에 비해 전문가에서 규모별 격차가 크다. 사무직 내에서는 대졸보다 고졸, 여성보다는 남성에서 규모별 임금격차가 크게 나타나 남성 고졸사무직에서 규모별 임금격차가 가장 크게 나타나고 있다.

근속년수에 따른 임금격차도 2000년 이후 크게 증가하는 추세이다. 근속년수에 따른 임금격차는 1995년 이후 감소추세로 돌아섰으나 2000년 이후 성, 학력, 직종 모든 부문에서 급격히 강화되는 추세를 보이고 있다. 근속기간별 근로자 분포의 변화를 고려할 때, 전체적으로 신규채용의 축소를 반영하여 장기근속자의 비중이 증가하고 있고, 3년 미만과 그 이상 근속자간의 임금격차가 크게 증가하고 있다.

노조유무에 따른 임금격차는 1990년에 정점에 이른 후 별다른 변화가 없었으나 경제위기 이후 다시 크게 벌어졌다. 고졸 사무직이나 전문대졸 여성전문가의 경우에 노동조합 유무에 따른 임금격차가 매우 높게 나타나며, 대졸사무직이나 대졸전문가들의 경우에는 노동조합에 따른 임금격차가 상대적으로 높지 않다. 이러한 의미에서 대졸 사무직의 낮은 노동조합 참여는 노조활동이 근로조건에 미치는 영향이 상대적으로 적기 때문이라고 볼 수 있다. 노조유무에 따른 임금격차가 가장 큰 집단은 고졸사무직과 전문대졸 여성전문가 집단이며, 기업규모를 통제한 후의 노조유무별 임금격차는 500인 이상 대기업의 고졸 여성사무직에서 크게 나타난다. 기존 사무전문직 노동조합이 주로 남성 대졸 사무전문직에 의해 주도되고 있음에도 불구하고 노조의 임금효과는 저학력 여성사무전문직에서 크게 나타났다.

전체적으로 사무직 내부에서 근속기간, 노조유무, 고용형태별 상대적 임금격차의 추이를 분석한 결과, 1998년 경제위기 이후 그 격차가 크게 확대되는 양상을 보이고 있다. 이는 근로계약이 짧은 비정규직의 급격한 증가를 반영하는 것으로 3년 이상의 근속을 갖고 노조에 가입해 있는 정규직과 근속기간이 짧고 노조에 가입되어 있지 않은 비정규직간의 노동시장 분절과 양극화의 결과라고 해석할 수 있다. 때문에 기존의 사무전문직 노조운동에서 소외된 여성과 비정규직을 노조운동의 중심으로 조직하는 것이 무엇보다 필요한 과제로 제기되고 있다. 노동력구성에서 상용직의 고령화와 저연령층의 비정규직화, 여성비중의 급속한 증가를 고려할 때, 이는 노조운동의 역동성과 장기적 생존을 위해서 더 이상 미룰 수 없는 과제로 제기되고 있다.

제6장

노동시장 분절과 노동조합 조직변화

1. 머리말

1997년 경제위기 이후 산별노조로의 전환 문제는 비정규직의 문제와 아울러 민주노조운동의 가장 중요한 해결 과제이자 '대세'로 간주되어 왔다. 실제로 보건의료노조, 금속노조를 필두로 민주노조운동 내에서 기존의 기업별노조가 산별노조로 전환하고 있는 사례들이 늘어남으로써 노동조합의 조직형태가 과거에 비해 다양해지고 있다.[1] 하지만 대공장노조의 미전환, 산별노조 내부의 기업별 요소의 존속, 산별노조 전환에 대한 다양한 전략의 대립은 산별노조로의 성공적인 전환 가능성을 낮추는 근거로 작용하고 있다. 그럼 '산별노조 전환은 노동운동 내부에서 규범적 동의의 수준이 높음에도 불구하고 산별노조 조직화의 속도가 느리게 진행되고, 나아가 그 실현가능성이 점차 낮아지는 이유는 무엇인가? 또한 산업별로 산별노조 전환의 속도와 유형, 경로의 차이가 나타나는 이유는 무엇인가?'라는 질문이

---

[1] 산별노조 전환의 필요성과 당위성에 대해서는 1990년 전노협의 창립과 1995년 민주노총의 성립을 거쳐 현재에 이르기까지 조직발전의 가장 중요한 쟁점으로서 많은 논의가 이루어져 왔다. 특히 노조전임자 임금지급이 금지되고 복수노조가 허용되는 2007년은 불과 1년 남짓 밖에 남지 않은 상황이므로 올해와 내년이 산별노조 전환을 둘러싸고 가장 활발한 논의와 활동이 이루어지는 시기가 될 것으로 판단된다.

제기된다.

이 질문에 대해서는 구조와 행위의 수준에서 국가와 자본, 노동 간의 계급정치, 노동조합의 내부정치와 리더십, 노동시장과 같은 여러 요인이 분석되어야 한다. 특히 행위중심적 시각에서 노동조합의 내부정치와 리더십이 산별노조 전환에 미치는 영향을 분석한 연구들이 주목된다(임영일, 2000; 조효래, 2003c, 2004a; 김재훈·이종래, 2004).[2] 이 연구들에 따르면 기업별노조체제가 제도화됨에 따라서 조합권력과 자원이 형성되고 이것을 둘러싼 내부정치에서의 경쟁과 리더십의 균열이 산별노조 전환을 늦추는 요인이라는 것이다. 이 글도 노동조합의 조직구조는 환경 혹은 구조적 요인에 의해 결정된다기보다는 조직 내부의 정치적 의사결정과정을 통해 이루어지는 전략적 선택에 의해 결정된다고 보는 점에서 행위 중심적 접근에 서 있다. 하지만 노동조합의 전략적 선택은 조직의 경로의존성(path dependency)과 구조적 관성(structural inertia)에 의해 제약된 선택이라는 점에서 노동조합의 전략적 선택을 제한하는 구조적 요인에 대해 분석할 필요가 있다. 이 글에서는 노동시장의 분절에 주목하고자 한다. 노동시장 분절이 노동조합과 노동자가 취하는 전략적 선택의 범위와 능력에 제한을 가하는 구조적 변수로서 작용하고 있음에도 불구하고 이와 관련된 연구는 거의 없기 때문이다.[3]

이 글의 목적은 노동시장 분절이 산별노조로의 조직전환에 미치는 효과를 분석하는 것이다.[4] 좀더 구체적으로는, 첫째 1980년부터 현재까지 임금

---

2) 노동조합 조직에 대한 연구는 크게 구조 중심적 접근과 행위 중심적 접근으로 나눌 수 있다. 노동조합 조직연구에서 두 접근의 특징과 한계에 대해서는 신광영(1993), 이 책의 1장을 참조.

3) 노동조합의 내부정치와 리더십이 산별노조 전환에 미치는 영향을 다소 연구가 이루어져 왔지만 노동시장 분절의 영향에 대한 연구는 거의 없다. 김종한(1996)이 산별노조의 전환을 촉진하는 요인과 저해하는 요인 중의 한 차원으로서 노동시장의 효과를 간단히 언급하고 있을 뿐이다.

4) 노동시장 분절이 산별노조 전환에 미치는 영향에 초점을 두는 것이 경제주의적 구조결정론의 접근을 택하는 것으로 오해되어서는 곤란하다. '무엇'을 분석하는 것이 아니라 '어떻게' 분석하는가라는 점이 중요하다. 이 글은 전략적 선택이 조직구조를 결정

노동자 내부의 사회경제적 집단간, 집단내 임금격차에 초점을 맞추어 노동
시장이 분절되어온 시계열적 변화를 살펴보고, 노동조합의 대표성에 미친
효과를 분석한다. 둘째 임금과 노동시간의 변이를 기준으로 노동조건 이질
성의 측면에서 산업간 근접성을 분석하고, 산업내 규모구성을 기준으로
산별 전환에 있어서 산업간 전략적 지위를 분석한다. 셋째 민주노총을 사례
로 산별 전환의 조직화 방향과 경로를 유형화하여 노동시장 분절성의 효과
를 분석한다.

2. 분석틀과 분석대상

1) 분석틀

노동시장에 대한 여러 연구들은 1987년 이전에는 저분절적 노동시장을
조건으로 비교적 동질적이었던 노동자층이 1987년 이후에는 규모별 기업내
부시장이 형성되어 점차 이질화되어 왔음을 공통적으로 지적하고 있다(송호
근, 1991b; 정이환, 1992; 남춘호, 1995). 노동자 내부의 이질성이나 이해의
다양성이 클수록 조합지도부는 전체 계급적 이익을 포괄적으로 대표하려는
목표와 서로 모순적인 다양한 이익들을 조정할 수 있는 능력의 한계 때문에
어려움에 직면한다(Offe & Wiesenthal, 1980). 조합원 규모와 분포, 구성의
이질성 등은 내부의 권력 갈등을 야기함으로써 리더십의 자율성을 구조적으
로 제한하는 변수로 작용한다(Hyman & Freyer, 1974). 산별노조가 대량생산방
식의 등장으로 광범하게 발생한 미숙련·반숙련 노동자와 횡단적 노동시장

하는 가장 중요한 요인으로 본다는 점에서 행위 중심적 접근, 그 중에서도 자원의존이
론의 접근을 택하고 있다. 이 이론은 행위 중심적 접근에 속하면서도 전략적 선택을
제약하는 여러 요인들의 구조적 효과를 분석하는데 유용하다(Aldrich and Pfeffer,
1976; Aldrich, 1979; Pfeffer, 1981)

을 조건으로 등장하게 되었다는 점을 염두에 둔다면 한국에서 노동시장
분절이 강화되어 온 사실은 노동계급의 이질화를 낳음으로써 산별노조의
전환에 부정적인 효과를 미치고 있다고 추론할 수 있다.

노동시장 분절 때문에 노동자층 내부에서 이질성이 증대한다면 노동계급의
전략적, 조직적 능력이 약화됨으로써 시장자유주의적 노동체제로 한층 더
진전될 가능성이 있으며, 반대로 이질성이 약화된다면 조직화의 수준과
조직능력에 긍정적인 효과를 미쳐서 노동시장 분절을 극복할 수 있는 제도
적 규제력을 확보할 가능성은 더욱 커질 것이다. 노동자층 내부의 이질화는
여러 사회경제적 집단간 근접성과 집단내 근접성의 두 차원으로 나눌 수
있다. 또한 노동시장에 대한 제도적 규제력은 노동조합 조직의 포괄범위와
규모라는 두 차원에 따라 달라질 것이다. 노동자층 내부의 동질성이 높을수
록 조직의 포괄범위와 규모는 커짐으로써 산별노조의 원칙인 포괄적 노동
조합주의를 실현하기에 유리할 뿐만 아니라 노동시장에서 산별노조가 갖게
되는 교섭력은 커질 것이다. 반대로 이질성이 클수록 조직의 범위가 특수하
고 규모가 작아짐으로써 기업별 노동조합체제에 머물 가능성이 높아지고
교섭력도 약해질 것이다. 또한 노동자층 내부의 근접성 수준은 조직노동자
의 구성에 영향을 미친다. 만약 노동자층 내부에서 이질성이 증대한다면
조직노동자는 상대적으로 조직자원 수준이 높은 집단의 대표성이 높아지므
로 산별노조의 전환 방향이 이들의 이해에 따라 다양한 유형과 경로로
분화될 수 있으며, 반대로 동질성이 높아진다면 산별 전환은 계급적 대표성
이 강한 방향으로 수렴될 수 있을 것이다.

이상의 가설을 분석틀로 제시한 것이 <표 6-1>이다. 산별 전환의 방향은
노동시장 분절과 조직의 경계에 따라 포괄적 연대, 수평적 연대, 수직적
연대, 분절적 고립의 네 가지로 유형화할 수 있다. 포괄적 연대는 노동자층
내부에서 동질성이 높을 경우 나타나기 쉬우며 조직의 포괄범위가 넓고
규모도 큰 유형이다. 한국의 경우 대산별노조로의 조직화 방향이 여기에

〈표 6-1〉 분석틀

		집단간 근접성			
		동질적	이질적		
집단내 근접성	동질적	포괄적 연대 (대산별노조)	수직적 연대 (업종노조, 직종노조)	대규모	조직 규모
	이질적	수평적 연대 (대기업노조, 중소기업노조)	분절적 고립 (기업별노조)	소규모	
		포괄적	특수적		
		조직의 포괄범위			

속한다. 수평적 연대는 집단간은 동질적이나 집단내의 이질성이 높을 경우 나타나기 쉬우며 조직의 포괄범위는 넓지만 내부적인 분절수준이 높아서 조직규모는 크지 않다. 규모별 분절이 강하다면 대기업노조와 중소기업노조의 분화가 나타나거나, 전국적 수준에서 조직된 복수의 노동조합이 경쟁하기 쉽다. 수직적 연대는 집단간은 이질적이지만 집단내는 동질성이 높을 경우 나타나기 쉽고, 조직의 범위는 포괄적 연대에 비해 협소하지만 규모는 업종에 따라서 클 수 있다. 소산별 업종노조와 직종노조로의 조직화 방향이 여기에 속한다. 분절적 고립은 노동자층 내부의 이질성이 높을 경우 나타나기 쉽고, 조직의 범위와 규모가 작다. 한국과 일본의 기업별노조가 여기에 속한다.

2) 분석대상과 자료, 분석방법

이 글의 구체적인 분석대상은 다음과 같다. 첫째 지난 20여 년간 임금노동자 내부의 집단간·집단내 임금격차를 분석한다.[5] 분석대상 임금은 '정액급

---

5) 노동시장 분절 여부를 보다 엄밀히 분석하기 위해서는 인적 자본을 조정한 후의 순임금격차를 분석해야 한다. 하지만 순임금격차의 추이는 임금격차의 추이와 유사한 모습을 보이기 때문에(정이환·전병유, 2001: 166), 집단간·집단내 근접성의 종단적 추세와 특징을 살펴보는 데에는 임금격차를 지표로 삼아도 무리가 없을 것이다.

여+초과급여+월할상여금'으로 구성되는 월평균 임금총액이다. 초과급여
는 초과노동에 따른 할증금이 포함되어 있으므로 노동시간의 변이를 통제하
려면 임금을 '정액급여+월할상여금'으로 하기도 한다. 그러나 이 방법은
실노동시간을 과소 추정하여 임금격차가 실제보다 커질 수 있다. 생산직
노동자의 경우 정상노동시간보다는 고정적 잔업을 포함한 통상노동시간이
실노동시간에 근접할 뿐만 아니라 임금노동자의 이질화를 낳는 주요 요인이
므로 초과급여를 포함한 월평균 임금총액을 분석 대상으로 한다(김승택,
2002). 집단간, 집단내 임금격차의 이질성은 각각 변이계수와 지니계수를
사용하여 측정한다. 이 글에서는 집단간, 집단내 임금격차가 크고, 변이계수
와 지니계수가 높을수록 노동시장 분절수준은 높다고 본다.

둘째 노동조건의 이질성을 기준으로 산업간 근접성을 분석한다. 노동조
건의 이질성은 임금과 노동시간, 교육의 변이계수로 분석한다. 임금 변이계
수에는 월평균 임금총액, 임금안정성(정액급여÷월평균 임금총액), 시간당 임
금(월평균 임금총액÷총노동시간) 각각의 변이계수가 포함되며,6) 노동시간
변이계수에는 월평균 총노동시간(정상노동시간+초과노동시간), 정상노동시
간비중(정상노동시간÷총노동시간)의 변이계수가 포함된다. 또한 인적 자본을
나타내는 지표이자 노동시장의 분절을 낳는 대표적인 변수로 교육년수의
변이계수를 포함하였다. 교육년수는 중졸 이하는 6.87년,7) 고졸 12년, 초대
졸 14년, 대졸 16년, 대학원졸 이상 18년으로 계산하였다. 또한 산업별

6) 시간당 임금은 정액급여÷정상근로시간(혹은 소정근로시간)으로 계산할 수도 있다.
하지만 정상근로시간이 실노동시간을 반영하고 있지 못하기 때문에 이 방법은 초과
노동시간이 길 경우에는 실제의 노동력의 가치가 낮게 계산된다. 이 글에서는 시간당
임금을 월평균 임금총액÷총노동시간으로 계산한다.
7) 이 글의 분석자료인 2002년『임금구조기본통계조사』는 전년도까지의 조사와는 달리
'국졸 이하'의 범주가 없어진 대신 '대학원졸 이상'의 범주가 추가되었다. 이것은
전반적인 고학력화에 조응하기 위한 것이지만 교육년수를 계산할 때 중졸 이하에
속한 임금노동자의 학력이 실제보다 높아지는 문제점이 있다. 따라서 2002년『경제
활동인구조사』원자료에서 만 15세 이상의 임금노동자 중 중졸 이하에 속하는 임금노
동자의 평균 교육년수(6.87년)를 계산하여 중졸 이하의 교육년수로 사용하였다.

규모구성의 이질성은 산업별 사업체규모의 범주구성에 대한 변이계수로
측정하였다.

셋째 임금노동자와 조직노동자의 구성을 비교분석하여 조직노동자의
계급적 대표성의 범위를 분석하고, 산별노조 전환율, 조직포괄범위, 조직규
모, 조직전환전략을 기준으로 민주노총 소속 노동조합의 산별전환 방향과
경로를 유형화한다.

분석자료는 『2002년 임금구조기본통계조사』 원자료를 기본자료로 하고,
2002년 『경제활동인구조사』 원자료와 『매월노동통계조사보고서』 등을 보
조적인 자료로 이용하였다.[8] 분석방법은 군집분석과 다차원척도기법을 사
용하였다.

3. 노동시장 분절과 조직노동자의 구성

1) 임금노동자의 집단간·집단내 임금격차 추이

1980년부터 현재까지 임금노동자의 집단간 임금격차의 추이를 나타낸
것이 <그림 6-1>이다. 그 특징을 정리하면 다음과 같다.

첫째 산업간 임금격차는 전체적으로 축소되어 왔지만 산업간 양극화는
더욱 심해졌다. 제조업의 임금을 100으로 하여 산업간 임금격차의 추이를
보면, 1987년 이전까지는 비농전산업의 임금수준은 120-122 수준이었는데
1987년의 대투쟁을 계기로 빠르게 하락하여 1997년 경제위기 이전까지
108-110 정도를 유지하였다. 이후 완만히 하락하여 현재는 104수준으로

---

8) 『임금구조기본통계조사』는 임금에 관해서 가장 신뢰할 수 있는 자료이지만 두 가지의
한계를 가지고 있다. 하나는 조사대상이 5인 이상 사업체로 한정되어 있어서 임금노
동자의 약 1/3을 차지하는 5인 미만 사업체에 소속된 임금노동자가 조사대상에서
누락되어 있다. 다른 하나는 비정규직 노동자가 조사대상에서 많이 누락되어 있다.

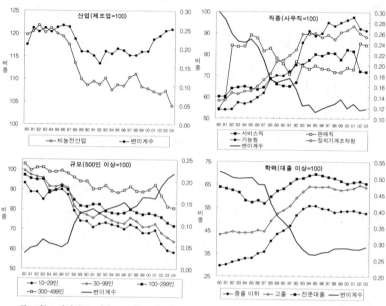

〈그림 6-1〉 임금노동자의 집단간 임금격차 추이

주: 비농 민간부문 상용근로자 10인 이상 사업체, 월평균 임금총액 기준
자료: 노동부, 『임금구조기본통계조사』 원자료. 『매월노동통계조사보고서』 각 호,

산업간 임금수준은 거의 비슷하게 되었다. 그러나 임금격차의 변이계수는 점차 하락하다가 1992년을 저점으로 다시 상승하여 현재는 1980년대 초중반 수준으로 높아졌다. 산업간 임금격차는 축소되어 왔지만, 산업간 임금수준의 이질성은 높아졌다. 그 이유는 산업간 임금수준의 양극화 때문이다. 1994년까지 산업간 임금격차와 변이는 계속 축소되어 왔으나 이후에는 전기가스 및 수도업과 금융 및 보험업으로 구성된 고임금산업과 여타 산업으로 구성된 저임금산업 간의 임금격차는 계속 커져왔다.

둘째 단순노무직과 판매직을 제외하면 직종간 임금격차는 축소되어 왔지만, 1990년대 중반 이후 완만하게 상승하거나 정체하다가 최근 다시 확대되는 추세이다. 사무직 임금을 100으로 하고 생산직과의 임금격차 추이를 보면, 1980년의 54-58 수준에서 완만히 상승하다가 노동자대투쟁을 계기로

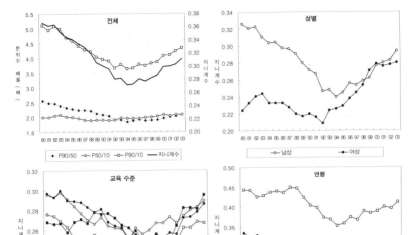

〈그림 6-2〉 임금노동자의 집단내 임금격차 추이

주: 비농 민간부문 상용근로자 10인 이상 사업체, 월평균 임금총액 기준
자료: 노동부, 『임금구조기본통계조사』, 각 년도 원자료

빠르게 상승하여 1990년대 중반에는 약 90에 도달한다. 이후 완만한 증가
혹은 정체를 보이다가 2001년 정점에 도달한 후에 최근 감소하고 있다.
서비스직도 비슷한 추세를 보인다. 변이계수를 보아도 1990년대까지는 하
락하다가 이후 정체를 보여 임금격차가 더 이상 축소되고 있지 않다.

셋째, 규모별 임금격차는 지속적으로 커져 왔다. 규모별 임금격차는 1987
년 이전에는 완만하게 커지고 있었지만 이후에는 빠르게 커졌다. 1987년
이후 임금교섭력이 사업장규모에 따른 임금지불능력을 매개로 규모별로
다른 효과를 미쳤음을 보여준다. 하지만 1990년대에는 다소 완만한 속도를
보이다가 1997년 경제위기를 계기로 다시 빠르게 커지고 있다. 그 이유는
사무직과 대기업 노동자의 경우에는 시장능력과 되찾기 교섭에 의해 경제위

기 이전의 임금수준을 회복했으나 중소기업에 속한 저임금노동자들은 이전의 임금수준을 회복하지 못하고 몰락했기 때문이다.[9] 또한 이것은 경제위기 이후에도 기업내부노동시장은 더욱 강화되어 왔음을 시사하고 있다.

넷째 학력별로는 1987년 이전에는 임금격차가 컸으나 이후 상당히 감소하였으며, 1990년대 중반 이후 완만히 커지거나 정체하고 있다. 고졸과 전문대졸의 임금 수준이 비슷해졌으며, 그 수준은 4년제 대졸 임금의 약 65%정도에 불과하다. 학력은 노동시장 분절에서 여전히 중요한 변수이며 특히 4년제 대졸이 의미 있는 분절선이 되었다.

<그림 6-2>는 집단내 임금격차의 추이이다. 그 특징을 적어보면, 첫째 전체적으로는 1994년을 기점으로 이전까지는 집단내 임금격차는 감소되어 왔지만 이후부터는 임금격차가 확대되어 1980년 대 중반 수준으로 돌아갔다. 둘째 성별로는 남성의 불평등이 더 크지만 여성은 1992년을 저점으로 불평등이 커져서 경제위기 이후에는 남성과 비슷한 수준이 되었다. 셋째 학력별로는 고학력일수록 임금격차가 크다. 넷째 연령이 높을수록 임금격차가 크다. 같은 기간 임금노동자의 구성은 남성화, 고학력화, 고령화 현상이 나타나므로 집단내 임금격차는 지속적으로 확대될 것으로 판단된다(정진호, 2005: 29-43). 집단내 임금격차에서는 1990년대 중반이 중요한 분기점을 이룬다. 1987년 대투쟁의 집단내 임금평준화 효과가 1990년대 중반을 분기점으로 역전되었으며 경제위기를 계기로 더욱 약화됨으로써 임금격차를 둘러싼 갈등과 이해의 분화는 집단간보다는 집단내에서 발생하게 되었다.

지난 20여 년간 노동자 집단간·집단내 임금격차의 추이는 규모별 이질화,

---

9) 경제위기 이후 소득불평등의 급격한 악화는 중산층의 몰락보다는 저소득층의 붕괴 때문이며(정진호, 2001), 빈곤의 형태도 일부 취약계층이나 집단에서 발생하는 현상이 아니라 일자리 양극화 현상에 의해 노동빈곤(working poor)이 주요한 형태로 등장하고 있다(정진호 외, 2005). 계급적 불평등의 재생산에서 '빈곤의 덫'이 점차 중요한 변수가 됨에 따라 빈곤문제가 사회문제의 영역을 넘어서서 계급문제의 중요한 주제로 이전되고 있다(신광영, 2005).

산업·직종·학력집단간의 동질화, 집단내의 이질화로 특징지을 수 있다. 이
것은 조직의 포괄범위를 확대시키는 데에는 촉진 요인이지만 조직의 규모를
확대시키는 데에는 장애 요인으로 작용하고 있다.

2) 조직률 변화와 조직노동자의 구성

　노동시장 분절은 조직률과 조직노동자의 구성에 영향을 미친다. <그림
6-3>은 같은 기간 조직률의 변화와 조직노동자의 구성을 나타낸 것이다.
먼저 민주노조운동의 발전단계와 조직률, 임금불평등도의 변화를 함께 보
자. 민주노조운동의 발전단계는 1986년 이전의 태동기(I), 1986-89년까지
의 공세적 발생기(Ⅱ), 1990-94년까지의 수세적 방어기(Ⅲ), 1995-97년까지
의 조직전환 모색기(Ⅳ), 그 이후 현재까지의 조직전환기(Ⅴ)로 구분하였다
(김재훈·이종래, 2004). Ⅱ단계의 폭발적 노동운동에 의해 조직률은 약 20%에
근접하게 상승하였고, 조합원수도 약 193만 명(남자 140만 명, 여자 53만
명)에 이르렀지만 점차 감소하여 1998년에는 약 140만 명이 되었다. 이후
조합원수는 2003년 약 155만 명으로 완만히 증가하였지만 조직률은 약
11%정도로 감소하였다. 같은 기간 임금불평등도는 Ⅲ단계의 수세적 방어
기에도 불구하고 Ⅱ단계에 형성되었던 임금평균화 효과는 1990년대 중반까
지 지속되었으며 노동계급의 응집성과 노동시장에 대한 규제력이 지속적으
로 감소하자 1990년대 중후반부터 노동시장 분절효과가 임금평균화효과를
압도하기 시작했다고 볼 수 있다.[10]

---

10) 1995년에 민주노총이 창립될 수 있었던 데에는 이러한 노동시장의 변화가 영향을
　　미쳤을 수 있다. 민주노총의 성립이 갖는 중요한 의미는 전문직 및 사무직 노동자와
　　생산직 노동자가 동일한 조직에 통합되었다는 점이다. 직업의 위계구조에서 상당히
　　동떨어져 여러 모로 이질적인 두 집단이 통합될 수 있었던 데에는 이념적, 정치적
　　요인 외에도 이 시기까지 전반적인 임금불평등이 감소하는 가운데 직종간 임금격차
　　가 축소되어온 노동시장의 요인이 작용했을 것으로 추론된다.

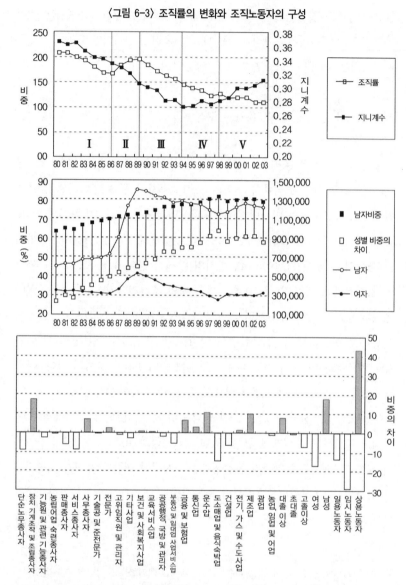

〈그림 6-3〉 조직률의 변화와 조직노동자의 구성

주: 조직률=조합원수÷조직대상근로자(상시고-공무원-사립학교 교원)×100(1987년까지)
  조직률=조합원수÷조직대상근로자(상시고+일용고-공무원-사립학교 교원)×100(1988년-1998년)
  조직률=조합원수÷조직대상근로자(상시고+일용고-공무원+기능직 공무원+국공립교원)×100
     (1999년 이후)
자료: 노동부. 2004. 『2003년 노동조합 조직현황 분석』에서 작성.

조직률의 감소와 노동시장 분절의 효과는 조직노동자의 계급적 대표성을 약화시킨다. 임금노동자와 조직노동자의 속성별 분포를 비교해보면, 조직노동자가 직종별로는 생산직과 사무직, 전문직, 업종별로는 제조업과 금융보험업, 통신업, 운수업, 학력별로는 대졸이상, 성별로는 남성, 고용형태별로는 상용직의 비중이 더 높다. 임금노동자의 남성화 추세에 따라 조직노동자에도 남성화 추세가 뚜렷하다. 조합원에서 남성의 비중은 계속 증가하여 1998년에는 약 82%에 이르렀고 이후에는 정체하여 여성의 비중은 약 20%에 불과하다.

요컨대 조직노동자는 제조업과 생산관련서비스업 및 교육서비스업에 종사하는 생산직과 사무전문직 남성노동자를 중심으로 구성되어 있다. 비정규직과 여성, 저임금 서비스업에 종사하는 저학력 노동자의 대표성이 약하다. 이것은 조직노동자가 주로 노동계급 중에서 육체노동자와 비육체노동자의 상층을 중심으로 형성되어 있음을 의미한다.

4. 산업간 근접성과 전략적 지위

1) 노동조건의 이질성에 근거한 산업간 근접성

산업은 산별노조가 조직되는 적소(niche)이다. 노동시장 분절 때문에 산업별 노동조건의 이질성에서 차이가 나타난다.[11] 산업대분류 수준에서 비농전 산업을 계층적 군집분석의 평균연결법을 이용하여 산업간 근접성을 분석한 것이 <그림 6-4>이다. 사례들간의 거리는 유클리드 거리(Euclidean distance)

---

11) 노동조건의 측면에서 산업간 유사성을 분석하기 위해서는 임금수준과 구조, 노동시간과 같은 노동조건이 변수로 포함되어야 한다. 하지만 '어떤 산업에서 산별노조가 성립되기 보다 더 용이한가'를 분석하려면 산업의 노동조건이 아니라 노동조건의 이질성이 분석되어야 한다.

〈그림 6-4〉 노동조건의 이질성에 근거한 산업간 군집분석

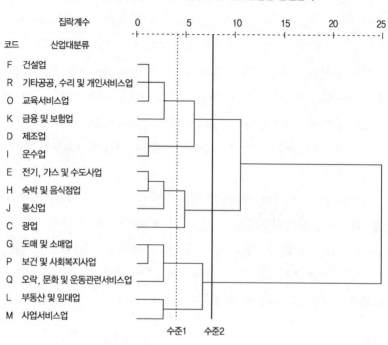

를 사용하였고, 변수는 임금과 노동시간, 교육과 관련된 6개의 변이계수이다
(2절 3항 참조).

　15개의 산업을 대상으로 노동조건의 이질성 수준에 따른 유사성을 분류
하면 크게 두 개의 군집으로 구분된다. 하나는 도매 및 소매업, 보건 및
사회복지사업, 오락문화 및 운동관련서비스업, 부동산 및 임대업, 사업서비
스업으로 구성된 군집과 제조업을 비롯한 나머지 산업으로 구성된 군집이
다. 이 군집은 다시 전기가스 및 수도사업, 숙박 및 음식점업, 통신업, 광업으
로 구성된 하위군집과 제조업을 포함한 하위 군집으로 구분된다. 군집계수
5.3을 기준으로 하면(수준1) 3개의 군집이, 군집계수 3.5를 기준으로 하면(수
준2) 6개의 군집으로 나누어진다. 군집분석의 결과를 다차원척도기법(MDS:
Multidimensional Scaling)을 이용하여 2차원 평면상에 나타낸 것이 <그림 6-5>

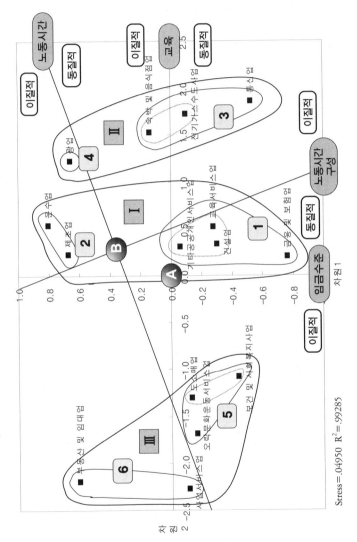

〈그림 6-5〉노동조건의 이질성에 근거한 산업간 근접성(MDS분석)

Stress=.04950 R²=.99285

〈표 6-2〉 산업의 군집별 노동조건

(단위: 원, 시간, 년)

	월평균 임금총액		임금 안정성		시간당 임금		월평균 노동시간		정상근로 시간비중		교육 년수	
	평균	변이 계수	평균	변이 계수	평균	변이 계수	평균	변이 계수	평균	변이 계수	평균	변이 계수
전체	2,205,608	0.60	0.72	0.26	11,787	0.69	200.0	0.23	0.90	0.14	13.1	0.23
I	2,210,393	0.55	0.68	0.27	11,582	0.65	202.8	0.23	0.88	0.16	12.9	0.23
1	2,667,887	0.57	0.77	0.21	15,400	0.63	180.6	0.17	0.96	0.08	14.6	0.19
2	2,086,229	0.52	0.66	0.28	10,546	0.60	208.8	0.23	0.86	0.17	12.4	0.23
II	2,493,480	0.53	0.72	0.22	13,263	0.55	194.0	0.20	0.93	0.10	13.1	0.24
3	2,669,310	0.52	0.72	0.21	14,059	0.54	194.6	0.18	0.93	0.10	13.9	0.18
4	1,851,525	0.42	0.74	0.23	10,355	0.50	191.5	0.26	0.92	0.12	10.1	0.32
III	2,114,937	0.73	0.81	0.21	11,895	0.83	194.8	0.26	0.96	0.08	13.8	0.21
5	2,153,940	0.67	0.75	0.23	12,102	0.79	188.5	0.18	0.94	0.10	14.0	0.17
6	2,089,649	0.77	0.85	0.18	11,760	0.85	198.8	0.30	0.97	0.08	13.7	0.24

자료: 노동부, 『임금구조기본통계조사』 2002년 원자료.

이다. 스트레스(Stress)값은 0.04950, R2값은 0.99285로 실제의 거리가 2차원 상에 거의 완벽하게 추정되었다.[12] 군집별로 분석 변수들의 평균값을 나타낸 것은 <표 6-2>이다.

<그림 6-5>에서 A는 임금과 교육의 변이로 구성된 축선이고, B는 노동시간과 노동시간 구성(정상노동시간÷총노동시간)의 변이를 나타내는 축선이다. 수준1에서 산업은 크게 세 군집으로 나누어진다. 그림의 좌측부터 보면, III군집은 주로 민간서비스업(5, 6군집)으로 구성되어 있다. 교육년수도 비교적 높고 시간당임금은 전산업의 평균수준이지만, 노동시간이 가장 짧아서 평균적 임금수준이 가장 낮고 임금수준이나 임금안정성의 변이도 가장

---

12) 스트레스(Stress)값은 0에서 1까지의 범위를 가지게 되는데, 이것은 모델에 의해서 추정된 거리가 실제거리와 일치하면 0의 값을 가지게 되어 완벽한 추정이 되었음을 나타내고, 추정된 거리와 실제거리가 전혀 일치하지 않으면 1의 값을 가지며 아주 나쁜 추정이 되었음을 의미한다(Kruskal & Wish, 1978).

크므로 집단내의 이질성이 높다. 이 집단은 비정규직의 비중이 높고, 노동시장의 성별·업종별·연령별 분절 수준도 높기 때문에 조직의 포괄범위도 낮고 조직의 규모도 커지기 어렵다. 따라서 산별노조보다는 업종노조나 직종노조, 혹은 기업별 연맹체제와 같은 수직적 연대가 나타나기 쉽다.[13]

Ⅰ군집은 생산관련 혹은 교육서비스업으로 구성되는 고임금의 동질적 산업(1군집)과 상대적으로 저임금의 동질적 산업(2군집)으로 구성되므로 Ⅲ군집에 비해 포괄적 연대의 방향으로 산별 전환이 이루어지는데 유리하며 조직노동자 중의 가장 핵심적인 노동자들이 분포한 집단이다. 1군집은 임금과 노동시간, 교육수준에서 동질적이고, 조직의 범위와 규모를 확대하는데 유리하므로 사무금융 혹은 전문직을 중심으로 하는 대산별노조가 성립하기 쉽다. 일찍이 산별노조로 전환한 한국노총의 금융노조, 민주노총의 전교조와 사무금융연맹이 여기에 속한다. 2군집은 민주노조운동에서 핵심적인 역할을 담당해 왔으며 산별노조 전환에서도 가장 선도적인 노동조합들이 분포한 집단이다. 한국에서 산별노조 전환의 성공여부를 가늠하는 가장 핵심적인 프로젝트는 18만의 제조대산별노조와 8만의 운수대산별노조의 성립 여부이다. 이 군집은 26만에 이르는 대산별노조의 성립과 관련된 가장 핵심적인 산업이다. 2군집의 경우 임금수준은 비교적 동질적이지만 규모별로 분절되어 있고, 생계유지형 성격이 강한 초과노동으로 이질성이 높기 때문에(4장 4절 참조), 포괄적 연대와 수직적 연대, 수평적 연대, 분절적 고립의 방향이 서로 경쟁하고 대립할 가능성이 높다.

---

13) 보건 및 사회복지사업이 Ⅲ군집에 포함된 것은 수도권병원과 지방병원, 대병원과 중소병원, 다양한 직종간 노동조건의 차이라는 요인도 있지만 무엇보다도 의사와 같은 고임금 직종이 포함되어 있기 때문이다. 보건의료노조는 지역과 고용형태에 상관없이 보건의료산업에 종사하는 모든 임금노동자(비정규직, 해고자, 실업자, 예비조합원 포함)가 조직대상이므로 간호(조무)사를 비롯한 50여개의 직종으로 구성되어 있지만 의사는 포함되어 있지 않다. 이들을 제외하면 이 산업은 Ⅰ군집에 훨씬 근접할 것이다. 하지만 『임금구조기본통계조사』 자료는 직업중분류까지 제공되므로 고임금 직종을 분리하여 분석할 수 없는 한계가 있다.

Ⅱ군집은 대표적인 사양산업이자 저임금·저학력으로 구성된 광업(4군집)
과 임금수준이 가장 높고 고학력으로 구성된 공공서비스산업, 통신업, 숙박
및 음식점업(3군집)으로 구성된다. 전기가스 및 수도사업과 통신업에 속한
노동조합은 현재 공공연맹에 소속되어 있다. 이들 산업은 임금과 고용안정성
이 높고 동질적이기 때문에 노동조합에게는 공공연맹에서 이탈되는 원심력
이 강하게 작용한다. 이들 노동조합들은 공공연맹에서 이탈하여 독자적인
산별노조를 형성하거나 공공연맹 내에서 업종을 중심으로 하는 소산별노조
를 형성하기 쉽다.[14]

2) 산업간 전략적 지위

앞 절에서 본 바와 같이 규모 변수는 노동시장 분절을 낳는 핵심적인
요인이다. 그런데 산업마다 규모별 구성이 다르므로 규모별 분절효과도
산업별로 다르게 나타날 것이다. 산업의 규모별 구성이 다르다면 산업내부
와 외부에 다른 효과를 미칠 수 있다. 산업내의 규모분절효과가 다르기
때문에 산별전환에 미치는 영향도 달라질 수 있고, 규모구성이 유사한 산업
간에는 산별전환의 전략이 갖는 파급효과가 커질 수 있다.

예컨대 주로 대기업으로 구성된 산업은 산업 내부적으로는 규모별 동질
성이 높아서 분절의 효과가 낮게 나타나겠지만, 다른 산업의 규모별 구성과
차이가 크기 때문에 이 산업에서의 산별전환 모형은 다른 산업으로 파급되
기 힘들다. 반면 산업간 규모구성이 유사할 경우에는 한 산업에서의 산별전

---

14) 민주노총의 공공연맹에서 IT연맹이 독자적인 조직으로 분리되었다. 그 원인은 '간부
의 리더십 부족과 간부간의 대립과 갈등이라는 내부 정치적 요인이 직접적으로 작용
하였다. 또한 공공연맹 내의 사업에 고임금 사업장의 협조가 약하고, 임금을 비롯한
노동조건의 교섭에서 이면합의가 공공연하게 이루어지고 있다'(공공연맹 간부 K씨
와의 면담)는 점은 IT연맹의 조직적 분리가 정치적인 요인뿐만 아니라 노동시장
분절 요인이 작용한 결과로 해석된다.

환이 그와 유사한 다른 산업에 미치는 효과가 클 것이다.

따라서 산업간 규모별 구성의 차이는 산별 전환에 있어서 산업간 전략적 지위를 결정하는데 영향을 미친다. 여기에서 산업간 전략적 지위란 '특정 산업에서의 조직전환 모델이 다른 산업에 미치는 영향의 정도'를 의미하는 것으로 정의한다. 특정 산업의 산별 전환 유형과 경로가 다른 산업의 조직화에 미치는 영향이 크다면 전략적 지위가 높은 산업이라고 할 수 있고, 반대로 다른 산업에 미치는 영향이 작다면 전략적 지위가 낮은 산업으로 볼 수 있다.

앞의 산업간 근접성 분석에서 사용된 변수 중에서 임금 중에는 시간당임금 변이계수를, 노동시간 중에는 월노동시간 변이계수를 선택하고[15] 산업별 규모구성의 변이계수를 추가하여 다차원척도분석을 한 결과가 <그림 6-6>이다. 스트레스값은 0.05141, R2값은 0.99084로 실제의 거리가 2차원 상에 거의 완벽하게 추정되었다.

임금의 축선과 산업의 규모구성 축선을 기준으로 보면, 임금 축선의 윗부분으로 갈수록 임금수준이 동질적이다. 통신업과 전기가스수도사업은 동질적인 고임금산업인 반면, 숙박 및 음식점업과 광업은 동질적인 저임금산업이다. 임금 축선의 아랫부분으로 갈수록 임금수준은 이질적이어서, 오락문화운동서비스업, 사업서비스업, 도소매업, 부동산 및 임대업은 임금수준이 이질적인 산업에 속한다. 산업의 규모구성 축선의 좌측으로 갈수록 규모의 집중성이 높다. 통신업과 전기가스수도사업, 오락문화운동서비스업, 제조업, 숙박 및 음식업은 500인 이상 대기업과 100-300인 규모의 중기업 노동자의 비중이 높고, 기타공공개인서비스업은 중소기업 노동자의 비중이 높다.

동심원은 중심에 근접할수록 산업의 규모구성과 노동조건이 유사한 산업

---

15) 이 두 변수는 산업별 규모구성 변이계수와의 상관분석의 결과를 근거로 선택하였다. 6개의 변수 중에서 이 두 변수는 산업별 규모구성의 변이계수와 .05수준에서 유의미하게 나타났다. 그 결과는 지면의 제약으로 제시하지 않는다.

〈그림 6-6〉 산업간 전략적 지위

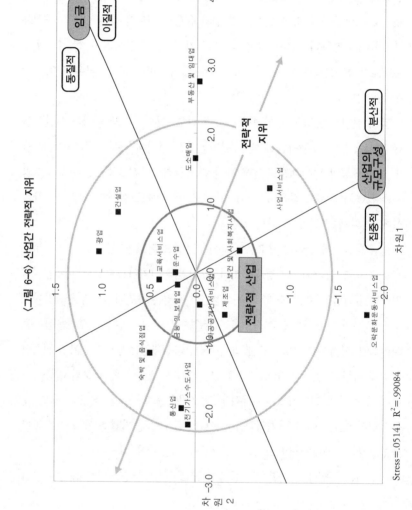

Stress=.05141 R²=.99084

이다. 굵은 선의 동심원 안에 위치한 산업은 규모의 분절효과가 비슷하고 노동조건의 변이에 따른 유사성도 상대적으로 높은 산업이므로 산별 전환의 조직화 방향과 경로가 다른 산업에 대해 영향력이 큰 전략적 산업들이다. 여기에는 제조업, 보건 및 사회복지사업, 금융 및 보험업, 교육서비스업, 운수업이 포함된다. 현재 산별 전환에서 선도적인 지위를 점하고 있는 노동조합은 대부분 이 전략산업군에 포함되어 있다.

제조업에는 금속노조와 화학섬유노조, 보건 및 사회복지사업에는 보건의료노조, 금융 및 보험업에는 사무금융연맹, 교육서비스업에는 전교조가 속해 있다. 운수업에는 민주버스노조와 전국택시노조, 운송하역노조, 공공연맹 운수분과노조가 속한다. 최근 이들 노조를 중심으로 운수산별노조를 향한 실험이 추진되고 있다.[16] 운수업의 전략적 지위는 공공연맹의 산별 전환에서 핵심적인 산업이라는 점에서도 중요하다. 2005년 5월 현재 공공연맹은 159개 노조, 196개 소산별지부에 소속된 99,486명의 조합원으로 구성되어 있다.[17] 이 중 운수분과위원회에는 13개 노조에 소속된 47,241명이 속해 있다. 공공연맹의 산별 전환 여부는 이들에 달려 있다고 해도 과언이 아니다. 기타공공개인서비스업은 300인 미만의 소기업 노동자의 비중이 매우 높은 산업으로서 전략적 산업이라고 할 수는 없다.

동심원의 외곽으로 벗어날수록 산별 전환에서 산업이 갖는 전략적 지위는 낮아진다. 이들은 공공연맹, 서비스연맹, 여성연맹 등에 중첩적으로 조직된 산업들이다. 이 산업들은 구성이 이질적이고 비정규직이 많고, 상호간 파급효과도 적으며, 공통의 이해관심을 형성하기가 곤란하기 때문에 조직의 통합과 리더십의 형성이 어렵다. 공공연맹에서 통신연맹의 분리나 서비스연

---

16) 운수업에 속하는 운송하역노조, 민주버스노조, 전국택시노조, 공공연맹 운수분과노
    조들은 운수관련 노조대표자 회의에서 2006년 운수산별노조 건설을 결의하였다.
    이 실험은 정규직과 비정규직 노동자의 조직적 통합에 의해 이루어지고 있다는 점과
    '밑으로부터의' 대산별노조 추진이라는 점에서 중요한 의미가 있다.
17) 공공연맹 정책실 내부자료

맹의 축소 등은 조직이 터해 있는 산업의 분절효과에 기인한 바가 크다.

노동조건의 이질성에 근거한 산업간 근접성 분석(1항)과 산업간 전략적 지위(2항)에 대한 분석결과를 비교해보면 산별 전환에 대한 의미 있는 함의가 발견된다. 포괄적 연대의 방향으로 조직되기에 보다 용이한 1군집에 속한 산업을 보면 교육서비스산업을 제외한 건설업과 금융 및 보험업은 산별 전환의 속도가 늦다. 건설업은 비정규직의 비중이 높다는 점이, 금융 및 보험업은 고용조정이 심각하게 진행된 산업임에도 불구하고 조직응집성과 리더십 수준이 낮다는 점이 장애요인으로 작용하고 있다. 이 산업들에서는 비정규직의 조직화와 보다 응집된 리더십 형성이 산별노조 전환의 관건이 된다. 5군집에 속한 보건의료노조와 2군집에 속한 금속노조와 운수관련 노조는 '투쟁을 통해 산별노조를 건설'하고 있는 조직들이다. 이 노동조합들은 산업 내부의 이질성을 조직의 전략적 자원을 통해 극복해가고 있는 사례이다.[18] 이 노동조합들은 여타 노동조합에 비해 보다 강한 응집력을 지니고 있음에도 불구하고 노동시장 분절로 인한 이해의 조정에 어려움을 겪게 되므로 인적, 제도적 조직자원의 확보가 산별 전환의 관건이 된다.[19]

---

18) 산업내부의 이질성은 조직 내부의 갈등으로 나타난다. 보건의료노조의 2004년 산별 교섭과정에서 이른바 '10장 2조'를 둘러싼 논쟁은 상대적 고임금사업장의 반발과 조직 내부의 갈등으로 이어져서 결국 서울대병원지부의 산별합의안 거부와 조직 탈퇴로 나타났다. 금속노조는 대공장노조의 미전환과 500인 이상 대규모 지회의 결합력 약화와 조직의 집행력 약화로 나타났다. 운송하역노조는 소수의 정규직노조 와 비정규직과 결합하여 조직확대에 성공하고 있으나 노동조건의 격차, 공공연맹과 의 관계를 비롯한 여러 문제들이 공공연맹 운수분과노조와의 통합에 걸림돌로 작용 하고 있다.

19) 조직의 전략적 자원이란 노동조합의 목표 설정 및 추진능력을 의미한다. 목표를 설정하고, 갈등을 조정하여 동의를 창출하거나, 집단적인 내부 학습을 통하여 목표 수행의 효율성을 도모하는데 유리한 자원을 의미한다. 이러한 자원으로는 조직응집 성과 조직연령, 조직민주주의 활성화와 리더십의 안정성수준을 들 수 있다. 인적 자원이란 노동조합을 구성하는 조합원 혹은 조직단위의 규모와 인구학적, 사회경제 적 구성을 말한다. 제도적 자원이란 노동조합이 제도적인 측면에서 안정적으로 재생 산되는데 필요한 자원으로 주로 조합원과 재정의 재생산에 관련되는 제도들을 말한 다(7장 2절 참조).

5. 산별 전환의 유형 분화

1) 민주노총의 조직 현황과 산별 전환

민주노총을 사례로 노동시장 분절, 산업간 근접성과 전략적 지위가 산별 전환에 어떻게 반영되고 있는지를 분석한다. <표 6-3>과 <표 6-4>는 각각 민주노총 소속 노동조합의 가입형태와 조직 현황이다. 2004년 12월 현재 민주노총에 소속된 노동조합수는 744개, 조합원수는 619,204명이다. 1995년 민주노총 창립 당시 조합원수는 418,154명이었으므로 전체적인 조직률의 감소에도 불구하고 민주노총의 조합원수는 꾸준히 증가해왔다. 하지만 2004년에 최초로 조합원수가 1,608명 감소하였다. 2004년 조합원수 의 감소의 배경에는 조직률의 하락, 비정규직 노동자 조직사업의 부진 등이 작용했지만 그렇다고 조직이 축소되는 분기점으로 보기는 어렵다. 왜냐하 면 조합원 감소에는 LG정유노조의 탈퇴, 민주택시연맹의 조직전환에 따른 조합원 감소(5,000명)도 원인으로 작용하였지만, 가장 큰 원인이 금속산업연 맹에 소속되었던 현대중공업(19,500명)이 제명되었기 때문이다. 하지만 KTF 노조의 조직변경, 비정규직 비중이 높은 지역노조의 가입 증가로 감소폭은 불과 1,608명에 불과하다. 현대중공업의 제명을 제외한다면 조합원수는 감소 추세로 돌아섰다고 보기는 어렵다.

조직노동자의 계급대표성 약화는 민주노총에도 그대로 반영되어 나타난 다. 민주노총의 조합원 구성에서 자동차, 조선, 화학 등의 제조업에 종사하는 상용직 남성노동자와 교육, 금융, 공공서비스산업에 종사하는 상용직 남성 노동자가 핵심을 이룬다. 따라서 민주노총은 육체노동자 상층과 비육체노 동자 중간층 이상의 대표성이 가장 높다.[20]

---

[20] 민주노총에서 민중주의적 리더십의 헤게모니가 점차 강해지고, 계급지향적 리더십 은 점차 약화되고 있다. 그 직접적인 원인은 내부정치이지만 리더십의 조직기반에서

〈표 6-3〉 민주노총 소속 노동조합 가입형태 (2004년 12월말 현재)

(단위: 개, 명, %)

노조형태	노동조합수		조합원수	
	2003년	2004년	2003년	2004년
기업별노조	752 (88.1)	625 (84.0)	357,912 (57.6)	315,912 (50.9)
산별노조	26 (3.0)	35 (4.7)	253,033 (40.8)	293,347 (47.4)
지역노조	76 (8.9)	84 (11.3)	9,867 (1.6)	10,521 (1.7)
합계	854 (100.0)	744 (100.0)	620,812 (100.0)	619,204 (100.0)

자료: 민주노총. 2005, 「민주노총의 조직 및 사업현황과 과제」에서 재구성.
주: 지역노조는 지역본부를 통해서 직가입한 노조임.

민주노총에 소속된 노동조합은 기업별노조, 산별노조, 지역노조의 형태를 띠고 있다. 먼저 주목되는 점은 산별노조로의 전환하는 노동조합이 늘고 있다는 점이다. 2003년과 2004년의 노동조합수를 비교하면 기업별노조의 비중은 줄고 산별노조나 지역노조의 비중은 늘어났고, 조합원수도 같은 추세이다. 민주노총 소속 노동조합의 조직형태가 점차 산별노조로 전환하고 있다. 노동조합의 조직형태가 기업별노조로부터 산별노조로 전환하는 이유는 첫째 이른바 '1987년 체제'의 제도적 기반이었던 기업별노조체제에서는 계급간 연대가 불가능하다는 이념적이고 규범적 동의의 수준이 높다는 점, 둘째 상용노동자층의 구성은 신규입직 노동자가 줄고 점차 고령화되는 반면, 비정규직의 비중이 임금노동자의 약 절반을 차지함에 따라 이들을 조직할 수 있는 산별노조로의 전환이 긴요하다는 점, 셋째 2007년 노조전임자 임금지급금지와 복수노조가 허용됨에 따라서 대공장노조를 제외하고는

본다면 육체노동자의 상층이 상대적 고임금과 내부노동시장으로 점차 중간계급에 가까워지고, 비육체노동자의 비중이 늘어나면서 민주노총의 핵심적 조직기반이 중간계급화되는 점도 영향을 미치고 있다고 판단된다. 민주노총의 구성에서 계급대표성의 약화가 계급지향적 리더십의 조직기반과 헤게모니를 약화시키고 있다. 민주노총의 조직자원과 리더십의 가치지향의 관계는 보다 면밀하게 연구될 필요가 있다.

〈표 6-4〉 민주노총 소속 노동조합의 조직 현황(2004년 12월 현재)

(단위: %, 개, 명)

노동조합	노조수(%)	조합원수(%)	소속 산별노조(개)	지부(회)수	조합원수	조직전환율
건설산업연맹	(78.5)	20,356 (3.3)	전국건설운송노동조합	4	1,200	11.8
			전국타워크레인노동조합	7	1,200	
			소계(2)	11	2,400	
공공연맹	(50.2)	100,158 (16.2)	전국과학기술노동조합	38	4,533	21.0
			전국연구전문노동조합	20	1,694	
			전국자동차운전학원노동조합	21	350	
			전국건설엔지니어링노동조합	7	1,802	
			전국시설관리노동조합	37	2,303	
			정보통신노동조합*	3	1,465	
			서울경인사회복지노동조합*	12	337	
			서울지역상용직노동조합*	34	1,514	
			충남공공환경산업노동조합*	8	240	
			한국발전산업노동조합	5	5,797	
			전국문화예술노동조합	16	1,034	
			소계(11)	201	21,069	
교수노조	(0l1)	1,100 (0.2)	전국교수노동조합	8	1,100	100.0
금속산업연맹	(504)	147,439 (23.8)	전국금속노동조합	178	39,501	26.8
대학노조	(0l1)	8,976 (1.4)	전국대학노동조합	123	8,976	100.0
민주버스노조	(0l1)	1,706 (0.3)	민주버스노동조합	24	1,706	100.0
민주택시연맹	(0l1)	13,438 (2.2)	전국택시노동조합	217	13,438	100.0
병원노련	(1l5)	40,138 (6.5)	전국보건의료산업노동조합	149	40,138	100.0
비정규교수노조	(0l1)	770 (0.1)	전국비정규교수노동조합	7	770	100.0
사무금융연맹	(13.1)	66,383 (10.7)	전국농업협동조합노동조합	67	5,000	36.4
			주한외국금융기관노동조합*	18	633	
			전국상호저축은행노동조합	16	502	
			전국수산업협동조합노동조합*	30	876	
			전국생명보험노동조합	10	1,545	
			전국손해보험노동조합	14	8,551	
			전국증권산업노동조합	13	5,540	
			전국축산업협동조합노동조합	72	1,492	
			소계(8)	240	24,139	
서비스연맹	(601)	10,593 (1.7)				
시설노련	(3l2)	1,150 (0.2)				
언론노련	(126)	18,621 (3.0)	전국언론노동조합	110	15,754	84.6
여성연맹	(123)	2,598 (0.4)				
화물노조 통합준비위	(473)	21,966 (3.5)	전국운송하역노동조합	32	3,792	100.0
			전국화물연대*	15	18,174	
			소계(2)	47	21,966	
전교조	(0l1)	91,696 (14.8)	전국교직원노동조합	16	91,696	100.0
화학섬유연맹	(646)	28,835 (4.7)	전국화학섬유노동조합*	60	9,424	32.7
IT연맹	(023)	32,769 (5.3)				
직가입노조	(84.3)	10,512 (1.7)	전국학습지산업노동조합	3	400	12.1
			전국선원노동조합	1	870	
			소계(2)	4	1,270	
총계(18개)	(100.0)	619,204 (100.0)	35	1,395	293,347	47.4

자료: 민주노총. 2005. 「민주노총의 조직 및 사업현황과 과제」에서 재구성.
주: 1) *는 신규가입 노동조합임.
　　2) 직가입노조는 지역본부를 통해서 직가입한 지역노조이며 가맹조직에 포함되지 않음.

노조활동이 불가능하게 되었다는 점[21] 등이 작용하였다(이종래, 2005).

둘째 조합원수를 기준으로 민주노총의 산별전환율은 47.4%이지만 노동조합별로 편차가 심하다. 전략적 산업군에 속하는 노동조합의 전환율은 높다. 교육서비스산업에 속한 전교조, 교수노조와 비정규교수노조, 대학노조, 운수업에 속해 있는 민주버스노조와 전국택시노조, 운송하역노조, 보건 및 사회복지사업에 속해 있는 보건의료노조는 100%의 전환율을 보이고 있다. 하지만 가장 규모가 크고 전략적으로 중요한 금속산업연맹의 전환율은 26.8%로 대공장노조에 속한 약 11만 명의 조합원이 미전환 상태에 있으며, 사무금융연맹과 공공연맹, 화학섬유연맹도 각각 36.4%, 21.0%, 32.7%에 불과하다. 또한 비정규직의 비중이 높은 서비스연맹, 시설노련, 여성연맹, 지역노조의 전환율은 매우 낮다.

셋째 업종노조 혹은 소산별노조의 비중이 높고 규모가 작다. 산별노조 중에서 가장 규모가 큰 전교조는 대산별노조라기 보다는 중산별노조와 직종노조의 성격을 동시에 가지고 있으며, 보건의료노조 역시 노동시장의 공급을 독점함으로써 교섭력을 가지는 산별노조의 규모에는 이르지 못하고 있다.[22] 금속노조도 대사업장의 미전환 때문에 전환과정에 놓여있는 중소 기업 중심의 불완전한 산별노조이며 공공연맹과 사무금융연맹은 소산별노조의 연맹체로서의 성격을 지닌다. 이처럼 '규모의 경제'에 미치지 못하는 소산별노조의 비중이 높은 데에는 두 가지의 요인이 작용하고 있다. 하나는 노동권력의 명증성이 확립되지 못한 점이다. 전환기의 노동조합에서 가장

---

21) '복수노조가 허용되는 것도 문제이지만, 전임자 임금지급이 금지되는 것이 더 문제입니다. 만약 원칙대로 전임자 임금지급이 금지된다면 500인 이하의 사업장에서는 노조활동이 불가능할 겁니다. 제 생각에는 이것이 더 큰 문제에요.'(금속노조 경남지부간부 C씨와의 면담).

22) 보건의료노조의 규모가 크지 않음에도 불구하고 이들이 경험한 2004년 중앙교섭은 우리나라 최초의 실질적 중앙교섭으로 평가받기도 한다. 기업별노조로부터 산별노조로 전환한 모델이 없기 때문에 보건의료노조의 산별교섭 과정은 다양한 쟁점과 갈등, 과제를 제기하였다(김영두·이주호·정일부·조성재, 2004; 이주호, 2005).

필요한 요소 중의 하나가 노동권력의 명증성이다. 노동조합이 제도화됨에 따라서 기업별노조나 업종노조에서 일정한 조직자원과 권력이 발생하고 이를 둘러싼 정파간 대립과 갈등이 노동권력의 발생을 억제하고 있다. 규칙 위반자에 대한 징계나 의사결정이 조직의 하부단위에서 집행되는 수준, 조직단위들간의 갈등을 조정하고 통제하는 능력은 노동권력의 명증성이 확립될 때 가능한데 이것이 성립되지 못했을 때는 조직단위들간의 이해를 조정하고 갈등을 조정하기 어렵게 됨으로써 조직통합이 발생하기 어렵다. 둘째는 노동시장 분절효과이다. 앞에서 본 바와 같이 노동시장 분절은 집단 내의 이질성이 강화되는 방향으로 진행되어 왔다. 따라서 한 산업 내에서 업종이나 규모간 이해갈등이 커지고 조정가능성이 낮아졌다.

2) 산별 전환의 유형과 경로의 분화

민주노총 소속 노동조합을 사례로 분석틀에서 제시한 조직전환의 모델을 산별 전환의 유형과 경로에 적용하여 도시한 것이 <그림 6-7>이다. 동심원의 중심에 가까울수록 조직의 포괄범위는 좁고 조직규모는 작으며, 중심에서 멀어질수록 조직범위는 포괄적이고 규모도 크다. 그리고 동심원의 좌측은 기업별노조, 우측은 산별노조를 의미한다. 산별 전환의 방향은 크게 포괄적 연대, 수평적 연대, 수직적 연대, 분절적 고립의 방향으로 나눌 수 있으며 조직전환의 경로는 ① 산별전환 반대 혹은 현상유지론, ② 대산별 일시전환론, ③ 소산별 전환 후 대산별 단계전환론, ④ 소산별 유지론, ⑤ 새로운 전국단위조직건설론으로 나눌 수 있다. 민주노총의 각 노동조합은 조직전환율, 조직규모, 조직의 포괄범위, 조직전환 전략에 따라 이 좌표상에 위치지울 수 있다.

먼저 산별 전환의 유형을 보면, 포괄적 연대에 속하는 유형으로는 금속노조, 보건의료노조, 화학섬유노조, 언론노조가 속해 있다. 금속노조와 보건의

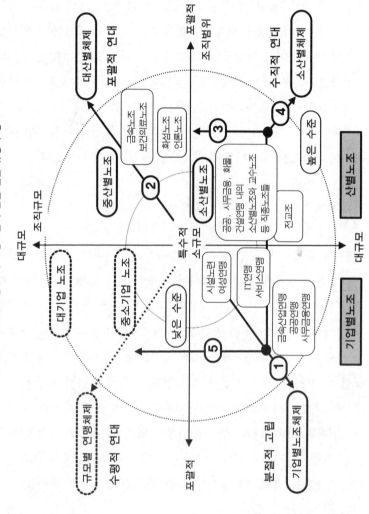

〈그림 6-7〉 민주노총 소속 노동조합의 선별 전환 유형과 경로

료노조는 대산별노조를 지향하는 중산별노조로 위치지울 수 있고, 화학섬유노조와 언론노조는 대산별노조를 지향하지만 조직의 규모가 작기 때문에 그 아래에 위치하고 있다. 수직적 연대에 속하는 유형으로는 공공연맹, 사무금융연맹을 비롯한 소산별노조와 전교조를 비롯한 직종노조가 속해 있다. 전교조가 이 유형에 속한 것은 교원노조법[23]에 의해 조직의 범위가 배타적으로 규정되어 있어서 직종노조의 성격이 강하기 때문이다. 사무금융연맹은 제2금융권에 속한 금융기관들로 구성되어 있으므로 한국노총에 비해서는 동질성이 낮다.[24] 하지만 금융노조과 사무금융연맹간의 통합이 이루어지거나 사무금융연맹 내의 리더십이 구축된다면 산별노조로 전환하기에는 상대적으로 유리한 조건이다. 분절적 고립에는 산별전환이 전혀 이루어지지 않은 연맹조직에 속한 기업별노조들이 속해 있다. 이 유형에는 정규직 노동자로 구성된 대공장노조와 비정규직 노동자로 구성된 영세 연맹조직들로 구성되어 있다. 민주노총에서 제명된 현대중공업의 사례는 특수하고 우연적인 경우가 아니라 분절적 고립의 효과를 상징적으로 보여준 사례이다. 수평적 연대 유형에 속하는 노동조합은 현재 존재하지 않지만 이 방향으로 나아갈 가능성은 상당히 높다. 산별전환에 소극적인 대공장노조들이 2007년 복수노조가 허용되는 환경변화를 맞아서 선택할 가능성이 있는 '제3의 길'이다.

다음으로 산별 전환의 경로를 보면, 현재 대산별 체제로의 전환에 대한 규범적 동의 수준이 워낙 높기·때문에 조직전환의 경로는 크게 동시전환론과 단계전환론의 경쟁으로 나타나고 있다. 하지만 대공장노조의 미전환은 1의 경로를, 공공연맹에서 거론되고 있는 업종중심 소산별노조 전환론과 화학섬유연맹, 사무금융연맹의 낮은 전환율은 4의 경로를, 민주노총의 계급

---

23) 교원노조법은 전교조의 조합원자격을 유치원, 초중등교사로 제한하고 있다.
24) 한국노총의 금융노조는 제1금융권에 속하는 은행노조들로 구성되어 있으므로 동질성이 매우 높다.

적 대표성이 약해지면서 계급적 지향을 가진 정파에 의해 제기되면서 점차
설득력을 얻어나가고 있는 제3노총 건설론과 미전환하고 있는 대공장노조
를 중심으로 비공식적인 수준에서 제기되고 있는 대기업노조 중심의 연맹조
직이 5의 경로를 지향하고 있다.

6. 맺음말

이 글에서는 노동시장 분절이 산별노조로의 조직전환에 미치는 효과를
분석하고자 했다. 이 글의 핵심적 주장은 다음과 같다. 첫째 노동시장 분절은
조직의 범위를 확대시키는 데에는 긍정적이지만 조직의 규모를 확대시키는
데에는 부정적으로 작용함으로써 산별 전환에 대한 높은 규범적 동의와
낮은 조직적 실천 간의 간극을 낳은 요인으로 작용하고 있다. 둘째 산업별로
산별전환의 속도와 유형, 경로의 차이가 나타나는 원인은 노동시장 분절의
효과가 산업간 노동조건 이질성에 따른 유사성이나 규모별 구성에 따라서
산업별로 다르게 나타나기 때문이다. 셋째 노동시장 분절은 산별노조로의
조직전환에 영향을 미쳐서 조직전환의 방향은 분절적 고립, 포괄적 연대,
수직적 연대, 수평적 연대의 네 가지 유형으로 분화되고 있으며, 전환의
경로는 동시적 전환과 단계적 전환을 비롯한 다섯 가지의 유형으로 분화되
고 있다.

산별전환의 방향은 다섯 가지의 경로가 대안적 전환 경로로서 공식적,
비공식적 수준에서 서로 경쟁하고 있지만 소산별전환후 대산별 단계전환론
(3)은 의도와 무관하게 소산별노조 유지론(4)에 머무를 가능성이 높다.[25]

---

25) 공공연맹의 경우 2005년 4월에 산별기획단을 구성하여 활동을 시작하였다. 5월에는
약 900여명이 참여한 상집간부 수련회를 조직하였으며, 이를 통해 산별노조 전환의
동의를 끌어내고 2006년 초에 가칭 공공노조(가칭)를 건설한다는 로드맵을 제시하고

소산별노조는 포괄적 노동조합주의를 실현하기에는 조직의 경계가 협소하
므로 변형된 기업별노조의 연맹조직으로 귀결될 가능성이 크다. 또한 산별
전환 반대 혹은 현상유지론(1)은 고립된 기업별노조체제로 갈 가능성보다는
전국적 수준의 기업별노조의 연맹조직(5)으로 귀결될 가능성이 크다. 따라
서 향후 산별전환의 경로는 대산별체제의 경로와 기업별연맹체제의 경로
간의 경쟁으로 압축될 가능성이 크며, 각각의 경로는 사회적 조합주의와
다원적 조합주의의 길을 의미한다. 산별전환을 둘러싼 다양한 유형과 경로
의 이면에는 결국 두 가지 길이 숨어있다.

　이 글의 정책적 함의를 적어보겠다. 산별노조는 동질화된 노동시장의
산물이기도 하지만 노동계급의 형성을 위해 노동시장의 동질성을 강화시키
는 제도적 규제력이기도 하다. 복수노조가 허용되는 2007년까지는 불과
1년 반 정도밖에 남지 않았기 때문에 단계적 전환전략은 현실적으로 성공할
가능성이 낮다. 노동시장의 변화추세는 업종간 동질성이 강화되고 업종내
이질성이 심화되는 추세이므로 전략적 산업군내에서 업종노조내의 수직적
통합보다는 수평적 통합전략이 더 현실성이 있다. 예컨대 금속산업의 경우
대공장노조의 전환도 중요하지만 제조업에서 노동조건이 유사한 화학섬유
노조와 수평적 통합을 하여 제조업 산별노조로서 조직을 확대시키고 이것을
기반으로 산별 교섭구조와 조직체계를 발전시킨다면 규모의 비대칭성에서
비롯되는 수직적 통합의 어려움을 상쇄시켜나갈 수 있을 것이다.26) 이러한

　있다. 공공연맹은 명시적으로는 대산별노조를 지향하고 있으나 아직은 분과위원회를
　중심으로 하는 소산별노조로의 전환단계이며 그 이후의 논의는 추상적인 수준에
　그치고 있다. 결국 공공노조란 분과위원회를 중심으로 하는 공공소산별 연맹조직으
　로 귀결될 가능성이 크다(공공연맹 간부 K씨와의 면담).
26) 이 방안은 장기적인 전망에서 추진될 필요가 있다. 현재의 조건에서는 금속노조와
　화학섬유노조가 통합한다면 조직내부의 조정비용도 작지 않다. 금속노조 경우 화섬
　노조와의 통합과 제조산별노조의 건설은 내부적 동의의 수준이 높은 편이지만 '현재
　로서는 금속 내부의 통합이 우선이지, 제 앞가림도 못하는 처지에 군식구까지 어떻게
　먹여 살리려고....'하는 반대의견이 만만치 않고(금속노조 간부 J씨와의 면담), 화학섬
　유노조도 제조산별노조를 지향할 뿐이지 그것을 실현할 조직적 자원이 부족하기

전략은 '모방적 동형화'의 효과를 강화시킬 수 있다.[27] 한국의 경우 기업별 노조로부터 산별노조로 전환하는 과정이므로 준거가 될 수 있는 모델이 없는 불확실한 환경에 직면해 있다. 이런 경우 성공적인 모델의 형성은 다른 노동조합의 조직전환을 유도하는 조직효과를 낳게 된다.[28] 제조산별 노조는 이러한 효과를 지닐 수 있다. 산별전환에도 '스타'가 필요하다.*

때문이다.

27) '모방적 동형화((mimetic isomorphism)'란 불확실한 환경에 대한 조직의 표준적인 적응의 결과로부터 발생한다. 조직의 목표가 애매하거나 환경의 불확실성이 강할 때에는 자신이 속한 영역에서 정당성이 있거나 가장 성공적이라고 간주되는 조직을 모방하도록 유도하는 압력이 발생하며 그 결과 조직이 유사해지는 현상을 말한다 (DiMaggio & Powell, 1983: 69-70).

28) 화학섬유노조는 2004년 10월 창립한 산별노조이다. 산별전환 과정을 살펴보면 금속노조와의 통합을 통한 제조업 대산별노조를 지향하면서 본조-지부-지회로 구성되는 조직체계나 조합비의 배분비율까지 금속노조를 모방하는 현상이 발견된다. 금속노조가 비록 불완전하지만 제조업 내에서 산별노조의 모델로서 기능하고 있음을 의미한다.

* 한국산업사회학회. 2005. ≪경제와 사회≫ 제67호(가을호)에 게재된 논문을 수정·보완하였음.

제3부 조직과 민주주의

제7장

산별노조의 조직자원과 조직유형

1. 머리말

노동정치의 전환을 알리는 서막이 열리고 있다. 17대 총선에서 민주노동당이 제 3당으로 원내에 진출한 사실은 정치적인 의미에서 노동계급이 '뜨기' 시작했음을 알리는 중요한 징후이다.[1] 민주주의의 발전은 정치적으로는 시민사회와 정치사회의 간극을 좁힘으로써 시민사회 내에서 사회적 쟁점이 정치사회 내에서 정책적 쟁점으로 등장하는 조건으로 작용한다. 향후 노동문제의 제도화 방식을 둘러싼 사회적 갈등도 시민사회에서의 정치적 압력 못지않게 '정책 경쟁'이라는 새로운 차원의 갈등이 중요해질 것이다. 이제 노동계급은 노동문제의 제도화 방식에 개입하기 위한 전략적 능력으로서 지금까지 주요한 권력 자원이었던 동원과 투쟁 능력 못지않게 정책 경쟁에 능동적으로 대응할 수 있는 능력이 절실히 요구되는 시점에 이르렀다.

---

1) '뜨기' 시작했다는 것은 진보정당이 노동계급의 정치세력화와 '보수 대 진보의 대결'라는 새로운 정치적 전선을 형성하는데 성공했다는 점에서 소위 '티핑 포인트'를 지나고 있음을 의미한다. '티핑 포인트(tipping point)'란 탈균형과 확산을 통해 기존의 상태가 질적인 변화를 겪는 임계점을 말하며 이 지점을 넘어서면, 소위 '뜨는' 현상이 나타난다(Gladwell, 2000).

노동계급의 정책 능력은 공식적 정치조직인 노동자 정당조직은 물론이고, 대중조직인 노동조합에서도 중요하다. 1997년 경제위기 이후 본격적으로 등장하고 있는 산별노조에게는 더욱 그러하다. 산별노조로의 성공적인 전환은 단순히 노동조합 조직체계의 전환만을 뜻하는 것이 아니라 노동계급의 연대와 대표성을 강화시킴으로써 계급정치의 지형과 사회적 발전 방향을 가늠할 수 있는 변수라는 점에 그 의미가 있다(임영일, 1998b). 1990년대 중반이후 노동운동이 '변화를 위한 투쟁'에서 '협상을 위한 투쟁'으로, 이념 지향적 노동운동에서 실용주의적 노동운동으로 변화되어왔음에도 불구하고, 주요 산별노조의 간부들은 노동조합의 일차적인 목표가 사용자에 대한 교섭 능력을 증대시킴으로써 조합원에 대한 서비스 수준과 범위를 향상시키는 것이 아니라, 계급운동으로서의 노동운동에 대한 강한 지향을 보여주고 있다(조효래, 2004a). 하지만 사회체제의 변화에 대한 열망이 강하다고 해서 산별노조로의 전환 속도나 전략적 능력이 그에 비례하는 것은 아니다. 산별노조로의 전환이 어느 정도 성공적으로 이루어지고 있으며, 그 한계는 무엇이고, 어떤 요인들이 장애로 작용하는지에 대한 검토가 필요하다. 이 글에서는 대표적인 산별노조의 하나인 전국금속노동조합(이하 금속노조)에 주목한다.

'1987년 노동체제'를 형성한 한국 노동운동의 주력부대는 금속노동자들이었으며, 이들은 1997년 경제위기 이후 제기된 '산별노조로의 전환'과 '노동자 정치세력화'를 달성하는 데 있어서도 중심적인 위치를 담당해 왔다. 하지만 현재의 금속노조는 여러 측면에서 한계점도 가지고 있다. 무엇보다 대규모 노동조합이 아직 조직 전환을 하지 못함에 따라 산별노조로서 대표성과 응집성을 높이고, 조직능력을 확대하는 데에 어려움을 겪고 있다. 최근 금속노조와 별개의 조직전환 방안이 거론되는 상황은 조직 발전의 정체 상태가 정당성의 위기로까지 번지고 있음을 의미한다. 금속노조의 조직능력을 제한하는 요인들에 대한 분석이 중요한 의미를 갖는 시점이다.

이 글의 목적은 금속노조를 사례로 하여 노동조합의 조직능력을 구성하는 중요한 요인인 조직자원을 분석하여 조직의 유형적 특징을 밝히는 것이다. 좀더 구체적으로는 첫째 노동조합이 조직의 자원을 활용하여 목표를 달성할 수 있는 전략적 능력을 '조직능력'으로 정의하고, 조직능력에 영향을 미치는 여러 차원의 요인들을 중심으로 개념적 세련화를 시도한다. 둘째 금속노조의 조직자원에서 기업별노조의 요소들이 어떤 면에서, 어느 정도 존재하고 있는지를 살펴보고, 이 요소들이 금속노조의 조직능력을 어떻게 제한하는지를 분석한다. 셋째 조직자원에 대한 분석을 토대로 금속지회의 유형을 나누고 금속노조의 조직능력을 유형화한다. 결론에서는 이 글의 이론적, 정책적 함의를 생각해 본다.

이 글의 핵심적인 주장은 다음과 같다. 조직능력은 제도적, 전략적, 인적인 조직자원에 의해 제약된다. 금속노조의 조직능력은 기업별노조의 특징이 강한 조직자원들에 의해 제한되고 있으므로 상대적으로 동원 수준이 높은 전략적 자원에 의존하는 '전략적 자원 동원형'으로 유형화할 수 있다. 이것이 조직전환의 정당성에도 불구하고 산별노조로의 발전 속도를 늦추는 중요한 요인이다.

2. 이론적 자원과 분석틀

1) 기존 연구에 대한 검토

산별노조로의 조직 전환과 맞물려 노동조합에 대한 연구도 분석의 초점이 단위노조로부터 산별노조와 노조간 관계로 이동하고 있다. 그 흐름들은 대체로 산별노조 전환을 둘러싼 문제제기로부터 산별노조의 조직실태와

전환과정, 산별노조 간부의 리더십과 의식, 내부정치와 민주주의, 산별 교섭
체계와 운영방식, 노조간 연결망 등에 대한 실증적 연구로 진전되고 있다(강
신준, 1998; 임영일, 1998b; 김용학·송호근, 1998; 조효래, 2003c, 2004a, 2004b;
윤진호 외, 2001; 정진상·김재훈·이종래, 2003). 이 중에서 가장 주목할 만한
성과가 산별노조의 내부정치, 간부의 의식과 리더십에 대한 연구들이다.
이 연구들은 노동조합의 핵심적인 변수를 리더십의 형성으로 보고 이것이
조직 내의 정치적 요인에 의해 어떻게 제약되는지를 분석한다. 노조 내부의
정치적 역관계와 조합민주주의의 제도화 수준이 리더십의 유형과 안정성에
영향을 미친다는 주장이다. 지금까지 노조의 전략적 선택에 영향을 미치는
구조적 요인에 대한 분석은 국가나 자본과 같은 조직 외적인 거시 요인들이
었기 때문에 조직 내의 정치적 요인에 주목하는 것은 중요한 성과이다.
하지만 리더십의 형성을 선택하고 배제하는 기제로서의 내부 정치는 무엇에
의해 제약되고 틀 지워지는가 하는 점에 대한 보완적 연구가 필요하다.
조직 내의 정치적 영역에서 발생하는 헤게모니 경쟁과 연대의 균열, 동의
창출의 어려움과 규범의 약한 구속성 등은 노조 간부나 조합원의 이기심이
나 연대의식의 부재와 같은 개인적 특성 때문이라기보다는 기업별노조의
관행에 자리잡고(embedded) 있기 때문이다(Grannovetter, 1985).[2] 그렇지만 지
금까지 노동조합의 조직자원이 조직능력에 어떤 효과를 미치는지에 대해서
는 연구된 바가 거의 없다.[3] 이 글은 조직자원이 노조의 조직능력을 구성하

---

2) 조직의 특성이 집합주의적 성취와 개인주의적 배분에 의해 특징지어질 때는 배분의
   전제가 집합적 성취이기 때문에 집단에 참여할 수 있는 자격을 엄격하게 만들고
   내집단과 외집단의 구별과 이질성을 중시함으로써 집단 내의 동질성과 연결망의
   밀도를 높이는 효과를 낳는다. 기업별노조 역시 이러한 특성을 지니고 있기 때문에
   성과를 극대화하려는 개별 집단의 노력이 전체 노동계급 내에서 이질화를 높이는
   '집단행동의 딜레마'가 나타난다. 이러한 조직에 참여한 조합원이나 간부는 조직으로
   부터 오는 구조적 효과로부터 자유롭기가 힘들다.
3) 노동사회학의 연구영역 중에서 노동조합의 조직에 관한 연구는 다른 주제들에 비해
   상대적인 저발전의 상태를 면치 못하고 있으며 조직사회학의 연구들에서도 노조조직
   에 관한 연구는 많지 않다(신광영, 1993: 216; 이병훈, 2003: 211). 더구나 산별노조는

는 중요한 요인으로 보고 조직자원의 특성이 조직능력을 제한하는 효과를
분석한다는 점에서 기존 연구를 보완할 수 있을 것이다.

2) 이론적 자원과 분석틀

노동조합의 조직에 대한 연구는 크게 구조 중심적 접근과 행위 중심적
접근으로 이루어져 왔다.[4] 이 글은 조직능력이 환경 혹은 구조의 효과에
의해 수동적으로 결정된다기보다는 조직 내부의 정치적 의사결정과정을
통해 환경에 적응할 수 있는 전략적 능력과 선택지가 있다고 보는 점에서
행위 중심적 접근의 입장에 서 있다. 행위 중심적 접근에 속해 있으면서도
전략적 선택을 제약하는 여러 요인들의 구조적 효과를 분석하는 이론으로서
자원의존이론(resource dependency theory)을 들 수 있다. 이 이론에 따르면
조직이 환경 속에서 필요한 자원을 확보하는 것이 조직의 능력과 조직간
의존도를 결정하는 주요 변수라고 본다. 조직자원에 대한 통제의 수준이
조직 단위들 간의 권력의 분포를 결정하고 조직 내부의 권력과 갈등을
매개로 전략적 선택의 성격과 범위가 결정된다. 조직에서 의사결정자들의
선택은 자율성을 가지고 있지만 그 선택의 범위는 자원 통제의 수준에

아직 전환과정에 있는 신생 노조이고, 조직구조도 유동적인 상황이므로 연구의 축적
이 시급한 실정이다(조효래, 2002a: 366).

4) 구조 중심적 접근은 노조조직의 구조적 특성, 예컨대 기업이나 작업조직의 규모,
직무와 직종의 분할 정도, 비공식집단의 활성화 수준과 관계의 밀도, 노동조건, 관료
화의 수준, 산업의 동질성 등에 따라 조합원들의 '행동할 의사(willing to act)'가
달라져서 노조의 관료화와 중앙집권적 구조, 의사소통의 약화를 초래한다고 한다.
반면에 행위 중심적 접근은 조직 내의 최고결정권자들은 조직내외적인 구조적 제약
에도 불구하고 상당한 자율성과 선택권을 지니고 있다고 가정한다(Child, 1972).
노동조합의 지도자들은 조합원의 규모나 헌신도와 같은 권력자원을 기반으로 조직내
외적인 환경으로부터 오는 위험을 적절하게 통제할 수 있으며 노동조합 조직의 구조
와 특성은 이러한 전략적 선택의 결과라는 것이다(신광영, 1993). 전략적 선택론은
SCP(Structure-Conduct-Performance)모델이 갖는 한계를 지니고 있다는 점에서 좀더
세련화될 필요가 있다(김재훈, 2001).

따라 한정되어 있다는 것이다(Aldrich and Pfeffer, 1976; Aldrich, 1979; Pfeffer, 1981). 이 이론은 조직의 경로의존성(path dependency)이나 구조적 관성(structural inertia)에 의해 '제약된 선택'을 중시한다는 점에서 조직자원과 조직능력의 관계를 분석하는 데에 유용하다.[5] 또한 집합행동이나 사회운동을 설명하기 위하여 고안된 이론인 자원 동원 이론(resource mobilization theory)도 유용하다. 이 이론에 따르면 조직화된 이익은 통제하고 동원화할 수 있는 자원의 종류와 정도에 따라 실현되며 집합행동의 성공은 자원 동원을 통해 자신의 이익을 실현하고자 경쟁하는 정치적 과정에 의해 설명될 수 있다고 한다(Tilly, 1978; 임희섭, 1999; 권태환·임현진·송호근, 2001).

이 글에서는 조직능력을 노동조합이 조직의 자원을 활용하여 목표를 달성할 수 있는 전략적 능력으로 정의한다.[6] 조직자원은 조직능력을 구성하는 핵심적 요인이므로 노동조합의 조직능력은 동원할 수 있는 조직자원의 차원과 종류, 수준에 따라 유형화될 수 있다.[7] 조직자원은 제도적 자원과

---

5) 경로의존성(path dependency)이란 제도변화과정에서 과거와 현재의 선택이 장래의 선택을 제약하는 현상을 말하며, 구조적 관성(structural inertia)이란 환경에 대한 예측 능력의 한계, 정당성이나 정보의 제약, 조직 내의 정치적 역관계, 합의형성기제의 어려움 등의 요인 때문에 발생하는 조직 적응능력의 한계를 말한다(Carroll and Hannan, 1995: 23-28; Hannan and Freeman, 1984, 1989).

6) 이것은 '전략실행능력'으로 개념화되기도 한다. 김용학·송호근(1998)은 노동조합이 조직목표를 달성할 수 있는 능력을 전략실행능력으로 보고, 이것을 좌우하는 요인으로 단위노조의 차원과 노조간의 차원으로 구분한다. 단위노조의 차원에는 조합원의 응집력, 리더십의 성격과 신뢰도, 조직의 자원, 의사결정체계, 정책개발 능력이 포함되며, 노조간의 차원에는 상급조직과의 수직적 연계, 단위노조간의 수평적 연계가 포함된다. 단위노조의 전략 수행능력과 노조간 연결망의 조직적 능력이 전반적으로 높을수록 노조의 우선적 목표를 효과적으로 달성할 가능성, 즉 전략실행능력이 높아진다(김용학·송호근, 1998: 3-12).

7) 노동조합의 조직능력개념에는 조직능력 뿐만 아니라 다양한 질적 변수가 포함될 수 있다. 예컨대 조직력(조직률, 집중성, 동원력), 교섭력(단체협약 포괄률, 전략부문 장악력), 사회적 영향력(정치적 영향력, 여론 장악력, 타계층과의 연대능력), 노조의 성격과 내부구조(전투성, 민주성, 자주성, 통일성, 리더십, 조합원의 헌신성)과 같은 요인들 역시 조직능력을 이루는 중요한 질적 변수들이다(윤진호 외, 2001: 61). 이 글에서는 조직능력을 구성하는 요인들 중에서 조직자원에 초점을 두기 때문에 이러한 질적 변수는 제외된다. 분석의 목적상 조직능력이 다소 협소하게 정의되고 있다는

인적 자원, 전략적 자원으로 나뉜다.

제도적 자원이란 노동조합이 제도적인 면에서 안정적으로 재생산되는데 필요한 자원으로 주로 조합원과 재정의 재생산에 관련되는 제도들이 포함된다. 노조의 조합원과 재정이 안정적으로 재생산될수록 조직능력은 높아진다. 조합원 재생산의 제도적 안정성을 나타내는 지표로서 숍(shop)제도를, 재정적 재생산의 안정성에 대한 지표로서 조합비 일괄징수(check-off)를 분석한다.

인적 자원이란 노동조합을 구성하는 조합원 혹은 조직단위의 규모와 인구학적, 사회경제적 구성을 말한다. 인적 자원이 많을수록 조직능력은 높아지고, 이질적일수록 조직능력을 낮추는 요인으로 작용할 것이다. 각 지회의 조합원 규모나 지회의 인구학적, 사회경제적 속성이 지표가 될 수 있다.

전략적 자원이란 노동조합의 목표 설정 및 추진 능력을 의미한다. 목표를 설정하고, 갈등을 조정하여 동의를 창출하거나, 집단적 내부학습을 통하여 목표 수행의 효율성을 도모하는데 유리한 자원을 의미하며, 여기에는 조직연령과 응집성이 포함된다. 조직연령과 응집성이 높을수록 조직능력은 높아지며, 설립 시기나 조직률이 그 지표가 될 수 있다.

노조의 조직능력은 조직자원의 요인과 동원수준에 의해 결정되는데, 조직자원의 요인들이 많을수록, 자원동원 수준이 높을수록 커진다.[8] 또한 노조의 조직능력은 어느 차원의 요인들에 주로 의존하는가에 따라 제도적 자원 동원형, 인적 자원 동원형, 전략적 자원 동원형으로 유형화할 수 있다. 노조가 통제가능한 자원의 종류와 수준에 따라 조직단위간, 조직간 권력의

점은 이 논문의 한계이기도 하다.

8) 조직을 전략적, 인적, 제도적 차원으로 나누는 것은 Pfeffer의 조직관을 약간 수정한 것이다. Pfeffer는 '조직이란 사회관계와 인구적 과정에 의하여 특징지어지는 물리적 속성을 갖는 물리적 실체'로 정의하고 물리적 구조, 관계망, 인구과정이 조직을 특징 짓는 차원으로 본다(Pfeffer, 1982: 333).

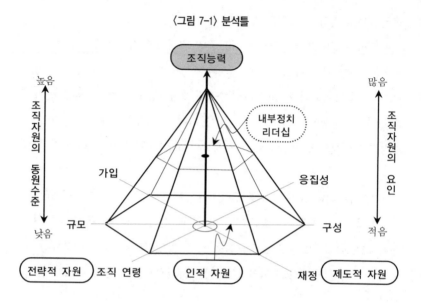

〈그림 7-1〉 분석틀

분포가 달라지며 이것이 노조내부의 정치적 과정, 즉 내부정치와 리더십의 형성을 제약하는 요인으로 작용한다. 조직자원은 내부정치와 리더십의 형성을 매개로 조직능력에 영향을 미친다. 지금까지 말한 내용을 토대로 분석틀을 제시하면 <그림 7-1>과 같다.

3) 자료와 방법

이 글에서 사용하는 자료는 경상대학교 사회과학연구원이 2003년 12월부터 2004년 1월까지 전국의 금속노조 소속지회9)를 대상으로 배포조사의 방법으로 실시한 전수조사이며 배포와 회수는 금속노조에서 담당하였다. 조사 대상은 2003년 10월 30일 현재 금속노조에 소속된 전국 165개 지회이다. 최종적으로 회수된 유효설문지는 109개이며 소속 조합원수는 26,312명

---

9) 금속노조의 조직체계는 본조, 지부, 지회의 체계로 구성되어 있다.

<표 7-1> 응답 지회

(단위 : 개, 명, %)

지 부	지 회	조합원	조직률[1]
경기	11 (10.1)	1,024 (3.9)	58.4
경남	23 (21.1)	9,477 (36.0)	64.2
경주	12 (11.0)	1,847 (7.0)	65.5
광주전남	3 (2.8)	307 (1.2)	9.2
구미	2 (1.8)	1,337 (5.1)	81.2
대구	4 (3.7)	1,010 (3.8)	76.2
대전충북	7 (6.4)	1,694 (6.4)	63.2
만도	1 (0.9)	907 (3.4)	72.6
부산양산	6 (5.5)	504 (1.9)	44.0
서울	2 (1.8)	645 (2.5)	40.3
울산	6 (5.5)	1,752 (6.7)	74.9
인천	11 (10.1)	3,328 (12.6)	47.8
지부미구성	1 (0.9)	493 (1.9)	80.8
충남	11 (10.1)	1,594 (6.1)	57.7
포항	9 (8.3)	393 (1.5)	46.3
합 계	109 (100.0)	26,312 (100.0)	57.4

주 1) 조직률은 명목조직률임.

이고, 회수율은 66.7%, 유효응답률은 66.1%이었다. 회수 후 응답의 신뢰성이 낮거나 중요한 문항에 응답하지 않은 경우에는 추가조사를 하여 자료의 신뢰성 수준을 높이고자 했다. <표 7-1>은 응답 지회의 개요이다. 자료의 분석방법은 분산분석, 집락분석, 다차원척도분석방법을 사용하였다.

3. 제도적 자원

1) 숍(shop) 제도

숍(shop) 제도와 가입 자격을 통해 금속노조의 제도적 안정성을 분석한다. 숍 제도는 노동조합이 단체협약에서 종업원 자격과 조합원 자격의 관계를

〈표 7-2〉 숍 제도의 분포

(단위 : 개, 명, %)

	전 체	오픈숍	유니언숍
지회수	109 (100.0)	48 (44.0)	61 (56.0)
조합원수	26,312 (100.0)	11,996 (45.6)	14,316 (54.4)

규정한 조항을 명시화한 것이다. 숍 제도는 노동조합의 교섭력을 늘리기 위해 양적인 측면에서 조합원의 확보를 뒷받침해 주는 제도이므로 가입 문제가 초점이 된다. 보통 사용주들은 오픈숍을 선호하기 마련이고, 노동조 합은 유니언숍이나 클로즈드숍을 채택하여 노조의 제도적 안정성과 교섭력, 대표성을 확보하고자 하므로, 숍 제도의 분포는 노사 간의 세력 관계를 반영하게 되며 노동조합의 제도적 자원을 측정하는 주요 지표가 된다.

금속지회의 숍 제도 분포를 보면, 조사 대상 지회 중 오픈숍이 48개 지회로 44%를, 유니언숍이 61개 지회로 56%를 차지하고 있다(<표 7-2>). 유니언숍 비중은 금속노조의 조직률에 비추어 볼 때는 그 비중이 높다고 볼 수는 없지만, 한국 노동조합 전체의 수준에서 본다면 상당히 높은 편이 다.[10] 조직률에 비해 유니언숍의 비중이 상대적으로 낮게 나타나는 데에는 두 가지 이유가 있다. 하나는 금속노조의 조직 확대를 위한 가장 주요한 쟁점이 대공장노조의 전환 문제에 초점이 두어져 있었기 때문에 숍 제도를 조직의 확대와 안정성을 위한 제도적 조건으로 인식하고 쟁점화하기가

___

[10] 민주노총의 조사에 따르면 단체협약상의 노조보호조항에서 숍 제도의 채택 비율이 1998년 현재 오픈숍 57.6%, 유니언숍 26.4%, 규정 없음 11.3%, 기타 4.8%로 나타났 고, 노동부조사에 따르면 동년 현재 조합수 기준으로 오픈숍 67.9%, 유니언숍 30.7%, 클로즈드숍 0.7%, 조합원수 기준으로는 오픈숍이 55.0%, 유니언숍이 43.1%, 클로 즈드숍이 2.0%로 나타났다. 조합수와 조합원수에서 숍 제도의 채택 비율을 비교하면, 대기업일수록 유니언숍을 채택하는 비중이 높다. 민주노총을 구성하는 조합들 중에 서 대기업의 비중이 높음에도 불구하고 유니언숍의 비중이 노동부 조사에 비해서 낮게 나타나고 있다(윤진호 외, 2001: 139-140). 한국의 경우 노동조합 전체의 조직률 은 약 11% 수준인데 비해, 숍 제도의 채택 비중에서 유니언숍의 비중은 약 26~31% 수준이다.

〈표 7-3〉 숍 제도별 평균 비교(T-검정)

	전 체	오픈숍	유니언숍	차이 검증1)
평균 조합원수(명)	241.4	249.9	234.7	15.2
조직률(%)	62.3	54.7	68.3	13.6**
조직연령(세)	132.6	114.2	148.4	34.2
장기근속자 비중(%)	39.3	35.8	42.0	6.2
조합원 평균연령(세)	37.2	36.9	37.5	0.6
생산직 비중(%)	93.2	93.0	93.4	0.4

** p <.01

어려웠다는 점이고, 다른 하나는 노동조합이 1987년 노동자 대투쟁기에는 숍 제도에 많은 관심을 가졌으나 제6공화국 하의 노동법 개정에 의해 '허용' 된 유니언숍은 너무 '변형'된 나머지 오픈숍과 다름이 없었으므로 노동조합 의 제도적 안정성에 기여할 수 있는 정도가 낮은 것으로 간주해 왔기 때문이 다. 따라서 유니언숍의 비중이 높다는 것만으로는 제도적 안정성이 있다고 말하기 어렵고 조직률과의 상관성이 있는지를 살펴보아야 한다.

<표 7-3>은 숍 제도별로 집단간 조직률의 평균을 비교한 것으로 제도적 안정성과 한계를 동시에 보여주고 있다. 첫째 숍 제도별로 조직률의 차이가 유의미하게 나타났다. 현재의 숍 제도가 많은 제도적 허점이 있고, 노동조합 의 조직능력이 뒷받침되지 않으면 실효성이 반감되기 쉽다는 점은 분명하지 만, 숍 제도가 어느 정도 조합의 조직률을 높이는 효과가 있음을 보여준다.11)

---

11) 이것은 유니언숍이 '절름발이'식 제도일지언정, '앉은뱅이'식은 아니라는 것을 의미 하므로 숍 제도의 개선 여하에 따라서 조직률 향상에 기여할 수 있음을 시사한다. 2001년 금속노조의 출범 이후 산별노조의 체계화를 위하여 인력 문제가 지속적으로 제기되어 왔지만, 본조와 지부의 활동을 강화하기 위한 전임 인력의 집중이 주요한 이슈가 되어 왔으므로 숍 제도는 인력 문제의 주요 쟁점으로 제기되고 있지 못하다. 2001년부터 2003년까지 세 차례의 중앙교섭의 중심 요구를 보면 조합 활동의 보장에 대한 요구가 포함되어 있지만 그 내용은 주로 간부 및 전임자의 활동 보장과 처우 등에 제한되어 있고 조합 활동의 보장에 필수적인 제도인 숍 제도에 대한 요구는 포함되어 있지 않다.

〈그림 7-2〉 직종·직위별 지회 가입 자격

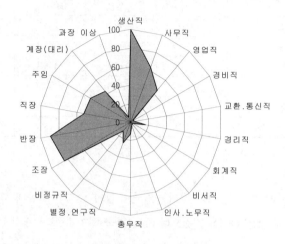

둘째 숍 제도의 채택비율은 일반적으로 조합의 규모와 상관관계가 높다고 알려져 있지만(김정한, 1993; 윤진호, 2001), 금속노조의 경우 지회평균 조합원수에서 차이가 나타나지 않고 있다. 셋째 금속노조의 경우 생산직의 비중이 워낙 높기 때문에 숍 제도별 차이가 나타나지 않는다. 금속노조가 산별노조임에도 불구하고 여전히 생산직 중심성이 매우 높다. 이 점은 금속노조의 가입 자격이 정규직 중심의 생산직으로 제한되어 있음을 반증한다. 금속노조의 규약에는 비정규직을 비롯한 여타 직종에 대해 개방되어 있음에도 불구하고 기업별노조의 관행 때문에 지회 수준에서는 비정규직의 가입 자격률이 약 12%에 불과하고, 여타 직종의 가입 자격률도 매우 낮은 편이다(<그림 7-2>).12) 산별노조가 '포괄적 노동조합주의(inclusive unionism)'을 원리

---

12) 지회에서 비정규직에 대한 가입 자격을 명시화한다고 해서 비정규직의 노조 가입률이 급속히 올라갈 것으로 보는 것은 비현실적인 면이 있다. 왜냐하면 비정규직이 노조에 가입하면 하청관계를 청산하는 일이 많기 때문에 원하청 문제도 비정규직의 노조 가입을 막는 중요한 장애요인이기 때문이다(금속노조 간부 K씨와의 대화).

로 하고 있다는 점에서 기업별노조와 구별되므로 정규직과 생산직의 비중이
절대적이라는 점은 기업별노조의 관행이 그만큼 강함을 말해준다.[13]

결국 금속노조는 1987년 노동자 대투쟁을 통해 성취한 유니언숍이 노조
의 제도적 안정성에 어느 정도 기여하고 있다고 볼 수 있다. 하지만 그
이면에는 신규 입직률의 하락과 고령화에 따른 조합원 가입률의 하락, 조직
능력이 낮은 지회에서의 유명무실화, '변형'된 숍 제도에 대한 불신, 생산직·
정규직 중심성과 같이 제도적 안정성을 낮추는 요인들도 공존하고 있다.

2) 조합비 일괄징수(check-off) 제도

조합비 일괄징수는 노조의 재정적인 안정을 위한 중요한 제도이다. 금속
노조에서 조합비의 납부방식은 조합비 일괄공제(check-off)이며, 이에 따르는
사업장이 82개 사업장, 지회에서 걷어서 본조로 납부하는 곳이 55개 사업장
이다(전국금속노조, 2003a, 2003b). 조합비 일괄공제는 기본협약 합의 사업장
이 111개에 이르러 향후 더욱 늘어날 것으로 보인다.[14] 금속노조의 조합비는
통상임금의 1%이다.[15] 조합비의 납부방식은 정률방식이 85개 지회, 78%로
대부분으로 차지하고 있고 정액방식이 22개 20.2%, 두 방식을 혼합한 납부
방식은 2개 1.8%이다. 정액방식은 노동조합이 새로운 사업과 조직의 발전을
꾀하기 어렵기 때문에 공동체의 단순재생산을 낳는다면, 정률방식은 임금
투쟁으로 인한 임금상승이 노동조합비의 증가를 낳고, 이것이 다시 집합적

---

13) 산별노조의 두 가지 조직원칙은 '조합원 가입자격의 완전 개방'과 '최대한 규모로의
조직화'이다(임영일, 1998a: 4-5)

14) 조합비 일괄 공제는 노동조합의 활동의 제도적 안정성을 높이는데 매우 중요하다.
산별노조의 출범 4년 만에 대부분의 사업장에서 조합비 일괄공제를 실시하는데 성공
했다는 것은 산별노조로서의 교섭력을 상징적으로 보여준다는 점에서 의미가 크다.

15) 기존 사업장의 조합비가 통상임금 1%를 상회할 경우에는 지회예산으로 처리하는
것으로 합의가 되어 있다. 납부된 조합비는 10%를 쟁의기금으로 적립하고, 나머지
90%를 본조 30%, 지부 20%, 지회 50%의 비율로 쓰고 있다(전국금속노조, 2003b).

성취와 공동체의 질적 발전을 낳은 조건이 된다는 점에서 공동체의 확대재생산을 낳는다. 따라서 정률방식은 산별노조의 기본 원칙이자 추세이기도 하다. 이런 점에서 조합비 일괄징수와 정률제의 비중이 높다는 사실은 금속노조의 재정적 안정성을 보여주는 지표이다. 하지만 조합비 납부 방식에 기업별노조의 관행도 발견된다. 조합비 납부방식이 형식적으로는 정률 방식이지만 지회에 주는 교부금은 본조에 납부한 조합비의 비율대로 가져가는 관행이 여전히 있다. 이것은 정률방식이기는 하되 '돈 낸 비율만큼 가져가는' 것이라는 점에서 정액방식의 규범이 강하게 남아있는 정률방식이라고 할 수 있다. 이것이 중소지회의 조합비 부담을 늘리는 요인이 된다. 중소지회는 본조의 교부금만으로는 실질적인 지회 활동이 불가능하기 때문에 조합 활동을 위해 본조에 내는 조합비 이상을 납부하게 되므로 조합비의 부담이 증가한다. 임금수준이 낮은 지회일수록 조합비의 부담이 늘어나는 역진성이 나타나게 된다. 기금과 활동비의 적립 유형은 이 점을 잘 보여준다.

　<표 7-4>와 <표 7-5>를 보면 두 가지의 사실을 알 수 있다. 첫째 전체 지회에서 약 56%의 지회가 기금이나 활동비로 자체적인 예산을 가지고 있으며, 약 17%는 기금과 활동비를 모두 납부하므로 본조에 대한 상당한 재정적인 자립성을 지니고 있다. 금속지회들의 재정 능력의 수준은 대체로 D유형이 가장 높고, 기금만 적립하는 C유형, 활동비만 적립하는 B유형, 둘 다 적립하지 않는 A유형으로 낮아질 가능성이 높다. 둘째 지회의 재정 능력에서의 분화를 보여준다.[16] 대부분의 지회가 400만 원 미만과 800만 원 이상의 범주에 속해 있다. 소모성 경비인 활동비보다는 중장기적인 목표를 가지고 적립한 기금이 재정적인 의미가 훨씬 크기 때문에 기금액의 차이가 지회들의 재정적 분화를 낳는 중요한 요인이다.

　결국 금속노조는 조합비 일괄징수와 정률제의 비중이 높다는 점에서

---

16) 응답한 지회들 중에서 기금 적립액 3,000만 원 이상인 지회들은 8개에 이른다.

〈표 7-4〉 기금과 활동비의 적립 유형

(단위 : 개, %)

		자체적인 기금적립여부			
		적립하지 않음		적립하고 있음	
자체적인 활동비 적립여부	적립하지 않음	A	39 (43.8)	C	32 (36.0)
	적립하고 있음	B	3 (3.4)	D	15 (16.9)

〈표 7-5〉 지회규모별 기금 액수

(단위 : 개, %)

		전 체	200만 원 미만	200만 원 이상 400만 원 미만	400만 원 이상 800만 원 미만	800만 원 이상
		47(100.0)	29.8	31.9	10.6	27.7
지회규모	50인 미만	8(100.0)	50.0	37.5	-	12.5
	50인 이상 100인 미만	11(100.0)	63.6	27.3	9.1	
	100인 이상 300인 미만	15(100.0)	13.3	33.3	26.7	26.7
	300인 이상 500인 미만	6(100.0)	16.7	33.3	-	50.0
	500인 이상 1000인 미만	5(100.0)	-	40.0	-	60.0
	1000인 이상	2(100.0)	-	-	-	100.0

재정적인 측면에서 제도적 안정성이 높다고 할 수 있지만 기업별노조의 관행에 따른 조합비의 납부와 배분방식에서의 역진성, 지회들의 재정적인 분화가 제도적 안정성을 낮추고 있다.[17]

[17) 현재의 조합비 수준으로는 본조와 지부, 지회가 모두 부족한 실정이다. 그렇다고 조합비를 올려서 해결하기도 어렵다. 왜냐하면 현재의 조합비 수준을 올리면 조직 확대의 관건이라고 할 수 있는 대사업장 노조의 조직 전환에 걸림돌이 되기 때문이다 (금속노조 간부 K씨와의 대화).

4. 전략적 자원

1) 조직연령

조직의 연령은 중요한 전략적 자원 중의 하나이다. 일반적으로 역사가 오랜 노조가 신생 노조보다 조직의 목표를 달성하는 조직능력에서 상대적으로 유리하다. 조직의 연령은 설립시기를 통해 살펴볼 수 있다.

금속노조운동은 대체적으로 1986년 이전의 태동기, 1986년부터 1990년까지의 공세적 발생기, 1991년부터 1995까지의 수세적 방어기, 1996년부터 2000년까지의 조직 전환 모색기, 2001년부터 현재까지의 조직 확대기로 나누어 볼 수 있다. 여기에서는 태동기에 설립되어 조직 연령이 20년이 넘은 지회를 고령지회, 공세적 발생기와 수세적 방어기에 설립되어 조직 연령이 10년 이상 20년 미만인 지회를 중견지회, 조직 전환 모색기부터 현재까지 설립되어 조직 연령이 10년 미만인 지회를 신생지회로 구분하겠다. 이것을 기준으로 설립시기별 분포를 보면 <표 7-6>과 같다.

그 특징을 지적하면 첫째 공세적 발생기와 태동기에 설립된 지회의 조합원 비중이 각각 45.9%, 28.9%로 두 범주를 합하면 74.8%를 차지하여 이 시기에 설립된 고령 및 중견지회가 금속노조의 기축 조직(axial organizations)임을 보여준다. 둘째 조직수준을 보면 대체로 고령노조와 중견지회의 조직수준이 높고 신생지회의 조직수준은 상대적으로 낮다. 신생지회는 고령 및 중견지회와 아울러 금속노조를 지탱하는 주요한 세력임은 분명하지만 조직의 규모나 수준으로 비추어 보면 여전히 고령 및 중견지회의 중요성이 더욱 크다. 셋째 조직전환 모색기부터 신생지회의 가입률이 크게 증가하는 이유는 압출요인(push factor)과 흡인요인(pull factor)이 작용하였기 때문이다. 1997년 노동법 개정으로 노조전임자의 임금 지급이 금지됨으로써 중소지회에서 실질적으로 단위노조가 유지되기 어렵게 되었다. 게다가 1997년 경제

⟨표 7-6⟩ 설립시기별 분포

(단위 : 개, 명, %)

항 목	지 회	조합원	평균조합원수	조직률[1]
1986년 이전	14 (12.8)	7,596 (28.9)	542.6	63.5
1986년-1990년	39 (35.8)	12,066 (45.9)	309.4	65.5
1991년-1995년	4 (3.7)	581 (2.2)	145.3	52.9
1996년-2000년	19 (17.4)	2,063 (7.8)	108.6	34.1
2001년-현재	33 (30.3)	4,006 (15.2)	121.4	48.3
합 계	109 (100.0)	26,312 (100.0)	241.4	57.4

1) 조직률은 명목조직률임.

위기는 산별노조로의 조직 전환을 할 수 밖에 없는 압출 요인을 강화시키고 산별노조의 정당성을 증가시켜 조직의 확대를 낳았다. 또한 2001년 금속노조의 창립은 조직 전환의 정당성을 높여 조직통합과 신규지회 발생을 높인 흡인 요인으로 작용하였다.

보통 조직 연령이 오랜 노조는 신생 노조에 비해 조직의 목표를 달성하는 조직능력에서 상대적으로 유리하다. 고령 및 중견지회의 경우 상대적으로 규모가 크고, 풍부한 조직경험과 내부학습을 통하여 신생지회를 견인하고 조직목표를 달성하는 데에 주요한 조직자원이 될 수 있다. 반면에 기업별노조체제에 익숙한 조직 관행과 제도로 인해 지회 중심의 노동운동에서 벗어나서, 실질적인 의미에서 산별노조로 전환하는데 여러 장애에 부딪힐 수 있다. 신생지회가 주로 중소지회로 구성되어 있다는 사실은 대공장노조의 미전환으로 인하여 조직의 외연적 확대에 있어서 점차 한계를 보이고 있음을 반증하고 있다. 하지만 이들 신생지회는 고령 및 중견지회에 비해 기업별노조체제의 관행으로부터 상대적으로 자유로우며 지회단위의 활동에 중점을 둘 수 있을 만큼의 조직자원을 가지고 있지 못하므로 산별노조 체제로 실질적으로 통합되기에는 보다 유리하다.

〈표 7-7〉 지회 조직률의 분위별 분포

(단위 : 개, 명, %)

분위	항 목	지 회	조합원	평균조 합원수	지회평균 조직률	조직률[1]
1	25% 미만	5 (4.6)	98 (0.4)	19.6	4.6	2.0
2	25% 이상 50% 미만	28 (25.7)	3,192 (12.1)	114.0	40.6	41.9
3	50% 이상 75% 미만	47 (43.1)	17,659 (67.1)	375.7	64.5	67.2
4	75% 이상	29 (26.6)	5,363 (20.4)	184.9	90.1	76.7
	합 계	109 (100.0)	26,312 (100.0)	241.4	62.3	57.4

1) 조직률은 명목조직률임.

2) 응집성

응집성은 조직에 대한 조합원들의 헌신도를 의미한다. 금속노조의 조직
단위는 지회이다. 지회들 간에는 규모, 임금수준, 지역, 업종, 간부의 정치적
지향 등 여러 가지 요인에 의한 이해 갈등의 소지가 항상 있다. 응집성이란
이해관계의 갈등을 조정하여 연대의 수준을 높이고, 규칙위반자를 제재하
고, 조직목표의 달성을 위한 동의를 창출하는 능력이다. 응집성은 두 가지
차원이 있다. 하나는 '대표성'이고, 다른 하나는 '동질성'이다. 대표성이란
노조가 해당 사업장의 종업원을 어느 정도 대표하고 있는지를 의미하며
조직률로 측정될 수 있다. 동질성이란 응집성의 변이 수준을 말한다. 조직이
동질적일수록 지회들 간 연대가능성과 응집성이 커지고, 이질적일수록 집
합행동의 딜레마가 나타날 가능성이 커져서 연대가능성과 응집성이 낮아질
것이다. 이것은 조직률의 변이로 측정할 수 있다.

먼저 대표성의 측면에서 살펴보자. 금속지회의 지회평균 조직률은 62.2%
이고 명목조직률은 57.4%, 지회평균 조합원수는 241.4명이다(<표 7-7>).
한국 노동조합의 조직률이 약 11% 내외임을 감안하면 금속노조의 조직률은
매우 높은 수준이다.[18] 그 특징을 지적하면, 첫째 3분위에 속한 지회들은

조직수준도 비교적 높으면서 지회의 평균 규모도 가장 크고, 지회와 조합원 비중이 가장 높다. 이 지회들이 금속노조의 기축 조직들이라고 볼 수 있다. 둘째 분위별 평균 조합원수를 비교해보면 규모가 작은 지회들의 조직수준에서 분화가 발견된다. 3분위를 분기점으로 규모가 작은 지회들의 조직수준이 양극적인 분화를 보이고 있다. '작지만 단결이 잘되는' 지회와 '작고 단결도 잘 안되는' 지회들의 구분이 뚜렷하다.

응집성의 다른 측면인 동질성을 살펴본다. <그림 7-3>은 속성별 지회평균 조직률의 변이계수를 그래프로 나타낸 것이다. 변이계수가 클수록 지회들 간의 조직률 변이가 큼을 의미한다. 지회규모별로 보면 조직수준의 불균등도가 뚜렷하다. 지회규모 변이계수를 보면, 지회 규모가 클수록 조직수준이 동질적이다. 설립시기별로 보면 대체적으로 고령지회나 중견지회가 신생지회에 비해 조직수준이 더 동질적이다.[19] 조직수준별로 보면 조직수준

---

18) 금속노조의 조직률은 명목조직률이기 때문에 실제의 조직률에 비해서는 오히려 상당히 낮게 산정된 것이다. 실제의 조직수준을 파악하기 위해서는 실질조직률, 즉 종업원 중 조직 대상 종원업수 대비 조합원수의 비율을 산정해야 한다. 그래서 2003년 5월에 가장 지회수가 많은 경남지부를 대상으로 추가 조사를 실시하여 실질조직률을 간접적으로 추계하려고 했다. 2004년 5월 말을 기준으로 보면 경남지부의 전체 종업원수는 14,122명, 조합원수는 7,867명으로 명목조직률은 55.7%이지만 전체 종업원 중에서 68%인 9,603명이 조합가입대상 종업원이므로 실질조직률은 81.9%라는 매우 높은 수준을 보였다. 명목조직률과는 무려 26.2%에 이르는 차이가 난다. 업종과 지역, 규모에 따라서 종업원 대비 조합가입대상 종업원의 비율이 다르고, 조사 시기가 불일치하여 오차가 있을 수 있지만 경남지부의 조합가입 대상 비율 68%를 전체 금속노동조합에 적용시키면 2003년 12월 말 현재 종업원수가 45,836명이므로 조합가입대상 종업원수는 31,169명으로 계산된다. 조합원수는 26,312명이므로 금속노조의 실질조직률은 84.4%로 추정될 수 있다. 하지만 이 조직률 역시 실제를 과도하게 반영하는 측면이 있다. 왜냐하면 노동조합 가입대상에는 비정규직이 포함되지만 각 사업장에서 비정규직의 규모는 지회별로 정확히 파악되고 있지 않기 때문에 조합가입 대상수에서 이들이 누락되었기 때문이다. 따라서 이 수치는 정규직 노동자의 실질조직률로 해석하는 것이 타당할 것이고, 금속노조의 실질조직률이 약 55~84% 사이의 어느 지점에 놓여 있음을 보여주는 정도로 이해해야 한다. 그럼에도 불구하고 실질조직률이 명목조직률과 상당한 격차를 보이는 것은 명목조직률을 근거로 노동조합의 조직수준을 저평가하기는 곤란하다는 점을 보여주고 있다.
19) 1991년부터 1995년까지의 수세적 방어기에 설립된 4개의 지회에서 변이계수가 가장 낮은 점도 주목된다. 이 시기는 노동운동이 수세기였기 때문에 노조의 설립률이

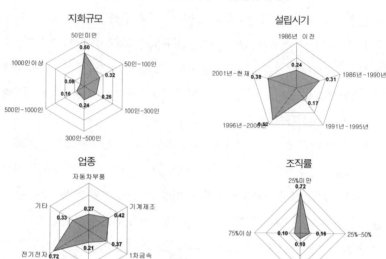

〈그림 7-3〉 속성별 지회 조직수준의 변이

이 낮을수록 그 불균등성이 커지는 경향이 보인다. 여기에서는 50%가 상당히 유의미하게 나타나는데 조직률 50%를 넘어선 지회들간에는 동질성이 높고 그 이하에서는 이질성이 높다. 업종별로는 전기전자 업종에 속한 지회들의 조직수준상의 이질성이 가장 높고, 자동차부품이나 조립금속 업종에 속한 지회들의 조직률이 더욱 동질적이다.

조직수준이 동질적일수록 지회들 간의 연대가능성이 커지고, 이질적일수록 연대가능성은 낮아질 것이다. 금속노조의 경우 전략적인 지회들이 주로 후방산업에 종사하고 조직률이 50%를 넘는 중규모의 고령 및 중견지회이므로 금속노조의 조직수준은 비교적 동질적이고 연대가능성은 높다고 할 수 있다. 하지만 종업원수 1,000인 이상과 100인 미만의 사업장의 경우는

───────────────

낮았던 시기였던 만큼 열악한 조건을 뚫고 설립한 노조들은 그만큼 응집력이 강했다고 볼 수 있다. 이 점 때문에 이 범주에 속한 지회들이 조직수준상의 변이가 낮게 나타난 것으로 해석된다.

조직률도 낮고 변이도 심하며 이들은 주로 신생지회라는 점에서 응집성의 수준을 낮추고 있다.[20]

5. 인적 자원

1) 지회의 규모

노동조합의 가장 중요한 조직자원은 조합원의 규모이다. 금속노조는 조직체계상 지회가 기초적인 조직단위이므로 지회가 규모를 분석하는 단위가 된다. <표 7-8>은 지회규모별 분포이다. 조사대상 지회의 평균 조합원수가 241.4명으로 금속노조는 중소규모의 지회들로 구성되어 있다. 500인 이상의 대규모지회는 전체 지회에서 7.3%에 불과하지만 조합원에서 차지하는 비중은 약 45%에 이른다.[21] 평균 조합원수를 보면 1,000인 이상 범주에서 급격히 높아져서 2,659.3명이다. 마치 '소인국 속의 걸리버들'과 같은 양상이다. 지회규모별 조직수준을 보면 전체적으로 지회의 규모가 클수록 조직수준이 높고 100인 미만의 소규모 지회에서 조직수준이 매우 낮다. 소규모 지회에서 조직률이 낮게 나타나는 데에는 기업규모별 지회의 분화 현상이 하나의 요인으로 작용하고 있다. 기업규모별로는 대기업이지만 지회규모는 소규모 지회인 사업장이 포함되어 있으면 이 지회들 때문에 조직률이 낮아진다.[22]

---

20) "올해의 중앙교섭에는 1,000인 이상 지회가 결합하지도 못했다. 금속노조는 100인 이상 500인까지의 지회는 별 문제없이 잘 나가지만 1,000인 이상은 사업주가 금속노조를 인정하지 않기 때문에 싸움이 많다. 또, 100인 미만 사업장은 교섭이 되더라도 열에 여섯은 폐업하거나 도산한다. 300인 전후의 지회가 금속노조의 핵심이다. 조합비 걷으면 거대 사업장과 영세사업장, 비정규직에 돈이 제일 많이 들어간다."(금속노조 간부 H씨와의 대화)

21) 대규모지회는 두산중공업, 대우종합기계, 오리온전기, 통일중공업, 만도, 효성(창원), 발레오만도, 세종공업의 8개 지회이다.

22) 지면의 한계 때문에 자료를 제시하지는 못했지만 금속노조의 규모별 분포에서 특징

〈표 7-8〉 지회규모별 분포

(단위 : 개, 명, %)

항 목	지 회	조합원	평균조합원수	조직률[1]
100인 미만	52 (47.7)	2,571 (9.8)	49.4	26.4
50인 미만	28 (25.7)	816 (3.1)	29.1	12.7
50인 이상 100인 미만	24 (22.0)	1,755 (6.7)	73.1	53.4
100인 이상 500인 미만	49 (45.0)	11,948 (45.4)	243.8	64.5
100인 이상 300인 미만	35 (32.1)	6,610 (25.1)	188.9	62.2
300인 이상 500인 미만	14 (12.8)	5,338 (20.3)	381.3	67.7
500인 이상	8 (7.3)	11,793 (44.8)	1,474.1	67.0
500인 이상 1000인 미만	5 (4.6)	3,815 (14.5)	763.0	63.3
1000인 이상	3 (2.8)	7,978 (30.3)	2,659.3	68.9
합 계	109 (100.0)	26,312 (100.0)	241.4	57.4

1) 조직률은 명목조직률임.

지회규모별 조직수준이 다르게 나타나는 것은 앞에서 보았듯이 지회규모가 클수록 지회의 조직률이 수렴하여 조직수준의 편차가 낮아지기 때문이다. 다시 말해 지회규모가 작을수록 조직수준이 높은 지회와 낮은 지회들로 분화되는 경향이 있고, 지회규모가 클수록 그 경향이 줄어드는 경향이 있기 때문에 지회규모별 조직수준이 다르게 나타나고 있다. 금속노조가 주로 중소규모의 신규지회들로 구성되어있는데 이들 지회들의 조직수준이 분화되어 있다는 사실은 조직 기반의 취약점을 보여준다.

금속노조의 조직능력을 일차적으로 제한하는 것이 중소지회의 비중이

적인 양상이 500인 이상 대기업에서 조직수준이 낮고 그 변이가 크다는 점이다. 예컨대 ATK지회는 종업원수가 2,800명이지만 조합원수는 26명으로 조직률이 0.9%이다. 이처럼 조직률이 낮은 원인은 "평균 연령이 낮은 여성노동자 중심의 사업장이므로 노조 활동에 관심이 적을 뿐만 아니라 조합원을 '왕따'시키는 분위기가 있다. 노조에 가입하면 라인에서 제외시킨다든지, 남성노동자들은 승진 시에 불이익이 두려워 가입을 꺼려서 가입률이 떨어지는 문제가 있다"고 한다(ATK지회간부 L양과의 대화). ATK부평지회는 신생지회라는 문제가 더해진다. 하지만 이 두개의 사업장을 제외하더라도 이 범주의 조직률은 32.5%로 다른 지회규모 범주에 비해서는 여전히 낮은 수준이다.

높다는 점이다. 산별노조의 조직능력을 높이기 위해서는 무엇보다도 '규모의 경제'가 필요하다. 1998년 금속산업연맹의 출범 이후 산별노조로의 전환은 가장 중요한 조직적 과제였지만 연맹 내 16만여 조합원 중에서 산별노조로 조직적 전환을 하지 않은 조합원은 11만여 명에 이르고 이들은 대부분 11개의 대공장노조에 속해 있다. 이들 대공장노조들의 조직 미전환이 금속노조의 조직능력을 제한하는 가장 중요한 요인으로 작용하고 있다. 대공장노조의 미전환은 심지어 원심력으로 작용하여 새로운 조직 전환의 방향이 거론된다든지, 대규모 지회의 이탈 가능성이 높아지는 문제가 발생하고 있는데 이는 금속노조가 갖고 있는 인적 자원의 한계를 보여준다.

2) 조합원 구성

조합원의 인구 구성은 금속노조의 조직능력을 정향지움과 동시에 그것을 제한하는 중요한 요인이다. 금속노조 조합원의 인구 구성을 직종별 피라미드로 나타낸 것이 <그림 7-4>이다. 특징을 요약하면 첫째 성별로는 남성, 직종별로는 생산직의 비율이 매우 높다. 금속노조가 산별노조임에도 불구하고 여전히 기업별노조에서 보이는 조합원 구성의 특징을 그대로 보여준다. 둘째 조합원의 고령화가 뚜렷하다. 40대 이상이 47%, 근속년수 15년 이상이 44%를 차지하고 있다는 사실은 고령화가 금속노조 조합원의 인구구성을 특징짓는 현상임을 말해준다(정진상·김재훈·이종래, 2003; 김재훈, 2003b). 조합원 인구구성의 특징이 생산직 남성의 높은 중심성과 고령화라고 한다면 이에 대한 추가적인 분석이 필요하다. 직종과 성은 분포의 중심성이 너무 높아서 변이를 살펴보는 것이 큰 의미가 없으므로 고령화 수준의 변이를 살펴본다. 고령화의 지수는 연령구성에서 40대 이상의 비율이다.

설립시기별로 보면 고령화의 문제가 대체로 조직의 연령과 비례함을 알 수 있다(<그림 7-5>). 지회가 설립된 지 오래될수록 고령화가 더욱 심하다.

〈그림 7-4〉 인구학적, 사회경제적 구성(단위: 명)

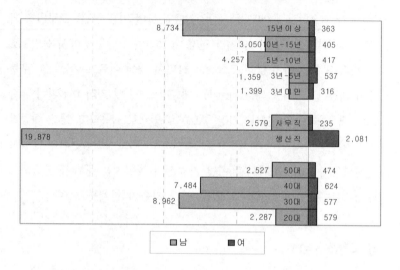

이것은 고령지회나 중견지회일수록 입직률이나 노조가입률이 낮음을 반증한다. 신생지회의 경우도 고령화 수준이 상당히 높은데 변이계수 또한 높다. 신생지회의 경우에는 고령화가 이들 지회 사이에서 공통적인 문제라기보다는 조합원 인구 구성의 편차가 심함을 보여준다. 조직수준별로는 대체로 조직수준이 높을수록 고령화가 진전되어 있으며 그 변이도 안정적이다. 지회규모별로는 500인 이상 대규모 지회에서 고령화가 진전되어 있으며 1,000인 이상 거대지회가 특히 그러하다. 지역별로는 부산경남을 비롯한 영남권과 수도권의 고령화가 더욱 진전되어 있다.

고령화수준이 높은 지회는 금속노조에서 가장 핵심적인 지회들이기도 하다. 앞서 보았듯이 금속노조의 기축 조직은 조직수준이 높은 고령 및 중견지회와 신생지회들이다. 그 중에서 대규모 지회는 전략적인 지위를 차지한다. 그런데 고령화가 바로 이 지회들에서 가장 진전되어 있다는 점은 금속노조의 조직적 특성이 점차 보수화되고 실용주의적으로 변화될 가능성

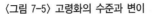

〈그림 7-5〉 고령화의 수준과 변이

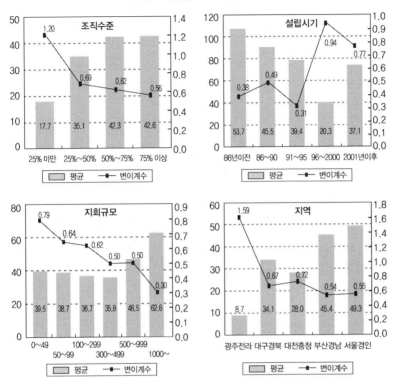

이 있음을 의미한다. 이것은 예컨대 파업참가율의 하락, 지회간부의 재생산을 위한 인적 자원의 감소, 임금을 중심으로 하는 경제주의적 기업별 교섭의 선호, 노조의 목표와 활동방식을 둘러싼 세대간 갈등, 노동환경의 변화에 대한 적응력의 감퇴, 작업장내 조합원간의 경쟁의 심화 등과 같은 부작용을 낳고 있다(4장 3절 참조).23)

---

23) 조합원의 고령화는 대부분의 금속지회에서 겪고 있는 심각한 문제이다. 고령화는 지회간부의 피로도와 함께 노조간부의 재생산을 가로막는 요인이다. 일부 지회에서는 지회장할 사람이 없어서 순번제로 하는 경우가 생기고 있다고 한다(경남지부 간부 J씨와의 대화).

6. 금속노조의 조직유형과 조직능력

1) 금속지회의 조직유형

조직자원의 주요 요인을 기준으로 금속지회를 유형화하겠다. 결측값이 없는 93개 지회를 대상으로 금속지회를 유형화하여 평면에 도시한 것이 <표 7-9>와 <그림 7-6>이다. 인적 자원을 구성하는 변수로서는 기업규모, 지회규모, 지회평균 연령, 지회평균 근속년수, 전략적 자원을 구성하는 변수로서는 설립시기와 조직률, 제도적 자원을 구성하는 변수는 임금총액을 선택하여 집락분석을 실시한 다음, 다차원척도기법으로 평면상에 나타내었다.[24] 스트레스(stress)값은 0.01629, R^2값은 0.99970으로 실제의 거리가 이차원 상에 거의 완벽하게 추정되었다.[25]

그림에서 보면 X축이 규모와 임금을, 북서 방향의 보조축이 조직률을, 반원이 조직연령과 평균연령을 나타낸다. 규모가 X축을 구성하는 이유는 이 변수의 분산이 가장 크기 때문이다. X축의 좌측으로 갈수록 지회규모나 임금수준이 높은 지회들이 위치하고, 우측으로 갈수록 규모가 작고 임금수준이 낮은 지회들이 위치한다. 조직률을 나타내는 보조축의 교차축은 금속지회 조직수준의 임계점을 나타낸다. 교차축의 우측은 응집성이 낮은 지회가 위치하고, 좌측은 응집성이 높은 지회가 위치한다. 반원은 지회의 연령속성, 즉 지회의 연령과 지회평균 조합원연령을 나타낸다. 가장 작은 반원의 안쪽에는 조직전환 모색기와 조직 확대기에 설립된 신생지회들이(5유형),

---

24) 조직자원 중에서 제도적 자원을 구성하는 숍제도와 조합원 일괄징수제도는 질적인 변수이므로 제외하고 대신 임금총액을 변수로 사용하였다. 임금은 노조의 가장 중요한 제도적 자원이기 때문이다. 집락분석은 집단간 평균연결법을 사용한 위계적 집락분석이며 사례들간의 거리는 유클리드 거리(Euclidean distance)를 사용하였다. 지면의 제약으로 집락계수와 사례는 제시하지 않는다.
25) 통계적 수치의 의미와 해석 방법에 대해서는 6장 4절을 참조.

〈표 7-9〉 금속지회의 조직유형별 속성

집락 수준1)			속성	조직 연령 (개월)	기업 규모 (명)	지회 규모 (명)	조직 률 (%)	평균 연령 (세)	평균 근속년수 (세)	월평균 임금총액 (원)
A	B	C	평균2)	132.6	420.5	241.4	62.3	37.2	9.6	2,224,349
I	i	1	1(1.0)	197.0	6,224.0	4,464.0	71.7	39.7	13.8	3,150,048
II	ii	2	4(4.3)	371.7	2,250.0	1,488.0	66.1	40.8	18.5	2,850,244
III	iii	3	16(17.2)	196.6	464.8	304.7	74.4	38.3	11.7	2,519,979
		4	13(14.0)	169.8	110.5	61.4	54.9	36.7	10.3	2,039,582
		5	47(50.5)	47.2	234.4	95.4	58.4	35.9	7.4	2,083,370
	v	6	7(7.5)	372.4	317.9	214.4	66.1	40.9	11.6	2,033,928
	iv	7	5(5.4)	177.8	890.2	612.0	66.1	37.4	10.3	2,558,903
전 체			93(100.0)							

주: 1) 집락수준은 위계적 집락분석의 결과임.
　　2) 평균은 109개 지회의 평균값임.

반원의 중간 부분에는 1987년 노동자 대투쟁기에 설립된 중견지회가(3, 4, 7유형), 중간 반원의 바깥 부분에는 태동기에 설립된 고령지회(1, 2, 6유형)가 위치해 있다.

전체적으로 금속지회의 동질성이 높음을 알 수 있다. 대부분의 지회들이 집락수준A를 기준으로 III유형에 밀집해 있고, 불과 다섯 개의 지회만 다른 유형에 속한다. 500인 이상 대규모 지회의 통합수준이 낮은 이유가 분포의 구조적 효과 때문임을 알 수 있다.26) 집락수준C를 기준으로 유형별 분포를 보면 5유형이 50.5%, 4유형이 14%를 차지하여 전체의 64.5%를 점하고 있다. 이 유형의 지회들은 주로 100인 미만의 소규모지회들이 많고 임금수준이나 조직률이 낮은 신생지회의 특징을 지니므로 조직자원이 적고 조직능력

---

26) I 유형에는 두산중공업지회가, II 유형에는 대우종합기계, 오리온전기, 통일중공업, 효성(창원) 지회가 속한다. 이들 중 한 지회가 본조의 교섭 방침을 어기고 본조의 제재를 각오하고 독자적으로 기업별 교섭을 한 사례가 있었다. 본조의 입장에서는 원칙적으로는 엄한 제재를 가해야 하지만 가벼운 경고에 그친 적이 있다. 일부 대규모 지회의 도덕적 해이는 분포의 구조적 효과 때문에 발생하는 교섭력의 비대칭성 때문임을 보여주는 사례이다.

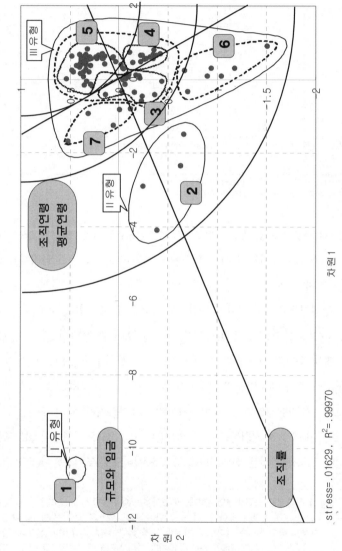

〈그림 7-6〉 금속지회의 조직유형

stress= .01629, R²= .99970

이 가장 낮은 층이다. 반면 3, 6, 7유형은 28개 30.1%를 차지하는데, 조직연령
과 조직률이 높고 중규모이상의 지회들로 구성된다. 금속지회의 조직기반
중에서 상대적으로 조직자원이 많고 조직능력이 높은 견고한 지회들이다.
1, 2유형은 5.3%를 차지한다. 이들은 대규모지회들로서 조직률과 임금수준,
조직연령이 높기 때문에 다른 지회에 비해 조직자원의 수준이 높다. 이들은
다른 지회를 견인할 수 있는 전략적 지위를 점하고 있지만, 동시에 본조에
대한 교섭력도 높기 때문에 조합원들의 경제주의적 요구와 산별 노조의
원칙이 충돌할 경우에는 일탈가능성도 상대적으로 크므로 다른 지회에
비해 금속노조에 대한 헌신도가 낮을 가능성이 있다. 금속노조의 지회유형
을 분석함으로써 동질성과 이질성, 취약성과 견고성, 통합과 해체의 양면성
을 읽어낼 수 있다.

2) 금속노조의 조직능력

금속노조의 조직능력을 조직자원의 차원별로 평가해보자. 전략적 차원에
서 보면 금속노조를 특징짓는 가장 중요한 자원은 응집성이다. 신생지회에
서 대표성이나 동질성 수준이 낮고, 대규모 노조의 통합수준이 낮은 취약점
이 있지만 전체적으로는 응집성이 높다. 조직연령에서는 산별노조의 경험
은 짧지만 중심세력이 고령지회 및 중견지회라는 점에서 내부학습의 부족으
로 인한 시행착오의 가능성은 적다.
제도적인 차원에서 보면 빠른 시간에 조합비 일괄징수를 실시한 점은
제도적 안정성을 높인 측면이지만 조합비의 역진성, 지회들 간의 재정적
분화 등은 기업별노조의 요소가 강하게 남아있는 측면이며 조합비가 노조의
확대재생산을 하기에는 수준이 낮다. 또한 숍제도의 비중은 높지만 가입자
격의 협소성은 기업별노조의 요소를 보여주는 중요한 측면이다.
인적 자원에서 보면 대사업장 노조의 미전환으로 아직 '규모의 경제'를

〈그림 7-7〉 금속노조의 조직능력 유형

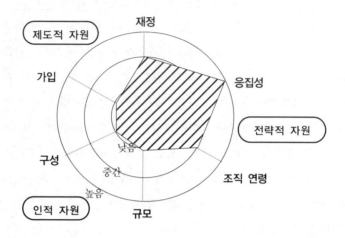

실현하지 못하고 있다는 점에서 가장 중요한 장애요인이다. 조직 내부에서는 조직의 단위가 지회라는 점이 금속노조의 조직능력을 제한하는 가장 중요한 요인이다. 지회는 기업별노조의 관행이 강하므로 집합행동의 딜레마가 발생할 가능성이 높다. 지회의 영향력이 높기 때문에 본조나 지부의 구심력이 약화되고 자원동원의 수준을 낮추고 있다.[27] 지회규모에서는 동질성이 높지만 대규모지회와 영세지회의 이질성이 연대의 수준을 낮추는 요인으로 작용하고 있다. 조합원의 구성은 생산직, 남성, 정규직 노동자 중심성이 워낙 높고 고령화가 심각하게 진행되고 있다는 점이 계급적 대표성을 낮추고 조합원의 재생산을 가로막는 요인이다.

금속노조의 조직자원에 대한 동원수준은 인적 자원의 동원수준이 가장 낮고, 제도적 자원은 조직의 안정성을 뒷받침하기에는 아직 미흡하며 전략적 자원의 동원수준이 가장 높다. 따라서 현재 금속노조의 조직능력은 주로

---

27) 임금에 대한 교섭이 지회에서 이루어지고 있다는 점은 이것을 상징적으로 보여준다. 금속노조 지부와 지회의 관계에 대해서는 8장을 참조.

'전략적 자원 동원형'이라고 볼 수 있다. 이것을 도시하면 <그림 7-7>과 같다.

7. 맺음말

금속노조를 사례로 하여 조직자원이 조직능력에 미치는 구조적 효과를 분석하였다. 이 글의 이론적 함의를 간단히 적겠다. 조직적응모델에 속하는 전략적 선택론은 환경선택모델에서 조직구조의 최종적 결정요인으로서 과소평가하고 있는 조직 내의 의사결정과정과 정치적 요인을 지적하였다는 점에서는 의의가 있지만 조직의 구조적 관성이 전략적 선택을 제약하는 과정에 대해서는 설득력이 부족하다(Hannan and Freeman, 1977, 1984). 전략적 선택론을 보다 발전시킨 자원동원이론은 행위중심적 접근을 취하면서도 조직자원이 조직 내의 권력과 갈등, 정치적 의사결정과정을 제약하는 과정을 설명하고자 한다는 점에서 전략적 선택론의 단점을 보완하고 있다. 이 글에서는 자원동원이론을 활용하여 조직자원이 조직능력을 제약하는 효과를 밝힘으로써 전략적 선택론의 한계를 확장시키고자 했다. 또한 조직능력은 조직 내부에 한정되는 개념이 아니라 조직 간의 연결망 능력을 포함하는 만큼 연결망이론과 연계되어 더욱 발전될 여지가 많다고 판단된다.[28]

이 글의 정책적 함의를 적어 보겠다. 금속노조는 2001년 창립 이래 신규지회의 가입이 증가하여 지회수 160여 개, 조합원수 약 4만여 명으로 성장해왔지만 대공장노조의 미전환과 신규지회의 가입률이 떨어지면서 정체기를

---

28) 금속노조의 조직능력은 지회들간의 수평적 연결과 지회-지부-본조 간의 수직적 연결, 금속연맹과 민주노총을 비롯한 노동조직들 및 시민단체와의 연결이 중요한 차원을 이룬다. 이것은 조직간 연대 혹은 조직의 '사회적 자본'에 대한 분석이다. 노동조합의 연결망은 그 중요성에도 불구하고 김용학·송호근(1998)의 선구적인 업적과 은수미(2004, 2005)의 최근 연구를 제외하고는 발견하기 힘들다.

맞고 있다. 대공장노조의 미전환이 금속노조의 조직 확대와 조직능력을
제한하는 가장 주요한 원인임은 분명하다. 하지만 대공장노조의 조직 전환
문제는 그 관건이 금속노조에 있다기보다는 대공장노조의 리더십에 달려
있는 것도 사실이다. 따라서 대공장에 대한 조직적 포섭을 중심 과제로
하는 외연적 확대 전략은 한계를 지닌다. 최근 4년간 가입한 신규지회의
경우 중소규모의 지회가 많으므로 지회의 안정성이 낮고, 여러 외압적 요인
에 의한 이탈률이 높기 때문에 금속노조의 조직 기반은 그다지 안정적이라
고는 볼 수 없다. 이미 가입한 중대규모 지회들 중에서도 지회의 대표성이나
응집성을 확보하지 못한 지회들이 존재하고 있다. 따라서 조직 발전의 또
다른 전략은 금속 지회들이 양적으로 발전할 수 있는 제도적 조건을 마련하
고 내포적인 확대를 통해서 지회들의 응집성과 대표성을 높이는 '내포적
발전전략'이다.

산별노조 전환이 성공하느냐의 여부는 대공장노조의 전환 여부가 가장
중요한 변수이지만 산별노조 내에서 계급적 응집성을 확보할 수 있느냐의
여부도 그에 못지않게 중요하다. 내포적 전략이란 '포괄적 노동조합주의'의
원리를 실현하는 정책을 통해 산별노조 내부의 응집성을 높이는 전략이다.
예를 들어 비정규직을 비롯한 주변적 노동자들에 대한 가입 차별을 철폐하
고 이를 명시화하는 것, 기업복지에 대한 상대적 박탈감이 강한 중소지회를
대상으로 교육이나 주거와 같은 집합적 소비재의 부담을 줄이는 것, 숍
제도와 같이 노동조합의 제도적 안정성을 높일 수 있는 조건들을 교섭의
요구에 포함시키는 것, 사회적 사고에 대한 최저 수준의 급여에 그치는
사회안전망을 넘어서는 '연대 복지 정책'을 구체화하는 것, 산별노조 간부의
재생산과 전문적 훈련 시스템을 만들어내는 것, 정책 능력을 높이기 위해
노동정책 네트워크를 만들어내는 것, 노동력의 축소 재생산을 방지하고
노동자층들 간의 이질화를 낮추기 위하여 임금수준의 향상뿐만 아니라

임금안정성의 향상도 적극적으로 제기하는 것, 현재 정액제의 성격이 강한 조합비의 배분 방식을 지회의 재정적 분화를 축소하는 방향으로 재분배하는 것 등이 모두 연대의 원칙과 포괄적 노동조합주의의 원리를 실현하는 것이다. 이러한 전략은 다음과 같은 효과를 지닐 수 있다.

첫째 중소규모 지회의 불안정성을 줄이는 것은 산별노조로서 금속노조의 정당성을 높힐 수 있다. 중소지회의 제도적 안정성이 금속노조 내에서 높지 않으면 이탈 가능성이 높아지고, 조직에 대한 헌신도가 낮아질 수 있다. 내포적인 발전전략은 이를 방지하고 수적인 확대보다는 조직의 견고성과 정당성을 높이는 전략이다.

둘째 금속노조에 존재하는 대규모 지회에 대한 효과이다. 내포적 발전전략은 금속노조에 소속되어 있지만 그 대표성과 응집성이 낮은 대기업의 잠재적 조직률을 최대한 현실화시킴으로써 몇몇 거대 지회에 집중된 부하를 줄일 수 있고, 소수 거대지회의 영향력을 다소간 낮출 수가 있다. 이것은 산별조직 내에서 자칫 커질 수 있는 원심력을 줄임으로써 대기업의 이탈 가능성과 기업별노조체제의 요소인 지회의 영향력을 낮추고, 본조와 지부의 '구조적 자율성'을 높일 수 있는 전략이기도 하다.

셋째 규모별 구성의 이질성이 낳을 수 있는 여러 잠재적 갈등의 가능성을 최소화하고 지회 내부의 응집성을 높이기 위해서는 기업별 규모별 차이가 반영될 수밖에 없는 지회단위를 벗어나서 보다 동질적인 조직단위로 변화될 필요성이 있다. 예컨대 대규모의 지회는 몇 개의 조직단위로 구분하고, 중소규모의 지회는 업종, 지역과 같은 변수에 따라 통합함으로써 조직의 기초 단위에서 발생할 수 있는 갈등의 가능성을 최소화시킬 필요가 있다. 아울러 중요한 것은 갈등이 발생하였을 경우 이를 해결하고 조정하는 규범과 제도적 절차를 공고화하는 노력과 절차가 필요하다.

넷째 내포적 발전전략은 미전환하고 있는 대규모 사업장의 전환을 유인하는 효과를 지닐 수 있다. 산별노조로의 전환이 성공하려면 '산별노조에만 있는 특별한 것'을 정책적으로 만들어내어 기업별노조에 대한 비교우위를 높여야 한다. 그래야만 대사업장의 미전환이 낳은 원심력을 줄이고 금속노조의 구심력을 높일 수 있다.

물론 이러한 정책들은 현재의 금속노조의 역량과 수준에서는 무리한 것이 사실이다. 하지만 노동조합이 집단적 이해를 추구하는 이익집단이 아니라 사회적 연대를 실현시키는 공공재로서의 의미가 있다면, 전체 노동조합운동의 전위에 금속노동자가 있고, 그 맨 앞에 금속노조의 깃발이 있음도 역시 사실이다.*

---

* 한국산업사회학회. 2004. ≪경제와 사회≫ 제63호(가을호)에 게재된 논문을 수정·보완하였음.

제8장

산별노조 지부의 조직과 운영
-경남 1, 2지부의 사례-

1. 머리말

1987년 이후 한국 민주노조운동의 핵심적 과제는 기업별노조를 산별노조
로 전환하는 것이었고, 1997년 노동법 개정과 경제위기를 계기로 산별노조
로의 전환은 당위적인 목표에서 실천적인 과제로 제기되었다. 많은 기업별
노조들이 조직변경을 통해 보건의료노조와 금융노조, 전국금속노조와 같은
산별노조들로 전환하였고, 노동자들은 산별노조로의 전환이 위기에 직면한
민주노조운동의 새로운 돌파구를 열어줄 것으로 기대하였다. 특히 금속산
업은 한국 자본축적의 핵심적 부문으로 가장 많은 노동자들을 포괄하고
있을 뿐만 아니라 사실상 1987년 이후 민주노조운동 그 자체였다는 점에서,
이 부문에서 산별노조의 건설 여부는 한국 노동체제 전환의 결정적 계기를
이룰 것으로 평가되어 왔다.

여러 가지 논란을 거친 끝에 2001년 2월 금속부문의 산별노조로서 전국금
속노조가 출범하였다. 그러나 기대와 달리, 그것은 17만 명에 달하는 금속산
업연맹 소속 조직노동자들 중 3만여 명만을 포괄하는 왜소한 조직이었고,
자동차와 조선 등 많은 대공장 노조들이 참여하지 않은 채 중소기업 노동자

를 중심으로 한 과도적 조직의 성격을 넘어서지 못했다. 그럼에도 불구하고 전국금속노조는 2년여에 걸쳐서 노동조합의 새로운 조직형태와 산업별 교섭체계를 실험하면서 한국에서 금속 산별노조의 새로운 상과 역할을 만들어왔다.

기업별노조로부터 산업별노조로의 전환은 현실적으로 노동조합의 기능과 역할의 많은 부분을 기업별 지회로부터 전국적으로 집중된 산업별노조의 중앙으로 이전하는 것을 의미한다. 따라서 이 과정에서 가장 큰 쟁점은 기업별 노조로 고착화된 기존의 관행과 관성을 어떻게 극복할 것인가, 산별 노조의 관료화를 피하면서 현장수준의 대중투쟁과 조합민주주의 전통을 어떻게 살려나갈 것인가 하는 점이었다.

이러한 측면에서 산별노조의 중앙과 사업장 지회를 매개하는 지역지부의 역할이 대단히 중요하다. 금속노조 지역지부는 금속노조 중앙의 집행력을 담보하는 매개적인 조직단위이며, 사업장 지회활동을 지도하고 관장하는 집행단위이다. 동시에 그것은 기업별노조의 관행에 얽매여 있는 사업장 지회의 관성을 극복할 수 있는 고리로서 현장조합원들과 밀착해서 계급적 요구와 투쟁을 일상적으로 실행하는 기초단위이다. 현실적으로 전국금속노 조의 조직운영, 교섭과 투쟁의 대부분이 지역지부를 단위로 하여 이루어지고 있으며, 지부는 현장의 의견을 수렴해 금속노조의 방침을 결정하는데 주요한 역할을 수행한다. 중요한 것은 지역지부를 매개로 한 본조의 집행력이 기업별 지회에 대해 어느 정도 관철되는가하는 점이며, 기업별노조의 산별노조로의 전환은 기업별 지회의 기능과 권한을 지역지부로 이관하는 문제로 나타난다.

이 글의 목표는 금속노조의 핵심적 지부인 마산·창원지역 지역지부들의 사례를 검토함으로써, 기업별노조들간의 지역적 연대로부터 산별노조 지부 체제로의 변화가 노동조합의 조직운영과 활동에 어떠한 변화를 가져왔는가,

산별노조의 활동은 어떠한 가능성과 한계를 보여주고 있는가를 분석하는 것이다.

이 글은 먼저, 기업별노조의 관행과 관성이 산업별 노조의 조직운영과 실천에 어떠한 영향을 미치고 있고 이를 극복하기 위해 어떠한 노력이 진행되고 있는가를 지역지부와 사업장 지회의 관계를 중심으로 검토한다. 특히 지부 집행부와 대의원회가 어떤 기능을 수행하고 있으며 지회수준의 집행체계와 어떠한 관계를 맺고 있는가를 분석한다. 다음으로 조합원 참여와 조직적 분파의 문제를 통해 산별노조로의 전환 이후 조합민주주의의 형태와 내용이 어떻게 변화되었는가를 분석한다.

이러한 분석은 전국금속노조의 경남1지부와 경남2지부를 대상으로 한다. 경남2지부는 마창노련 이래 마산·창원지역에서 가장 전투적인 노조들(통일중공업, 대림자동차 등)을 대거 포함하고 있어서 금속노조의 활동에 가장 적극적이며, 창원공단 내 조합원 300인 이상 1,000명 미만 규모의 노조들을 중심으로 지부활동의 모범적인 사례를 대표한다. 경남 1지부는 100인 미만의 소규모 지회들이 창원과 마산, 진주 등 경남지역에 산재해 있을 뿐 아니라, 4000명 규모의 두산중공업 지회가 전체를 대표하는, 사실상 기업지부라고 해도 과언이 아닌 형태를 취하고 있다. 따라서 경남1지부는 대기업 지회의 활동이 지역지부의 운영에 어떠한 제약을 가하며, 대기업지회와 지역지부간의 긴장이 어떻게 나타나는가를 잘 보여주고 있다.

분석은 주로 지역지부와 사업장 지회간부들에 대한 심층면접과 2002년 7-8월 동안 금속산업연맹 경남본부 소속 노조위원장들(지회장 포함)과 일반 조합원들을 대상으로 설문조사를 기초로 하였다.

2. 전국금속노조 경남 1, 2지부의 조직현황과 조직체계

1) 조직현황

전국금속노조는 2001년 2월, 108개의 단위노조들이 모여 30,795명의 조합원으로 출범한 이후, 1년이 지난 2002년 2월 현재, 14개 지역지부와 1개 기업지부(만도기계) 산하의 159개 지회 36,346명의 조합원을 포괄하고 있다. 사업장 지회별 평균 조합원수는 229명에 불과하며, 1,000명 이상의 대사업장 지회는 두산중공업, 오리온전기, 한국전자, 영창악기, 만도기계, INI스틸, 상호중공업, 한진중공업 등 8개에 불과하다. 여전히 금속산업연맹 산하 87개 노조 127,737명이 기업별 체계 하에 남아 있으며, 특히 1,000명 이상의 대공장 노조가 11개 110,391명에 이른다는 점에서, 명실상부한 산업별 노조에 이르기까지 과도기적 상태를 벗어나지 못하고 있다(전국금속산업노동조합연맹, 2002.4.).

금속산업연맹 경남본부로 한정해 본다면, 2002년 4월 현재, 경남1지부는 10개 지회 4,739명의 조합원을 포괄하고 있으며, 조합원 수 4,142명인 두산중공업(구 한국중공업) 지회를 제외하면, 평균 조합원수는 66명에 불과하다. 최근에 한진중공업(마산)이 가입함으로써 이러한 불균형은 다소 완화되었으나, 전체 대의원의 82%가 두산중공업 지회 소속이라는 점에서 두산중공업 지회와의 관계를 고려하지 않고 지역지부의 활동을 이해하는 것은 불가능하다. 경남2지부에는 22개 지회 5,289명의 조합원이 소속되어 있다. 평균 조합원수는 240명으로 소속 지회의 규모는 비교적 동질적이며, 지역적으로도 창원공단 내에 집중되어 있다. 경남2지부에는 1000명을 넘는 대공장 지회가 없으며, 대규모 지회라고 해도 통일중공업, 대림자동차 등 이 지역의 전투적 노동운동의 전통을 간직한 사업장들이 중심을 이루고 있다.

반면에 금속산업연맹 경남본부에 소속되어 있지만 여전히 기업별노조의

〈표 8-1〉 전국금속노조 산하 각 지부별 소속 지회 수 및 조합원수 변화(2001~2002)

(단위 : 개, 명)

지부	경기		경남1		경남2		경주		구미		대구		대전충북		만도	
2001/2	9	1,372	9	5,187	17	4,060	11	1,878	4	3,341	5	1,161	6	970	3	3,077
2002/2	17	2,002	10	4,823	22	5,287	11	1,696	4	3,656	10	1,706	8	1,543	3	2,134
지부	부양		서울		울산		인천		충남		포항		광주전남		기타	
2001/2	7	702	7	1,109	8	1,791	13	2,788	13	1,848	8	1,848			2	83
2002/2	8	714	11	1,231	9	2,242	14	2,395	18	2,998	9	1,761	3	2,071	2	87

자료: 금속산업연맹.『제1차 산별노조전환특별위원회』자료집. 2002.4.

〈표 8-2〉 금속산업연맹 경남지부 산하 노조 및 지회의 규모별 분포

(단위 : 명)

	100인 미만	100~ 299인	300~ 500인	500~ 1,000인	1,000인 이상	조합원수	지회평균 조합원수
경남 1지부	8	1	-	-	1	4,739	474(66)
경남 2지부	10	6	4	2	-	5,289	240
기업별 노조	3	3	2	6	2	13,785	862(436)

자료: 전국금속산업노동조합연맹(2001: 248-257)에서 재구성.
주 1) (   )안은 두산중공업, 대우조선을 제외한 평균 조합원 수
　 2) 기업별노조에서 지부는 제외.

틀을 유지하고 있는 노조는 16개 단위노조와 9개 단위노조 지부 등 25개에 이르고 있다. 이들 16개 단위노조들의 평균 조합원수는 862명이며, 대우조선을 제외하고 창원지역 노조만을 대상으로 해도 436명으로 상대적으로 대기업 노조들이 주류를 이루고 있다. 이중 300인 이상 대기업노조는 대우조선, 로템, 위아, 볼보, 대원강업, 대동조선, 동양물산, 한국항공우주산업이 있으며, 노조지부로는 대우중공업, 대우자동차, 쌍용자동차, 완성차 3사의 정비, 판매 등이 있다.

〈표 8-3〉 경남1지부의 산하 지회들

(단위 : 명)

지회	조합원수	위치
대경정밀	2	진주
대흥산업	84	함안
성화산업	41	진주
이성엔지니어링	63	하동
창원특수강 고용특위	84	창원
한국산연	99	마산
한국웨스트전기	10	마산
한국제강	250	함안
두산중공업	4,142	창원
휴먼이노텍	48	하동
한진중공업(구타코마)	(신규)	마산
합계	4,739	

자료: 전국금속노조(2002.2: 186)

〈표 8-4〉 경남2지부 산하 지회들

(단위 : 명)

지회	조합원수	위치
경남금속	98	창원
대림자동차	459	창원
동명중공업	330	창원
두산기계	26	창원
마산·창원지역금속	92	창원
범한금속	236	창원
세신창원	193	창원
센트랄	280	창원
한국시티즌정밀	94	창원
일진금속	55	창원
제일정밀	125	창원
태광특수기계(부도)	81	창원
통일중공업	970	창원
카스코(구기아정기)	495	창원
한국항공우주산업	128	창원
한국화낙	4	창원
한양공영(부도)	45	창원
한일단조	84	창원
화천기계	74	창원
효성(창원)	893	창원
SKS(구기아정기 분할매각)	157	창원
STX엔파코(구쌍용중공업)	368	창원
합계	5,287	

자료: 전국금속노동조합(2002.2.5: 186-187)

2) 조직체계

단일 산별노조로서 전국금속노조는 조합원의 의견수렴과 조합방침의
신속하고 효율적인 집행, 공동투쟁의 조직, 일상적 연대활동, 상호지원활동
을 강화하기 위해 지역 및 기업수준의 지부와 사업장 수준의 지회를 두고
있다. 전국금속노조의 규약과 지부규정에 따르면, "지부는 공동투쟁 경험,
업종, 거리등을 고려하여 지역단위 또는 기업단위로 설치할 수 있으며",
"기업지부는 3개 시·도에 걸쳐 있고 조합원 3000명 이상인 경우에 설치하며,
지역지부는 조합원 2000명 이상일 경우 설치하나, 광역시, 도의 경우는
2000명 미만의 경우에도 지부를 설치할 수 있다."[1] 이러한 규정에 따르면,
원래 동일한 기업별노조의 지부였다고 할지라도, 사업장별로 소속된 지역
지부가 다르면, 독립적인 지회로 분할된다. 사업장 지회는 지부내의 조합원
참여와 원활한 사업집행을 고려하여 사업장 단위나 몇 개의 사업장을 결합
한 지구단위로 설치할 수 있다.

수직적 조직체계로 보면, 전국금속노조는 본조 - 지부 - 지회라는 3단계의
조직구조를 가지고 있으며, 각 하위단위는 상부단위의 의결·결정에 따라야
할 의무를 갖지만, 자율적이고 합리적인 운영을 위해 별도의 의결기구를
설치하도록 되어 있다. 또한 각 지회는 지회의 자율적이고 합리적인 운영을
위해, 지부 운영위원회의 승인을 얻어 별도의 지회운영 규칙을 제정, 시행할
수 있다.

지부의 기구는 총회, 대의원대회, 운영위원회, 집행위원회 등으로 구성되
어 있다. 총회는 지부 조합원 전원으로 구성하며, 지부장이 필요하다고
판단하는 경우나 지부 대의원대회의 의결 혹은 조합원 5분의 1이상의 요구
로 소집된다. 총회의 의결사항은 ① 지부임원의 선출 및 불신임, ② 지부

---

[1] 경남1지부와 경남2지부의 설립과정에 대해서는 양솔규(2002, 50-52)를 참조.

대의원대회나 조합원 1/5이상의 요구로 상정된 안건, ③ 지부 쟁의행위 결의, ④. 잠정합의안 가결 등이다. 지부 대의원대회는 지부 조합원의 직접, 비밀, 무기명투표에 의해 선출된 대의원으로 구성하며, 조합원 직선에 의해 선출된 지회 임원을 먼저 배정하고, 남은 수의 대의원을 선거구별로 선출한다.[2] 임기 1년의 지부대의원은 당연히 지회대의원이 된다. 대의원대회 기능은 ① 조합 중앙위원 선출, ② 사업계획 수립, ③ 지부 예산승인 및 결산보고, ④ 분할 및 합병 건의, ⑤ 특별부과금 결정, ⑥ 기금 및 자산의 관리 또는 처분, ⑦ 조합에서 위임한 단체협약 체결 및 개정, ⑧ 지부 쟁의대책, ⑨ 조합 의결기관에 상정할 의안채택, ⑩ 노조 중앙의 위임사항 등이며, 특별한 사정이 없는 한 월1회 이상 개최하는 것을 원칙으로 한다.

지부운영에서 가장 중요한 것은 운영위원회이다. 지부 운영위원회는 지부 임원과 지회장들, 대의원대회에서 의결한 선출직 운영위원으로 구성된다. 보통 주1회씩 개최되는 지부 운영위원회의 기능은 ① 중앙집행위원회 포상 및 징계결의 요청에 관한 사항, ② 조합 대의원, 지부대의원 선출을 위한 선거구 확정, ③ 지부 규칙의 해석, ④ 지부의 특별기금 부과, ⑤ 신분보장 심의와 건의, ⑥ 조합 쟁의기금 요청, ⑦ 지부 대의원대회 안건 상정, ⑧ 지부 교섭과 쟁의에 관한 사항, ⑨ 기타 중요한 사항 등이며, 사실상 지부활동의 주요방침과 계획이 결정되는 단위이다. 지부 집행위원회는 임원 및 각종위원회 대표자, 부서장으로 구성하며, 지부 일상 활동의 집행단위이다.

지부 임원의 임기는 2년이며, 본조-지부-지회의 임원선거는 동시에 진행한다. 선거에서 지부장-수석부지부장-사무국장은 동반 출마하며, 반드시 전임을 원칙으로 한다. 지부의 임원과 지회장은 지부 조합원의 직접, 비밀,

---

2) 지부 대의원의 배정기준은 1,000명 미만의 지회는 15명±5명, 1,000~3,000명 지회는 25명±5명, 3,000~5,000명 지회는 30명±5명, 5,000~10,000명 지회는 50명±10명, 10,000명 이상 지회는 100명±25명이다.

무기명투표에 의하여 재적조합원 과반수 투표와 참석한 조합원의 과반수 득표에 의하여 선출된다. 단체교섭과 관련하여, 지부의 단체교섭은 전국대의원대회의 의결을 거친 사항에 합치하는 범위 내에서만 가능하다. 지부장은 위원장의 위임을 받아 지부단위 교섭의 교섭권과 협약 체결권을 갖으며, 지부의 단체협약은 지부 총회를 거쳐 위원장의 승인으로 체결한다.

사업장 지회는 "해당 사업장 노동자로 구성하며, 지회가 속한 지부의 관할지역에 있는 조합원으로 구성하되, 지역을 달리 하더라도 별도의 지회로 구성되지 않은 범위의 조합원은 지회 소속으로 한다." 그러나 "동일 사업장내에 있는 사내하청 노동자와 비정규직 노동자중 조합에 가입한 자는 별도의 지회를 구성하거나 해당 지부의 지역지회 소속으로 할 수 있다." 지부와 마찬가지로 지회 역시, 총회, 대의원회의, 운영위원회, 집행위원회, 감사위원회 등 독자적인 의결기구와 집행체계를 가질 수 있다.

지회 총회의 의결사항은 ① 지회 임원 선출 및 불신임, ② 조합 및 지부에서 위임된 지회 쟁의행위 결의, ③ 지회 잠정합의안 가결, ④ 지회의 분할 합병(단, 지부 운영위원회의 승인을 얻어야 함) 등이다. 지회 대의원회는 조합 및 지부의 의결사항에 반하는 결정을 할 수는 없지만, 주요한 기능으로 ① 지부 운영위원 선출 및 지회장을 제외한 임원의 인준, ② 지회의 사업계획 수립, ③ 지회 예산 승인 및 결산보고, ④ 지회의 분할 및 합병 건의, ⑤ 지회의 특별 부과금 결정, ⑥ 지회의 기금 및 자산의 관리 또는 처분 ⑦ 조합 및 지부에서 위임한 단체교섭에 관한 사항, ⑧ 지회 쟁의대책에 관한 사항, ⑨ 노사협의회 안건 및 대책수립에 관한 사항, ⑩ 지부 의결기관에 상정할 의안 채택 및 상부단위에서 위임한 사항 등을 포함한다. 사업장 규모에 따라 다르지만, 지회는 운영위원회와 집행위원회를 둘 수 있다. 대사업장의 경우 지회 임원과 선출직 대의원으로 구성되는 운영위원회를 둘 수 있으며, 지회 집행위원회는 지회 임원과 지회장이 임명하는 부서장으

〈그림 8-1〉 전국금속노조의 조직체계(본조-지부-지회)

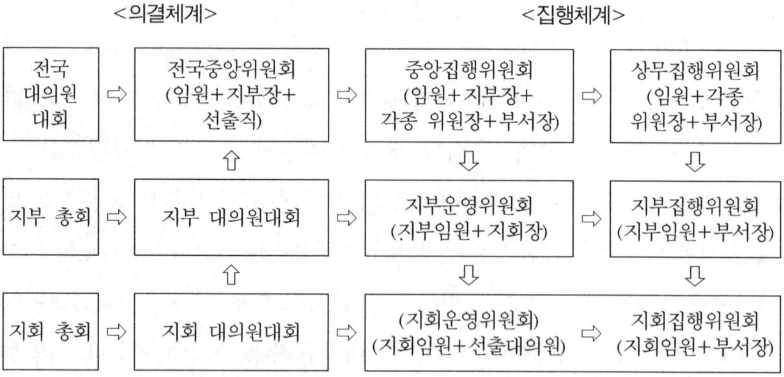

<의결체계>   <집행체계>

전국 대의원 대회	⇨	전국중앙위원회 (임원+지부장+ 선출직)	⇨	중앙집행위원회 (임원+지부장+ 각종 위원장+부서장)	⇨	상무집행위원회 (임원+각종 위원장+부서장)
				⇩		⇩
지부 총회	⇨	지부 대의원대회	⇨	지부운영위원회 (지부임원+지회장)	⇨	지부집행위원회 (지부임원+부서장)
		⇧		⇩		⇩
지회 총회	⇨	지회 대의원대회	⇨	(지회운영위원회) (지회임원+선출대의원)	⇨	지회집행위원회 (지회임원+부서장)

로 구성한다.

지부와 마찬가지로, 지회 역시 지회장, 수석 부지회장, 부지회장, 사무장, 회계감사 등의 임원을 둘 수 있다. 지회장은 조합원의 직접, 비밀, 무기명투표에 의하여 재적조합원 과반수 투표와 참석한 조합원 과반수 득표로 선출하고, 지회장을 제외한 임원은 지회에서 정한 규칙에 의해 선출한다. 지회의 단체교섭은 조합 및 지부의 방침에 따르며, 지회 총회를 거쳐 위원장의 승인을 얻은 후 교섭위원 연명으로 서명하여 체결한다. 지회에서 쟁의가 발생한 경우 지회단위의 쟁의행위 결의는 재적조합원 과반수의 참석과 재적 조합원 과반수이상의 찬성으로 의결하며, 지회 대의원회 의결에 의해 쟁의대책위원회를 구성할 수 있다.

이상과 같이 전국금속노조는 본조와 지역지부, 사업장 지회 각각 총회와 대의원대회, 운영위원회, 집행위원회라는 독자적인 의결 및 집행단위를 가질 수 있게 되어 있다. <그림 8-1>의 조직체계로 보면, 지역지부와 사업장 지회는 각각 독자적인 의결기구와 집행체계를 가지고 있기 때문에 지부에서 결정된 방침이 지회에서 시행되는가 여부는 상당한 정도 지회 자체의 의결기구(대의원대회)와 집행기구의 결정에 의존한다. 이렇게 의결기구와 집행체계의 중복된 구조는 기업별 노조의 특징과 관행을 그대로 인정한 것에서 기인하며, 본조-지부-지회가 모두 독자적인 의결 및 집행단위를 가짐으로써 권한과 역할의 배분, 원칙과 관행상의 충돌이 불가피하게 발생하게 된다.

3. 지역지부와 사업장지회의 관계

지역지부와 사업장 지회의 기능과 역할을 규정하는 핵심적인 요인은 ① 규약상 본조-지부-지회 간 권한의 집중과 분산, ② 수직적 조직단위간 인적, 재정적 자원의 배분이다. 전자는 교섭과 협약체결의 권한, 징계의 권한, 상부의 방침과 의결사항의 구속력, 후자는 지부의 집행력과 역할 강화, 지회수준의 기업별노조의 관성과 관련된 것이다. 특히 기업별노조의 관성을 극복하는 문제와 관련하여 지부 운영위원회에서 결정된 사항이 지회 집행위원회에서 그대로 실행되는가 하는 점이 중요하다. 또한 지부 집행위원회가 실질적인 사업을 집행할 만큼 충분한 지도력과 전문성을 발휘하고 있는가, 기업의 틀을 넘어선 지부 대의원회가 실질적인 의결기구 로서 활성화되고 있는가 하는 점 역시 중요하다.

1) 인적, 재정적 자원의 배분

(1) 예산

지역지부와 사업장 지회 간의 인적, 재정적 자원의 배분은 지부의 집행력 과 관련된 문제이며, 지부가 기업별노조의 관성이 강한 지회활동에 대해 지도력과 전문성을 발휘할 수 있는 실질적 토대이다.

현재 금속노조의 조합비에 관해서는 대의원대회의 결의에 따라, "통상임 금 1%를 조합비로 납부하며, 이중 10%를 쟁의 및 신분보장기금으로 적립하고 나머지 90%를 다시 본조, 지부 지회 사이에 3:2:5로 배분한다." 산별노조 체계에서 예산의 집중은 사업과 투쟁을 집중하기 위한 것으로 ① 조직의 각 단위별로 중복되는 사업의 집중, ② 조합비 격차에 따른 조합원간의 불평등 해소, ③ 불요불급한 예산의 축소 및 통폐합, ④ 사업비 비중의 확대라는 원칙에 따른 것이다. 이러한 원칙에 따르면, 조합의 예산편성은 교육, 정책, 홍보 등 기업별노조가 수행하기 어려운 사업을 산별노조로 집중하고 경조비나 기념품 등 상호부조 예산이나 운영비의 비중을 축소하며 사업비를 중심으로 해야 한다는 것이다(전국금속노조, 2001.5: 61-75). 문제는 예산의 집중이라는 이러한 방침이 본조와 지부로의 사업 집중, 본조-지부-지회 사업의 유기적 결합, 효율적인 역할 배분을 전제하고 있다는 점이다. 특히 예산집중은 문화활동이나 교육, 홍보, 소식지 발간, 산업안전 교육 등의 사업을 지부에서 추진함으로써 지회들간의 연대를 강화하고 조합원의 관심을 지부로 확대하는 것을 목표로 하고 있다. 이는 원래 사업장 지회에서 수행하던 사업 중에서 본조와 지부로 집중시켜야 할 사업의 예산은 지회의 예산편성에서 제외해야 한다는 것을 의미한다.

따라서 기업별 노조시절 단위지회에서 수행하던 많은 사업들이 본조와 지부로 효과적으로 이관되고 각 단위들의 사업이 유기적으로 결합되지 않는다면, 모든 조직단위들이 중복된 사업으로 예산부족에 직면하게 된다. 개별 지회의 입장에서 보면, 조합비의 이와 같은 배분은 기업별노조 시절에 납부하던 연맹 의무금(보통 지회예산의 10-15%수준)이 없어진 것을 제외하면, 지회에서 사용할 수 있는 예산이 절반으로 삭감된 것을 의미한다. 대기업 지회의 경우 지부로 이관해야할 많은 사업들이 지회의 부서 체계 내에 그대로 남아 있으며, 본조와 지부의 교부금은 재정이 열악한 중소지회에 일차적으로 집중되기 때문에 사실상의 예산 삭감을 경험하고 있다. 예컨대, T중공업 지회의 경우 지회가 사용할 수 있는 1년 예산은 대략 1억2000천만

원 수준에서 7천만 원 수준으로 축소되었고, D중공업 지회의 경우 7억
원 수준에서 5억 원 수준으로 삭감된 셈이다.

　지역지부의 수입은 주로 조합비에서 배분되는 교부금과 지원금을 포함한
잡수입으로 구성되며, 지출은 운영비와 사업비로 구분된다. 2001년의 경우,
경남1지부의 월 평균 수입은 558만 원이며, 평균 교부금은 452만 원이다.
경남2지부의 경우 평균 월수입은 539만 원이며, 월 평균지출은 운영비가
192만 원, 사업비가 290만 원이다. 지역지부의 사업비는 주로 교육선전,
조직사업, 투쟁사업으로 구성된다(전국금속노조, 2001.11: 153-161).

(2) 인력

　중요한 문제점은 지부예산에 전임자의 인건비가 전혀 반영되어 있지
않다는 점이다. 본조와 지부의 집행력을 담보할 전임자는 개별 지회의 인력
파견에 전적으로 의존하고 있다. 지부 집행력은 기본적으로 전임자의 수와
질에 의존한다. 지부가 얼마나 많은 전임자를 확보하고 있으며 실제로 단위
사업장 지회에 대해 지도력과 전문성을 갖춘 인력을 전임자로 확보하고
있는가는 지부-지회 관계에서 지부의 지도력, 지부활동의 전문성을 보장하
는 핵심적인 요소이다.

　금속노조는 확보할 수 있는 전임인력의 규모를 최소 300명으로 추정하고
있으며, 이들 인력을 어느 단위에 어떻게 배치할 것인가는 노동조합의 기능
과 역할에 대한 내부적 합의에 의존한다. 금속노조 대의원대회의 결정사항
은 "공직 취임이 단협상 인정되는 지회는 본조, 지부로 우선 파견하며,
지회 전임자 수가 3명 이하인 곳은 1명, 3명 이상인 곳은 전임자 중 1/3을
본조, 지부에 파견하는 것을 원칙으로 한다"는 것이었다. 전임인력 배치기준
(안)에 따르면, 산별노조의 역할은 노동운동의 장기적 전망을 수립하고 노동
자계급 전체의 공동이익에 대한 종합적인 판단과 관련된다는 점에서, 금속
노조의 핵심적 사업은 정책관련 사업, 그 수단으로서 교육과 홍보사업,

미조직노동자 조직화사업으로 구분된다. 이러한 원칙에 따라 금속노조는 정책을 산출할 수 있는 인력을 전임자로서 중앙에 집중적으로 배치하는 전략을 취하고 있다(전국금속노조, 2001.10:61-75). 현재 금속노조 본조에 임원 6명과 상집 13명 등 총 19명의 전임인력이 있으며, 지역지부에 55명가량의 임원과 상집이 배치되어 있다. 이중 50여 명이 지회의 파견간부이며, 연맹 파견 사무처 인원이 26명이다(김승호, 2002: 20).

전임인력 배치 기준안에 따르면, 지부의 사무국은 전임, 반전임, 비전임을 포함하여 구성된다. 보통 조직1, (조직2), 교육선전, 총무 순으로 우선적으로 배치하고, 산업안전, 조사통계, 법규, 정치, 여성, 문화체육, 복지후생 등의 부서나 담당자를 두며, 전직간부 및 활동가를 부서위원으로 조직하도록 규정하고 있다.

경남2지부는 다른 지부에 비해 전임자수가 많은 편이며, 현재 임원 4명을 포함하여 5명이 상근하고 있으며 총무, 조직1, 조직2, 조직3, 교육, 선전, 조사통계, 복지 부서에 주 2-3일 혹은 반일제 근무형태의 반상근자가 8명이다. 원래 경남2지부는 마창노련으로부터 금속산업연맹 경남본부를 거쳐 경남2지부로 개편되는 과정에서 상당수의 지역활동가와 해고자들을 포괄하고 있었고, 초기에는 지회파견 없이 금속연맹 파견자들과 무급의 해고노동자들이 1기 집행부를 담당했다. 그러나 금속노조의 체계가 잡혀가면서 인건비 예산이 없는 지부로서는 상근자들을 무급으로 고용하는 것이 부담이 되었고, 2기 집행부는 무급해고자들을 제외하고 단위지회의 파견인력으로 구성되었다(지역활동가 P씨).

경남1지부는 전임자 수가 16명인 두산중공업을 제외하면 지부에 인력을 파견할 수 있는 지회가 별로 없는 실정이어서, 임원 3명과 연맹 파견자 2명을 포함하여 5명의 상근자를 두고 있다. 연맹에서 파견한 조직1, 조직2가 상근이며, 여성, 총무가 주2일 상근이며, 나머지는 비전임이거나 공석상태이다. 비전임 간부의 경우 주1회 집행부 회의에 참석하는 것 외에 다른 활동이 불가능하며, 더욱이 산하 지회들이 지리적으로 분산되어 집행위원회는 보통 상근자회의로 대체되는 실정이다(경남1지부장 K씨). 결국 지부 집행체계 자체가 두산중공업 지회의 상근인력에 의존할 수밖에 없는 것이 현실이다. 경남 1지부 1기 집행부의 경우에는 두산 지회장이 경남 1지부장을 겸임했고, 두산 지회의 집행위원 4-5명이 지부 집행부를 겸임하는 등 사실상 지부와 지회가 동일한 단위였으며, 1기 지부의 집행력은 두산지회의 집행력에 의존했다.

이처럼 지부의 집행력, 전임자의 구성과 질적 수준은 지회의 인력파견에 의존하며, 산하 지회에서 누군가를 파견하기로 결정하면 이를 받아서 지부 집행부를 구성할 수밖에 없는 것이 현실이다. 문제는 대부분의 지회 역시 간부인력이 부족하기 때문에 원칙대로 전임자의 30%를 본조나 지부로 파견하지 않고 있으며, 본조나 지부로서는 이를 강제할 수 있는 구속력이 없다는 점이다. 두산지회의 전임자는 13명인데 경남1지부의 상근자는 5명, 효성지회와 통일지회의 전임자가 각 7명, 6명인데 경남2지부의 상근자는 5명에 불과한 기형적인 현상이 발생한다. 경남 2지부의 경우 해당 지회에서 30%의 전임자를 파견한다면 실제 상근자는 15명 이상으로 늘어나지만, 많은 지회에서 인력부족이나 희망자가 없다는 이유로 이를 실행하지 않고 있는 것이다. 대부분의 지회들이 지회임원 중에서 반상근 형식으로 파견을 하는 것이 일반적이며, 지회활동을 중심에 두기 때문에 지회장들이 지부 임원을 맡기를 꺼리는 경향이 있다.

지부장은 지회의 집행체계에 대해 아무런 권한이 없으며, 금속노조 위원장 역시 단위지회에서 인력을 파견해 추천해주지 않으면 지부의 상집을 임명할 수가 없다. 이러한 의미에서 산업별 조직의 형식 속에 기업별노조의 체계가 그대로 유지되고 있는 것이다. 이와 같이 지부의 상근 인력 부족은 지부의 집행력과 사업역량을 약화시키고 애초에 지부로 이관되기로 한 사업들이 상근자 부족으로 인해 제대로 집행되지 않기 때문에, 상근자를 파견한 지회는 지회 전임인력은 감소되었음에도 불구하고 기업별노조에서 수행하던 모든 사업을 계속 떠안아야 하는 이중의 부담을 안게 된다(지회 임원 P씨).

　나아가 지부 집행력의 수준은 인적 자원의 질에 의존한다는 점에서, 전임자의 수뿐만 아니라 활동가의 질이 문제로 된다. 지부활동은 기본적으로 지역활동이고 사업장내 지회활동과 성격을 달리한다. 지부의 집행위원들은 산하 지회들을 관할하면서 동시에 해당 업무와 관련한 지도, 지원의 역할을 수행해야 한다. 이 때 지부 집행력의 질을 결정하는 것은 전임자들의 지도력과 전문성이다. 문제는 지부운영위원회의 결의를 통해 모든 지회에서 인력을 파견하기로 했다면, 누구를 파견할 것인가가 아니라 어느 지회에서 파견할 것인가가 쟁점이 되고 파견인력의 질이 고려되지 않는다는 점이다. 조합활동의 중심이 여전히 지회이기 때문에 각 지회에서 지도력을 가진 핵심인력이 지부로 파견되는 경우가 많지 않고, 조합간부들 역시 고생이 심하고 보상이 적은 지부활동을 기피하는 것이 일반적이다(지역활동가 P씨). 때문에 지부 전임자들이 본조의 방침을 전달하고 지회의 상황을 공유하는 정도를 넘어서, 정세에 대한 빠른 판단에 기초한 투쟁과 전술의 지도, 지회에 대한 충분한 지도력과 실무능력을 담보하기가 어렵게 된다.

　지부집행력의 한계는 지부의 인적, 재정적 자원의 한계 때문이지만, 동시에 지부와 지회의 역할에 대한 명확한 상이 정리되지 않기 때문이기도 하다. 많은 조합간부들은 당위적으로는 지회의 집행체계를 지부로 이관해야 한다는 입장으로 보이고 있지만, 현실적으로 지회 중심으로 조합의 일상 활동이 이루어지는 상황에서, 지부의 역할이 확대되는 데는 한계가 있다. 지회들은 교육선전이나 정책 등 지회에서 하기 어려운 부분을 지부에 기대하거나 교섭이 안 풀릴 때 지부나 본조가 돌파구를 열어주기를 기대하지만, 전자는 지부의 자원부족으로 이루어지지 못하며, 후자의 경우, 지부 지도력의 한계로 임단투 자체가 지회의 역할과 책임으로 맡겨져 있는 것이 현실이다.

많은 조합간부들이 금속노조가 지향하는 산별노조의 상과 현재의 상태, 장애 요인들에 대한 이해가 부족한 상태에서, 본조와 지부에 대해 과도한 기대를 하거나, 기업별노조의 관행에 따라 지회를 운영하고 있다. 지부와 지회 사이에 단순히 정책, 교육선전 등 영역에 따른 기계적인 역할분업보다는 지부의 실질적인 지도집행력과 지원능력을 강화하는 것이 중요하다. 문제는 지회의 권한과 집행체계를 본조와 지부로 얼마나 이관할 수 있는가의 여부이다. 모든 지회가 독자적인 의결기구와 집행체계를 가지고 있는 현실에서, 본조와 지부의 방침은 서로 상이한 조건을 가진 사업장 지회 내부의 의사결정을 거치는 과정에서 번복되거나 변형된다. 핵심은 지부와 지회의 이중적인 의결 및 집행체계인 것이다.

2) 집행체계의 이중구조

지부와 지회의 관계를 매개하는 핵심적인 단위는 지부운영위원회이며, 특히 지부운영위원회에 참여하여 지부의 주요방침을 결정하고 이를 지회수준에서 집행하는 지회장들이다. 지부운영위원회는 지부 임원과 지회장들, 그리고 1000명 이상 사업장마다 한 명씩 추가되는 선출직 대의원에 의해 구성된다. 보통 매주 1회씩 열리는 지부 운영위원회는 지부의 주요한 방침을 결정하고 집행사항을 점검하는 역할을 한다.

그러나 지부운영위원회의 결정사항이 개별 지회에 어떻게 전달되고 얼마나 실천되는가는 대부분 지회장에게 의존한다. 지회장이 사안에 대해 어떠한 태도를 가지고 쟁점과 방침을 어떻게 전달하는가가 지회의 집행결과에 큰 영향을 미친다. 대부분의 사업장 지회마다 나름대로의 독특한 사정이나 교섭의 진행과정이 있기 때문에 지부의 방침과 일정, 투쟁수위를 일률적으로 적용하는 것은 불가능하다. 보통 이러한 사정들이 지부 운영위원회를 통해 절충되고 조정되어 지부의 투쟁방침이나 사업계획이 결정되지만, 원활한 집행이 이루어지지 않는 경우가 많다.

그 중요한 이유는 지부 운영위원회에서 결정된 지부방침이 실행되고 집행되기 위해서는, 사업장 지회단위의 운영위원회나 대의원회, 집행위원회의 논의과정을 거쳐야 한다는 점이다. 여러 사업장의 지회장들이 모인 지부 운영위원회에서는 본조의 방침에 따라 지회들의 사정을 절충하여 일정한 결의를 모으지만, 지회수준의 운영위원회나 집행위원회에서는 각 지회의 사정과 조건을 주요하게 고려하여 결정이 이루어진다. 대부분의 큰 지회들은 대의원회, 운영위원회, 집행위원회 등 기업별노조의 모든 집행 및 회의체계를 그대로 가지고 있다. 따라서 지부운영위원회의 결정이나 지침이 지회에서 그대로 공유되고 실천되는 것이 아니라, 지부의 방침에 대해 다시 지회수준에서 논의를 하게 된다. 이 과정에서는 지회의 특수한 사정, 조합원의 정서, 회사의 태도와 지불능력 등 현실적 조건을 주요하게 고려한 채 지부방침의 집행을 보류하는 것으로 귀결된다(지회간부 P씨).[3] 대부분의 지회들이 본조와 지부를 바라보는 관점은 과거 지역본부나 연맹과의 관계에서 형성된 관행과 연결되어 있기 때문에, 지회들이 지부의 방침을 집행하지 않는 경우 공식적으로는 제재가 가능하지만 현실적으로 제재나 결의를 통해서 이를 바꾸는 것은 불가능하다. 이러한 상황은 금속노조의 의사결정방식에 대한 지회장들의 평가에서도 그대로 확인된다. <표 8-5>

---

3) 물론 지부운영위원회에서 중요한 방침을 결정할 때, 지회장들이 각 지회들의 사정을 충분히 논의하고 모든 지회가 최소한 같이 할 수 있는 정도가 어디냐를 찾아 절충하는 방식으로 방침을 결정하지만, 그럼에도 불구하고 지회 수준에서 이 결정에 대한 집행이 이루어지지 않고 있는 것이다.

〈표 8-5〉 금속산업연맹 혹은 금속노조의 의사결정방식에 대한 지회장들의 평가

(단위 : 명, %)

	1지부 지회장	2지부 지회장	미전환 노조위원장	전 체
매우 민주적이고 효율적으로 운영되고 있다		1		1(4.0)
민주적 절차를 통해 이루어지고 있지만, 현장의 조건이나 의견이 잘 반영되지 않는다	7	8	5	20(80.0)
현장의 의견이 반영되지 않으며, 관료적이고 권 위주의적인 편이다		2	5	3(12.0)
관료주의와 권위주의가 매우 심각하다				
합 계	7	11	6	24(100,0)

를 보면, 대부분의 지회장들이 금속노조 본조나 금속산업연맹의 의사결정
방식에 대해 "현장의 조건이나 의견이 잘 반영되지 않는" 것으로 평가하고
있다.

지부의 방침을 집행하는데 있어서 지회장의 역할은 대단히 중요하다.
지회장들이 지부 운영위원회의 결정이나 방침을 지회에 돌아와서 제대로
보고하지 않거나 지회내의 회의체계를 통하여 집행을 보류하는 경우도
많다(지회간부 P씨). 대부분 사업장 지회 간부들의 판단은 지회장이 상황을
어떻게 설명하는가에 따라 달라지며, 이러한 판단에 기초하여 지회내부의
의사결정이 이루어지기 때문이다. 그러나 노동조합 지도자로서 지회장들의
의식수준은 일반 조합간부나 평조합원들의 의식과 크게 다르지 않는 경우가
많다. 많은 지회장들이 노동조합운동의 장기적 전망과 방향에 대해 고민하
기보다는 기업별노조의 관성에 따라 실무적으로 임금협상이나 조합행사를
중심으로 사업을 추진한다. 1987년 이후 노동조합운동의 발전에도 불구하
고, 경험과 의식 있는 활동가들의 저변이 넓지 않은 것이 현실이다. 전투적
투쟁의 전통을 간직한 일부 사업장 지회를 제외하고, 많은 지회장들이 지부
운영위원회의 논의사항을 부담스러워 하거나 이해하지 못하고 있다는 것이

다(지역활동가P씨). 때문에 지부 운영위원회에서 방침이 결정되더라도 지회 수준에서 제대로 집행되지 않는 경우가 많다.

지부-지회 집행체계의 이중구조는 의사결정의 중복을 낳고 있고, 지회에 대한 지부의 지도력을 약화시키는 요인으로 작용한다. 궁극적으로 이러한 집행체계의 이중구조를 해소하는 것은 지회 집행부 자체를 없애는 것을 의미한다.4) 지회의 집행체계와 권한을 지부로 이관하는 방식으로 집행체계의 이중구조를 해소하지 않는 이상, 기업별노조의 관행과 관성을 극복하기가 매우 어려운 것이 현실이다. 근본적인 해결책은 기업별노조에서 하던 집행체계의 모든 부분을 지부로 이관하고 지회에는 선출직 지회장과 필요한 최소한의 인력만을 남겨두는 대신에, 지회의 전임 집행위원들이 아니라 현장간부나 대의원들이 직접 현장활동을 조직하도록 하는 것이다. 이러한 형태로 지회의 집행체계와 역할을 지부로 완전히 이관하지 않고 기업별노조처럼 지회의 집행체계를 남겨두는 상황에서는, 예산과 인력이 축소된 지회의 활동력도 약화되고 지부도 강화될 수 없다.

이러한 집행체계의 이중구조 하에서 지부활동의 왜곡은 두산중공업 지회에 대한 의존도가 높은 경남1지부의 경우 훨씬 심각하다. 경남2지부의 지부-지회관계는 지회가 지부의 방침을 얼마나 충실하게 집행하는가의 문제라고 한다면, 경남1지부의 지부-지회관계는 사실상 대규모지회 내부의 계파문제를 의미한다. 조합원 분포로 볼 때, 경남1지부는 사실상 기업지부라고 해도 과언이 아닐 정도로 두산지회의 역할이 중요하다. 경남1지부 1기 집행부는 두산지회 지회장을 겸임했기 때문에 사실상 지부 집행력은 두산

---

4) 기업별노조의 관행과 관성이 지속되고 있는 상황에서, 사업장의 범위를 넘는 연대투쟁을 결의한 지부방침에 대해서, 일반조합원들은 "우리가 왜 해야 하는가, 우리 일도 아닌데" 하는 반응을 보인다. 지회수준의 대의원회나 집행체계가 유지되는 한에서, 이러한 조합원들의 정서와 반응은 지회집행부나 대의원회에서의 논의를 통해 사업과정에 반영될 수밖에 없다. 지회의 상집 자체가 없어지고 완전히 지부중심의 집행체계로 전환되어야 조합원들이 조합에 대한 요구를 지역지부를 통해 반영하는 구조가 형성된다는 것이다(지역활동가 P씨).

지회의 집행력에 의존했고, 2기 집행부의 경우, 서로 다른 현장조직이 각각 경남1 지부와 두산지회 집행부를 장악하였기 때문에 긴밀한 협력은 불가능했다. 전임인력의 배치라는 측면에서 보면, 지부의 강화는 지회의 약화를 의미하며, 더욱이 지부와 지회를 각각 상이한 현장조직이 장악하고 있는 경우에 상황은 보다 복잡해진다. 특히 두산지회의 사정으로 지부 집행인력의 파견이 늦어졌기 때문에, 사실상 경남1 지부 집행력의 많은 부분은 중장기적인 지부통합을 전제로 경남2 지부와의 공동사업에 의존하거나, 미전환 기업별노조의 전환사업, 중소사업장 지회를 관리하는 사업에 집중되었다(경남1지부 간부K씨).

경남1지부와 두산지회의 관계는 민영화 이후 두산중공업의 기본협약 쟁취투쟁에서 분명하게 나타난다. 기본적으로 임단협 교섭권은 본조 위원장으로부터 교섭권을 위임받은 지부장에게 있으며 기본협약 쟁취라는 쟁의의 성격 역시 일차적으로 지부의 책임이지만, 사실상 투쟁동력은 지회의 집행력에 기초한다. 때문에 두산지회는 2002년 쟁의에서 투쟁방향을 결정하고 실행을 지시하는 단위로 중앙 쟁의대책위원회를 구성했으나, 중앙쟁의대책위 의장은 지부장이 아닌 지회장이 맡았고, 상황에 따라 필요한 경우 지부장이 의장을 맡는 것으로 합의되었다(경남1지부 간부 K씨). 경남1 지부 2기 집행부의 경우는 지부-지회관계와 계파문제가 얽혀 보다 복잡해졌지만, 집행부가 같은 계파에 속했던 1기 집행부의 경우에도 지부체계의 형식만 갖추었을 뿐 지회중심으로 운영되었다는 점은 별다른 차이가 없다. 기본협약과 같은 본조나 지부의 방침이 대기업 지회의 경우 일상적인 이해나 사업과 거리가 있기 때문에, 조합원들의 입장에서 동력이 생기지 않는다(두산지회 간부C씨). 임단협의 협약 체결권은 본조 위원장으로부터 지부장에게 위임되지만, 실제 교섭은 단위 지회장이 책임을 지고 수행하고 있다는 사실은 경남 2지부 역시 동일하다. 따라서 일반조합원들의 시각에서는 지부장이

아니라 지회장이 중요한 것이다.[5]

사업장교섭에서 산별노조의 지침에 못 미치는 노사합의가 이루어질 때, 지부와 지회 사이에 갈등이 발생할 수 있다. 2001년 두산지회는 소사장제가 쟁점이 되어서 이를 철회하는 투쟁에 집중하였고, 나머지 금속노조 기본요구안에 대해서는 본조의 요구를 충족시키지 못한 채 투쟁을 마무리 지었다. 투쟁력이 소진되고 조합원들이 지쳐있기 때문에 지회는 가능한 조기에 타결을 짓고자 했고, 지부는 조합지침과 일치하지 않는 잠정합의를 승인하기 위한 운영위원회를 연기시켰다. 결국 두산지회의 요구가 관철되었고 협약안은 지부운영위원회를 통과해 총회에 회부되었지만, 2002년 경남2지부 효성 지회의 일방적 협약체결에서 나타난 바와 같이, 협약체결을 둘러싸고 지부와 지회의 갈등은 언제든지 발생할 수 있는 것이 현실이다(두산지회 간부C씨).

이러한 상황은 기업별노조의 관성에 익숙한 지회간부들과 단기적인 경제적 이익에 관심을 갖는 많은 조합원들에게는 산별노조에 대한 불만의 원천이 되고 있다. <표 8-6>과 <표 8-7>을 보면, 많은 지회장들은 금속노조가 현장조합원들의 요구를 수렴하지 못하고 있다고 평가하고 있으며, 33%가량의 지회장들은 지회와 지부 간의 관계에 대해 불만을 표시하고 있다.

지역지부와 지회, 본조와 현장을 매개하는 또 다른 기구는 지부대의원회이다. 지부 대의원은 50명당 1명씩 선출한다. 경남2지부 대의원은 총 91명이며, 지회 규모에 따라 보통 2-3명에서 18명까지 배정된다. 경남1지부 대의원은 총 95명으로 이중 86%(82명)를 두산지회 대의원이 차지하고 있다. 이들 지부대의원들은 지회의 임원과 집행위원을 제외하고 지회대의원을 겸임하게 된다. 지회에 따라 이에 더해 추가로 지회대의원을 선출하는 경우도 있다.

---

5) 경남1지부와 경남2지부의 2002년 임단협과정의 경과에 대해서는 양솔규, 앞의 논문, pp.54-67을 참조할 것.

〈표 8-6〉 금속연맹 혹은 금속노조 등 상급단체의 현장 조합원들의 요구수렴 정도

(단위 : 명, %)

	1지부	2지부	미전환	전체
잘 수렴하고 있다		1		1(4.3)
대체로 잘 수렴하는 편이다		5	3	8(34.8)
대체로 수렴하고 있지 못하는 편이다	6	4	3	13(56.5)
잘 수렴하고 있지 못하다	1			1(4.3)
응답자 수	7	10	6	23(100.0)

〈표 8-7〉 노조 혹은 지회와 지역본부 혹은 지부와의 관계

(단위 : 명, %)

	1지부	2지부	미전환	전체
매우 만족		1		1(4.2)
대체로 만족	4	7	4	15(62.5)
대체로 불만족	1	4	2	7(29.1)
매우 불만족	1			1(4.2)
응답자 수	6	12	6	24(100.0)

경남2지부의 경우 지부대의원회는 월 1회 정도 열리며, 주로 대의원의 70-80%정도가 참여하는 경우가 대부분이다. 일상적인 의사결정과정은 먼저 본조방침이 내려오면, 지부운영위원회를 거쳐서, 지회장들이 지회 집행위원회와 대의원회를 통해 의견을 수렴하고, 이를 다시 지부 운영위원회에서 결정하여 지부대의원회에 상정하는 방식으로 진행된다. 따라서 지부대의원회는 지부의 현안을 놓고 집중적인 토의를 하거거나 지부운영 방향을 결정하기보다는 주로 월 1회 본조의 방침과 투쟁계획을 설명 듣고 대의원들의 의견을 묻는 방식으로 진행된다. 주로 대의원들이 지부의 예산편성과 사업계획의 확인, 사안에 대해 공유하고, 결의를 모으는 것이 주요한 내용이다. 이는 대의원들이 지부 대의원회를 형식적으로 생각하거나 현장수준에서 올라와 지부의 쟁점에 대해 잘 모르는 경우가 많기 때문이다. 잘 모르기

때문에 토론이 없고, 특별히 지회 내부의 계파갈등이 심각한 경우를 제외하면 지회장의 의견을 따라 표결하는 경우가 대부분이다(지회간부 P씨).

경남1지부의 경우, 지부대의원들이 대부분 두산지회 대의원과 중복되기 때문에 월1회 하도록 규정되어 있는 지부대의원회의 참석률이 매우 낮다. 두산지회의 경우 지부대의원과 지회대의원을 같이 뽑아 50명당 1명으로 선출하나, 지부대의원을 겸임하는 지회 집행위원의 숫자만큼 일부 지회대의원은 지부대의원에서 제외된다. 두산지회의 투쟁상황 때문에 예정된 지부대의원회가 무산되는 경우도 많이 발생했으며, 평균 주1회 열리는 두산지회 대의원회에 비하면 지부대의원회는 월1회로 드문 편이다. 경남1지부 대의원회 역시 조합의 사업방침을 설명하고 공유하고 의견 듣는 것이 대부분이며, 주로 대의원간담회로 진행된다.

그러나 지부 대의원회에서 미묘하고 구체적인 사안들이 다루어지는 경우는 별로 없으며, 월 1회 개최되는 대의원회에만 참여하는 지회간부들은 사안별로 매주 내려오는 지부지침에 대해 잘 모르는 경우가 대부분이다. 결국 지부와 지회를 연결하는 핵심적 매개체로서 지회장이 지부 운영위원회에서 지회사정을 어떻게 보고하고 해당 지회에서 지부 방침을 어떻게 전달하는가가 지부의 집행력에 결정적인 영향을 미친다. 기업별노조에서와 마찬가지로 산별노조에서도 지회장의 역할은 결정적으로 중요하다. 지회에 대한 지부의 집행력과 지도력은 해당 사업장의 지회장이 어떤 생각을 가지고 있고 지부 사업에 대해 얼마만큼의 의지를 가지고 있는가에 의존한다. 때문에 지부 의사결정의 가장 주요한 단위는 지부 대의원회가 아니라 지부 운영위원회이며, 지회대의원들의 의견을 수렴하고 본조의 방침을 보고하는 지회장들의 성향과 태도에 따라 대의원들의 의사결정이 실질적으로 영향을 받고 있는 것이다.

4. 조합민주주의

노동조합 조직체계의 전환, 산별노조로의 전환과 관련하여 가장 쟁점이 되었던 것은 산별노조의 관료화에 대한 우려, 즉 조합민주주의의 문제였다. 조합민주주의를 경쟁과 참여라는 두 측면에서 접근할 수 있다면, 한편으로 조직적 분파들간의 경쟁, 다른 한편으로 조합원들의 참여수준을 고찰하는 것이 필요하다.

1) 조직적 분파들간의 경쟁

노동조합의 조직운영과 일상활동의 주체는 보통 조합활동가들이고 이들은 조합간부이거나 현장조직에 소속되어 있는 경우가 대부분이다. 따라서 조합내 조직운영과 활동방향을 둘러싸고 선거에서 경쟁하는 조합간부들의 특성과 현장조직의 실태를 이해하는 것이 조합민주주의를 이해하는데 대단히 중요하다.

대기업 지회들은 조직적인 결집력이나 이념적 지향성에서 차이가 있을 수 있지만, 대부분 기업별노조의 활동과정에서 형성된 독자적인 분파들을 가지고 있는 경우가 많다. <표 8-8>과 <표 8-9>의 경남지역 사업장 노조위원장(지회장)을 대상으로 한 조사에 의하면, 일정규모 이상의 사업장에는 반집행부 세력이 조직되어 있으며, 이들은 주로 노동조합의 활동방향이나, 이념적 차이, 지연, 학연, 개인적 인간관계 등에 기초해서 조직되어 있다.

일반적으로 이 현장조직들은 이념적 차이와 같은 정파적 경향성, 선거에서 경쟁하는 선거조직의 성격, 인간관계를 통해 엮어진 친목 모임의 성격이 혼재되어 있는 느슨한 구조를 가지고 있다. 이들 현장조직들은 과거와 달리 조직적인 결집력이나 내부적인 결의수준이 많이 떨어져 있기는 하지만, 선거에서 경쟁하는 중요한 조직들이며, 활동가들을 관리하는 기능을 수행

<표 8-8> 조직적 분파의 활동여부

(단위 : 명, %)

	1지부	2지부	미전환	전체
조직되어 있지 않다	4	6	3	13(52.0)
조직되어 있으나 활동하지 않고 있다	3	3		6(24.0)
조직되어 활발히 활동하고 있다		3	3	6(24.0)
합계				25(100.0)

<표 8-9> 조직적 분파의 경계 기준

(단위 : 명, %)

	1지부	2지부	미전환	전체
지연, 학연 혹은 개인적 인간관계로 나누어져 있다	1	1	1	2
노동조합 활동의 방향을 놓고 서로 나누어져 있다	1	3		5
이념적 차이 혹은 정파에 따라 나누어져 있다	1	1	2	4

한다. 대체로 조직의 수뇌부는 정파적 경향성을 가지고 있지만 일반회원들은 조합활동에 관심 있는 사람들을 중심으로 정기적인 친목모임의 성격을 갖거나 선거 때 선거운동에 참여하는 수준인 경우가 많다.

이들 현장조직은 노조 집행부를 구성할 때 중요한 인적자원의 풀을 형성하며, 조직의 결의에 따라 특정 집행부의 일원으로 참여하는 것이 일반적이지만 최근에는 조직적 결집력이 많이 약화되고 있다. 조직 내부의 결의가 잘 이루어지지 않거나 잘 지켜지지 않기 때문에, 최근에는 조직들 간의 정파적 구분이 거의 희석된 상태이며 인맥과 사람을 통해서만 구분되는 것이 일반적이다(지회간부 P씨). 많은 지회에서 현장조직들은 전직 집행부들이 친목계 비슷하게 정기적으로 모임을 갖거나 야유회를 진행하는 수준을 넘지 않고 있다. 이들 현장조직들은 과거와 달리 중요한 의사결정에 대해 사전에 의견을 조정하거나 집행부에 대한 비판적 의견집단으로서 기능하는 측면은 약화되었고, 주로 전직 조합간부들이 조합에 대한 관심을 유지하고 친목을 도모하면서 선거에서 경쟁하는 조직으로서의 성격을 유지하고 있다.

조직적 분파들 간의 경쟁이 가장 뚜렷하게 나타나는 것은 두산지회 조합원들이 다수를 차지하고 있는 경남1지부이다. 두산지회에는 미래회, 새노협, 한맥이라는 세 개의 조직적 분파가 존재하며, 이들 세 조직들은 노동조합의 활동방향과 조합권력을 둘러싸고 치열하게 경쟁하고 있다. 경남1지부의 조합원 대다수가 두산지회 소속이라는 점에서 두산지회 조직적 분파들간의 경쟁은 경남1지부 수준에서도 그대로 반복되며, 지부-지회의 집행력을 어느 분파가 장악하는가에 따라 지부-지회 관계에도 직접적인 영향을 받는다. 경남1지부 집행부를 장악하고 있는 미래회와 두산지회 집행부를 장악한 새노협간의 협조여부는 바로 지부와 지회간의 원활한 사업진행에 직접적인 영향을 미쳤다.

이들 세 현장조직들은 각각 운영방식이 다르지만, 보통 공장별로 구역을 나누어서 하부조직을 꾸리는 것이 일반적이다. 미래회는 공장별로 10개 지부를 운영하며, 320여명의 조직원을 포괄하고 있다. 회장과 5명의 부회장, 10명의 지부장과 10명의 지부총무, 부장 밑에 5개의 부서와 부차장(조직, 편집, 대외협력, 선전, 정책)으로 구성된 조직체계를 이루고 있다. 주로 회원소식과 노동동향을 내용으로 하는 회보를 매월 발간하며, 매월 회비를 납부하여 절반은 전체 회가 관장하고 나머지 절반은 공장별 지부로 할당한다. 회장의 선임은 대체로 지부단위에서 의견을 모아, 회장단, 청년단, 고문단, 지부총무, 지부장 등 30여명으로 구성된 운영위원회에서 추대하고, 가족을 포함하는 1년 총회에서 결정하는 방식으로 운영된다(미래회 회원 K씨). 상대적으로 회원이 150여명으로 적은 새노협 역시 공장단위로 지회를 두고 있고, 지회장, 지회총무, 전체회장과 총무가 운영위원회를 구성하는 조직체계를 가지고 있다. 이들 10개 지회는 월1회 지회별 모임을 가지며 분기별 혹은 반기별로 전체모임을 가진다. 주로 회장단, 각 지회장들과 총무, 각 부장들(기획, 총무, 문체 등)로 구성된 운영위원회 회의를 통해 의견을 수렴하며, 투쟁사안이 있는 경우 수시로 모임이 이루어진다. 친목조직적 성격이 강했던 미래회에 비해 새노협은 상대적으로 높은 결속력과 조합활동에 있어서 결합력을 과시해왔으나 최근에 역시 많이 약화된 것으로 평가된다. 이는 조직확대 과정에서 새로 가입한 많은 회원들이 민영화 이후 계속된 투쟁들을 부담스럽게 생각하기 때문이다(새노협 회원 C씨).

　이들 현장조직들은 선거에서 경쟁하는 조직들이자 동시에 투쟁이 진행된 직후 집행부에 대한 평가를 둘러싸고 치열하게 대립하는 것이 일반적이다. 이러한 평가는 대체로 투쟁과정에 대한 잘잘못을 넘어 상호비난으로 발전하는 경우도 많고, 인간적 관계에도 상당한 영향을 미친다.6) 특히 투쟁에 대한 평가에서 명확한 평가기준 없이 집행부에 대한 비판이 이루어지는 경우도 많다. 실제로 각 현장조직들간의 의사소통이 거의 이루어지지 않기 때문에 불필요한 오해와 대립이 많이 발생하고, 정반대로 같은 현장조직 내부에서는 무비판적 동조가 이루어지는 경우가 많다. 현장조직들은 선거에서 연합집행부를 형성하기도 하지만 대부분 치열하게 경쟁하며, 집행부가 구성된 이후에도 여야로 갈려 현장조직의 분포에 의해 영향을 받는 대의원회를 통해 집행부를 견제한다. 이러한 견제는 집행부의 계획과 일정대로 대의원회의 결의를 얻어낼 수 없게 함으로써 지회수준의 집행력에 상당한 어려움을 초래한다.

　때문에 많은 조합원들은 이들 현장조직에 대해 냉소적인 태도를 취하기도 하지만, 그럼에도 불구하고 조합활동을 생각하는 조합원들은 자신의 성향이나 인맥에 따라 현장조직에 가입하는 것이 일반적이다. 이는 아직 대의원에 당선될 정도의 경력을 갖지 못한 조합원들의 경우 현장에서 개별

---

6) 지회장들의 절반가량(47.8%)이 노조간부로서 가장 어려운 점으로 '동지들간의 분열과 대립'을 지적하고 있다.

<표 8-10> 현장조직 가입자의 현장조직에 대한 평가

(단위 : %)

	1지부	2지부	미전환	전체
노조의 단결을 해치므로 해체되어야	7.1	4.1	10.8	7.9
노조내 다양한 목소리를 담기위해 꼭 필요	57.1	66.6	75.7	66.3
이념적, 정책적 노선에 따라 재편되어야	21.4	12.5	13.5	17.8
잘 모르겠다	14.2	16.6	-	7.9
응답자 수 (명)	28	24	37	101

적으로 관리자와 충돌하는 것보다 조직적으로 문제제기 하는 것이 훨씬 효과적이기 때문이다. 실제로 조직에 가입한 조합원이 현장에서 탄압을 받으면 해당 공장내 회원들이 비공식적인 방법을 통해 관리자들에게 상당한 압력을 행사하는 경우가 많다. 현장조직에 가입하는 것이 현장에서 발언권을 높이는데 도움이 되기 때문에 두산지회 조합활동가들은 현장조직에 가입하는 것이 일반적이다(경남 1지부장 K씨). <표 8-10>에 따르면, 현장조직에 가입한 조직원들은 현장조직을 이념적, 정책적 노선에 의해 정의하기보다는 노조 내부적으로 다양한 목소리를 담기 위한 것으로 인식하고 있다. 조합원들의 입장에서는 현장조직들의 정체성이 이념적, 정책적 노선에 의해 구분되는 것이 아니라, 투쟁성과 협상력 중 어느 쪽이 보다 우위에 있는가 하는 측면에서 구분된다(새노협 회원 C씨).

현장조직들은 지회내부에서 불필요한 갈등과 대립을 야기함으로써 조합의 단결력을 훼손한다는 비판에도 불구하고, 활동가의 재생산, 투쟁에의 조직적 동원이라는 측면에서 긍정적 기능을 수행한다. 현장조직은 특정한 집행부의 집행력을 구성하는 실질적인 토대이며, 당면한 투쟁에서 조직원들을 독려하고 동원하는 기능을 수행한다. 다만 체계적인 학습이나 교육이 없이 조직운영이 이루어지고 있기 때문에, 무비판적으로 리더의 지향에 편향되거나 노동조합 내부의 정치적 기능을 수행하는데 한계를 안고 있는 것이다.

경남1지부의 핵심사업장인 두산지회의 경우 2002년 기본협약 투쟁을 통해 현장조직들의 조직력이 대단히 약화되어 사실상 거의 기능하지 않고 있다. 현장조직의 약화는 정도의 차이가 있을 뿐 대부분의 지회에서 일반적으로 나타나는 현상이다. 대부분의 지회에서 조합활동가들의 조직적 결집력이나 네트워크가 약화되어 있고, 현장조직 내부의 이념적 정체성이나 결의수준은 대단히 낮아져 있다. 많은 현장조직들은 함께 집행부를 구성했던 사람들의 친목모임 수준을 벗어나지 못하거나, 선거경쟁 혹은 집행부를 구성할 때 서로 도와주는 수준을 넘어서지 못하고 있다. 때문에 현장조직들 간의 이념적, 노선적 차별화가 이루어지기보다는 오랜 투쟁과정에서 형성된 정서적 거리감과 감정들이 인맥을 통해서 구분되는 것이 현실이다(지회간부 P씨).

두산지회 조직적 분파들간의 경쟁이 그대로 반영되는 경남1지회와 달리, 다양한 규모의 지회들로 구성된 경남2지부의 경우에는 지회수준에서 현장조직의 기반이 취약하기 때문에 사업장 단위를 넘어선 지부수준에서 정파적 경쟁과 대립은 나타나지 않고 있다. 이는 마창노련 이래 지역활동을 주도해온 1세대 활동가들이 상대적으로 축적되어 있고, 지부수준에서 정파를 구성하고자 하더라도 지회장들의 저항에 직면할 가능성이 높기 때문이다(지역활동가 P씨).

2) 조합원 참여와 간부 기피현상

현장조직간의 대립과 갈등보다는 오히려 조합원들의 간부기피 현상이 조합민주주의에 심각한 위협이 되고 있다. 많은 사업장들이 집행부를 구성하는데 어려움을 겪고 있으며, <표 8-11>에 따르면, 많은 조합간부들은 가능하면 조합간부를 그만두고 싶어 한다. 많은 조합간부들이 스스로를

〈표 8-11〉 향후 간부로서의 활동계획

(단위 : 명, %)

	1지부	2지부	미전환	전체
곧 그만둘 생각이다	-	-	-	
가능한 한 하고 싶지 않다	6	5	1	12(48.0)
당분간 계속할 생각이다	-	2	1	3(12.0)
좀 쉬었다가 재충전한 후 하고 싶다	1	3	-	4(16.0)
기회가 주어진다면 계속할 것이다		2	4	6(24.0)
응답자 수	7	12	6	25(100.0)

노동운동가라고 생각하지 않으며, 조합활동의 의미에 대한 성찰이나 역할
에 대한 사명감 없이 관성적으로 간부역할을 수행하고 있다는 것이다(지회간
부 K씨).

때문에 노동조합 활동을 자신의 일상적인 생활세계인 기업의 테두리
안에 묶어두려는 경향을 가지며, 지회수준 이상의 활동에 적극적으로 나서
고자 하지 않는다. 과거 조합간부들은 개인적인 희생과 헌신을 통해 작업장
과 사회적 민주화에 대한 열망을 실현하고자 했다면, 현재는 많은 간부들이
열성적으로 움직이기보다 마지못해 떠맡는 의무감에서 간부역할을 수행하
고 있는 것이다. 지회장의 경우에는 예산집행의 여유나 잔업시간 계산에서
의 특혜 등 여러 가지 인센티브가 있기 때문에 선거경쟁이 이루어지지만,
그럼에도 불구하고 이것이 노동운동에 대한 전망을 둘러싼 경쟁을 의미하는
것은 아니다(지역활동가 P씨).

대부분의 조합간부들은 노동운동의 대의나 신념에 대한 고민 없이 지회
수준의 조합활동을 수행하며, 주로 회사의 부당한 처사에 대한 분노와 정의
감, 헌신으로 조합활동을 시작한다. 그러나 이러한 소박한 헌신성을 지속하
기에는 조합내 갈등으로 인한 정신적 스트레스, 가족관계의 어려움 등 조합
활동에서 직면하는 어려움이 대단히 크다(1지부K씨). <표 8-12>에 따르면,

〈표 8-12〉 간부활동에 대한 조합원들의 인식

(단위 : %)

	1지부	2지부	미전환	전체
간부활동은 조합원의 복지를 위한 개인적 희생	56.5	57.8	59.5	58.8
간부활동은 전문적인 직업활동의 하나	6.5	8.6	10.3	9.0
간부활동은 개인적인 지위향상을 위한 수단	8.7	3.9	2.4	5.4
간부활동은 사회변혁운동의 일환이다	16.3	22.7	17.5	17.1
응답자 수 (명)	92	128	126	410

많은 사람들이 간부활동을 '개인적인 희생'이라고 생각하고 있으며, 많은 조합간부들은 조합활동 과정에서 직면하는 여러 가지 어려움 때문에 조합활동을 포기한다. 현장간부들의 소극적이고 관성적인 조합활동은 일반조합원들의 신뢰와 그들에 대한 지도력을 손상시키고 그 만큼 노동조합의 집행력을 약화시킨다. 관성적인 조합활동의 결과 의사결정과정에서 치열한 논쟁이나 의견차이가 표면화되지 않으며, 대의원회의 경우 책임을 져야 하는 부담감 때문에 비판과 제안이 약화되는 현상이 일반화되고 있다(지회간부 K씨).

간부기피현상은 투쟁이 치열하게 전개되고 있고 탄압이 극심한 두산지회의 경우 보다 심각하다. 두산지회의 경우 대의원을 포함한 간부는 120여명 정도가 필요하지만, 이중 자발적으로 간부를 떠맡는 사람은 20-30%에 불과하며, 현장조직별로 설득해서 충원하더라도 절반이상을 채울 수 없는 상황이다(경남1지부간부 K씨). 주로 친목모임 수준의 현장조직을 통해서 간부를 충원해왔으나, 탄압이 강화되고 투쟁이 격화됨에 따라, 현장조직 회원들에게 간부활동의 비용이 대단히 높아졌기 때문이다.

소극적이고 피동적인 간부 활동과 조합원들의 무관심, 조합원 참여의 저하는 긴밀하게 맞물려 있는 현상이다. 소극적인 간부활동과 간부기피현상은 기본적으로 조합활동에 대한 조합원들의 참여가 저하되었다는 사실에

〈표 8-13〉 위원장이 인식하는 조합원들이 노조에 대한 평가

(단위 : 명, %)

%	1지부	2지부	미전환	전체
노동조합을 신뢰하며 적극적으로 참여한다	1	2	1	4(16.0)
노동조합을 신뢰하나 소극적으로 참여한다	3	8	3	14(56.0)
노동조합과 조합활동에 관심이 별로 없다	2	2	1	5(20.0)
노동조합에 대한 불신이 상당하며 비판적이다			1	1(4.0)
응답자 수 (명)	6	12	6	24(100.0)

〈표 8-14〉 노동조합 활동이 활성화를 방해하는 원인에 대한 평가

(단위 : 명, %)

	1지부	2지부	미전환	전체
간부들의 열의나 능력부족	8.7	10.2	7.9	9.8
조합원들의 참여 부족	56.5	42.2	42.9	47.1
노동조합의 재정적 빈곤	1.1	1.6	1.6	1.5
기업별 노조의 근본적 한계	12.0	15.6	20.6	16.1
정부와 사용자의 태도	17.4	23.4	23.0	20.0
응답자수	92	128	126	410

서 비롯된다. 조합원들의 입장에서 보면, 투쟁을 채근하는 간부들보다 소극적이고 피동적인 간부들이 대하기가 보다 편한 것이다. <표 8-13>에 따르면, 절반 이상의 지회장들은 조합원들이 노조에 대한 신뢰도에는 변함이 없지만, 참여도가 낮다는 점을 지적하고 있고, 조합원들이 조합활동에 관심이 없다는 응답도 상당한 비중을 차지하고 있다.

<표 8-14>에 따르면, 조합원들 스스로, 노동조합이 활성화되기 위해 가장 먼저 개선되어야 할 점으로 조합원들의 참여 부족을 지적하고 있고, <표 8-15>에 따르면, 대부분의 조합원들이 대의원이나 상집 간부로 활동할 의사가 없다는 의견을 표시하고 있다. 이는 경남1지부와 2지부, 미전환노조 조합원들 사이에 공통적인 현상이며, 특히 두산지회가 주를 이루는 경남

〈표 8-15〉 간부로 활동할 의지 여부

(단위 : 명, %)

%	1지부	2지부	미전환	전체
있다	22.8	39.1	51.6	37.6
없다	75.0	60.2	46.0	61.0
응답자수(명)	92	128	126	(404)

〈표 8-16〉 노조활동에의 참여에 대한 조합원들의 평가

(단위 : %)

%	매우 그렇다	약간 그렇다	보통	별로 그렇지 않다	전혀 그렇지 않다	합계
나는 노조활동에 적극 참여하고 있다	20.7	27.1	33.4	16.6	2.2	410
나는 노조에서 발간하는 출판물이나 소식지를 관심 있게 본다	32.9	35.4	26.3	4.9	0.5	410
나는 노조 주최의 행사에 자주 참석한다	16.3	27.6	35.9	17.1	2.9	410
나는 조합원 교육에 적극 참여한다	39.5	27.3	24.9	7.6	0.5	410
나는 노조 선거에 항상 투표한다	80.5	13.9	4.9	0.7	0.0	410
나는 쟁의행위에 적극 참여한다	42.2	24.9	23.2	8.5	1.0	410
상급단체나 지역조직 주최의 연대집회나 행사에 적극 참여한다	9.5	29.3	31.2	22.2	7.6	410

1지부의 경우 조합원 참여부족 문제가 더욱 심각한 것으로 나타나고 있다. 이러한 결과는 조합원 스스로 노조활동에 참여하고 있다는 생각의 정도 와는 모순된 것으로, 지회장이나 위원장들이 조합원 참여가 낮다고 생각함 에도 불구하고, <표 8-16>에서 보듯이, 조합원 다수는 조합활동에 대해 높은 관심을 보이고 있고 선거나 쟁의행위에 적극 참여하고 있다고 생각하 고 있다. 이러한 측면에서 조합원 참여의 저하는 단순히 조합에 대한 관심의 저하라기보다는 조합에서 실무적으로 잘 처리할 것이라는 신뢰가 전제되어

있는 것이다. 여전히 많은 조합원들이 조합은 필요하다는 생각을 하고 있다. 조합원들은 조합이 투쟁하지 않으면 회사가 양보하지 않는다는 점을 잘 알고 있고, 투쟁적인 집행부일 때 그래도 보다 좋은 성과를 얻을 수 있다는 점을 인식하고 있다. 다만 투쟁적인 지도부하에서 투쟁이 지속되다 보면 피로를 느끼게 되고, 그러면 다시 유연한 지도부로 교체하고 안 되면 다시 투쟁적 지도부를 선택하는 과정을 반복하고 있는 것이다(지역활동가 P씨). 조합원들의 참여는 조합활동에 대한 관심, 교육과 선거, 쟁의에의 높은 참여율로 나타나지만, 행사나 집회에의 참여, 특히 사업장 단위를 넘어선 지역수준에서의 집회나 행사에는 소극적인 것으로 나타났다.

　그럼에도 불구하고 조합원 참여수준이 낮아지는 것은 과거에 비해 노조를 통해서 얻어낼 수 있는 성과가 적어진 대신 상대적으로 조합활동 참여의 비용이 높기 때문이다. 과거와 달리 복지쟁점은 어느 정도 제도적 틀이 확립되어 있고, 임금쟁점은 집합적 투쟁을 통해서 얻을 수 있는 한계가 분명해졌다. 노동조합을 통한 집단적 투쟁이 보다 많은 성과를 가져온다면 문제가 다르지만, 조합원들의 요구를 조합이 충족시켜주지 못하는 상황이 반복되다 보면, 조합원들은 조합활동 참여보다 개별적 적응이 보다 효과적이라고 생각하게 된다. 1987년 이후 오랜 투쟁의 경험 속에서 조합원들은 임금, 단협, 고용 등 경제적 이익과 관련하여 조합이 할 수 있는 최대치와 할 수 없는 한계를 정확하게 인식하고 있고, 쟁의행위 찬반투표 등 투쟁의 진행과정을 통해 어느 정도 선에서 타협이 이루어질 것이라는 것을 계산하고 있는 것이다(지회간부 P씨). 때문에 지역지부들이 기본협약 투쟁을 통해서 장기투쟁을 전개하는 것은 조합원들에게 별로 중요하지 않은 것을 가지고 투쟁을 장기화하는 것으로 인식되고, 실제 기본협약이 관철된다고 해도 조합원들의 실생활에 별다른 변화가 있는 것이 아니기 때문에 참여를 끌어내는데 한계가 있다는 것이다(지회간부 C씨).

〈표 8-17〉 쟁의행위에 대한 참여 정도

(단위 : %)

%	매우 그렇다	약간 그렇다	보통	별로 그렇지 않다	전혀 그렇지 않다	합계
경남1지부	34.8	29.3	26.4	9.8	-	92
경남2지부	53.1	24.4	16.4	5.5	0.8	128
두산지회	25.6	34.9	25.6	14.0	-	43
미전환노조	51.6	28.6	15.9	3.2	-	126
전체	42.2	24.9	23.2	8.5	1.0	410

〈표 8-18〉 상급단체나 지역조직 주최의 연대집회나 행사에 대한 참여 정도

(단위 : %)

%	매우 그렇다	약간 그렇다	보통	별로 그렇지 않다	전혀 그렇지 않다	합계
경남1지부	6.5	23.9	38.0	26.1	4.3	92
경남2지부	14.8	41.4	21.9	17.2	4.7	128
두산지회	4.7	20.9	46.5	23.3	2.3	43
미전환노조	10.3	31.0	37.3	15.9	5.6	126
전체	9.5	29.3	31.2	22.2	7.6	410

<표 8-17> <표 8-18>에서 보듯이 상대적으로 경남2지부가 쟁의행위나 지역수준의 연대활동에 대한 참여가 높은 반면, 경남1지부, 특히 두산지회는 쟁의행위나 지역연대에의 참여도가 상대적으로 낮게 나타난다. 그러나 두산지회 역시 노조에 대한 신뢰는 매우 높으며, 최근의 참여도는 낮지만 역사적 과정으로 보면 참여도가 낮다고 볼 수 없고 파업결의가 부결된 적은 한 번도 없다. 이는 조합원들이 투쟁의 쟁점을 자신의 문제와 연관된 것으로 판단하는가에 의존한다. 조합원들이 노동조합을 지켜야 하며 노조가 꼭 필요하다는 의식을 가지고 있으나, 자신의 희생을 무릅쓰고 나서지는 못하겠다는 모순적 의식을 보여주고 있는 것이다(경남1지부 K씨). 두산지회

의 경우 경남2지부 조합원들과 비교할 때, 쟁의행위 참여에 비해 지역연대에
대한 참여는 현저하게 낮게 나타난다. 이는 공기업이었기 때문에 지역연대
없이도 내부적 투쟁을 통해 성과를 축적할 수 있었던 역사적 경험에 비추어
기업의 틀을 넘는 지역연대에 대해 소극적이기 때문이다. 경남1지부와 경남
2지부는 지부통합을 모색하고 있고, 3기 집행부가 출범할 시점에 가면
양 지부가 통합할 것으로 예상된다. 역사적으로 마산창원지역 자체가 단일
한 지역활동 단위였고 경남1지부의 경우 지역지부로서는 기형적인 구조를
가지고 있기 때문에 경남1지부와 2지부는 통합이 불가피하다.

5. 맺음말

아직 전국금속노조는 과도적인 단계에 있으며, 자동차와 조선업종 대기
업노조들의 가입여부에 따라 그 미래는 유동적인 상태이다. 금속노조는
외부적으로 대기업노조들의 조직형태 전환을 가속화함으로써 금속노조의
대표성을 강화하는 것과 내부적으로 본조-지부-지회간의 기능과 역할을
재편함으로써 산별노조의 단일한 체계를 형성해야 하는 과제에 직면해
있다. 이러한 측면에서 과거 기업별노조의 연장선에 있는 사업장 지회와
본조 혹은 지역지부의 관계를 올바로 설정하는 것은 기업별노조의 산별노조
로의 전환이 실질적인 의미를 갖기 위해서 대단히 중요하다. 단일 산별노조
의 일차적인 집행단위인 지역지부가 사업장 지회에 대한 지도력과 집행력을
강화하는 것, 지역지부와 사업장 지회의 이중적인 의결 및 집행체계를 해소
함으로써, 본조와 지부의 집행력을 강화하는 것이 일차적인 과제로 부각되
고 있다.

그러나 지부와 지회의 관계, 양자의 기능과 역할을 재편하는 것은 단순히

조직 형식적인 문제라기보다는 내용적으로 조합원들의 기업별 의식과 기업별노조의 관행, 관성을 극복하는 문제와 관련되어 있다. 이는 단기적으로 극복될 수 있는 문제는 아니지만, 근본적으로 사업장 지회의 집행체계와 권한을 지부로 이관함으로써 산별노조의 새로운 사업관행과 기업별의식을 넘어선 연대의식을 형성하는 문제이다. 대기업지회의 영향력이 지역지부의 활동을 규정하고 있는 경남1지부나, 정도는 덜하지만 경남2지부 모두 금속노조에 대한 대기업 지회들의 불만이 심화되고 있고, 단기적인 성과와 이익이라는 관점에서 산별노조의 활동을 기업별노조의 성과와 대비하는 시각이 만연되어 있다. 산별노조의 의미는 경제위기 이후 기업별노조가 직면한 성과의 한계를 극복하기 위한 대안일 뿐만 아니라, 노동자연대의 범위를 확장하고 노조운동을 계급운동으로 전환하기 위한 것이라는 점이 충분히 인식되지 않고 있다. 이러한 측면에서 산별노조의 의의와 역할에 대한 교육이 시급한 실정이다.

금속노조 지역지부들이 직면하고 있는 어려움은 조직형태 전환 이후에 새로 발생한 문제라기보다는 기업별노조의 제도화 이후 조합원들의 참여가 저하되고 있는 현상과 깊은 관련을 가지고 있다. 조합원 참여의 저하는 조합활동의 활력을 저하시킬 뿐만 아니라 조합민주주의의 위기를 초래하고, 중간간부의 재생산을 불가능하게 함으로써 조합의 조직운영에 직접적인 위협으로 작용한다. 조합원들의 참여가 활성화되지 않는 상태에서는 조합의 일상활동이 관성적이고 피동적으로 움직이는 간부들에게 의존하게 됨으로써, 노동조합에 대한 조합원들의 신뢰를 약화시키고 그만큼 자본이 개입할 수 있는 여지가 확대된다. 조합활동의 활력이 저하되고 간부기피현상이 심화되고 있는 것은 지부활동의 활성화에 상당한 제약요인으로 작용하고 있다. 조직의 운영과 활성화가 결국 사람에 달린 것이라는 점에서, 노동조합운동을 사업장에 갇힌 관성적 활동으로부터 계급적 노동운동의 전망에 기반한 활동으로 전환시킬 수 있는 중간간부의 육성이 시급한 과제로 제기되고 있다. 대부분의 일반조합원들은 상황에 따라 참여의 정도에 있어서는 차이가 있을지라도, 노동조합이 없으면 모든 것을 잃을 수 있다는 인식을 공유하고 있다. 이러한 인식을 사업장을 넘어선 연대의식으로 확장하기 위해서는, 노동조합운동의 장기적 전망을 가지고 목적의식적으로 사업을 추진할 수 있는 중간간부들의 역할이 중요하다.

금속산별노조 제자리 찾기의 핵심은 역시 대기업노조의 참여이다. 경남1지부와 경남2지부의 사례에서 드러난 바와 같이, 산별노조로의 전환이 빠른 속도로 진행되지 않는다면, 산별 교섭 체계의 정착이나 사용자와의 교섭에서 금속노조의 대표성을 확보하기도 쉽지 않고, 이미 금속노조에 들어와 있는 대기업지회들의 부담은 그만큼 가중될 수밖에 없다. 지역수준에서도 미전환 노조가 존재하는 한, 금속노조 산하 지회와 기업별노조간의 연대투쟁도 제한적일 수밖에 없다. 비록 금속산업연맹을 통해 공동투쟁본부와 같은 틀이 존재한다고 할지라도, 본조의 방침에 따라 사업이 이루어지는 지회들과 기업별 사정에 따라 사업을 진행하는 기업별노조 사이에 공동의 투쟁계획을 잡는다는 것은 불가능하기 때문이다.

결국 대기업노조의 산별 전환을 가속화함으로써 금속노조의 외연을 확대하는 것, 기업별노조의 관행에 갇혀 있는 지회를 대신해 본조와 지부로 권한과 자원을 집중하는 것, 지역지부의 집행력을 강화하는 것이 얼마나 성공하는가에 따라, 기업별노조로부터 산별노조로의 전환이라는 역사적 실험의 성공여부가 결정될 것이다.*

---

* 한국산업사회학회 엮음. 2003.『노동과 발전의 사회학』(한울)에 발표한 논문을 수정·보완하였음.

제9장

기업별노조의 조합민주주의

1. 머리말

  1987년 노동자대투쟁 이후 민주노조운동은 급격한 임금인상을 통한 삶의 질 향상과 저임금에 기초한 축적체제의 변화, 현장권력의 획득을 통한 작업장 수준에서 시민권의 확장을 이루어냈다. 이러한 성과는 기업별노조의 구조적 한계와 전략적 사고의 취약성, 리더십의 불안정성에도 불구하고, 폭발적인 조합원 참여와 내적으로 민주적인 조직운영에 의해 가능한 것이었다. 그러나 1987년 노동자대투쟁 이후 15년을 경과한 현재 시점에서, 리더십의 불안정성과 폭발적인 조합원 참여라는 초기 노동조합운동의 특징은 상당한 변화를 경험하고 있다.

  무엇보다 기업수준에서 노동조합이 승인되고 단체교섭이 제도화됨에 따라 노사간 모든 쟁점들이 단체교섭의 의제로 되었고, 기업별 교섭의 과정은 상호 예측 가능한 범위 내에서 관행과 절차에 따라 진행되는 양상을 보여 왔다. 단체교섭의 많은 부분들이 기술적이고 관성적인 성격을 갖게 됨에 따라 조합원 동원을 필요로 하는 쟁점들이 약화된 반면 상대적으로 조합간부들의 관료적 기능과 역할이 증대되었고 교섭과정에서 전문성이 강조되고 있다. 전체적으로 조합의 일상활동에 대한 조합원 참여는 상대적으로 약화되고 있는 것으로 평가되고 있다. 특히 경제위기 이후 고용불안은 조합원들 사이에 개인적 노력을 통해 고용과 임금 등 경제적 이익을 극대화하려는 개인주의적 경향을 심화시키고 조합활동에 대한 방어적 태도를 강화하고 있다.

노동조합 리더십에서 전문성과 관료적 기능이 증가하고 조합원들의 집합적 동원이 약화되고 있는 현실은 전체적으로 노동조합의 현장기반이 붕괴되고 있다는 우려를 낳고 있다. 노동조합 현장기반의 약화는 노동조합운동의 위기를 심화시키는 핵심적 요소로 간주되어 왔고, 이에 대해 노동조합민주주의를 강화함으로써 노동조합의 현장기반을 강화하고 조합활동에 활력을 불어넣어야 한다는 문제의식이 강화되고 있다.

동시에 노동조합운동 내부에서는 산별노조로의 전환과 민주노총 리더십을 둘러싼 논란과정에서 현장공동화와 조합민주주의를 둘러싼 많은 논쟁이 이루어졌다. 산별노조로의 전환에 따라 조합의 재정과 인력이 중앙으로 집중되고 산업, 업종수준의 교섭이 제도화된다면, 사업장 수준에서 현장권력을 뒷받침할 수 있는 인력과 자원이 공동화될 것이라는 우려가 강하게 제기되었다. 또한 민주노총의 지도력 위기와 관련해서도 전국지도부의 결정이 현장의 정서와 유리되고 있으며 조직의 관료화, 현장조합원의 참여부족이 노조운동의 위기를 낳고 있다는 비판도 제기되었다. 물론 이에 대해 관료주의의 과잉이 문제가 아니라 관료제의 결여로 인한 조직안정성의 저하가 중요한 문제라는 반론이 제기되기도 했다(임영일, 1999b).

이 글의 목적은 경제위기 이후 민주노조운동의 핵심부분에서 과연 노동조합이 관료화되고 조합원 참여가 저하되어 있는지를 평가하기 위해, 금속산업연맹의 노동조합 위원장들과 조합원들을 대상으로 조합민주주의의 실태를 검토하는 것이다. 조합민주주의가 그 접근방식에 따라 여러 가지

속성요소를 갖는 다차원적인 개념이라는 점에서, 노동조합의 조직운영과
의사결정과정, 반대파의 형성과 선거경쟁, 조합원 참여 등 조합민주주의를
구성하는 속성요소들의 각 차원에서 조합민주주의의 실태와 변화의 특징을
검토하고자 한다. 특히 실제로 조합원 참여가 저하되고 있는지, 조합원
참여에 영향을 미치는 요인들은 무엇인지를 검토한다.

이 글은 2002년 7-8월 사이에 경남, 울산, 부산지역의 금속산업연맹 소속
노동조합(금속노조 소속 사업장지회 포함)을 대상으로 실시한 조합실태조사,
위원장조사, 조합원의식조사 자료를 분석한 것이다. 이 조사는 총 92개
노동조합과 이에 소속된 조합원 2,482명의 표본을 대상으로 한 것으로,
노동조합 실태조사와 위원장 및 지회장 조사는 전수 조사이고, 의식조사자
료는 표본조사이다. 최종적으로 회수되어 분석에 사용된 설문지는 노동조
합 45개, 위원장 및 지회장 조사 55개, 노동자의식조사 1,208개이다. 노동자
의식조사 설문지는 평조합원과 노동조합간부의 표집 비율을 9:1로 하였으
며, 임원 및 상집 간부, 대의원을 포함한 노동조합간부 175개 설문지를
따로 뽑아서 노동조합간부 의식조사로 활용하였다. 표집방법은 지역별,
상급단체 소속별로 층화한 후 조합원 수를 고려하여 노동조합별로 설문지를
할당하였으며, 업체별로 할당된 표본은 직군별 기준으로 층화시킨 조합원
명부에 따라 단순 무작위추출을 하였다.[1]

---

1) 설문지 배포와 회수는 금속연맹 지역본부 담당자와 각 노동조합의 조사통계담당자·
   대의원들이 담당하였다. 조사 대상이 영남지역의 금속산업연맹 산하 노동조합들이라
   는 점에서 금속산업 노동조합 전체를 대표한다고 볼 수는 없지만, 이 부분이 사실상
   1987년 이후 '민주노조운동'의 핵심을 형성해 왔다는 점에서, '민주노조운동'진영의
   생산직 노동조합의 내부민주주의 상태를 평가할 수 있다고 판단된다.

2. 노동조합 민주주의에 대한 이론적 검토

1) 노조민주주의의 개념과 쟁점

노조민주주의에 관한 이론은 민주주의 개념에 대한 시각, 민주주의 개념을 노동조합에 적용할 때 나타나는 문제점 등과 관련하여 크게 조합내 분파들의 경쟁을 강조하는 시민적-자유주의적 견해(Lipset et al, 1959; Edelstein & Warner, 1975; Martin, 1967)와 조합원들의 의사에 대한 책임성(accountability)과 밑으로부터의 참여를 강조하는 현장 중심적 견해(Hyman, 1971, 1975; Ramaswamy,1977; Fairbrother, 1983)로 대별할 수 있다. 이외에 폴리아키에 입각한 다원주의적 경쟁이론(Banks, 1974; Kelly & Heery, 1994; Crouch, 1982), 소비자 중심주의이론(Allen, 1957) 등을 구분해 볼 수 있다.[2]

조직내 경쟁을 강조하는 시민적-자유주의적 견해는 일반적으로 국민국가 단위에서의 민주주의 개념을 노동조합 조직에 적용한 것으로 민주주의에 대한 소극적 개념화에 기초한다. 이에 따르면, 민주주의는 피지배자가 지배자의 정책과 행동에 '동의'한다는 것을 의미하며, 시민들이 자신들의 지배자에 대해 평가할 수 있는 주기적인 기회가 존재해야 한다는 점이 중요하다. 이러한 시각에서 민주주의는 주기적이고 공정한 선거, 양당체제 혹은 반대의 제도화, 조직적 반대파의 지위가 용인되는 분파들간의 경쟁 상황 등으로 규정되며, 그것은 지도부의 순환과 교체가능성으로 나타난다.

시민적-자유주의적 견해는 다시 민주주의를 유지하는 조건으로서 상대적으로 구조화된 하위집단들간의 힘의 균형, 비공식적 규범과 관행, 정치문화를 강조하는 견해(Lipset et al, 1959, 1980)와 민주적 경쟁을 촉진하는 조합의 공식적인 조직구조와 규칙, 절차를 강조하는 견해(Edelstein & Warner, 1975)로

---

2) 헤밍웨이는 노조민주주의에 대한 모델들을 참여에 의한 통제, 반대를 통한 통제, 만족을 통한 통제, 갈등을 통한 통제로 구분한다(Hemingway, 1978).

구분해 볼 수 있다. 인쇄공노조를 분석한 립셋에 따르면, 조합원들의 동질성과 상대적으로 높은 직업적 지위, 지도자와 조합원들 간의 낮은 지위격차, 조합원들간의 긴밀한 사회적 관계와 직업적 공동체의 형성과 같은 비공식적 요인들이 노동조합 민주주의에 중요하게 작용하며, 이러한 요인들은 미국 인쇄공조합에 예외적인 특성으로 대부분의 노동조합에서는 결여되어 있다는 것이다. 노동조합 민주주의에 대해 회의적인 립셋과 달리, 에델슈타인은 보다 긍정적이다. 그는 비공식적인 사회적 관계보다는 공식적인 조합조직의 내적 구조가 반대의 효율성, 조합민주주의의 활성화에 강한 영향을 미친다고 주장한다. 그에 따르면, 많은 노동조합에서 최고지도부를 향한 민주적 경쟁을 촉진하는 조합의 공식적 구조와 절차들이 존재하며, 이러한 공식적 구조와 절차들이 반대의 효율성을 보장함으로써 조합의 민주적 성격이 유지된다는 것이다(Edelstein, 1975: 3-27).

시민적-자유주의적 시각에서 보면, 규약상 조직구조의 분권화, 투표체계와 절차, 반대파의 존재와 선거에서의 승리가능성, 선거경쟁과 투표율 등이 민주주의의 주요한 지표가 된다. 특히 이러한 시각에서 노동조합의 의사결정에 영향력을 행사하는 비공식집단들의 활발한 경쟁이 노조민주주의의 핵심적 요소를 이루는 것으로 간주된다. 이 비공식집단들은 조합집행부에 대한 반대파 혹은 지지세력으로 기능하며, 조합 내부 구성원들의 차이나 다양성, 개인들간의 상호작용 패턴이나 선호관계를 반영한다(Macdonald, 1959: 86-91). 이들 비공식집단들은 조합내 의사소통의 수단으로서 조합조직의 응집력을 유지하는 역할을 수행하며, 대규모의 조합조직에 대한 조합원의 참여통로를 제공함으로써 조직의 안정과 성장에 기여한다. 또한 이들은 공식적인 조합 리더십의 통제 하에 있지 않은 조직적 세력을 형성한다는 점에서 집행부에 대한 반대를 위한 조직적 거점이 되기도 한다. 자유주의적 시각에 따르면 이러한 비공식집단의 존재여부와 기능방식이 노조민주주의의 주요한 지표가 되며, 집행부와 현장조직 간의 경쟁과 견제가 노조민주주의에 활력을 불어넣는 요인이 된다.

한편 민주주의에 대한 보다 적극적 개념화에 기초한 현장중심주의는 민주주의를 의사결정에 대한 시민들의 직접적 참여라는 측면에서 정의한다. 이들은 자유주의적 다원주의가 인민권력이라는 민주주의의 개념자체를 변형시켜 의사결정에의 조합원들의 적극적 참여를 제거하고 있다고 비판하며, 평조합원에 의한 적극적 통제는 민주주의 개념에 내재적인 것으로 파악한다(Hyman, 1975:76-78). 라마스와미 역시 경쟁 없는 선거나 지도부의 장기집권이 필연적으로 무제한적인 권력행사나 독재적인 조합운영을 의미하지 않으며, 민주주의는 자신들의 견해를 자유롭게 표현하고 지도부에 반대할 수 있는 평조합원들의 능력으로 해석되어야 한다고 주장한다. 조합원 참여는 조합원들 사이에 공동체 의식을 창출함으로써, 과두제적 지배에 대항할 수 있는 잠재력을 형성한다는 것이다(Ramaswamy, 1977: 477-8).

페어브라더도 노조민주주의를 조합원 참여와 의사결정에 관한 것이자 대다수 노동자들의 일상적 경험에 근거한 지속적인 과정으로 간주한다. 의견 차이와 토론, 논쟁과 비판은 이러한 과정의 핵심적 특징이며 조합조직의 활력과 성공에 본질적 요소라는 것이다. 조합원은 조합정책의 형성과 단체교섭 과정, 간부들에 대한 통제, 조합 조직과 활동에 적극적으로 개입하며, 선거는 지속적인 호응(accountability)의 과정을 통해 대표자로서의 책임(responsibility)을 받아들이려는 사람을 선출하는 것이다(Fairbrother, 1984: 23-24). 따라서 선거체계의 핵심은 대의제(representation)가 아니라 대표제(delegation)이다.3) 정책은 집회와 대회에서 결정되어야 하며, 모든 결정과

---

3) 대표자(delegate)는 조합원들을 대변하고 행동하기 위해 선출되지만, 그들의 역할은 피대표자들이 결정한 지침에 따라서만 투표하는 것이고 단지 이미 논의되고 결정된 것에 대해서만 의견을 제출할 수 있을 뿐이다. 반면 의원들(representative)은 그러한 지침의 제약 없이 자신을 선출한 사람들을 대변하여 발언하고 투표할 수 있는 권한을 갖는다. 대의체계에서 의원들은 사후적으로 자신의 결정에 대해 보고를 하고 비난을

협약은 대표자들의 보고 이후 조합원들의 토의와 논쟁을 통해 비준되어야
한다(Fairbrother, 1984:36-41).

이러한 시각은 노동조합의 목표를 보다 넓게 정의하는 입장과 연관되어
있다. 노동조합의 기능이 근로조건에 관한 규칙의 협상, 관리에 한정된다면,
조합의 의사결정은 주로 기술적인 문제가 되기 때문에 조합원 참여가 불필
요하다. 그러나 노동조합이 사회질서의 재구성 혹은 사회적 불평등의 제거
와 같은 급진적인 목표를 추구할 경우, 외부적 압력에 대항한 조합원 참여는
필수적인 것으로 간주된다. 왜냐하면, 조합원 참여가 없다면 경영자와의
제도적 협상을 주요한 기능으로 하는 조합간부들은 주어진 제도적 제약조건
속에서 안정적 단체교섭 관계를 유지하려는 강한 동기를 갖기 때문이다
(Hyman, 1975:83-92).

현장중심주의 시각에서 보면, 의사결정의 분산화, 조합원 참여, 활동가의
참여도, 약자집단의 대표성, 조합원의 만족도 등이 민주주의의 주요지표가
된다(Morris & Fosh, 2000). 특히 현장중심주의적 시각에서 조합원 참여의
정도와 형태는 조합의 성격과 조합간 변이를 설명하는 가장 핵심적인 요인
이다. 이들의 주요한 관심은 왜 조합원들이 참여하는가 혹은 참여하지 않는
가, 참여의 특정한 형태와 정도가 조합의 민주적 운영 혹은 리더십의 특성에
미치는 영향이다.4)

받을 수 있지만, 유권자들이 그 결정을 바꿀 수는 없다(Banks, 1974:88-89).
4) 예컨대, 터너(Turner)는 얼마나 많은 조합원들이 참여하고 있는가에 따라 배타적
   민주주의(exclusive democracy), 귀족주의(aristocracies), 대중적 보스주의(popular
   bossdom)라는 조합 지배구조(government)의 세 가지 형태를 구분하고 있다(Salamon
   2001:140-151).

2) 노조민주주의에 대한 국내연구

노조민주주의에 대한 국내연구들은 노동조합운동의 내적인 변화에 따라 그 연구의 초점이 달라져 왔다. 1987년 이후 폭발적인 노동동원과 조합형성 단계에서는 주로 지도부의 빈번한 교체와 불안정성에 연구가 집중된 반면, 1990년대 중반이후 단체교섭 제도화에 따라 조합원 참여에 대한 문제의식 들이 상대적으로 강화되어 갔다.

1990년대 초반까지 노동조합에 대한 연구는 노조민주주의에 한정되기보 다는 노동조합 조직 전반에 대한 포괄적인 실태분석을 중심으로 진행되었다 (한국사회연구소, 1989; 신광영·박준식, 1990; 박덕제·박기성, 1989, 1990). 한국사회연구소의 조직실태 조사(1989)는 조합간부들의 세대교체, 생산직 과 사무직간의 조합원 참여와 리더십 구성에서의 격차, 노조 리더십의 불안 정성과 조합원들의 직접적 참여에 의한 의사결정과 활성화된 조합민주주의 를 보고하고 있다. 신광영·박준식(1990)에 따르면, 조합민주주의의 핵심적 측면인 단체협약의 최종적 타결권의 소재가 노조의 설립시기와 직종에 따라 커다란 차이가 나타나는 반면, 노동조합의 규모에 따른 의사결정의 집중화나 조직의 관료화는 발생하지 않고 있다는 것이다.

박덕제·박기성(1989, 1990) 역시 노동조합 위원장들의 임기전 교체가 빈번하여 리더십의 불안정이 심각하며, 젊은 세대의 반집행부 성향 세력이 선거에서 승리하는 경향이 많다는 점을 지적하고 있다. 노동조합의 의사결 정과정을 분석한 박기성(1991)은 한국의 노동조합에서 위원장 교체의 빈도, 위원장의 권한, 선거에서 반집행부 집단의 존재와 실질적 경쟁, 조합내 의견대립과 의사결정의 번복, 조합원의 조합활동 참여와 의사표현의 기회, 회의출석률 등 내용적인 측면에서 민주적 운영이 일반화되어 있다고 결론짓 고 있다.

이처럼 1990년대 초반까지를 대상으로 한 연구들은 공통적으로 한국의 노동조합들이 내적으로 개방적인 경쟁, 현장조합원과의 밀착된 관계 등 조합민주주의의 활성화와 리더십의 불안정성을 특징으로 하고 있다는 점을 지적하고 있다. 그러나 동시에 그러한 조합민주주의가 리더십의 안정적 재생산을 불가능하게 함으로써 조합원의 요구를 실질적으로 해결할 수 있는 강력한 지도력을 어렵게 만들고 있다는 것이다(송호근, 1994; 김동춘, 1995; 임영일, 1998).

한편 1990년대 중반이후의 조사에서는 조합 리더십의 안정성은 상대적으로 증가하고 있으나 조합원들의 참여 저하나 무관심이 조합활동의 활성화에 장애가 되고 있다는 점이 강조되기 시작했다. 이재열·권현지(1996)는 노동조합 선거에서 점차 간부출신의 위원장이 증가하여 조합운영의 안정성은 증가하였으나 조합원들의 무관심 증가, 집행부와 조합원간의 의식 격차가 강력한 리더십 형성의 장애로 되고 있다는 점을 보고하고 있다.

정이환·황덕순(1996)은 노동조합에 대한 조합원의 참여 실태와 그 결정요인을 분석하면서, 골드소프의 도구주의 명제가 부분적으로만 적용된다고 평가하고 있다. 조합원들은 사회 전반적 개혁을 위해 노조가 역할을 해야 한다고 생각한다는 점에서 연대주의적 성향을 가지고 있지만, 조합원 참여가 기업수준에 한정되어 있고 노조의 서클활동에 별로 참여하지 않는 등 노동조합이 생활공동체로 기능하지 못하고 있다는 점에서 도구주의적 성향이 얼마간 나타나고 있다는 것이다(정이환·황덕순, 1996: 54-55).

그들은 노동조합 참여요인과 관련해서 조합활동에의 참여와 노조집행에의 참여가 서로 다른 요인에 의해 결정된다는 점을 지적한다. 조합활동에의 참여는 노사관계의 성격이나 조합정책에의 동의 여부, 상급단체 등이 중요하게 작용하며, 조합집행에의 참여 여부(간부를 맡을 의사)에 대해서는 성, 학력, 조직참여 성향, 노조가입 이유 등 개인의 성향이 중요하게 작용한다는 것이다. 또한, 조합참여에서 세대간 차이가 확연하며, 임금이나 근로조건이 참여수준에 별다른 영향을 미치지 않는다는 것이다(정이환·황덕순, 1996: 91-93).

한국노동사회연구소의 조사(1998) 역시 절반이상의 조합원들(56.6%)이 노조활동의 침체원인에 대해 조합원 참여의 부족을 지적하고 있으며, 이러한 경향은 민주노총 산하 노조에서 더욱 강하게 나타난다고 보고하고 있다. 이 조사에 의하면, 서클활동에 대한 참여가 가장 낮고, 노조행사나 교육, 임금인상 및 단협 갱신투쟁, 노동법개악 총파업 투쟁의 순으로 참여정도가 높게 나타났으며, 조합활동에의 참여는 조합운영의 차이에 의해 영향을 받지만 조합집행에의 참여는 개인적 특성에 의해 영향을 받는다는 점을 동일하게 지적하고 있다.

노동조합 민주주의에 대한 국내의 연구동향들을 보면, 초기의 연구들이 시민적-자유주의적 시각에서 강조되어 온 분파들간의 선거경쟁과 양당체제, 지도부의 교체가능성 등의 측면에서 높은 수준의 민주주의가 조합의 리더십 불안정성으로 귀결되는 딜레마를 강조했던 반면, 후기의 연구들은 현장 중심적 시각에서 조합원의 무관심과 참여의 저하가 조합활성화에 심각한 장애요인이 되고 있으며, 일정한 도구주의적 경향이 출현하고 있음을 지적하고 있다. 동시에 참여의 형태와 참여에 영향을 미치는 요인들을 탐색하려는 노력들이 진행되어 왔다.

이 글에서는 경제위기 이후 노동환경과 조합원들의 고용조건이 급격히 변화하고 있는 조건에서, 지도부의 빈번한 교체와 리더십의 불안정, 조합원들의 참여 저하와 도구주의적 경향이 어떻게 변화되고 있는지를 개괄적으로 정리한다. 그리고 이를 통해서 현재의 노동조합운동이 해결해야 할 과제들을 검토한다.

3. 선거와 반대파의 존재

자유주의적 시각에서 노조민주주의의 가장 핵심적 지표는 주기적이고 공정한 선거, 박빙의 선거경쟁, 조합 내 반대파의 존재와 분파들간의 선거경쟁, 지도부 교체가능성이다. <표 9-1>은 금속산업의 45개 노조를 대상으로 한 조사에서, 1987년 이후 2001년까지 매년 선거가 있었던 노조들의 평균 입후보자 수와 평균 투표회수, 평균 최종투표율, 당선자의 평균 최종득표율을 정리한 것이다. 이 표에 따르면, 매년 10-20여 개의 노조에서 선거가 이루어졌으며, 보통 위원장 혹은 지회장 선거는 조합원 80-90% 내외의 높은 투표참여 속에서 2-3명의 후보가 출마하는 경쟁이 이루어졌다. 투표는 평균 1.3-1.5회 정도 이루어져 조합에 따라 결선투표가 이루어지는 경우가 많이 있음을 알 수 있다. 당선자의 최종득표율은 보통 60-70% 수준을 보여주고 있다.

현직 위원장들을 대상으로 조사한 <표 9-2>에 의하면, 위원장으로 당선될 때의 최종득표율이 60%미만이었던 경우가 전체의 39.6%를 차지하고 있으며, 80%이상 압도적 지지를 받는 경우가 23%를 차지하고 있다. 12개 노조(25%)에서 최종득표율이 50-55% 사이의 박빙의 선거전을 치르고 있으며, 특히 500인 이상 규모의 노동조합에서 전체 12개 노조 중 67%인 8개 노조가 60%미만의 박빙의 선거전을 통해 당선된 것으로 나타나고 있다. 반면 500인 미만의 노조의 경우에는 상대적으로 지지도가 높아 70%이상의 지지를 받는 비중이 42%에 이르고 있다. 이는 위원장을 둘러싼 하위집단들 사이의 선거경쟁이 일반화되어 있으며, 특히 대기업노조인 경우에는 당선자와 낙선자간의 득표격차가 상대적으로 적어 조합선거에서 박빙의 선거양상이 일반화되어 있음을 보여주고 있다.

위원장들의 선출당시 조합내 지위는 상집 간부 31.9%, 임원 27.7%, 대의

〈표 9-1〉 노조위원장 선거의 투표회수와 투표율, 입후보자 수, 최종득표율 추이

	평균입후보자 수	평균 선거투표 회수	평균 최종투표율	평균 당선자의 최종득표율
1987	10.8 (8)	1.3 (7)	94.0 (4)	71.2 (4)
1988	3.1 (10)	1.3 (8)	82.1 (4)	60.9 (5)
1989	4.5 (6)	1.5 (4)	87.8 (3)	56.4 (4)
1990	3.0 (16)	1.4 (14)	90.6 (8)	62.9 (10)
1991	2.7 (7)	2.0 (6)	80.7 (4)	57.3 (5)
1992	2.6 (11)	1.4 (9)	88.7 (5)	54.6 (5)
1993	2.5 (11)	1.5 (10)	89.7 (7)	58.3 (8)
1994	2.2 (15)	1.4 (15)	90.1 (9)	67.2 (10)
1995	2.4 (11)	1.5 (10)	89.2 (4)	55.3 (7)
1996	2.8 (18)	1.6 (17)	94.3 (12)	59.6 (13)
1997	2.2 (12)	1.4 (12)	89.9 (8)	68.2 (9)
1998	2.3 (19)	1.3 (18)	92.2 (11)	61.9 (13)
1999	1.9 (16)	1.3 (14)	91.3 (10)	67.4 (10)
2000	1.9 (22)	1.4 (23)	90.8 (16)	65.9 (19)
2001	1.7 (17)	1.1 (17)	90.9 (14)	70.6 (15)

주: 괄호 안의 수치는 노조의 수

〈표 9-2〉 현직 위원장 당선시 최종득표율

	50~55 %	56~60 %	61~70 %	71~80 %	81~90 %	90% 이상	합 계
100명 미만	4(33.3)	-	1 (8.3)	4(33.3)	1(8.3)	2(16.7)	12(100.0)
100명~500명 미만	2 (8.3)	5(20.8)	9(37.5)	1 (4.2)	2(8.3)	5(20.8)	24(100.0)
500명~2000명 미만	4(44.4)	1(11.1)	2(22.2)	1(11.1)	-	1(11.1)	9(100.0)
2000명 이상	2(66.7)	1(33.3)	-	-	-	-	3(100.0)
전 체	12(25.0)	7(14.6)	12(25.0)	6(12.5)	3(6.3)	8(16.7)	47(100.0)

원 12.8%, 평조합원 21.3%로서 전체 위원장의 약 80%가량이 간부이상의 경험을 가지고 있는 것으로 나타났다. 선출 전 지위가 평조합원이라고 할지라도 위원장으로 선출되기 이전에 조합간부로서의 활동경험이 있는 경우가 93.6%를 차지하고 있다. 현재 위원장 중 이미 위원장을 경험한 경력이 있는 경우가 17명으로 36.2%를 차지하고 있으나 평균 역임회수는 1.41회, 평균 역임 총기간은 3.0년으로 그다지 높은 편은 아니다. 위원장의 대부분이 간부이상의 경력을 가지고 있다는 것은 리더십의 안정성이 증대하고 있음을

〈표 9-3〉 집행부와 운동노선이 다른 조직의 활동

	반집행부조직이 없음	반집행부조직이 있으나, 활동 않음	반집행부조직이 활발히 활동	전 체
100명 미만	7(70.0)	2(20.0)	1(10.0)	10(100.0)
100명~500명 미만	11(52.4)	5(23.8)	5(23.8)	21(100.0)
500명~2000명 미만	2(22.2)	4(44.4)	3(33.3)	9(100.0)
2000명 이상	1(50.0)	-	1(50.0)	2(100.0)
전 체	21(50.0)	11(26.2)	10(23.8)	42(100.0)

의미하지만, 이것이 곧 관료화를 의미하는가는 다른 문제이다. 대부분의 위원장들이 간부이상의 경험을 가지고 있고 87년 이후 15년 이상의 기간이 지났음에도 불구하고 위원장 경력자의 비중이나 기간이 상대적으로 낮은 것은 조합의 리더십이 특정개인을 중심으로 위계화 되어 있기보다는 일정한 조합간부들의 대오가 형성되어 있고 이들 사이에 순환적 교체가 많이 이루어지고 있음을 의미한다고 볼 수 있다.

년도별 추이를 보면, 대체로 평균 입후보자의 수와 선거회수가 모두 감소추세이며 최근에는 2명 미만의 후보가 출마하여 한 번의 선거로 당락이 결정되는 현상을 볼 수 있어, 많은 노조에서 위원장 선거가 후보들간의 다자간 경쟁에서 양당적 경쟁구도로 변화되어 가고 있음을 확인할 수 있다. 또한 1987년 이후 현재까지 조합선거에의 투표율은 90% 수준에서 여전히 높은 수준이며, 1997년 경제위기 이후 당선자의 최종득표율이 높아지고 있어 박빙의 선거 경향은 약간 완화되고 있는 것을 확인할 수 있다.

이러한 양당제적 선거경쟁은 대부분 현장조직들을 기반으로 해서 이루어진다. 위원장들을 대상으로 한 <표 9-3>에 의하면, 적어도 조사대상 노조의 절반은 집행부에 반대하는 세력이 조직되어 있으며, 특히 500인 이상 규모의 노동조합은 전체 11개 노조 중 8개 노조(73%)에 반집행부 세력이 조직되어 있다.5) 이러한 현장조직의 존재는 이들 대기업 노조에서 박빙의 선거를

---

5) 이는 1990년대 초반 전 산업의 노조들 대상으로 한 조사에서 전체 노조의 22.8%,

〈표 9-4〉 집행부에 반대하는 조직의 분화 요인

	지연, 학연, 개인적 관계	근무 부서별	조합활동 의 방향	이념차이, 정파	기타	전체
100명 미만	1(33.3)	-	1(33.3)	-	1(33.3)	10(100.0)
100명~500명 미만	1(11.1)	-	4(44.4)	3(33.3)	1(11.1)	21(100.0)
500명~2000명 미만	-	1(14.3)	3(42.9)	3(42.9)	-	9(100.0)
2000명 이상	-	-	1(100.0)	-	-	2(100.0)
전 체	2(10.0)	1(5.0)	9(45.0)	6(30.0)	2(10.0)	42(100.0)

〈표 9-5〉 조합간부들의 현장조직 가입여부

	현장조직이 없음	있지만, 가입 않음	가입하고 있음	전체
500명 미만	62.5	2.5	35.0	100.0(40)
500명~2000명 미만	35.8	18.9	45.3	100.0(53)
2000명 이상	28.2	21.1	50.7	100.0(71)
전체(42, 100.0%)	39.0	15.9	45.1	100.0(164)

$x^2=15.377$, df=4, p<.005

가져오는 주요한 요인이 되고 있다. 보통 이들 현장조직들은 선거시기에 집행부에 반대하는 대안적인 세력을 대표하며, 반집행부 세력이 조직되어 있지 않은 경우에도 노조집행부를 중심으로 단일한 비공식조직 혹은 현장조직을 형성하기도 한다.

<표 9-4>에 의하면, 이들 현장조직들은 일부 지연, 학연, 인간관계에 의해 구분되는 중소규모 조합(2개)을 제외하면, 노동조합활동의 방향이나(45.0%), 이념적 차이 혹은 정파(30.0%)에 따라 분립되어 있는 경우가 대부분이다.

현장조직에 소속된 조합원들은 대부분 현장조직의 이념이나 운동노선에 공감하거나(47.5%), 노동운동에 참여하기 위해서(33.2%), 가입한 것으로 응답하고 있으며, 지연, 학연, 개인적 인간관계 때문에 가입한 조합원들은 11.8%에 불과하다. <표 9-5>에 따르면, 임원, 상집간부와 대의원을 포함한

조합원 300명 이상의 노조의 36.2%에 반집행부 세력이 조직되어 있는 것에 비해 대단히 높은 수치이다(박기성, 1991:96-130).

조합간부들의 45.1%는 현장조직에 가입하고 있으며, 현장조직이 없는 경우(39.0%)를 제외하면 현장조직이 가입하지 않은 조합간부는 15.9%에 불과하다. 또한 현장조직에 가입한 조합원들은 대부분(64.3%) 현장조직이 '노동조합내 다양한 목소리를 담기 위해 꼭 필요하다'고 생각하며, 23.8%는 '필요하지만 이념적, 정책적 노선에 따라 재편되어야 한다'고 생각한다. 이는 현장조직이 조합간부들을 훈련시키고 충원하는 역할을 하며, 이념적 차이나 운동노선, 조합활동의 방향을 둘러싼 분립을 통해 집행부에 대한 견제세력으로 기능하고 있음을 의미한다.

　이들 노동조합에서 조합내 주요직위를 선출하는데 선거가 중요한 역할을 하고 있음을 확인할 수 있다. 조사대상 노동조합들은 모든 임원을 총회에서 직선하거나, 적어도 위원장을 직선하고 나머지 임원을 대의원대회에서 간선하는 경우는 있으나 모든 임원을 간선으로 선출하는 경우는 전혀 없었다. 뿐만 아니라 조합원들의 중요한 이해관계가 걸려있는 단체협약 및 임금교섭에서 조합 측 교섭위원에 대해서도 위원장이 임명하거나 집행부에서 결정하는 경우는 많지 않으며 총회나 대의원대회에서 선출하는 경우가 60%(27개)로 가장 많은 비중을 차지하고 있다. 상급단체 파견대의원 역시 주로 대의원대회나 총회에서 선출하며, 위원장이나 상집에서 일방적으로 결정하는 경우는 많지 않았다. '1996년 이후 조합원 찬반투표를 거치지 않고 임금 및 단체협약을 체결'한 경험이 있는 노조는 조사대상 노조의 13.0%(5개)에 불과하고, 나머지 87%의 노동조합들(33개)은 조합원 찬반투표를 통해 협약을 체결한 것으로 나타났다.

　또한 1987년 이후부터 현재까지 45개 노조 중 73.3%가 위원장을 임기전에 교체한 경험(1회 51.5%, 2회 이상 48.5%)을 가지고 있으며, 그 이유는 주로 탄압과 구속, 해고나 개인적인 이유보다는 지도력 부족과 교섭결과에 대한 불신임이나(35.1%), 어용시비, 회사와의 협조(27.0%)에 대해 조합원들이 직접 책임을 물은 경우였다. 이러한 결과는 기존의 다른 연구에서도 동일하게 확인되는 사실이다. 이처럼 대부분의 조합에서 조합원들은 철저한 직접선거에 의해 대표를 선출하며, 위원장이 자신의 역할을 수행하지 못한다고 판단할 때, 임기여부와 상관없이 불신임하거나 소환하는 경우가 대단히 많음을 알 수 있다.

노동조합에서 선거는 단순히 조합 위원장을 선출하는데 한정된 것이 아니라 임원, 교섭위원, 상급단체 파견대의원 선출에까지 광범위하게 활용되며, 조합원들은 선거를 통해 직접적인 영향력을 행사한다. 또한 노동조합 선거는 단순히 대의(representative) 민주주의의 기능을 넘어서 대표(delegative) 민주주의의 성격을 강하게 보여주고 있다. 선거는 교섭위원이나 대의원들의 정책결정 자율성을 제한하여 이들이 조합원들의 의사결정에 충실할 것을 요구하며, 그렇지 못할 경우 불신임을 통해 소환하기도 한다. 또한 조합의 가장 중요한 의사결정인 단체협상 결과에 대해 조합원 찬반투표를 통해 인준함으로써 협약체결의 최종승인 권한을 조합원에게 부여하고 있다.

4. 조직운영과 의사결정

조합원들의 직접선거에 의한 민주주의는 조합의 조직운영과 의사결정에 그대로 반영된다. <표 9-6>에서 조합원들이 조합의 의사결정방식에 대해 평가한 것을 보면, 전체적으로 조합원들의 39.3%는 조합의 의사결정이 다수 조합원들의 의사에 따라 민주적으로 결정한다고 평가하고 있으나, 29.3%는 일부조합원들의 의사를 반영해 집행부가 결정하거나, 19.4%는 위원장이나 몇몇 조합간부들이 결정한다고 부정적으로 평가하고 있다. 이러한 평가는 1996년 조사(정이환·황덕순, 1996: 49)에서 민주노총 산하 노조의 경우 '다수

〈표 9-6〉 노동조합의 의사결정방식에 대한 평가

	위원장이 주로 결정	몇몇 간부들이 결정	상급단체 지침에 의거	일부조합원 의사를 반영해 결정	다수조합원 의사에 따라 결정	합계
평조합원	4.8	14.2	12.3	30.5	38.1	100.0(826)
임원, 상집	3.7	7.3	9.8	24.4	54.9	100.0(82)
대의원	7.5	8.8	16.3	22.5	45.0	100.0(80)
소위원	4.7	29.4	5.9	27.1	32.9	100.0(85)
500명 미만	2.6	3.3	13.8	32.9	47.4	100.0(152)
500명~2000명 미만	1.6	6.3	8.4	26.7	57.1	100.0(191)
2000명 이상	6.3	18.4	12.5	29.3	33.5	100.0(792)
합계	5.0	14.4	12.0	29.3	39.3	100.0(1135)

$x^2=68.214$, df=8, p<.000

조합원의 의사를 반영한다' 73.2%, '일부조합원의 의사를 반영한다' 16.6%, '위원장 혹은 몇몇 간부들이 결정한다' 9.0%에 비교하면, 조합의 의사결정과정에 대한 긍정적 평가가 크게 낮은 수치임을 알 수 있다.

그러나 <표 9-6>을 보면, 실제 의사결정과정에 관여하는 조합간부들은 절반 이상이 다수조합원들의 의사에 따라 결정된다고 평가하고 있다. 위원장조사에서도 위원장들의 87.5%는 '조합원들의 의사를 반영하여 집행부가 결정하고 있다'고 응답하여 민주적 운영이 이루어지고 있는 것으로 생각하고 있다. 이는 단체교섭이나 쟁의, 임원선거를 제외한 일상적인 의사결정의 상당 부분이 조합간부들에게 위임되어 있는 가운데 집행 및 의결기구가 조합원들의 의사를 일정하게 반영하여 의사결정을 하고 있음을 의미한다. 조사대상 노조의 절반가량이 산별노조 사업장 지회로 전환했음에도 불구하고 위원장들의 응답에서 상부단체의 지침에 따라 결정이 이루어지는 경우는 4.2%에 불과해 산별 전환에도 불구하고 사업장 지회의 자율성이 대단히 높은 것을 알 수 있다.

<표 9-6>에서 보면, 의사결정방식은 기업규모에 따른 차이가 존재한다. 500-2000명 규모의 기업에서 가장 민주적으로 의사결정을 하고 있는 반면

〈표 9-7〉 가치지향에 따른 조합의 의사결정방식에 대한 평가

간부활동에 대한 태도	위원장이 주로 결정	몇몇 간부들이 결정	상급 지침에 의거	일부 조합원의 의사를 반영	다수 조합원들 의사에 따라	합계
개인적인 희생	4.3	12.0	12.0	32.4	39.3	100.0 (601)
전문적인 직업활동	3.7	20.2	9.2	27.5	39.4	100.0 (109)
개인적 지위위한 수단	13.3	22.1	16.8	31.9	15.9	100.0 (113)
사회변혁운동의 일환	4.5	11.1	12.1	22.6	49.7	100.0 (199)
전체	5.3	13.8	12.2	29.9	38.7	100.0(1022)

$x^2=56.323$ df$=12$ p$<.000,$

에, 거대기업의 경우 위원장이 주로 결정하거나 몇몇 조합간부들이 결정한다는 응답이 상대적으로 높아 관료적 의사결정의 경향이 나타나고 있다. 이는 500-2,000명 규모의 노조에서 조직운영이 위원장 개인에 의존하기보다 집행부와 반대파간의 경쟁에 의해 영향을 받을 가능성이 높고, 동시에 거대기업에 비교하면 의사결정구조의 관료화가 덜하기 때문이다.

립셋은 노동조합에서 리더십 유형(경력지향적 혹은 소명의식적)에 따라 조직의 민주적 운영에서 차이가 난다는 가설을 제시하고 있다(Lipset, 1981: 417-424). <표 9-7>에서 일반조합원들의 평가를 통해서 리더십 유형과 조직운영 방식의 관계를 간접적으로 살펴보면, 일반조합원들은 조합 간부활동을 바라보는 시각에 따라 조합의 의사결정방식에 대해 매우 다르게 평가하고 있음을 알 수 있다. 조합 간부활동을 사회변혁운동의 일환으로 보는 조합원들의 49.7%는 조합운영이 민주적이라고 평가한 반면, 개인적 지위향상을 위한 수단이나 전문적 직업 활동이라고 보는 조합원들의 경우 위원장 혹은 몇몇 간부들이 주로 결정한다고 응답한 비율이 각각 23.9%, 35.4%로 높게 나타나고 있다.

조합의 주요한 의사결정이 이루어지는 집행기구와 의결기구의 관계를 보면, 먼저 집행기구 내부에서 위원장들은 상근간부와 '민주적 토론과 의사

〈표 9-8〉 2001년 한 해 동안 대의원대회 개최회수

	1-2회	3-4회	5-10회	12회 이상	전체
노조 수	9	6	13	9	37
(%)	(24.3)	(16.2)	(35.1)	(24.3)	(100.0)

결정'이 이루어지거나(67.4%) 위원장의 입장이 거의 관철된다고(27.9%) 평가하고 있다. 그러나 의결기구인 대의원과의 관계에서 보면, '협조적이고 의사결정이 효율적'인 경우가 44.2%로 다수를 차지하지만, '큰 문제는 아니나 견제가 많은' 경우(37.2%)와, '집행부에 대한 지지파와 반대파가 대립'하는 경우(11.6%), '대의원 다수의 견제로 집행이 어려운' 경우(7.0%) 등 정도의 차이는 있지만, 집행부에 대한 대의원들의 견제가 상당히 이루어지고 있다. <표 9-8>을 보면, 조사대상 노동조합들 중 24.3%는 2001년 한 해 동안 1-2회의 대의원대회만을 개최한 반면, 59.4%의 노동조합들은 두 달에 한 번 혹은 한 달에 한 번씩 대의원대회를 열어 조합의 주요한 의사결정을 내리는 것으로 나타났다. 특히 6개 노조는 월 2회 이상 대의원대회를 개최해 대의원대회가 사실상의 집행위원회 기능을 수행한 것으로 나타났다.

단위노조나 사업장 지회의 범위를 벗어나 금속산업연맹이나 금속노조 본조의 조직운영과 의사결정에 대한 평가를 본다면, 기업별노조 혹은 사업장지회 내부의 의사결정과정에 대한 긍정적 평가와는 달리 상대적으로 부정적인 평가가 높게 나타나고 있다. 위원장 혹은 지회장들은 연맹이나 본조가 '민주적이고 효율적으로 운영되고 있다'거나 '현장의 의견이 반영되지 않고 관료적, 권위주의적인 편'이라는 견해에는 동의하지 않지만, 83.3% 가 '민주적 절차에도 불구하고 현장의 조건이나 의견이 잘 반영되지 않는다'는 불만을 가지고 있다. 이러한 불만은 기업규모나 상급조직(금속산업연맹, 전국금속노조)과 무관하게 공통적으로 나타나고 있다.

<표 9-9>에서 연맹 혹은 본조가 '현장조합원들의 요구를 얼마나 수렴하고 있는가'는 질문에 대해 위원장들은 대체로 수렴하고 있지 못하는 편이라

〈표 9-9〉 상급단체가 조합원의 요구를 수렴하는 정도

	잘 수렴하고 있다	대체로 수렴하는 편	대체로 수렴하지 못하는 편	잘 수렴하고 있지 못하다
100명 미만	1(10.0)	4(40.0)	5(50.0)	-
100명~500명 미만	-	11(50.0)	11(50.0)	1(12.5)
500명~2000명 미만	-	2(25.0)	5(62.5)	-
2000명 이상	-	-	3(100.0)	-
금속산업연맹	1 (4.8)	6(28.6)	13(61.9)	1 (4.8)
전국금속노조	-	11(50.0)	11(50.0)	-
전체(43, 100.0%)	1 (2.3)	17(39.5)	24(55.8)	1 (2.3)

는 응답이 58.1%로 수렴하는 편이라는 응답 41.8%보다 높게 나타났다. 특히 노동조합 규모가 클수록, 금속산업연맹에 속한 위원장들일수록 부정적 응답이 높다. 부정적인 응답을 한 노조위원장들의 68.0%는 '상급단체들이 현장조합원들의 요구를 잘 수렴하지 못하는 이유'로 '조합원들의 요구를 수렴할 수 있는 조직체계, 절차성의 문제가 있기 때문'이라고 응답하고 있다. 이러한 불만은 주로 전국수준에서 정책과 전술을 결정하고 집행하는 전국간부들과 사업장 수준에서 조합원들의 이익과 정서에 부응해야 하는 현장간부들 사이의 인식차이를 반영하는 것이면서, 동시에 양자를 매개하고 원활한 소통을 담당하는 지역지부의 역할이 취약하다는 점을 반영하고 있다.

한편 소비자노동조합주의(Allen, 1957)에 따르면, 노조민주주의는 절차적인 것이라기보다 조합원들에게 실질적인 결과를 가져올 수 있는 해결능력과 관련되며, 특히 그 결과에 대한 조합원들의 만족도가 더욱 중요하다. <표 9-10>에서 단위노조(지회)와 연맹(본조), 총연맹에 대한 조합원들의 만족도를 보면, 노동조합이 '잘하고 있다'고 평가한 조합원들의 비중은 단위노조 집행부(지회)의 경우 58.1%, 금속산업연맹(금속노조 본조)의 경우 48.9%, 민주노총의 경우 54.8%에 이르고 있다. 대체로 조합원들은 단위노조나 사업장 지회 집행부에 대해서는 긍정적으로 평가하고 있는 반면, 금속연맹이나 금속노조에 대해서는 부정적 응답의 비중이 높았다. 연맹이나 본조에 대한

〈표 9-10〉 노조 집행부, 금속연맹, 민주노총은 '잘하고 있다'는 견해에 대한 조합원들의 응답

		전혀 그렇지 않다	별로 그렇지 않다	조금 그렇다	매우 그렇다	전체
노조, 지회 집행부	500명 미만	3.1	18.6	60.2	18.0	100.0(161)
	500명~2000명 미만	3.1	20.4	58.7	17.9	100.0(196)
	2000명 이상	9.2	40.9	42.4	7.4	100.0(846)
	전체	7.4	34.6	47.5	10.6	100.0(1203)
금속연맹, 금속노조	500명 미만	1.3	34.2	55.1	9.5	100.0(158)
	500명~2000명 미만	5.6	35.2	51.5	7.7	100.0(196)
	2000명 이상	6.6	49.8	39.1	4.4	100.0(833)
	전체	5.7	45.3	43.3	5.6	100.0(1187)
민주노총	전체	5.8	39.4	46.1	8.7	100.0(1192)

$x^2=87.141$, df=6, p<.000, $x^2=38.218$, df=6, p<.000

만족도가 상대적으로 더 낮은 것은 주로 대정부관계를 책임지는 총연맹에 비해 사용자와의 실질적인 교섭과 연대투쟁을 지휘하는 연맹과 본조에 대해서는 높은 기대에도 불구하고 기업별 체제 하에서 실질적인 역할을 수행하고 있지 못하기 때문이다.

또한 <표 9-10>에서 단위노조나 연맹, 지회와 본조의 활동에 대한 평가는 조합규모가 작을수록 긍정적이며 조합규모가 클수록 부정적인 것으로 나타났다. 특히 2000인 이상의 거대노조에서는 단위노조 집행부나 금속산업연맹에 대한 부정적 평가가 50%를 넘어서 노동조합에 대한 신뢰와 만족도에서 상당한 문제점을 드러내고 있다.

5. 조합원 참여의 실태

현장중심주의적 시각에서 보면, 노조민주주의는 조합원참여의 정도와 형태에 의존한다. 1987년 이후 노동조합들은 자본과 국가의 탄압이나 노조

리더십의 취약성을 조합원들의 적극적 참여와 직접행동을 통해 극복해왔다.
1987년 이후 조합활동에 대한 조합원들의 참여가 활성화되었던 것은 대부
분의 노동조합들이 해당기업의 생산직 노동자들로 구성되어 동질적인 조합
원들의 요구를 직접적으로 표출하였고, 노조회피전략을 추구하는 사용자와
의 교섭과정에서 참여와 동원이 유일한 무기라는 점을 조합원들 스스로가
잘 알고 있었기 때문이다. 어떤 측면에서 1987년 직후의 높은 조합원 참여는
노동조합 형성기에 보편적으로 나타나는 현상으로, 임금인상을 위한 얻어
내기 위한 도구적 참여라기보다 권위주의적 작업장 질서에 대한 분노와
이러한 분노가 결집된 작업장 공동체의 집합적 동원을 의미하는 것이었다.
그것은 사회변화와 조응하지 않는 작업장 질서의 급진적 변화를 요구하는
사회운동의 성격을 갖는 것이었다.

그러나 새로운 방식으로 작업장 질서가 변화되고 노동조합의 단체교섭
기능이 제도화되었으며 조합활동이 일상화됨에 따라, 조합활동의 사회운동
적 성격은 약화되고 조합원 참여의 동기는 보다 다변화되기 시작했다. 기업
수준에서 조합원의 참여는 여전히 유지되었으나 임금인상과 단체교섭을
위한 압력수단으로서 경제적 이익을 극대화하기 위한 도구적 성격이 강화되
었다. 그와 함께, 조합원참여에서 생산직 노동자들로 구성된 작업장공동체
(빈번하게 상호 작용하는 준거집단으로서의 동료집단)의 참여적 동원이나, 민주
화 혹은 사회변혁을 위한 계급적 실천으로서의 성격은 약화되어 갔다. 이러
한 방식으로 조합원들의 입장에서 경제적 목표를 위한 압력수단으로서의
도구적 참여는 일정한 한계를 넘어서지 않는 수준으로 제도화되었다.

차일드에 의하면, 조합원들은 조합행동에 대해 기대하는 내용과 조합운
영에 대한 참여하는 정도에 따라, 적극적 지지층(stalwart), 적극적 반대층
(trouble-maker), 수동적 지지층(card-holder), 무관심층(alienated member)과 같은
조합에 대한 애착(attachment) 유형이 결정된다. 적극적 지지층은 조합의

〈표 9-11〉 조합원들의 조합에의 신뢰와 참여 정도에 대한 위원장의 평가

	조합을 신뢰하며 조합활동에 적극적 참여	조합을 신뢰하나 조합활동에 소극적 참여	조합과 조합활동에 관심이 없다	조합에 대한 불신이 크며 비판적	합계
100명 미만	4(33.3)	7(58.3)	1 (8.3)	-	12(100.0)
100명~500명 미만	2 (8.7)	15(65.2)	5(21.7)	1(4.3)	23(100.0)
500명~2000명 미만	1(11.1)	8(88.9)	-	-	9(100.0)
2000명 이상	-	2(66.7)	1(33.3)	-	3(100.0)
금속산업연맹	2 (8.7)	18(78.3)	3(13.0)	-	23(100.0)
전국금속노조	5(20.8)	14(58.3)	4(16.7)	1(4.2)	24(100.0)
전 체	7(14.9)	32(68.1)	7(14.9)	1(2.1)	47(100.0)

정책이 자신의 열망을 반영하고 있기 때문에 조합지도부를 적극적으로 지지하는 조합원들이며, 적극적 반대층은 주요쟁점에 대해 조합의 시각과 상당한 차이가 있어 조합지도부의 정책을 변화시키기 위해 노력하는 조합원들이다. 수동적 지지층은 조합이 임금교섭과 직무규제와 관련한 도구적 기능을 수행하는 한에서 조합에 수동적으로 남아 있는 사람들이며, 무관심층은 도구적 혹은 이념적으로 조합에 대한 불만을 가지고 있지만, 조합정책의 변화를 위해 적극적으로 활동하지 않는 사람들이다(Salamon 2001: 138-145).

이 분류에 의거해 <표 9-11>에서 조합원들의 유형을 구분해본다면, 위원장들의 68.1%는 조합원들이 '노동조합을 신뢰하고 있으나 조합활동에 소극적으로 참여'하는 수동적 지지층이라고 평가하고 있으며, 14.9%는 '노동조합과 조합활동에 대해 별 관심이 없는' 무관심층이라고 평가하며, 단지 위원장들의 14.9%만이 조합원들이 '노동조합을 신뢰하며 조합활동에 적극적으로 참여'하는 적극적 지지층이라고 평가하고 있다. 조합규모가 클수록 조합원들이 적극적 지지층이라고 평가하는 경우가 적으며, 금속연맹보다는 금속노조에 가입한 노동조합에서 조합원들이 '조합활동에 적극적으로 참여'한다는 응답이 높게 나타났다.

〈표 9-12〉 '노조활동의 활성화를 위해 가장 먼저 개선되어야 할 것'에 대한 평가

	간부들의 열의나 능력부족	조합원의 참여 부족	노조의 재정적 빈곤	기업별 노조의 한계	정부와 사용자의 태도	합계
500명 미만	15.4	51.9	2.6	14.1	16.0	100.0(156)
500명~2000명 미만	7.7	46.4	1.6	16.9	27.3	100.0(183)
2000명 이상	18.4	51.4	1.4	13.2	15.6	100.0(782)
소 계	16.2	50.7	1.6	13.9	17.6	100.0(1121)

x^2=25.885, df=8, p<.005

<표 9-12>에서 '노조활동의 활성화를 위해 가장 먼저 개선되어야 할' 것으로 조합원들의 50.7%가 조합원참여 부족을 지적하고 있고, 이는 1998년 조사에서 노조활동이 활성화되지 않는 원인에 대해 조합원의 56.6%가 조합원 참여부족을 지적한 것과 큰 차이를 보이지 않는 것이다(이민영, 1998: 36). 노동조합 위원장들 역시 노조활동의 가장 큰 애로사항으로 '간부들의 열의나 능력 부족'(19.5%), '기업별노조의 한계'(14.6%), '정부와 사용자의 태도'(12.2%) 등 다른 어떤 항목보다 '조합원들의 참여부족'(26.8%, 11명)을 지적하고 있다.

<표 9-13>에서 '나는 노조활동에 적극 참여하고 있다'는 질문에 대하여, 조합원들의 44%는 적극 참여하는 편이며, 5점 만점의 평균값은 3.36이었다. 조합원 참여를 다양한 참여형태별로 나누어 보면, 가장 높은 점수를 보인 것은 조합선거 참여로 평균값은 4.65였고 조합원의 91.%가 적극 참여하고 있는 것으로 나타났다. 그 다음이 노조설문지 응답 4.29, 조합원교육 3.95, 노조발간물에 대한 관심 3.98, 쟁의행위 참여 3.83로 나타나고 있다. 이러한 활동은 조합선거를 제외하면, 주로 단체교섭 과정에 대한 참여를 주요한 내용으로 한다. 조합원들은 임단협을 위한 노동조합의 준비, 홍보, 교육이나 교섭과정에서의 동원에 적극적인 관심과 참여를 보여주고 있는 것이다. 그러나 조합의 일상활동이나 공동체적 성격의 참여라고 할 수 있는 간부와의 대화, 노조에 대한 가족과의 대화, 노조주최 행사 참여, 동료조합원과의

〈표 9-13〉 노동조합 활동에의 참여 정도

참여의 내용	1-5점 척도	전혀 그렇지 않다	별로 그렇지 않다	보통	조금 그렇다	매우 그렇다	합계	평균값
	노조활동에 적극 참여	3.2	19.3	33.5	26.5	17.5	100.0	3.36
선거및 임단협 활동	노조선거 투표참여	0.2	2.0	6.4	15.1	76.3	100.0	4.65
	노조설문지 응답	0.4	3.3	15.8	28.1	52.4	100.0	4.29
	노조발간물에 관심	0.6	4.8	24.8	35.9	33.9	100.0	3.98
	조합원 교육 참여	0.9	8.1	23.0	30.8	37.3	100.0	3.95
	쟁의행위 참여	2.7	11.1	24.0	25.3	36.9	100.0	3.83
공동체적 참여	동료조합원과 어울림	1.9	7.4	35.2	35.1	20.3	100.0	3.65
	노조주최 행사 참여	4.8	20.3	32.3	27.9	14.8	100.0	3.28
	노조간부와의 대화여부	10.3	25.7	34.1	19.7	10.2	100.0	2.94
	노조에 대해 가족과 대화	14.8	27.1	32.3	19.3	6.4	100.0	2.75
대외적 활동참여	상급단체의 지역집회	8.5	25.6	32.5	25.4	8.0	100.0	2.99
	상급단체의 외부교육	15.0	35.8	31.2	14.0	3.9	100.0	2.56

어울림은 상대적으로 낮은 점수를 보여주고 있다. 특히 노조 내부의 풍물, 영상, 노래패와 같은 자발적 모임에 참여하는 경우는 전체 조합원의 3.3%, 학습 팀과 같은 소모임에 참여하는 경우는 6.0%, 노조가 주관하는 취미모임에 참여하는 경우는 6.8%에 불과하다. 이는 회사가 주관하는 취미모임에 참여하는 조합원이 18.0%, 향우회나 동문회에 참여하는 조합원이 56.7%에 이르는 것과 큰 대조를 이룬다. 이러한 결과는 4점 척도를 사용한 1996년 조사나 1998년 조사와 대체로 비슷한 결과를 보여주는 것이다.[6]

이러한 조사결과는 전체적으로 조합활동에 대한 조합원 참여가 비교적 높게 나타남에도 불구하고 조합원 스스로 조합원 참여 부족을 조합활동의 가장 큰 문제점으로 지적하고 있는 역설을 보여주고 있다. 조합원들이 조합을 신뢰하고 소극적으로나마 참여하고 있으며, 조합원 스스로도 조합 활동에 적극적으로 참여하고 있다고 생각하면서도 , 조합원 참여 부족이 조합활

---

6) 이들 조사에서도 조합원 참여는 투표 참가가 가장 높고, 임금인상 설문지 응답, 조합원 교육, 쟁의행위 참여, 노조발간물에 대한 관심도 비교적 높은 반면 서클 활동에의 참여는 낮게 나타났다.

동의 가장 애로사항으로 인식되고 있는 것이다. 이는 기업별 노동조합의 권력자원이 전적으로 조합원 동원에 의존하고 있는 현실을 반영하며, 동시에 조합원들의 헌신적 희생을 수반하지 않는 수동적 참여가 노동조합 활동의 활성화나 조직력 강화로 귀결되고 있지 않다는 것을 의미한다. 참여의 정도가 아니라 참여의 질이 문제인 것이다. 조합원 참여가 선거나 임단협에 대해서는 활성화되어있지만 그것이 조합 일상활동의 활성화나 조합원들의 사회적 네트워크 혹은 공동체적 연대를 의미하는 것은 아니다.

특히 중요한 것은 조합원 참여가 단위노조 수준의 활동과 상급단체 수준 활동 사이에 커다란 격차를 보이고 있다는 점이다. <표 9-13>에서 보듯이, '상급단체나 지역조직이 주최하는 연대집회나 행사에 적극 참여'하는 조합원들은 전체의 35.7%에 불과하며, 상급단체나 외부노동단체가 주최하는 노동교육에 대해서도 조합원의 17.9%만이 적극 참여하고 있다. 조합원의 참여는 대부분 기업수준의 단체교섭과정에 한정되어 있으며, 기업의 범위를 넘어서는 조합활동에 대해서는 상대적으로 무관심한 특징을 보여주고 있다.

<표 9-14>에서 기업규모, 근속기간, 연령별 조합원 참여 실태를 보면, 기업규모별로 500-2000명 미만 규모의 노조에서 조합원 참여가 가장 높은 반면, 2000인 이상 규모의 노조에서 조합원 참여가 가장 낮다. 근속년수별로 10-15년 근속기간의 조합원들에서 참여도가 가장 높으며, 다음으로 5-10년 미만, 15년 이상의 순으로 나타나고 있다. 연령별로 30대에서 가장 참여도가 높으며, 그 다음이 40대, 20대, 50대의 순으로 나타나고 있다. 근속기간이 5-15년인 조합원들은 1987년 노동자대투쟁 이후 1997년 경제위기 이전에 입사한 노동자들로서 지속적인 동원과 승리의 경험을 가지고 있는 세대들이다. 이들의 조합 활동 참여는 40대 이상의 고령노동자들이나 1997년 경제위기 이후 입사한 젊은 노동자들의 참여와 현격한 차이를 보이고 있다.

〈표 9-14〉 독립변수별 '나는 노조활동에 적극 참여하고 있다' 는 응답의 분포

	전혀 그렇지 않다	별로 그렇지 않다	보통	조금 그렇다	매우 그렇다	합계
500명 미만	0.6	18.0	32.3	24.8	24.2	100.0(161)
500명~2000명 미만	1.5	7.6	35.0	35.5	20.3	100.0(197)
2000명 이상	4.1	22.3	33.4	24.6	15.5	100.0(844)
	3.2	19.3	33.5	26.5	17.5	100.0(1202)
5년 미만	8.6	27.2	32.1	18.5	13.6	100.0 (81)
5년-10년 미만	1.2	20.3	30.3	29.0	19.1	100.0(241)
10년-15년 미만	1.8	10.4	36.7	31.8	19.3	100.0(327)
15년 이상	4.1	22.9	33.2	23.6	16.2	100.0(544)
	3.2	19.2	33.5	26.6	17.5	100.0(1191)
20대	8.1	26.7	30.2	15.1	19.8	100.0 (86)
30대	1.7	15.1	30.8	33.1	19.3	100.0(483)
40대	3.5	20.5	35.0	24.2	16.9	100.0(492)
50대 이상	5.3	24.4	38.9	19.8	11.5	100.0(131)
	3.3	19.3	33.4	26.7	17.4	100.0(1193)

$x^2=39.771$, df=8, p<.000 $x^2=44.998$, df=12, p<.000 $x^2=47.092$, df=16, p<.000

릴셋은 노동조합의 기능에 대한 사회적 가치가 조합원 참여에 차이를 가져오며, 노동조합의 기능을 한정된 필요를 충족시키는 것으로 협소하게 규정할수록 조합원들이 조합의 정책결정이나 내부활동에 참여할 필요성을 느끼지 않는다고 주장한다(Lipset, 1981: 424-428). 노동조합이 단체교섭을 통해 조합원의 경제적 이익을 향상시키는 서비스기능을 수행해야 한다는 이데올로기나 의식이 강할수록 조합원 참여가 저하된다는 것이다. 이러한 논의를 따르면 노동조합의 목표에 대한 조합원의 인식에 따라 조합원 참여 정도가 상이하게 나타난다고 예측할 수 있다. 노동조합의 가장 주요한 목표를 ① '임금인상 등 조합원들의 노동조건 개선'으로 생각하는 '경제적 실리' 지향, ② '전체 노동자들의 사회적 지위 향상을 위한 법, 제도적 개선'으로 생각하는 '사회적 연대'지향, ③ '노동자계급의 단결과 노동자 정치세력화' 로 생각하는 '정치적 계급'지향, ④ '경영참가 등 산업민주주의의 실현'으로

〈표 9-15〉 가치지향에 따른 '나는 노조활동에 적극 참여하고 있다'는 응답의 분포

	전혀 그렇지 않다	별로 그렇지 않다	보통	조금 그렇다	매우 그렇다	합계
경제적 실리 지향	4.3	25.0	35.3	23.4	12.1	100.0(513)
파트너십 지향	1.8	12.5	41.1	30.4	14.3	100.0 (56)
사회적 연대 지향	4.0	17.8	35.1	25.2	18.0	100.0(405)
정치적 계급 지향	-	8.3	23.7	34.0	34.0	100.0(156)
	3.4	19.6	33.8	25.9	17.4	100.0(1130)
개인적인 희생	1.9	16.5	32.0	30.6	19.0	100.0(637)
전문적인 직업활동	5.1	22.2	41.9	21.4	9.4	100.0(117)
지위향상을 위한 수단	11.3	31.3	39.1	13.0	5.2	100.0(115)
사회변혁운동의 일환	1.0	14.4	28.2	28.7	27.8	100.0(209)
	3.1	18.3	33.1	27.4	18.2	100.0(1078)

$x^2 = 73.763$, df=16, p<.000 $x^2 = 92.429$, df=12, p<.000

생각하는 '파트너십'지향으로 구분해 본다면, 경제적 실리지향이나 파트너십 지향의 조합원들은 노동조합의 단체교섭 기능에 관심을 가지는 반면, 사회적 연대지향이나 정치적 계급지향의 조합원들은 노동조합의 사회·정치적 기능에 주된 관심을 가진다고 볼 수 있을 것이다.

<표 9-15>를 보면, 정치적 계급지향 조합원들의 68.0%가 조합활동에 적극 참여하고 있는 반면, 경제적 실리지향의 조합원들은 단지 35.5%만이 적극 참여하고 있다. 사회적 연대지향의 조합원들은 43.2%만이 적극 참여하며 '경영참가와 같은 산업민주주의'를 주요한 목표로 생각하는 파트너십 지향의 조합원들은 44.7%가 적극 참여하고 있다.

또한 <표 9-15>에서 노동조합간부 활동을 '사회변혁운동의 일환'이나 '조합원들의 복지향상을 위한 개인적 희생'이라고 생각하는 조합원들은 조합활동에 적극 참여하는 경우가 각각 56.5%, 49.6%인데 반해, '개인적 지위향상을 위한 수단'이나 '전문적 직업활동의 하나'라고 보는 조합원들은 조합활동에 적극 참여하는 경우가 각각 18.2%, 30.8%에 불과하다. 이들은 조합활동이 간부들에 의해서 이루어지는 것으로 생각하는 소비자노동조합

〈표 9-16〉 노조간부로서 활동할 의사

	있다	없다	합계
경제적 실리 지향	29.3	70.7	100.0(505)
파트너십 지향	29.1	70.9	100.0 (55)
사회적 연대 지향	43.7	56.3	100.0(394)
정치적 계급 지향	55.2	44.8	100.0(154)
	38.0	62.0	100.0(1108)
개인적인 희생	44.2	55.8	100.0(624)
전문적인 직업활동	32.2	67.8	100.0(115)
지위향상을 위한 수단	17.4	82.6	100.0(115)
사회변혁운동의 일환	51.5	48.5	100.0(206)
	41.4	58.6	100.0(1060)

$x^2=42.825$, df=4, p<.000 $x^2=42.002$ df=3, p<.000

의 시각을 갖고 있고 조합활동에 대한 강한 개인주의적 지향을 보이고
있다. 반면에 '사회변혁운동의 일환'이나 '개인적 희생'이라고 생각하는
조합원들은 기본적으로 조합활동을 헌신성의 시각에서 보는 집합주의적
지향을 강하게 갖고 있다고 볼 수 있다.

<표 9-16>에서 조합원 참여의 가장 적극적인 형태라고 할 수 있는 '조합
간부를 맡을 의사'를 보면 이러한 차이는 보다 분명하다. '기회가 주어질
경우 간부를 맡을 의사'는 조직의 목표와 가치의 수용, 조직을 위해 상당할
노력을 수행할 의지를 표명한 것으로 간주할 수 있다. 정치적 계급지향을
가진 조합원의 55.2%가 간부를 맡을 의사가 있다고 응답했고, 사회적 연대
지향 조합원의 43.9%, 경제적 실리지향 조합원의 29.3%, 파트너십 지향
조합원의 29.1%가 의사가 있다고 응답하고 있다. 역시 <표 9-16>에서
노조 간부 활동을 '사회변혁운동의 일환'으로 보는 조합원들의 51.5%, '조합
원 복지향상을 위한 개인적 희생'으로 보는 조합원의 44.2%가 간부를 맡을
의사가 있다고 응답한 반면, '전문적 직업활동의 일환'이나 '개인적 지위향
상을 위한 수단'으로 보는 조합원의 경우에는 각각 32.2%, 17.4%에 불과했
다.

〈표 9-17〉 노동조합 조합원지향에서 연대성/개인주의, 도구성/이데올로기

	연대성	개인주의
도구적 지향	작업장 조합활동에의 참여	조합행동을 지도부에게 위임
이데올로기 지향	사회적 수준의 조합활동 참여	-

<표 9-13>에서 조합원 참여의 측면에서 단위노조와 상급단체 사이에 상당한 격차가 있다고 할 때, 이러한 격차는 조합원들의 지향에서 도구성과 이데올로기의 축, 연대성과 개인주의의 축에 의해 설명될 수 있다. <표 9-17>에서 포쉬에 따르면, 연대성과 개인주의는 각각 조합활동 참여에 대한 적극성과 소극성으로 나타난다. 조합이 기능하는 방식에 대해 개인주의적 애착(attachment)을 가진 조합원은 작업장수준의 조합활동에 참여하기 보다는 선출된 지도부에게 결정과 행동을 위임하지만, 연대적 애착을 가진 조합원들은 조합을 위한 집단적 책임을 수용하며, 적극적인 참여를 통해 자신이 지향하는 조합의 목표 실현을 위해 노력한다는 것이다(Fosh, 1993: 578-581). 그러나 조합에 대한 연대적 애착을 갖고 있다고 하더라도 도구적 지향의 조합원은 자신의 참여를 작업장 조직의 활동으로 제한하는데 반해, 이데올로기 지향의 조합원은 그 참여의 폭을 사회적 수준으로까지 확장할 것이다. 대체로 노동조합간부 활동을 전문적 직업활동이나 개인적 지위향 상을 위한 수단이라고 보는 조합원들은 주요한 결정을 간부에게 위임하는 경향을 보이지만, 노동조합간부 활동을 사회변혁운동이나 조합원을 위한 개인적 희생으로 보는 조합원들의 경우에는 참여의 정도가 높게 나타난다.

그러나 연대성 지향을 가진 조합원들 역시 도구적 지향 혹은 이데올로기 적 지향에 따라 참여의 폭이 달라질 것이다. <표 9-18>에서 정치적 계급지 향은 '상급단체나 지역조직의 연대집회나 행사'에 대해 63.2%가 적극 참여 하는데 반해, 경제적 실리지향은 23.9%, 파트너십 지향은 32.2%만이 적극 참여하며, 사회적 연대지향도 33.4%만이 적극 참여하고 있다. 기업규모별로

〈표 9-18〉 '상급단체나 지역조직의 연대집회나 행사에 적극 참여한다'

	전혀 그렇지 않다	별로 그렇지 않다	보통	조금 그렇다	매우 그렇다	합 계
경제적 실리 지향	11.7	31.5	32.9	19.4	4.5	100.0(511)
사회적 연대 지향	7.7	22.9	36.9	25.4	7.0	100.0(401)
파트너십 지향	7.1	19.6	41.1	28.6	3.6	100.0 (56)
정치적 계급 지향	1.9	14.2	20.6	41.9	21.3	100.0(155)
전체	8.7	25.6	32.9	25.2	7.6	100.0(1123)
500명 미만	2.5	19.4	28.1	31.3	18.8	100.0(160)
500명~2000명 미만	6.6	16.8	31.0	36.5	9.1	100.0(197)
2000명 이상	10.2	28.8	33.7	21.7	5.6	100.0(836)
전 체	8.5	25.6	32.5	25.4	8.0	100.0(1193)

$x^2=113.742$ df=16, p<.000 $x^2=69.521$, df=8, p<.000

보면, 500인 미만과 500-2000인 규모 기업에서 적극 참여하는 조합원들이 비중이 각각 50.1%. 45.6%인 반면, 2000인 이상 대기업에서 조합원들의 참여는 27.3%에 불과하다.

결국 금속산업의 조합원들은 노조에 대한 집합주의적 태도를 강하게 가지고 있으며, 조합원으로서 조합활동에 참여하지 않거나 중요한 결정을 간부들에게 위임하는 개인주의적 태도를 가진 경우는 소수에 불과하다. 그러나 노동조합활동에 참여하는 조합원들의 성향에서는 이데올로기적이기보다는 도구적 성격이 강하며, 특히 2,000인 이상 대기업 조합원들의 경우에는 도구적 집합주의의 경향이 뚜렷하게 나타난다는 점을 확인할 수 있다.

6. 맺음말

이 글은 노조민주주의를 설명하는 다양한 시각들을 종합하여 금속산업의
기업수준에서 노동조합민주주의의 실태를 선거경쟁, 조직운영과 의사결정,
조합원 참여의 세 가지 차원에서 검토하고자 했다.

먼저, 선거경쟁의 측면에서는 대체로 양당제적 구조가 정착되고 있으며,
이러한 경쟁은 대부분 현장조직들을 기반으로 하고 있다. 100인 이상 규모
노동조합 중 2/3에 반집행부세력이 조직되어 있으며 이들은 주로 노조활동
의 방향이나 이념적 차이에 따라 분화되어 있다. 금속산업의 노동조합들에
서 선거민주주의는 단순히 선거를 통해 대표자를 선출하는 대의민주주의의
성격을 넘어 대표자에 대한 소환과 의사결정에 대한 조합원들의 최종승인을
포함하는 대표민주주의의 성격을 보여주고 있다.

둘째, 조직운영과 의사결정의 측면에서, 조합원들은 조합의 의사결정이
다수조합원들의 의사에 따라, 혹은 일부조합원의 의사를 반영해 집행부가
결정하는 방식으로 이루어진다고 생각하고 있다. 특히 조합간부들은 평조
합원에 비해 조합의 민주적 운영에 대해 보다 높은 신뢰를 보이고 있다.
500-2,000인 규모의 조합에서 조직운영이 가장 민주적인 반면, 2,000인 이상
규모의 기업에서 관료화의 정도가 상대적으로 높은 것으로 나타났다. 금속
연맹이나 금속노조 본조 등 상급단체에 대해서는 민주적 절차에도 불구하고
현장의 의견이 잘 반영되지 않는다는 부정적인 평가가 상대적으로 높았으
며, 만족도의 측면에서도 연맹이나 본조에 대한 만족도는 상대적으로 낮은
것으로 나타났다.

셋째, 조합원 참여의 측면에서 기업수준의 조합원 참여는 비교적 높은
편이나, 그럼에도 불구하고 조합원의 낮은 참여가 노동조합활동의 가장
큰 문제점으로 지적되고 있다. 이는 기업별 노동조합의 권력자원이 전적으

로 조합원 동원에 의존하고 있는 현실을 반영하며, 동시에 조합원들의 헌신
과 희생을 수반하지 않는 소극적 참여가 노동조합 활동의 활성화나 조직력
강화로 이어지지 않고 있음을 보여준다. 이것은 1990년대 초반까지 조합원
참여가 노동조합 활동에 대한 높은 헌신과 몰입, 작업장에서의 사회적 네트
워크나 작업장 공동체 활동의 일부로 이루어졌던데 반해, 최근에는 조합원
참여가 경제적 이익의 극대화에 한정된 기업수준의 단체교섭에 한정되어
있기 때문이다. 금속산업의 조합원들은 노조에 대한 집합주의적 지향을
강하게 유지하고 있지만, 이 집합주의적 참여는 이데올로기적 헌신에 기초
한 것이라기보다 도구적 지향을 갖는 것이다. 특히 2000인 이상 거대기업의
노동자들에게서 이러한 경향이 뚜렷하게 나타나고 있다. 이러한 결과는
상당한 정도 '도구적 집합주의' 명제를 지지하는 것으로 해석할 수 있다.

　전체적으로 금속산업의 노동조합 민주주의는 선거경쟁, 조직운영과 의사
결정, 조합원 참여의 모든 측면에서 여전히 활성화되어 있으며, 조합원
참여에 기초한 대표민주주의의 성격을 갖고 있다. 그러나 그것은 기업수준
의 단체교섭에서 최대한 성과를 얻기 위한 조합원들의 실리적 태도를 반영
하고 있으며, 조합원 참여의 성격에서도 도구적 성격이 강화되고 있다.
때문에 금속산업의 노동조합민주주의에서 주요한 쟁점은 조합민주주의의
약화나 조합원 참여의 저하가 아니라, 사업장 수준의 실리적 목표에 한정된
참여의 목표와 범위이다. 노동조합 선거가 기업별 단체교섭에서 가장 효과
적인 투쟁전술의 선호에 기초해 있어 노동조합의 목표를 둘러싼 이념적,
전략적 성격의 경쟁이 취약하며, 노동조합민주주의가 사회적 수준의 조합
활동에 대한 조합원 참여와 계급적 연대로 발전하지 못하고 있다. 기업별
교섭구조 하에서 조합원들의 '도구적 집합주의'가 노동조합의 '전투적 경제
주의' 정체성을 유지하는 실질적 기반이라는 점에서, 변화된 환경에서 노동
조합운동의 활로는 기업별 단체교섭 기능을 넘어 사회적 수준에서 노동조합

의 기능을 확장하고 사회적 수준에서 조합원 참여를 확대하기 위한 목적의
식적 노력에 달려 있다고 할 수 있다.*

---

* 한국산업사회학회. 2003. ≪경제와 사회≫ 제58호(여름호)에 게재된 논문을 수정·보완
하였음.

제10장

산별노조 전임간부의 리더십과 가치지향

1. 머리말

1987년 노동자대투쟁 이후 노동조합운동은 급속히 성장하였고, 1990년대 초반 이후 단체교섭은 노사관계의 일반적 틀로 제도화되었다. 노동조합은 노사관계의 의제설정에 중요한 영향력을 행사하는 능동적 행위자로 변화되었고, 비제도적인 사회운동으로부터 사회적 제도로 정착되었다. 그에 따라 노동조합들은 조직의 공식적 자원들, 위계적 관료제, 의사결정의 체계적 절차, 선거경쟁, 지도부와 일반 조합원의 관계 등 공식조직의 특성들을 뚜렷하게 보여주고 있다. 확립된 제도로서 노동조합의 승인과 단체교섭의 과정, 단체협약의 관리는 노조 리더십의 역할을 크게 확대시키고, 지도자가 수행하는 기능에서도 변화를 초래했다.

또한 1997년 노동법 개정과 경제위기 이후 기업별노조들이 산별노조로 급속하게 전환하고 있다. 기업별노조와 달리 산별노조는 조직규모나 조직 내부의 다양성, 투쟁 쟁점, 동원할 수 있는 자원의 성격에서 차이가 있으며, 지도부에게 요구되는 능력과 역할에서도 차이가 있다. 전국수준에서 의사결정과 교섭, 투쟁을 전개해야 하는 산별노조의 경우에 조합간부들의 전략적 판단과 정책적 전문성이 강하게 요구된다. 한국의 경우 산별 단체교섭의 발전이 지체되고 있어 전국지도부에게 여전히 조직가로서의 역할이 중시되고 있지만, 그럼에도 불구하고 산별노조 간부들의 기능과 역할은 기업별노조 간부들의 그것과는 상이한 환경에서 이루어지고 있다.

나아가 노동조합 조직의 성격은 많은 경우 조합 지도부들의 성향과 활동방식에 크게 의존한다. 노동조합 간부들의 이념적 지향과 노사관계에 대한 인식, 활동방식에 따라 조직의 운영과 전략의 방향도 크게 달라진다. 산별노조에서 조합의 전략은 단순히 현장 조합원들의 요구와 정서를 그대로 반영하기보다는 조합원들의 장기적 이익에 대한 지도부의 해석에 크게 영향을 받게 된다. 노동조합 지도자들은 자신들의 목표와 선호에 따라서 상황과 쟁점들을 평가하며 그러한 토대 위에서 구조적 제약에 반응하는 의식적인 행위자로서 행동한다.

이러한 측면에서 노동조합의 정책지향에 대해 보다 행위자 중심적인 설명이 필요하다. 노동조합 리더십에 대해 행위자중심의 접근을 시도한다는 것은 리더십의 특성과 유형뿐만 아니라, 이들이 갖고 있는 지향과 가치, 태도에 주목하는 것이다.

이 글의 목적은 1998년 경제위기 이후 새롭게 출현한 산별노조들(금속노조, 금융노조, 보건의료노조)의 사례를 통해, 한국 산별 노동조합 간부들의 특성과 성향을 분석하는 것이다. 한국 산별노조의 간부들은 어떠한 특성과 가치, 태도를 가지고 있으며, 그들의 주관적 가치와 태도의 형성에 영향을 미친 요인들은 무엇이고, 그들의 가치와 태도가 노동조합의 운영과 전략에 어떠한 영향을 미치고 있는가?

2. 노동조합 리더십 유형에 대한 이론적 논의

1) 리더십 유형에 대한 기존 논의

노동조합 리더십에 대한 서구의 이론들은 주로 노동조합 리더십의 역할과 유형, 이를 규정하는 요인들과 관련된 것이다. 켈리와 히어리는 노조 리더십연구에 대한 기존 논의를 관료제이론, 다두정이론, 구조적 우연성 이론, 가치지향이론의 4가지 범주로 크게 구분하고 있다(Kelly & Heery, 1994). 먼저, 관료제 및 과두제이론에 따르면, 노동조합의 제도적 승인과 단체교섭의 확장은 리더십의 기능을 확대시키며, 조합간부들이 단체교섭에 몰입하면 할수록 조합원들의 이익에 반하여 타협과 협상을 선호하는 보수주의적 성향이 강화된다는 것이다(Lipset, 1981; Hyman,1971). 반면에 다두정(polyarchy)이론에 따르면, 노동조합이란 경쟁하는 이익집단들로 구성된 정치체계이다. 따라서 조합의 리더십은 단순히 관료화된 단일 행위자가 아니며 전임 간부와 대의원, 전국간부와 지역간부, 숍-스튜어드 등 다양한 관심과 목표를 갖는 복수의 행위자들로 구성되어 있으며, 조합 리더십의 역할과 성향 역시 이들의 상호작용과 복잡한 동학을 통해 결정된다(Crouch,1982:176-184). 구조적 우연성(structural contingency)이론은 간부들의 행동과 역할이 단체교섭 구조, 사용자의 행동, 조합원 구성이나 공간적 분포 등 외적인 환경과 객관적 구조에 의해 규정된다는 점을 강조한다. 이에 반해 가치지향이론은 노동조합 간부들이 느슨한 직무 규정, 공식적 훈련의 결여, 높은 직무자율성을 특징으로 하기 때문에 간부들의 행동을 결정하는데 있어 무엇보다 그들 자신의 가치와 지향이 중요하다는 점을 강조한다(Kelly & Heery, 1994: 24-29).

이러한 이론적 시각들 중에서 노동조합 리더십의 유형화에 큰 관심을 보이는 것은 관료제이론과 가치지향이론이다. 대표적인 과두제 이론가인 립셋은 리더십의 인격적 속성이나 가치를 기준으로 경력지향적(careerist)

리더십과 소명의식적(calling) 리더십을 구분한다. 전자는 지도자의 지위가 개인적 목표성취를 위한 수단으로서의 의미를 갖는 관료적 지도자이며, 후자는 조합지도자로서의 역할에 대해 소명을 가진 헌신적 지도자이다. 경력지향적 리더십은 노동조합간부 지위를 상승이동을 위한 직업적 경력으로 간주하는 이들이며, 자신의 지위와 생활수준을 상승시키려는 의도를 가지고 조합간부를 맡은 사람들이다. 이들은 노동조합간부 지위에 수반되는 보상으로부터 간부활동의 지속적인 동기를 발견한다. 소명의식적 지도자들은 노동운동을 바람직한 사회적 목표달성을 위한 수단으로 보는 이데올로기로부터 노동조합간부 활동의 동기를 발견한다. 이들은 지위에 대한 물질적 보상보다 이상을 중시하며 노동조합 간부활동에 대한 강한 확신과 책임감, 헌신을 보여준다(Lipset, 1981: 417-424).

리더십의 가치와 지향을 강조하고 있는 켈리와 히어리는 ① 교섭목표에 대한 열망, ② 경영 목표에의 동조, ③ 조합원들의 목표를 온건화 하려는 의지, ④ 전투적 전술에 대한 태도를 기준으로 하여, 노조간부들의 유형을 관리자(managerial) 지향, 지도자(leader) 지향, 조정자(regulationist) 지향으로 구분한다(Kelly & Heery, 1994: 123-129). 관리자형은 교섭과정에서 조합원 동원이나 전투적 투쟁을 회피하는 대신 조합원들의 비현실적 열망을 기업의 목표나 현실과 일치시키기 위해 적극적으로 노력하는 조합관료의 유형이다. 지도자형은 노동과 자본의 이익을 적대적인 것으로 간주하고 최대강령적 목표를 설정하여 온건한 행동대신 조합원 동원에 주력하는 유형이다. 조정자형은 이 둘의 중간유형으로 주어진 권력관계 속에서 현실적으로 가능한 것에 대한 계산, 관리자에 대한 중립적 태도, 노사간 공동규제의 틀을 유지하려는 실용주의적 태도를 특징으로 한다.

그밖에 조합간부들의 유형은 여러 가지 기준에 따라 구분할 수 있다. 정치적 이념에 따라 좌파에서 우파에 이르는 유형 구분이나 노동조합의 원칙에 대한 태도나 조합원과의 관계를 기준으로 대표자형과 위임형의 구분(Batstone,1977)도 가능하다.

국내연구에서도 노동조합 리더십을 분류하고 유형화하려는 시도가 이루어졌다. 김동춘은 기업별노조의 리더십을 실리적 성향의 지도자와 연대지향적 지도자로 구분했다. 실리적 간부들은 제도화된 조직으로서 노조의 역할과 성과를 중시하기 때문에 사용자와의 협력을 선택하였으며, 연대지향 간부들은 자주적 조직으로서 노조의 임무를 중요시하며 방어적 동원의 행동을 선택한다는 것이다(김동춘, 1995:311-322).

임영일에 따르면, 한국의 노조 위원장들은 대부분 1987년 세대로서 노동운동의 의의와 가치에 대한 헌신, 개인적 희생과 결단에 기초한 활동을 특징으로 한다. 이들은 현장조합원과의 밀착된 관계를 형성하는데 가장 큰 노력을 기울이고 있다는 점에서 관료화된 리더십은 아니며, 생산직과 사무직의 경계를 따라 투쟁적 성향과 온건하고 협상지향적 노선으로 분화되고 있다(임영일,1995: 245-284).

상급단체 상근간부들을 대상으로 한 이병훈 외(2001)의 연구는 주된 활동지향성을 기준으로 활동가형, 대표자(지도자)형, 실무전문가형, 관리자형이라는 4가지 유형을 구분하고 있다. 이들에 따르면, 한국노총의 채용직 상근간부들은 노동운동 외부에서 충원된 보조적인 실무전문가형에 속하는 반면, 민주노총의 상근간부들은 학생운동과 현장 활동가들로부터 충원되어 이념적 의식과 전투적 실천지향성이 강한 활동가 유형에 가깝다.

이들 서구와 국내연구에서 노동조합간부들의 유형화는 정치적 이념, 노동조합의 목표, 투쟁전술에 대한 선호, 단체교섭에 대한 태도, 조합원들과의 관계, 노동조합간부 활동의 동기나 간부로서의 자기 정체성, 출신배경, 노동조합내 지위 등 다양한 변수들을 고려하고 있다.

2) 노동조합 간부의 유형화

대체로 한국의 노동조합 전임간부들에게는 공식적인 직무훈련이나 경력 패턴을 갖는 전문화되고 관료적인 요소가 적은 반면, 작업장 활동가로부터 충원되어 현장 조합원들에 대한 대표와 강한 책임성을 갖는 활동가적 요소가 많은 편이다. 특히 사용자의 노조회피전략, 경력형성 기회나 물질적 보상의 결여 등 노동조합간부 활동에 대한 유인이 적다는 점에서, 노동조합 간부 활동을 계속할 것인가에 대한 선택은 조합간부 자신들의 개인적 경험과 가치지향에 의해 결정되는 경우가 많다. 그동안의 국내 연구들은 노조간부들을 실리지향과 연대지향, 체제순응성과 체제변혁성, 한국노총과 민주노총, 온건한 협상지향과 강력한 투쟁적 성향 등 이분법적인 범주에 따라 유형화해왔다. 그러나 이는 1990년대 중반이후 변화하는 노동환경이나 노조 조직의 변화(한국노총과 민주노총의 차이 약화, 산별조직으로의 변화)를 고려할 때 지나치게 단순화된 분류임에 틀림없다. 따라서 이 글에서 조합간부들의 유형화는 간부들의 정치적 이념이나 노동조합의 목표에 대한 가치지향, 노동조합간부로서의 정체성 등 주관적인 가치지향들을 고려할 것이다.

노동조합 간부들의 가치지향에서 가장 핵심적인 것은 노동조합의 목표에 대한 인식이다. 이 글은 노동조합의 목표를 크게 ①산업조직으로서의 단체교섭과 공동규제, ②사회정치적 조직으로서 사회개혁 및 사회변혁으로 구분한다. 그리고 산업조직으로서의 역할은 단체교섭을 통한 노동조건 개선과 작업장 의사결정 참여와 같은 산업민주주의 실현으로 구분하고, 사회정치적 조직으로서의 역할은 시민권적 권리의 확대라는 측면에서의 사회개혁과, 노동계급을 중심으로 한 계급적, 정치적 운동으로 구분한다.

먼저, 다원주의자들의 시각에서 보면, 노동조합의 기본적 기능은 단체교섭이며, 단체교섭 기능은 다시 ①순수하게 노동조건 개선을 위한 경제적 기능과 ②작업장에서의 공동규제, 산업시민권의 확보를 위한 기능으로 구분해 볼 수 있고, 이 경우 노동조합 간부들의 주요한 역할은 협상자 (negotiator)로서의 역할이다. 웹(Webb)이 노동조합을 "자신들의 고용조건을 개선하기 위한 임금취득자들의 지속적인 단체"라고 규정할 때 그 핵심은 단체교섭이며, 이 때 단체교섭이란 용어는 조합원을 위한 경제적 기능을 노동조합의 본래적 기능으로 간주하는 것이다. 그러나 플랜더즈(Flanders)가 노동조합 기능을 고용조건에 대한 노사간 공동규제로 정의할 때, 이것은 조합의 활동을 작업장에서 공동규제에의 참여라는 정치적 활동으로 파악하는 것이다(Flanders, 1970). 이 경우 노동조합의 목표는 물질적 조건의 확보를 넘어서 산업적 권리들의 확립, 경영참가, 산업민주주의의 확보를 의미한다(Hyman, 1971: 173-175).

반면에 사회민주주의자들이나 마르크스주의자들과 같이 노동조합이 전체사회에서 수행하는 보다 광범위한 민주적 역할이나 계급적 행위자로서의 역할에 주목한다면, 이 때 노조의 핵심적 기능은 개별사용자와의 단체교섭이라기보다 전체사회 속에서 노동자계급의 정치적, 사회적 이익을 보호하고 실현하는 사회정치적 기능이다. 이러한 사회정치적 기능은 다시 ① 사회적 약자를 포함하여 전체노동자들의 복지와 사회적 시민권의 확보를 위한 법, 제도의 개선 등 사회개혁적 기능과, ②계급으로서의 단결, 자본주의사회의 변혁을 위한 계급정치의 확립을 목표로 하는 변혁적 기능으로 구분할 수 있다. 이러한 사회정치적 기능을 수행하는 노동조합에서 조합간부의 핵심적 역할은 조직자(organizer)로서의 역할이다.

이처럼 노동조합이 추구해야할 일차적인 목표 지향과 관련하여, 이 글은 노동조합 리더십을 ① '임금인상 등 조합원들의 노동조건 개선'을 위한 단체교섭을 노동조합의 가장 주요한 목표로 설정하는 '경제적 실리'지향, ② '경영참가 등 산업민주주의의 실현'과 작업장 공동규제를 가장 주요한 목표로 설정하는 '파트너십' 혹은 '산업민주주의'지향 ③ 전체 노동자들의 사회적 지위 향상을 위한 법, 제도적 개선'과 같은 복지국가 및 사회개혁을 중시하는 '사회적 연대'지향, ④ '노동자계급의 단결과 노동자 정치세력화'를 가장 주요한 목표로 설정하는 '정치적 계급'지향으로 구분한다.

경제적 실리 지향의 간부들은 주로 조합주의적 실리를 추구하며 조합원들의 경제적 이익을 최대한 획득하는 것을 노동조합의 일차적 기능으로 생각한다. 산업민주주의 지향의 조합간부들은 경영참가 등 산업민주주의의 확립을 통해서 기업과 산업수준에서 노사 공동규제와 권력균형에 기초한 파트너십을 지향한다. 사회적 연대지향의 간부들은 기업별 노조의 틀을 넘어선 사회적 임금과 복지제도의 확립, 법률 개선 등 노동자들의 사회적 지위개선을 목표로 시민권 확대를 위한 연대에 치중한다. 정치적 계급지향의 간부들은 노동자들의 계급적 단결과 정치적 세력화와 같은 정치적 자율성 획득, 조합원의 계급의식 고양과 사회변혁과정에서 노동조합의 역할을 일차적인 목표로 생각한다.

노조의 목표에 대한 이러한 가치지향이 바람직한 사회발전 방향이나 정치적 이념과 관련된 것이라면, 노조간부 활동의 정체성이라는 차원에서 립셋의 분류를 따라 조합간부들의 지향을 구분할 수 있다. 조합간부로서의 정체성은 노동조합 간부활동을 어떻게 생각하는가, 즉 단지 조합원의 복지 향상을 위한 개인적 희생으로 보는가, 개인적인 지위와 경력 상승을 위한 전문적인 직업활동의 하나 혹은 사회변혁운동에 복무하는 변혁적 활동의 일부로 보는가 등 다양한 차원을 포함한다. 노동조합 간부활동을 전문적 직업활동으로 인식하는 정체성은 경력지향적 리더십에 상응하며, 사회변혁 운동의 일환으로 인식하는 정체성은 소명의식적 리더십 혹은 이념지향적 리더십이라고 볼 수 있다. 다만 한국의 노조간부에게는 간부활동을 통한 경력형성과 상승이동의 기회가 크게 제한되어 있고, 조합활동에 대한 규범적 동의가 높은 가운데 작업장 공동체에서 누군가가 맡아야 할 역할로써 인식하는 경우가 많다. 그러한 의미에서 이는 이데올로기와 무관한 규범적 헌신에 기초한 리더십이라고 볼 수 있다. 이는 사회변혁을 위한 명확한 목표와 신념을 가지고 있지 않다는 점에서 이념지향적 리더십은 아니지만, 작업장 내에서 조합원들의 권리와 복지향상을 위해 누군가 책임과 역할을 맡아야 한다고 인식하고 있고 스스로 혹은 주변의 권유로 그러한 책임과 희생을 떠맡은 것이라는 점에서 규범적 헌신에 기초한 리더십이라고 할 수 있다. 이는 기업별노조체제하에서 노동조합 간부와 일반조합원들의 지위 사이의 사회적 거리가 크지 않으며, 간부로서의 성취를 통해 관료적 위계제 내부에서 상승 이동할 가능성이 봉쇄되어 있기 때문에 가능한 유형이다.

3. 전임간부들의 일반적 특성

1) 연구대상과 조사개요

이 연구는 전국금속노조, 금융산업노조, 보건의료산업노조를 대상으로 한다. 이들 노조들은 각각 생산직, 사무직, 서비스직종을 대표하는 산별노조들이며 가장 활성화되고 전투적 투쟁을 전개해온 노조들이다. 또한 한국에서 생산직과 사무직, 서비스직 노조들은 각각 조합의 역사적 형성과정이나 조합 지도부의 충원과 경력이동 등에서 상이한 경로를 밟아왔다는 점에서, 이 노조들의 리더십 특성이나 역할, 가치와 태도에서 상당한 차이가 발생할 것으로 예상할 수 있다[1]. 금속노조와 보건의료노조는 민주노총 소속이며,

---

1) 1987년 이후 한국의 노동조합운동은 재벌기업의 금속노동자들을 중심으로 전개되어 왔으며, 특히 금속산업의 노동조합들과 사무직 노동조합 간에는 조합의 조직력이나 목표, 전략에 있어서 상당한 차이가 존재한다는 연구결과들이 많이 제출되어 왔다(임영일, 1998; 이재열·권현지, 1996; 박덕제·박기성, 1989, 1990; 신광영·박준식, 1990).

금융노조는 한국노총 소속이다. 비교적 일찍부터 산별노조로 전환한 보건의료노조나 1980년대 이전에 산별노조의 경험을 가지고 있던 금융노조의 경우에는 상대적으로 기업단위 지부를 인정하고 지부수준의 자율성을 상당히 인정하고 있는 반면, 금속노조의 경우에는 원칙적으로 기업지부를 인정하지 않으며 상대적으로 중앙 집중화된 구조를 가지고 있다.

이 조사는 전국금속노조와 보건의료노조, 금융산업노조의 전임간부들을 대상으로 한 전수조사이며, 2003년 8월에서 10월에 걸쳐 세 노조의 공식조직을 통해 배포하고 회수하였다. 금속노조의 조합원은 35,111명으로 전임간부는 본조 19명(임원 6명, 집행간부 13명), 13개 지역지부와 1개 기업지부 74명(임원41명, 집행간부 33명), 165개 사업장 지회 262명(상급단위로 파견한 61명 제외) 등 총 356명이다(2003년 8월 현재). 보건의료노조의 조합원은 38,536명(2002년 12월 21일 현재)으로, 전임간부는 본조27명(임원 8명, 집행간부 19명), 12개 지역본부 35명(임원 11명, 집행간부 24명), 146개 지부를 포함하여 총 200여 명이다. 금융산업노조의 조합원은 79,895명으로 전임간부는 본조 30명(임원 4명, 집행간부 26명), 34개 기업지부 255명(연맹소속 노조는 제외) 등 총 285명이다(2003년 10월 현재). 이중 금속노조 174부, 보건의료노조 92부, 금융노조 106부를 회수하여 전체 372부를 분석대상으로 하였다.

2) 전임간부들의 일반적 특성

<표 10-1>에서 산별노조 전임간부들을 성별로 보면, 보건의료노조의 여성간부 비중이 54.9%로, 금속노조 11.1%, 금융노조 20.0%에 비해 훨씬 높게 나타나 일반조합원의 성별 구성이 간부들의 성별구성에도 반영되고 있다.[2] 세 노조의 전임간부들은 학력에서 가장 뚜렷한 차이를 보여 금속노조

---

2) 금융노조의 경우 조직대상 기업 전체 직원 134,003명 중 여성은 51,734명(38.6%)이지만, 조합의 조직대상인 정규직 100,562명 중 여성의 비중은 25,066명(24.9%)에 불과하다.

〈표 10-1〉 응답자들의 일반적 특성

(단위 : %)

		전체 평균	금속 노조 (1)	보건 노조 (2)	금융 노조 (3)	F값	다중비교 Tukey
사례 수		372 (100.0)	174 (46.8)	92 (24.7)	106 (28.5)		
여성비율		24.5	11.1	54.9	20.0	37.920***	(1)-(2)***(1)-(3) (2)-(3)***
연령	30세 미만	4.1	4.1	6.6	1.9		
	30-35세	31.3	35.1	35.2	21.7		
	35-40세	38.9	37.4	31.9	47.2		
	40세이상	25.8	23.4	26.4	29.2		
미혼비율		22.8	22.2	34.1	14.2	5.671**	(1)-(2) (1)-(3) (2)-(3)**
학력	고졸 이하	46.6	77.4	14.4	24.8	90.558***	(1)-(2)***(1)-(3)***(2)-(3)
	전문대졸	21.8	14.9	48.9	9.5	30.641***	(1)-(2)***(1)-(3) (2)-(3)***
	대졸 이상	31.7	7.7	36.7	65.7	70.077***	(1)-(2)***(1)-(3)***(2)-(3)***
근무 단위	본조	12.8	7.1	13.2	21.7	6.442**	(1)-(2) (1)-(3)** (2)-(3)
	지역	13.4	14.7	26.4	-	16.167***	(1)-(2)* (1)-(3)** (2)-(3)***
	기업	73.8	78.2	60.4	78.3	5.757**	(1)-(2)* (1)-(3) (2)-(3)**
충원 경로	선출직	54.2	61.2	59.6	38.7	7.568**	(1)-(2) (1)-(3)** (2)-(3)**
	채용직	12.3	8.8	16.9	14.2	1.977	(1)-(2) (1)-(3) (2)-(3)
	파견직	6.8	2.9	4.5	15.1	8.373***	(1)-(2) (1)-(3)***(2)-(3)**
	임명직	26.6	27.1	19.1	32.1	2.113	(1)-(2) (1)-(3) (2)-(3)
근무 지역	수도권	52.7	27.0	64.1	84.9		
	영남권	35.8	63.2	15.2	8.5		
간부 경력	3년 미만	38.4	27.8	30.0	62.3	19.947***	(1)-(2) (1)-(3)***(2)-(3)***
	3-5년 미만	20.3	24.9	20.0	13.2	2.754	(1)-(2) (1)-(3) (2)-(3)
	5-10년 미만	27.4	30.8	30.0	19.8	2.178	(1)-(2) (1)-(3) (2)-(3)
	10년 이상	14.0	16.6	20.0	4.7	5.741**	(1)-(2) (1)-(3)* (2)-(3)**
현직 상근 기간	1년 미만	28.5	35.3	28.1	17.9	4.930**	(1)-(2) (1)-(3)** (2)-(3)
	1-3년 미만	51.5	51.2	33.7	67.0	11.305***	(1)-(2)* (1)-(3)* (2)-(3)***
	3-5년 미만	10.7	9.4	19.1	5.7	4.941**	(1)-(2) (1)-(3) (2)-(3)***
	5년 이상	9.3	4.1	19.1	9.4	8.042***	(1)-(2)***(1)-(3) (2)-(3)*
87년 쟁의 경험		33.6	40.2	29.3	26.4	3.346*	(1)-(2) (1)-(3)* (2)-(3)
해고 · 구속 경험		18.5	23.0	20.7	9.4	4.246*	(1)-(2) (1)-(3)* (2)-(3)
노운단체 가입		23.8	26.0	21.0	23.0	0.617	(1)-(2) (1)-(3) (2)-(3)
정치정당 가입		48.4	57.5	60.9	22.6	21.994***	(1)-(2) (1)-(3)***(2)-(3)***
현직 이전의 지위	지부임원	23.8	20.4	31.8	21.6	(82)	
	연맹간부	4.6	7.0	2.3	2.9	(16)	
	지부간부	18.7	18.5	19.3	18.6	(65)	( )은 전체빈도
	대의원	17.9	25.5	10.2	12.7	(62)	
	평조합원	30.5	26.8	25.0	41.2	(106)	
	외부채용	4.6	1.9	11.4	2.9	(16)	

* <.05 **<.01 ***<.001

에서는 고졸 전임간부가 77.4%, 보건의료노조에서는 전문대졸이 48.9%, 금융노조에서는 대졸 이상이 65.7%로 각각 다수를 차지하고 있다. 이러한 차이는 각각 생산직, 서비스직, 사무직이라는 조합원들의 직종별 차이를 반영하는 것이다.

근무지역을 보면, 금융노조 간부의 84.9%는 수도권(서울지역 82.9%)에 근무하고 있고, 보건의료노조 역시 간부의 64.1%가 수도권(서울지역 44.6%)에 근무하는 반면, 금속노조는 전체의 63.2%가 영남권(대구경북 35.6%, 부산경남 27.6%)에 근무하고 있다. 전체적으로 지역 및 사업장 간부들에 비해 본조에 근무하는 간부들은 상대적으로 연령과 학력, 간부경력이 높고 (40대 이상 61.7%, 대졸 65.7%, 10년 이상 경력 25.5%), 채용직의 비중이 높다.

간부들의 충원경로를 보면, 금융노조에서는 상대적으로 선출직 간부의 비중이 낮고 파견직과 임명직 간부의 비중이 높다. 이는 금융노조 기업지부들에서 간부 대부분이 지부 위원장에 의해 임명되며 본조 간부들도 기업지부로부터의 파견에 의해 충원되기 때문이다. 몇몇 대규모 기업지부들의 연합체 성격이 강한 금융노조에 비해, 다수의 소규모 지부, 지회로 이루어진 금속노조와 보건의료노조에서는 선출직 간부의 비중이 높다. 통계적으로 유의미한 것은 아니지만 보건의료노조에서 채용직 간부의 비중이 상대적으로 높은 편이며 임명직 간부의 비중이 낮다. 이는 보건의료노조 본조에서 학생운동 출신 간부들의 비중이 상대적으로 높으며, 대학병원을 제외하면 대부분 지부 규모가 작기 때문에 사업장 수준에서 임명직 집행간부가 적기 때문이다.

간부로서의 총 활동경력을 보면, 경력 3년 미만이 38.4%로 가장 많고 그 다음으로 5-10년이 27.4%를 차지하고 있다. 금융노조의 경우, 간부의 62.3%가 3년 미만의 초임간부여서 간부교체 현상이 심하게 나타난다. 10년 이상의 활동경력을 가진 간부는 보건의료노조에서 가장 많으며, 금융노조의 경우 그 비중이 대단히 적다. 대체로 보건의료노조에서 본조를 중심으로 오랜 활동경력을 가진 채용직 간부들과 사업장 수준의 신규 간부들 간의 격차가 크며, 금속노조에서 3-10년 경력의 중간 간부층이 가장 두텁게 형성되어 있다.

현재 직위에 상근한 기간이 5년 이상인 간부는 보건의료노조에서 가장 높고, 1년 미만 상근한 간부는 금속노조에서 가장 높은 반면, 금융노조에서는 1-3년 기간의 간부들이 다수를 점하고 있다. 이는 보건의료노조에서 채용직 간부의 비중이 상대적으로 높고 간부를 기피하는 여성 조합원들이 비중이 높아서 일단 지위를 맡은 간부들은 그 지위를 장기간 유지하기 때문이다. 금속노조 간부들의 현직 상근기간이 가장 짧은 것은 금속노조 산하의 지회들에 중소사업장을 중심으로 신규 조직된 부분이 많기 때문이다.

현직 이전의 과거 지위는 금융노조 간부들의 경우 상대적으로 평조합원 출신이 압도적으로 많아 직업적 활동가로서의 성격이 약한 반면, 보건의료 노조에서는 외부채용의 비중이 특히 높고, 선출직 임원 출신의 비중이 높다. 이는 보건의료노조에서 간부들의 경력이 상대적으로 길다는 사실에도 반영된다. 금속노조는 대의원 출신의 비중이 높게 나타나고 있다.

이들 노조 간부들의 개인적 경험과 사회단체 가입현황을 보면, 금속노조 간부들에서 1987년 쟁의경험자의 비중이 가장 높게 나타나 조합활동의 경험이 가장 긴 것으로 나타났다. 해고 및 구속을 경험한 사람들의 비중은 금속노조 간부 23.0%, 보건의료노조 간부 20.7%인 반면, 금융노조 간부들의 경우 9.4%에 불과해 투쟁경험에서 상당한 차이를 보이고 있다.

노동조합 간부들이 정치정당에 가입한 비중은 전체적으로 높은 편(48.4%)이지만, 시민단체나 노동운동단체에 가입한 비중(각각 14.8%, 23.8%)은 비교적 낮은 것으로 나타났다. 조합별로는 민주노총 소속인 금속노조와 보건의료노조 간부들의 정당가입 비중이 높은 반면, 한국노총 소속인 금융노조 간부들의 정당 가입률은 현저히 낮다. 이는 민주노총 산하 노조들이 민주노동당을 중심으로 한 정치세력화에 강한 의지를 가진 반면, 금융노조 간부들의 경우에는 상대적으로 노동조합의 목표를 바라보는 시각에서 산업조직으로서의 역할을 중시하며 한국노총이 창당한 사회민주당에 대한 지지율이 높지 않다는 점과 관련된다.

4. 전임간부들의 가치 및 지향: 조합별 비교

1) 전임간부들의 이념과 가치지향

노동조합의 목표와 정치이념, 노동조합간부 활동의 성격에 대해, 산별노조의 전임간부들은 대부분 급진적인 태도를 보여주고 있다. 노조의 목표와 정치이념이 조합활동을 통해 지향하는 이념과 가치를 의미한다면, 간부활동의 성격에 대한 태도는 조합간부로서의 정체성과 관련된 부분이다.

<표 10-2>를 보면, 전임간부들은 노동조합의 목표에 대해 "임금인상 등 조합원들의 노동조건 개선"이나 "경영참가 등 산업민주주의의 실현"을 지적한 비중이 각각 16.5%와 7.3%에 불과해, 대부분 개별 사용자와의 단체교섭 그 자체에 일차적인 관심을 갖고 있지는 않다. 오히려 대다수 간부들은 노동조합의 목표로서 "전체 노동자들의 사회적 지위 향상을 위한 법, 제도적 개선"(32.8%), "노동자계급의 단결과 노동자 정치세력화"(43.4%)와 같이 전체사회 속에서 노동조합의 사회정치적 기능에 관심을 가지고 있다. 산별노동조합들이 기업별노조의 전통과 제약 속에서 기능하고 있음에도 불구하고, 대부분의 전임간부들은 노동조합의 목표에 대해 경제적 실리지향과 산업민주주의 지향보다는 사회적 연대지향과 정치적 계급지향의 태도를

〈표 10-2〉 노동조합의 목표와 간부활동의 성격

노동조합의 목표	개인적 희생	전문적 직업	사회변혁운동	전체
노동조건 개선	76.3 (38.1)	13.6 (17.0)	10.2 (3.1)	100.0 59(16.5)
산업민주주의 실현	38.5 (8.5)	26.9 (14.9)	34.6 (4.7)	100.0 26 (7.3)
법, 제도적 개선	35.0 (34.7)	19.7 (48.9)	45.3 (27.6)	100.0 117(32.8)
계급단결 정치세력화	14.2 (18.6)	5.8 (19.1)	80.0 (64.6)	100.0 155(43.4)
전체	33.1 118(100.0)	13.2 47(100.0)	53.8 192(100.0)	100.0 357(100.0)

$x^2 = 108.275$ df=6   p<.000

보이고 있으며, 계급운동으로서의 노동운동에 대한 강한 지향을 가지고 있는 것이다.

역시 <표 10-2>에서 전체 조합간부의 53.8%는 노조간부 활동의 성격을 "사회변혁운동의 일환"이라고 평가하고 있으며, 이들 중 65.6%는 노동조합의 목표로 노동계급의 단결과 노동자 정치세력화를 선택하여 변혁적 지향을 분명히 하고 있다. 노동조합 간부 활동을 전문적인 직업 활동의 하나라고 생각하는 전임간부는 13.2%에 불과하여 조합간부들에게서 관료적 전문화의 정도는 상대적으로 낮다. 그러나 간부활동을 조합원의 복지향상을 위한 개인적인 희생이라고 생각하는 간부들의 비중이 33.1%로 높게 나타나 이데올로기나 경력이동의 동기 이외에 규범적 헌신과 희생적 동기에 기초한 간부 유형이 상당히 많은 것을 알 수 있다.

간부활동을 "전문적인 직업활동"으로 생각하는 간부들 역시 노동조합의 목표로써 "조합원들의 노동조건 개선"보다는 "전체 노동자들의 사회적 지위향상을 위한 법, 제도적 개선"을 지적한 비중이 높아, 노동조합 간부들의 직업적 전문화가 실리적 노동조합주의와 연결되기보다는 오히려 사회적 약자를 포함하여 전체노동자들의 사회적 시민권 확보를 위한 사회개혁과

〈표 10-3〉 정치이념별 노동조합목표, 간부 활동의 성격

	자본주의 발전	사회 민주주의	민주적 사회주의	완전한 사회주의	전체
노동조건개선	9(40.9)	11(15.9)	36(17.6)	3 (6.1)	59(17.2)
산업민주주의	3(13.6)	5 (7.2)	16 (7.8)	1 (2.0)	25 (7.3)
법제도 개선	8(36.4)	17(24.6)	75(36.8)	11(22.4)	111(32.3)
계급정치세력화	2 (9.1)	36(52.2)	77(37.7)	34(69.4)	149(43.3)
합 계	22(100.0)	69(100.0)	204(100.0)	49(100.0)	344(100.0)
개인적 희생	11(50.0)	25(36.2)	74(37.6)	3 (6.0)	113(33.4)
전문적 직업	8(36.4)	10(14.5)	25(12.7)	1 (2.0)	44(13.0)
사회변혁운동	3(13.6)	34(49.3)	98(49.7)	46(92.0)	181(53.6)
합 계	22(100.0)	69 (100.0)	197(100.0)	50(100.0)	338(100.0)

연결되어 있음을 보여주고 있다. 또한 "조합원들의 노동조건 개선"을 노동조합의 가장 중요한 목표라고 생각하는 간부들은 간부활동을 전문적 직업활동이라기보다 주로 개인적 희생(76.3%)이라고 생각한다. 경제적 실리지향의 간부들 중 65.5%가 간부 경력 3년 미만의 신임간부들이라는 점을 고려한다면, 산별노조 전임간부들에서 실리적 성향은 관료적 보수주의의 특성을 갖기보다는 노동조합간부로서 짧은 활동경험의 산물이라고 볼 수 있다.

<표 10-3>에서 "노동자가 인간다운 삶을 누리기 위한 사회발전 방향"에 대해, 전임간부들의 절반 이상은 "자본주의와 사회주의를 결합한 민주적 사회주의"를 선택했고 여기에 "완전한 사회주의"를 포함하면, 전임간부들의 73.5%가 바람직한 사회발전 방향으로 사회주의적 지향을 보이고 있다. 한국에서 산별노조로의 전환이 노동조합운동의 목적의식적 노력의 산물이라는 점에서, 이는 산별노조 전임간부들에게 산별노조로의 조직전환이 사회체제의 변화에 대한 열망을 반영하고 있는 것임을 보여준다.

자본주의 발전을 정치이념으로 선택한 조합간부들은 대부분 간부활동을 개인적 희생 혹은 전문적 직업의 하나라고 생각하며, 조합의 목표에 대해서도 주로 경제적 실리지향과 사회적 연대 지향이 다수를 점하고 있다. 반면에

완전한 사회주의를 선택한 조합간부들은 대부분 간부활동을 사회변혁운동
의 일환으로 생각하며, 노동조합 목표에 대해 정치적 계급지향을 보이고
있다.

2) 전임간부들의 가치지향 및 정체성

<표 10-4>에서 전임간부들의 가치지향을 노동조합별로 구분해본다면,
먼저, 다른 전임간부들에 비해 금융노조 전임간부들이 노동조합 목표에
대한 인식에서 커다란 차이를 보이고 있다. 금융노조 간부들의 경우 정치적
계급지향은 21.9%로 매우 낮은 반면 경제적 실리지향과 산업민주주의 지향
의 비중이 높게 나타나고 있다. 이는 사무직 전임간부들이 생산직이나 서비
스직의 전임간부들에 비해 노동조합에 대한 실리적, 도구적 지향을 강하게
가지고 있고, 중간계급적 특성을 반영하여 기업 의사결정 참여와 같은 쟁점
에 강한 선호를 가지고 있음을 의미한다. 금속노조와 보건의료노조 간부들
은 상대적으로 근로조건 개선이나 산업민주주의 쟁점 보다는 노동조합의
사회정치적 기능을 중심으로 사회적 연대지향과 정치적 계급지향을 보여주
고 있다. 노동조합의 일상적 기능과 활동이 임금 및 고용과 같은 경제적
이익 추구 활동이라는 점에서 이들 전임간부들과 일반조합원 사이에는
상당한 인식격차가 존재하며, 조합간부들의 강한 이데올로기 지향성은 일
반조합원들의 실리적 요구와 갈등할 가능성을 안고 있다.

역시 <표 10-4>의 정치이념에서 금속노조 전임간부들의 경우 '완전한
사회주의'를 지지하는 비중이 상대적으로 높은 반면, 금융노조의 경우에는
그 비중이 매우 낮고 자본주의 발전을 지지하는 비중이 상대적으로 높다.
이념적으로 금속노조 간부들이 상대적으로 급진적인 반면, 금융노조 간부
들이 상대적으로 온건한 특징을 보여주고 있는 것이다.

<표 10-4>의 사회적 합의에 대한 태도를 보면, 전체적으로 전임간부들은

〈표 10-4〉 노조별 간부들의 가치지향 및 정체성 인식

(단위 : %)

		금속 노조	보건의료 노조	금융 노조	전체	x^2검증
노조 목표	노동조건개선	10.5	9.0	33.3	16.7 (61)	x^2=55.600 df=6 p=.000
	산업민주주의	2.9	5.6	14.2	6.8 (25)	
	법, 제도개선	31.0	40.4	31.1	33.3(122)	
	정치세력화	55.6	44.9	21.7	43.2(158)	
정치 이념	자본주의발전	3.8	1.2	14.4	6.3 (22)	x^2=28.087 df=6 p=.000
	사회민주주의	18.9	18.6	23.1	20.1 (70)	
	민주적사회주의	56.6	67.4	56.7	59.3(207)	
	완전한사회주의	20.8	12.8	5.8	14.3 (50)	
사회적 합의	노사정위참여	12.1	20.7	32.7	20.1 (71)	x^2=25.133 df=6 p=.000
	새 기구참여	22.4	27.6	12.9	21.0 (74)	
	사안별 교섭	57.6	49.4	52.5	54.1(191)	
	노사정위불참	7.9	2.3	2.0	2.0 (17)	
간부 활동	개인적 희생	31.6	25.6	42.2	33.2(119)	x^2=47.605 df=4 p=.000
	전문적 직업	5.8	8.1	28.4	12.8 (46)	
	사회변혁운동	62.6	66.3	29.4	54.0(194)	
본조간부 유형	실무형·전문가형	52.4	68.3	35.0	51.1(179)	x^2=41.664 df=6 p=.000
	투쟁형	22.6	7.3	11.0	15.7 (55)	
	조직가형	16.7	22.0	37.0	23.7 (83)	
	무사안일형	8.3	2.4	17.0	9.4 (33)	
기업지부 간부유형	실무형·전문가형	21.1	25.0	56.3	32.3(114)	x^2=57.096 df=6 p=.000
	투쟁형	42.8	20.2	12.6	28.6(101)	
	조직가형	25.3	40.5	24.3	28.6(101)	
	무사안일형	10.8	14.3	6.8	10.5 (37)	
지도자 자질	전문적 협상능력	1.7	1.1	6.8	3.0 (11)	x^2=24.611 df=6 p=.000
	의견수렴/민주성	40.5	44.9	53.4	45.2(165)	
	계급의식/투쟁성	45.1	33.7	19.4	35.1(128)	
	조정/조직장악력	12.7	20.2	20.4	16.7 (61)	

사안별 노정·노사간 교섭을 선호하지만, 어떠한 형태이든 노사정위원회에
참여해야 한다는 입장도 41.1%에 달해 찬반이 팽팽하게 맞서는 것으로
나타났다. 현재의 노사정위원회에 참여해야 한다는 입장은 금융노조에서
높은 반면 금속노조에서 가장 낮고, 보건의료노조에서는 공익위원을 제외
한 노사정 교섭기구에 참여해야 한다는 입장이 상대적으로 높게 나타났다.
  <표 10-4> 간부로서의 자기정체성에 대해서, 금속과 보건의료노조의

전임간부들은 60% 이상 노조간부 활동을 사회변혁운동의 일환이라고 생각하지만, 금융노조 간부들에게서 이 비중은 29.4%에 불과하다. 금융노조 간부들은 오히려 간부 활동이 조합원들을 위한 개인적인 희생이거나 전문적인 직업 활동의 하나라는 응답이 많아 간부로서의 정체성에 상당한 차이를 보여주고 있다. 금속노조와 보건의료노조 전임간부들의 경우 간부활동을 직업적 관점에서 보는 경력 지향적 리더십의 비중이 낮고 사회변혁이라는 이념적 헌신에 기초한 리더십이 대부분이다. 그러나 금융노조에서는 이념적 헌신에 기초한 리더십이 상대적으로 적으며, 경력지향적 리더십의 비중이 상대적으로 높다.

이는 생산직과 서비스직의 노동조합에서, 대체로 전임간부들에게 직업적 경력 상승의 기회가 폐쇄되어 있고 사용자의 노동조합 회피전략과 1987년 이후 전투적 투쟁의 역사적 과정을 반영하여 전임간부들의 이념적 헌신이 강하기 때문이다. 또한 사무직 노동자들이 노동조합의 역할을 계급적, 정치적 관점에서 보기보다는 작업장 내에서 조합원들의 요구를 실현하기 위한 도구적 관점에서 보는 경향이 강하기 때문이다. 때문에 금융노조에서는 간부 활동에 대한 이념적 동기가 결여된 채 노동조합의 요구를 충족시키기 위한 개인적 희생 혹은 일시적으로 떠맡을 수밖에 없는 책임으로 받아들이는 간부들의 비중이 높게 나타난다. 이러한 결과는 한국의 산별노조에서 경력지향적 리더십의 비중이 적고 이념지향적 리더십의 비중이 압도적으로 높지만, 간부활동을 개인적 희생으로 받아들이는 간부들도 적지 않음을 보여준다.

<표 10-4>에서 전임간부들이 스스로 간부유형에 대해 평가한 것을 보면, 본조의 상근간부에 대해서는 실무전문가형이라는 응답이 가장 많고 그 다음으로 조직가형, 투쟁형의 순으로 나타나고 있다. 상대적으로 금속과 보건의료노조에서는 실무전문가형의 비중이 높아 본조의 정책적 전문성이

나 실무적 지원 역할이 중요한 반면, 금융노조의 경우 기업별 지부간의
역할을 조정하고 조율하는 조직가형이 높게 나타난다. 전임간부들의 다수
를 차지하고 있는 기업지부 전임간부들에 대해서는 조합별로 유형적 차이가
뚜렷하게 나타난다. 금속노조에서는 투쟁형의 지부간부가 가장 많은데 비
해 보건의료노조에서는 조직가형의 지부간부가 가장 많고, 금융노조 지부
간부의 다수는 실무전문가형이라고 응답하고 있다. 이는 기업수준으로 내
려가면, 보건의료노조에서는 복잡한 직종구성 때문에 이를 조정하고 조직
하는 역량이 중시되며, 금속노조에서는 사업장수준의 현장투쟁을 지휘하는
역할이 중요하며, 금융노조에서는 조합원들의 요구를 실무적으로 집행하는
전문가의 역할이 중요하기 때문이다. 이러한 결과는 생산직, 서비스직, 사무
직을 대표하는 각 노조별로 전임간부들에게 요구되는 기능적 역할의 차이가
대단히 크다는 점을 보여주고 있다.

　산별노조 전임간부들은 노동조합 지도자로서 가장 필요한 자질에 대하
여, '단체교섭을 위한 전문적 협상능력'에 거의 관심을 보이지 않으며, '조합
원들의 의견수렴과 민주적 지향'(45.2%)과 '계급의식과 투쟁에의 헌신'
(35.1%), 즉 민주성과 계급성을 가장 중시하고 있다. 이는 노조간부들이
역할수행에서 협상자보다는 조직자, 투쟁지도자로서의 역할을 중시하고
있음을 의미한다. 상대적으로 금속노조 전임간부들이 계급의식과 투쟁성을
중시하며, 금융노조 전임간부들은 민주적 지향이나 전문적 협상능력을 중
요하게 평가하는 비중이 상대적으로 높다.

5. 전임간부들의 가치지향에 영향을 미치는 변수들

　노동조합 간부들의 이념과 가치지향, 조합 활동에 대한 주관적 태도가

어떻게 형성되었고, 이러한 주관적 인식에 영향을 미치는 변수들이 무엇인가를 보기 위하여, ① 성, 연령, 학력, 지역 등 개인적 배경 변수들과 ② 노동조합 활동 경험 변수, ③ 조직 내 지위와 역할 변수(소속노조, 근무단위, 충원경로) 등을 구분해 볼 수 있을 것이다.

조합간부들의 가치와 이념지향(노동조합의 목표, 정치적 이념)은 학력을 제외하면, 성, 연령, 혼인, 지역과 같은 개인적 배경 변수들과는 통계적으로 유의미한 관계를 보이지 않으며, 주로 간부들의 노동조합활동 경험 변수들(간부경력 기간, 해고 및 구속 경험, 정당가입, 간부활동 동기, 기업별노조 활동경력)이나 조직관련 변수들(소속 노조, 근무단위)과 유의미한 관계를 보이는 것으로 나타났다. 그러나 소속노조는 조합원의 직종구성이 다르다는 점에서 직무경험과 관련되며, 근무단위는 간부경험이나 활동경력과 관련되어 있다. 따라서 조합간부들의 가치지향, 태도에 영향을 미치는 요인은 간부들의 조합 활동 경험을 중심으로 파악하는 것이 유의미하다.

<표 10-5>에서 노동조합 목표에 대한 인식은 성, 연령, 학력, 혼인 등의 변수와 유의미한 관계가 없는 반면, 간부경력, 해고나 구속 경험, 정당가입, 간부활동 동기, 근무단위 등에 따라 유의미한 차이를 보이고 있다. 간부활동 경력이 길수록, 해고나 구속 경험이 있는 경우, 정치정당에 가입한 경우, 간부활동의 동기가 학생운동이나 소모임 활동인 경우, 사업장이 아닌 본조 및 지역단위에서 활동하는 간부일수록, 노동조합의 사회정치적 기능, 특히 계급적 단결과 정치세력화를 중시하는 것으로 나타났다.[3] 반대로 간부경력이 짧을수록, 해고나 구속경험이 없을 경우, 정당에 가입하지 않은 경우, 간부활동 동기가 주변의 권유나 맡을 사람이 없어서인 경우, 사업장 수준에서 근무할수록, 노동조합의 중요한 목표를 조합원들의 노동조건 개선이라

---

3) 개인적 경험의 측면에서 상대적으로 간부로서의 경력기간이 보다 길수록 정당 가입이나 해고구속 경험자의 비중이 높으며, 정당에 가입한 간부들에게서 해고 및 구속 경험의 비중이 상대적으로 높다.

〈표 10-5〉 독립변수별 노동조합의 일차적 목표

		노동조건개선	산업민주주의 실현	법,제도적 개선	계급단결,정치세력화	합계	
간부 경력	3년 미만	28.1	6.5	31.7	33.8	100.0(139)	x^2=29.564
	3-5년	12.7	7.0	36.6	43.7	100.0 (71)	df=9
	5-10년	11.1	9.1	34.3	45.5	100.0 (99)	p=.001
	10년 이상	2.0	4.0	30.0	64.0	100.0 (50)	
해고 구속	있다	8.7	4.3	26.1	60.9	100.0 (69)	x^2=11.878 df=2 p=.008
	없다	18.7	7.7	34.8	38.8	100.0(299)	
정당 가입	가입	9.0	6.8	29.4	54.8	100.0(177)	x^2=25.032 df=3 p=.000
	미가입	24.1	7.3	36.6	31.9	100.0(191)	
간부 활동 동기	주변권유	22.2	8.7	38.1	31.0	100.0(126)	x^2=27.438 df=9 p=.001
	투쟁/불만	15.3	8.1	33.3	43.2	100.0(111)	
	소모임/교육	20.7	6.9	22.4	50.0	100.0 (58)	
	학생운동	4.7	-	23.3	72.1	100.0 (43)	
근무 단위	본조	6.4	6.4	34.0	53.2	100.0 (47)	x^2=22.140 df=6 p=.001
	지역	2.1	-	37.5	60.4	100.0 (48)	
	사업장	21.1	7.9	32.7	38.3	100.0(266)	
	전체	16.8	7.1	33.2	42.9	100.0(368)	

고 생각하는 것으로 나타났다.

<표 10-6> 정치적 이념 역시 간부경력, 해고나 구속 경험, 정당가입, 간부활동 동기에 따라 유의미한 차이를 보이고 있다. 간부활동 경력이 길수록, 해고나 구속 경험이 있는 경우, 정치정당에 가입한 경우, 간부활동의 동기가 학생운동이나 소모임 활동인 경우에, '완전한 사회주의'를 지향하는 간부들의 비중이 상대적으로 높다. 반면에, 간부경력이 짧을수록, 해고나 구속경험이 없을 경우, 정당에 가입하지 않은 경우, 간부활동 동기가 주변의 권유나 맡을 사람이 없어서인 경우, 정치적 이념으로 '자본주의 발전'을 지향하는 간부들의 비중이 높게 나타났다. 또한 정치이념은 성, 연령과는 유의미한 관계가 없는 반면, 학력이 높을수록 사회민주주의를 선호하는 간부들의 비중이 약간 높게 나타났다.

〈표 10-6〉 독립변수별 지향하는 정치적 이념

		자본주의 발전	사회민주 주의	민주적사 회주의	완전한 사회주의	합계	합계
간부경력	3년 미만	11.0	23.5	55.1	10.3	100.0(136)	x^2=19.921 df=9 p=.018
	3-5년	4.3	12.9	68.6	14.3	100.0 (70)	
	5-10년	3.4	16.9	62.9	16.9	100.0 (89)	
	10년 이상	-	26.0	52.0	22.0	100.0 (50)	
해고구속 경험	있다	-	20.6	52.4	27.0	100.0 (63)	x^2=14.079 df=3 p=.003
	없다	7.7	19.9	60.8	11.5	100.0(286)	
정당가입	가입	1.2	22.6	58.9	17.3	100.0(168)	x^2=16.451 df=3 p=.001
	미가입	11.0	17.7	59.7	11.6	100.0(181)	
간부활동 동기	주변권유	10.3	20.5	59.8	9.4	100.0(117)	x^2=39.558 df=9 p=.000
	투쟁/불만	4.8	19.0	64.8	11.4	100.0(105)	
	소모임/교육	5.4	17.9	64.3	12.5	100.0 (56)	
	학생운동	-	28.2	28.2	43.6	100.0 (39)	
학력별	고졸이하	8.9	18.5	61.8	10.8	100.0(157)	x^2=13.590 df=6 p=.035
	전문대졸	-	21.1	55.3	23.7	100.0 (76)	
	대졸이상	6.3	22.5	57.7	13.5	100.0(111)	
전체		6.3	20.1	59.3	14.3	100.0(349)	100.0(349)

노동조합의 목표나 정치이념에 대해서는 개인적 배경 변수가 유의미하지 않지만, 간부들의 자기정체성에 대해서는 노동조합활동 경험 변수들과 함께 성과 학력이 유의미한 것으로 나타났다.

<표 10-7>을 보면, 간부활동 경력이 길수록, 해고나 구속경험이 있는 경우, 정당에 가입한 경우, 간부활동의 동기가 학생운동 경험이나 소모임 활동인 경우, 근무단위가 기업수준이 아닌 경우, 간부활동을 사회변혁운동 운동의 일환이라고 생각하는 경향이 있다. 반대로 간부활동 경력이 짧을수록, 해고구속 경험이 없거나, 정당에 가입하지 않은 경우, 주변동료의 권유나 맡을 사람이 없어서 간부활동을 시작한 경우, 기업단위에 근무하는 간부일수록 간부활동을 개인적 희생이라고 생각하는 경향이 있다.

역시 <표 10-7>에서 성별, 학력별 차이를 보면, 상대적으로 남성간부들

〈표 10-7〉 독립변수별 지향하는 간부활동의 성격에 대한 인식

		개인적 희생	전문적 직업	사회변혁운동	합계	
간부 경력	3년 미만	40.3	17.9	41.8	100.0(134)	$x^2=20.470$ df=6 p=.002
	3-5년	36.1	11.1	52.8	100.0 (72)	
	5-10년	27.1	9.4	63.5	100.0 (96)	
	10년 이상	18.0	8.0	74.0	100.0 (50)	
해고구 속경험	있다	26.5	2.9	70.6	100.0 (68)	$x^2=12.117$ df=2 p=.002
	없다	34.8	15.4	49.8	100.0(293)	
정당 가입	가입	26.9	8.6	64.6	100.0(175)	$x^2=16.741$ df=2 p=.000
	미가입	39.2	17.2	43.5	100.0(186)	
간부활 동동기	주변권유	42.5	20.8	36.7	100.0(120)	$x^2=44.466$ df=6 p=.000
	투쟁/불만	39.3	7.1	53.6	100.0(112)	
	소모임/교육	28.1	10.5	61.4	100.0 (57)	
	학생운동	2.4	7.1	90.5	100.0 (42)	
근무 단위	본조	15.6	8.9	75.6	100.0 (45)	$x^2=20.631$ df=4 p=.000
	지역	20.8	6.3	72.9	100.0 (48)	
	기업	38.7	14.2	47.1	100.0(261)	
성별	남성	36.9	11.1	52.0	100.0(271)	$x^2=8.287$ df=2 p=.016
	여성	21.7	19.3	59.0	100.0 (83)	
학력별	고졸이하	41.2	9.1	49.7	100.0(165)	$x^2=19.522$ df=4 p=.001
	전문대졸	34.7	6.7	58.7	100.0 (75)	
	대졸이상	21.8	21.8	56.4	100.0(110)	
전체		33.2	13.0	53.7	100.0(361)	

이 간부활동을 개인적 희생이라고 생각하는 비중이 높은 반면, 여성간부들
은 전문적 직업과 사회변혁운동의 일환이라고 생각하는 비중이 높다. 이는
주로 보건의료노조에서 여성간부의 비중이 높으며, 여성 간부들 중 학생운
동 출신의 비중(21.0%)이 상대적으로 높기 때문이다. 학력별로는 고졸 이하
에서 간부활동을 개인적 희생으로 보는 간부의 비중이 높은 반면, 대졸
이상에서 전문적 직업활동으로 보는 간부의 비중이 상대적으로 높다. 이는
대졸 전임간부들의 경우 학생운동 출신이거나 사무직이기 때문에 이념적
혹은 직업적 유인이 강하게 존재하는 반면, 학력이 낮은 간부들은 상대적으
로 직업적 경력 상승의 전망이 적고 개인적 직업 및 가정생활에서의 곤란을

강하게 느끼기 때문이다.

6. 전임간부들의 가치지향이 미치는 영향

전임간부들은 조합활동에 대한 가치지향에 따라 앞으로의 계획이나 노동운동의 쟁점, 현안에 대해 상이한 태도를 보여주고 있다. <표 10-8>에서 간부로서 앞으로의 계획에 대해서, 노동조건 개선을 중시하는 경제적 실리지향 간부들은 회의적이거나 소극적인 태도를 보이는 경향이 있는 반면, 계급단결과 정치세력화를 중시하는 정치적 계급지향 간부들은 대다수가 간부활동을 계속할 것이라는 태도를 보이고 있다. 정치적 계급지향의 간부들은 상대적으로 재충전에 대한 강한 욕구를 보여주고 있는데, 노동조합 간부활동이 주로 일상적이고 실무적인 것이기 때문에 이데올로기적 신념과 의지를 재충전할 수 있는 교육과 경험에 대한 필요를 강하게 느끼는 것이다.

또한 간부 활동을 개인적 희생이라고 생각하는 간부들은 계속적인 간부 활동에 대해 회의적이거나 소극적인 반면, 사회변혁운동의 일환이라고 생각하는 간부들에서는 간부활동을 계속하겠다는 응답이 상대적으로 높으며, 이념적으로도 완전한 사회주의를 지향하는 간부들에게서 간부활동을 평생 계속할 것이라는 응답이 매우 높게 나타난다.

<표 10-9>를 보면, 이러한 인식의 차이는 특히 사업장 지부 간부들에게서 높은 간부기피현상으로 표현되고 있다. 본조의 경우에는 상대적으로 노동조합운동에 대한 계급적, 정치적 지향이 강하고 간부활동을 사회변혁운동의 일환으로 생각하는 직업적 활동가들이 많지만, 사업장 지부에는 간부활동을 개인적 희생으로 생각하는 간부들이 많고 노조의 목표에 대해 계급적, 정치적 지향이 약하기 때문이다. 세 노조 모두 본조간부들은 앞으로 간부활동을 계속하겠다는 의사가 강하지만, 기업지부 단위의 간부들에서는

〈표 10-8〉 가치지향에 따른 앞으로의 간부활동 계획

앞으로의 계획	곧 그만둘 생각	가능한 하고 싶지 않다	쉬었다 재충전 후 다시	당분간 계속할 것	평생 계속할 것	합계
노동조건 개선	15(24.6)	19(31.1)	6(9.8)	18(29.5)	3(4.9)	61(100.0)
산업민주주의	-	5(20.0)	3(12.0)	13(52.0)	4(16.0)	25(100.0)
법, 제도 개선	17(13.9)	18(14.8)	18(14.8)	52(42.6)	17(13.9)	122(100.0)
계급정치세력화	11(7.0)	23(14.6)	37(23.4)	47(29.7)	40(25.3)	158(100.0)
개인적 희생	19(16.0)	34(28.6)	22(18.5)	39(32.8)	5(4.2)	119(100.0)
전문직업활동	6(13.0)	8(17.4)	3(6.5)	23(50.0)	6(13.0)	46(100.0)
사회변혁운동	15(7.7)	22(11.3)	38(19.6)	66(34.0)	53(27.3)	194(100.0)

$x^2 = 46.718$　df=12　p<.000,　$x^2 = 46.522$　df=8　p<.000

〈표 10-9〉 소속노조별, 근무단위별 앞으로의 간부활동 계획

		곧 그만둘 것	하고 싶지 않다	재충전 후 다시	당분간 계속	평생 계속	전체
금속노조	본조	-	8.3	16.7	58.3	16.7	100.0 (12)
	지역지부	12.0	-	20.0	32.0	36.0	100.0 (25)
	사업장지회	12.0	18.8	25.6	23.3	20.3	100.0(133)
보건의료 노조	본조	-	-	16.7	41.7	41.7	100.0 (12)
	지역본부	12.5	20.8	8.3	33.3	25.0	100.0 (24)
	사업장지부	25.5	18.2	21.8	27.3	7.3	100.0 (55)
금융노조	본조	4.3	13.0	4.3	65.2	13.0	100.0 (23)
	기업지부	6.2	27.2	4.9	50.6	11.1	100.0 (81)

상당한 차이가 확인된다.

　금융노조에 비해 금속노조와 보건의료노조는 사업장 수준에서 중간간부의 기피현상, 간부충원의 어려움이 뚜렷하다. <표 10-9>에서 금속노조의 경우 지회 간부들의 56.4%, 보건의료노조의 경우 지부간부의 65.5%가 앞으로의 간부활동 계획에 대해 부정적이거나 소극적인 태도를 보여주고 있어 간부기피현상이 심각하다. 금융노조 지부간부들의 경우 간부 활동에 대한 신념은 높지 않지만 대부분 실무전문가형으로 간부 활동의 부담이 크지

〈표 10-10〉 조합간부들의 가치지향에 따른 사회적 합의에 대한 태도

대정부교섭	노사정위참여	새로운 교섭기구 참여	사안별 교섭	사회적 합의 불참여	합계
노동조건 개선	24(41.4)	5 (8.6)	27(46.6)	2(3.4)	58(100.0)
산업민주주의	5(20.8)	6(25.0)	13(54.2)	-	24(100.0)
법, 제도 개선	25(21.0)	32(26.9)	58(48.7)	4(3.4)	119(100.0)
계급정치세력화	15(10.3)	30(20.5)	91(62.3)	10(6.8)	146(100.0)
자본주의발전	11(55.0)	3(15.0)	4(20.0)	2(10.0)	20(100.0)
사회민주주의	14(20.9)	12(17.9)	41(61.2)	-	67(100.0)
민주적사회주의	40(19.4)	52(25.2)	109(52.9)	5 (2.4)	206(100.0)
사회주의	3 (6.3)	6(12.5)	30(62.5)	9(18.8)	48(100.0)
전 체	68(19.9)	73(21.4)	184(54.0)	16(4.7)	341(100.0)

않으며 이에 대한 보상이 존재하기 때문에, 당분간 계속하겠다는 응답이
높다. 그러나 금속노조와 보건의료노조의 경우 간부 활동으로부터 직업적
경력 상승 기회를 발견할 수 없으며, 이데올로기적 몰입이 없는 경우 노조간
부 활동은 일상생활을 희생하는 개인적 헌신을 의미한다. 때문에 금속과
보건의료노조의 경우 작업장 수준에서 간부기피현상이 심각하며 중간간부
및 활동가의 층이 얇아지면서 소수의 전임간부에게 노조활동의 부담이
가중되고 있다. 이는 금속노조와 보건의료노조의 경우 이데올로기적 헌신
을 강화하기 위한 교육과 중간간부들의 원활한 재생산, 경력 상승 기회를
제공하기 위한 방안을 고민해야 함을 의미한다.
  또한 노동조합 간부들은 가치지향에 따라 노동운동의 현안이나 쟁점에
대한 태도에서 상당한 차이를 보이고 있다. <표 10-10>을 보면, 경제적
실리지향의 간부일수록 노사정위원회 참여를 지지하는 비율이 높고, 정치
적 계급지향의 간부일수록 노사정위원회에 대해 회의적이고 사안별 교섭이
나 불참을 주장하는 간부들의 비중이 높았다. 이념적으로 자본주의 발전을
선호하는 간부들은 현재의 노사정위원회 참여를 주장한 반면, 사회주의
지향일수록 사안별 교섭 혹은 불참을 선호하고 있다.

〈표 10-11〉 노동운동이 쟁취해야 할 가장 시급한 요구(복수응답)

	임금인상	고용안정	노동시간단축	경영참가	산별교섭확보	노동3권 확보	사회개혁	신자유주의 전환	합계
노동조건 개선	8(6.8)	43(36.4)	8(6.8)	13(11.0)	15(12.7)	12(10.2)	16(13.6)	3 (2.5)	118(16.7)
산업민주주의	2(4.0)	9(18.0)	1(2.0)	16(32.0)	6(12.0)	4 (8.0)	5(10.0)	7(14.0)	50 (7.1)
법,제도 개선	3(1.3)	55(23.3)	13(5.5)	19 (8.1)	46(19.5)	25(10.6)	53(22.5)	22 (9.3)	236(33.3)
계급정치세력화	1(0.3)	48(15.8)	8(2.6)	16 (5.3)	56(18.4)	36(11.8)	72(23.7)	67(22.0)	304(42.9)
금속노조	5(1.5)	60(17.9)	19(5.7)	13 (3.9)	65(19.3)	40(11.9)	83(24.7)	51(15.2)	336(46.7)
보건의료노조	-	31(17.2)	7(3.9)	11 (6.1)	49(27.2)	24(13.3)	35(19.4)	23(12.8)	180(25.0)
금융노조	9(4.4)	67(32.8)	4(2.0)	40(19.6)	12 (5.9)	15 (7.4)	30(14.7)	27(13.2)	204(28.3)
전 체	14 (1.9)	158 (21.9)	30 (4.2)	64 (8.9)	126 (17.5)	79 (11.0)	148 (20.6)	101 (14.0)	720 (100.0)

　〈표 10-11〉을 보면, 노동운동의 시급한 요구에 대해서 전체적으로 고용안정과 사회개혁을 지적한 간부들이 가장 많지만, 경제적 실리지향 간부들의 경우 상대적으로 고용안정을 선택한 비중이 보다 높았고, 정치적 계급지향의 간부들은 상대적으로 신자유주의 경제정책의 전환을 많이 선택하였으며, 산업민주주의를 지향하는 간부들은 경영참가를 선택한 비중이 높았다. 사회적 연대지향과 정치적 계급지향을 포함하여 노동조합의 사회정치적 기능을 중시하는 간부일수록 사회개혁과 산별교섭체계의 확립을 중시하며, 노동조합의 단체교섭 기능을 중시하는 간부들일수록 임금인상과 경영참가를 중시하고 있다.

　노동조합별로 보면, 금융노조 간부들이 상대적으로 고용안정과 경영참가를 중시하고 있으며, 보건의료노조 간부들은 산별교섭과 노동3권의 확보를 가장 시급한 것으로 생각하고 있다. 금속노조 간부들은 상대적으로 사회보장·세제개혁 등의 사회개혁, 신자유주의정책의 전환을 중시하고 있다. 이러한 차이는 각 노조의 현실을 반영한 것으로, 금융노조는 구조조정과 관련된 고용안정, 경영참가의 문제를 중시하고 있으며, 보건의료노조는 산별 강화를 통한 교섭력 강화, 필수공익사업장의 쟁의권 확보 등이 주요한 과제이기 때문이다.

〈표 10-12〉 노조의 활동목표를 달성하기 위해 가장 효율적인 수단 (복수응답)

효율적 수단	총파업 대정부 교섭	현장투쟁 과 현장권력	노사정 합의	노사자율 단체교섭	입법위한 정치 세력화	시민단 체연대 투쟁	기타	합계
노동조건 개선	9 (7.8)	38(32.8)	16(13.8)	25(21.6)	18(15.5)	8(6.9)	2(1.7)	116(16.8)
산업민주주의	4 (8.0)	15(30.0)	4 (8.0)	6(12.0)	16(32.0)	4(8.0)	1(2.0)	50 (7.2)
법, 제도 개선	32(14.2)	60(26.5)	16 (7.1)	28(12.4)	69(30.5)	20(8.8)	1(0.4)	226(32.7)
계급정치세력화	44(14.7)	97(32.3)	7 (2.3)	18 (6.0)	108(36.0)	24(8.0)	2(0.6)	300(43.4)
금속노조	60(18.5)	99(30.6)	16 (4.9)	22 (6.8)	96(29.6)	30(9.3)	1(0.3)	324(46.0)
보건의료노조	18(10.0)	64(35.6)	7 (3.9)	10 (5.6)	68(37.8)	12(6.7)	1(0.6)	180(25.6)
금융노조	13 (6.5)	50(25.0)	22(11.0)	46(23.0)	50(25.0)	15(7.5)	4(2.0)	200(28.4)
전 체	91 (12.9)	213 (30.3)	45 (6.4)	78 (11.1)	214 (30.4)	57 (8.1)	6 (0.9)	704 (100.0)

<표 10-12>를 보면 노동조합의 활동목표를 달성하기 위한 가장 효율적인 수단에 대해서, 전체적으로 현장투쟁 활성화와 현장권력 장악, 경제적 실리 지향의 간부를 제외하고 입법을 위한 정치세력화를 중시하고 있다. 그러나 노동조합의 사회정치적 기능을 중시하는 간부들이 상대적으로 '총파업을 통한 대정부 직접교섭을 강조하는 반면, 경제적 실리 지향의 간부들은 '노사간 자율적 단체교섭'과 '노사정위원회를 통한 노사정 합의' 등 노사, 노정간의 단체교섭을 상대적으로 중시하고 있다. 가치지향과 무관하게 대부분의 간부들이 현장투쟁 활성화와 현장권력 장악을 강조하고 있는 것은 한국 노동조합운동의 권력자원이 주로 조합원 동원에 있다는 점을 반영한다. 노동조합별로 보면, 금속노조 간부들이 총파업을 통한 대정부 교섭을 상대적으로 많이 지적한 반면, 금융노조 간부들은 자율적 단체교섭과 노사정 합의를 많이 선택했으며, 보건의료노조는 입법을 위한 정치세력화, 현장투쟁의 활성화를 지적한 비중이 높다.

7. 맺음말

한국의 대표적인 산별노조들인 금속노조, 보건의료노조, 금융노조의 전임간부들은 노동조건 개선을 위한 개별적 단체교섭 혹은 경영참가를 통한 공동규제를 노동조합의 가장 중요한 목표라고 생각하지 않는다. 이들은 전체 노동자들의 사회적 지위 향상을 위한 법, 제도의 개선, 노동자계급의 단결과 노동자 정치세력화와 같이 사회적 수준에서 노동자들의 정치적, 사회적 이익을 보호하고 실현하는 사회정치적 기능에 큰 관심을 가지고 있으며, 계급운동으로서의 노동운동에 대한 강한 지향을 보여주고 있다.

간부로서의 자기정체성에 대해서도 절반 이상의 전임간부들이 간부 활동을 사회변혁운동의 일환으로 평가하고 있으며, 변혁적 지향을 가진 간부들의 비중도 상당히 높다. 노동조합 간부 활동을 전문적인 직업 활동의 하나라고 생각하는 간부들이 대단히 적은 반면, 규범적 헌신과 자기희생적 동기에 기초한 간부 유형이 많이 존재한다. 정치적 이념에서 산별노조의 간부들 다수는 어떠한 형태로든 사회주의적 지향을 보이고 있으며, 조합의 시급한 요구에서도 사회개혁을 강조하고 있어, 이들에게 산별노조로의 조직 전환은 사회체제의 수준에서 변화에 대한 열망을 표현하는 것이다.

그러나 조합별로 보면, 금속노조, 보건의료노조에 비해 금융노조 간부들이 노동조합 목표나 간부로서의 정체성, 정치이념에서 보다 온건하고, 노동조합에 대한 실리적, 도구적 지향을 강하게 가지고 있다. 금속노조와 보건의료노조의 간부들에서 경력 지향적 리더십의 비중이 낮고 이념적 헌신에 기초한 리더십이 다수라면, 금융노조에서는 직업적 전문성을 강조하는 경력 지향적 리더십과 규범적 헌신과 자기희생적인 동기를 가진 간부유형이 상대적으로 많이 존재한다.

이처럼 한국의 산별노조 간부들은 노동조합의 사회정치적 기능을 중시하며 민주적 지향과 계급적 투쟁성을 강조하는 이념지향성을 보이고 있지만, 조합별로 사무직노조인 금융노조 전임간부들은 다른 두 노조 간부들과 현격한 인식의 격차를 보이고 있다. 이것이 기본적으로 조합원들의 특성을 반영하는 것이라는 점에서 장기적으로 사무직과 생산직 노동자들 간 연대의 균열 가능성이 존재한다.

각 조합 내부적으로는 간부경력이 길고 이념적 헌신이 강한 본조 및 지역간부와 조합원들의 단기적 이익에 보다 민감한 기업지부 간부들 사이에 인식의 격차가 있으며, 이것이 조합민주주의의 활성화에 의해 조율되지 않는다면, 긴장이 증대될 가능성을 배제할 수 없다. 전임간부들의 의식과 가치지향의 측면에서 볼 때, 산별노조 건설은 노조의 지향과 활동방식에서 상당한 변화 가능성을 내포하고 있지만, 전임간부들의 계급적, 정치적 지향과 조합원들의 단기적 요구를 어떻게 조율할 것인가, 이를 조율할 중간간부의 역할을 어떻게 확대할 것인가라는 쟁점이 제기된다. 이는 기업별 조합에서 조합원의 요구를 직접적으로 반영하던 조합민주주의를 수직적, 수평적으로 활성화된 의사소통을 통해 정치적, 전략적으로 조율된 민주주의로 발전시킬 수 있을 것인가의 문제이다. 동시에 이데올로기적 리더십이 다수인 금속노조와 보건의료노조의 경우, 사업장 지부 간부들에서 간부기피현상이 심각하다는 점에서, 중장기적으로 중간간부의 경력형성과 이념적 교육을 위한 체계적인 노력이 필요할 것이다.*

* 한국산업사회학회. 2004. ≪경제와 사회≫ 제62호(여름호)에 게재된 논문을 수정·보완하였음.

참고문헌

강순희. 1998. 『한국의 노동운동: 1987년 이후 10년간의 변화』. 한국노동연구원.

강신준. 1997. 「산별단일교섭을 위한 노동조합의 임금체계 개편방향」. 민주금속연맹 총회 발제문.

_____. 1998. 「산별 단일교섭을 위한 노동조합의 임금체계 개편방향」. 동아대학교 사회과학연구소. ≪사회과학논집≫, 제15집.

강신준. 2000. 「IMF 위기국면에 대응하는 한국 노동운동의 협약정책 개편 방향」. ≪산업노동연구≫, 제5권 제2호.

강신준. 2001. 「숙련과 교섭정책: 우리나라 협약체계의 문제점과 개선방향」. 한국경제 학회. ≪경제학연구≫, 제49집 제4호.

강현아. 2004. 「작업장에서 비정규노동자 배제에 관한 사례연구: 사내하청노동자를 중심으로」. ≪산업노동연구≫, 제10권 제1호.

경상대학교 사회과학연구원. 2002a. 『신자유주의 구조조정과 노동체제의 변화』. 한울 아카데미.

_____. 2002b. 『영남지역의 노동실태 · 의식조사』. 경상대학교 사회과학연구원 · 전국 금속산업노동조합연맹 공동주최 추계학술대회 자료집.

_____. 2002c. 『신자유주의와 세계노동자계급의 대응』. 한울아카데미.

_____. 2003a. 『신자유주의적 구조조정과 노동운동: 1997-2001』. 한울아카데미.

_____. 2003b. 『신자유주의적 구조조정과 노동문제: 1997-2001』. 한울아카데미.

구해근. 2002. 『한국 노동계급의 형성』(신광영 옮김). 창작과 비평사.

권현지. 1997. 『노동조합 운영의 현황과 과제』. 한국노총 중앙연구원 연구원.

_____. 1999. 『노동조합 조직규모의 변화와 조직확대 방안』. 한국노총 중앙연구원.

권태환·임현진·송호근 엮음. 2001. 『신사회운동의 사회학: 세계적 추세와 한국』. 서울 대 출판부.

권혁진. 1999. 「우리나라의 1991년 • 1996년 소득분배상태-가구소비실태조사를 이용 한 분배지수 추계」. ≪사회경제평론≫, 제12호.

권혜자. 1998. 『산별노조 건설에 대한 기업별노조의 전망』. 한국노총중앙연구원.

글래드웰(M. Gladwell). 2003. 『티핑포인트』. 임옥희 옮김. 이끌리오.

금재호. 2003. 「일과 빈곤」. 제4회 한국노동패널 학술대회 자료집. 한국노동연구원.

김금수 외. 1996. 『산별노조의 과거, 현재 그리고 미래』. 한국노동사회연구소

_____. 1995. 『한국노동운동의 현황과 과제』. 한국노동사회연구소.

_____. 1996. 「산별노조 건설의 원칙과 경로: 현재적 과제」. 김금수 외. 1996. 『산별노조 의 과거. 현재 그리고 미래』. 한국노동사회연구소

김동춘. 1995. 『한국사회 노동자 연구: 1987년 이후를 중심으로』. 역사비평사.

김동춘 외. 2000. 『IMF이후 한국의 빈곤』. 나남.

김성희. 2001. 『산별노조체제의 유형선택과 전환과제』. 한국노총중앙연구원.

김세균. 2002. 「한국의 민주노조운동」. ≪진보평론≫, 제13호(가을호).

김소영·전병유·유성재. 1999. 『근로시간 단축의 쟁점과 과제』. 한국노동연구원.

김승택. 2002. 『2002 근로시간 실태조사』. 한국노동연구원.

_____. 2003. 『2003 근로시간 실태조사』. 한국노동연구원.

김승택 ·김원식. 2004. 『근로시간 단축과 정책과제』. 한국노동연구원.

김승호 2002. 「금속노조 건설 및 활동: 쟁점과 과제」. 한국노동사회연구소 7월 노동포 럼. 『산별노조운동: 쟁점과 과제』.

김애령. 1987. 「노동자가족의 생계유지와 여성노동에 관한 연구」. 이화여자대학교 사회학과 석사논문.

김영두 • 이주호·정일부·조성재. 2004. 「좌담: 2004 금속·보건노조의 산별교섭 평가와 과제」. ≪노동사회≫, 제90호.

김영래. 1986. 「한국이익집단에 대한 조합주의적 분석」. 연세대 정치학 박사학위논문.

김영화. 1990. 「한국노동시장의 분절과 남녀임금 불평등」. 송호근 엮음. 『노동과 불평 등: 노동시장의 사회학』. 나남.

김영희. 2004. 「노조민주주의와 리더십연구: 금속노조를 중심으로」. 창원대 노동대학 원 석사논문

김왕배. 2001. 『산업사회의 노동과 계급의 재생산: 일상생활 세계의 불평등에 대한 성찰』. 한울아카데미.

김용학·송호근. 1998. 『한국노동조합의 연결망』. 한국노총 중앙연구원.

김유선. 1998. 「민주노조운동의 혁신을 위한 제언」 한국노동사회연구소 ≪노동사회≫, 제25호.

_____. 2001. 「한국의 노동조합 조합원수 증감요인 분석」, 한국사회경제학회. ≪사회경제평론≫, 제16호,

김은정·박양규·박중재. 2001. 『윈도우용 SPSS 통계분석 10』. 21세기사.

김재훈. 2001. 「정보 기술 산업의 조직 유형」. ≪사회과학연구≫, 제19집 제2호.

_____. 2002. 「노동력 재생산구조의 변화: 쟁점과 과제」. 경상대 사회과학연구원 엮음. 『신자유주의적 구조조정과 노동체제의 변화』. 한울아카데미.

_____. 2003a. 「금속노동자의 생활」. 정진상·김재훈·이종래 지음. 『금속노동자의 생활과 의식』. 한울아카데미.

_____. 2003b. 「노동력 재생산구조의 변화: 소득 및 소비구조를 중심으로」. 경상대 사회과학연구원 엮음. 『신자유주의적 구조조정과 노동문제: 1997-2001』. 한울아카데미.

_____. 2004a. 「노동조합의 조직자원과 조직유형」. ≪경제와 사회≫, 제63호(가을호).

_____. 2004b. 「고령화와 초과노동이 노동조합에 미친 효과: 금속노조의 사례」. ≪산업노동연구≫, 제10권 2호.

_____. 2005. 「노동시장 분절과 산별노조 전환」. ≪경제와 사회≫, 제67호(가을호).

김재훈·이종래·주무현·이진동. 2004. 『2004 금속노동조합 실태조사 결과보고』. 경상대 사회과학연구원.

김재훈·강현주. 2002. 『근로시간 단축관련 법제도 정비방안』. 한국노동연구원.

김재훈·이종래. 2004. 『노동조합의 조직과 리더십: 금속노조의 사례』. 한울아카데미.

김정한. 1993. 『노동조합 조직현황 자료집』. 한국노동연구원.

_____. 1994. 「노조몰입도의 결정요인에 관한 연구」. 서강대학교 박사학위논문.

_____. 1999.『단체교섭 구조변화와 정책과제』. 한국노동연구원.

김정한·문무기·윤문희. 2003. 『단체협약분석』. 한국노동연구원.

김종한. 1996. 「한국에서의 「산별노조론」의 검토」. ≪산업노동연구≫, 제1권 2호.

김준. 1998. 「노동조합활동의 개혁을 위한 모색」. 『희망찬 21세기를 열기 위한 노동조합활동』. 한국노동사회연구소

김창의. 1995. 「한국 노조조직형태의 변천에 관한 연구」. ≪經營史學≫, 제10권 제1호.

김태현. 2003. 「산별교섭 어디로 갈 것인가?」. ≪노동교육≫, 제38호(여름호).

김하경. 1999. 『내사랑 마창노련 (上),(下)』. 갈무리.

김형기. 1987. 「한국의 독점적 자본축적과 임노동의 구조변화-노동과정분석을 중심으로」. 서울대학교 경제학과 박사논문.

_____. 1988. 『한국의 독점자본과 임노동』. 까치.

360

_____. 1990.「임노동연구의 현황과 과제」.≪사회경제평론≫, 제2호.

_____. 1997.「임노동론의 방법에 의한 사회구성 분석 시론」.『노동가치론의 재평가』.
　　　≪사회경제평론≫, 제10호. 풀빛.

김훈. 1999.『근로시간 단축의 쟁점과 정책과제』. 한국노동연구원.

남기곤. 1991.「한국 노동계급의 상태에 관한 연구-육체노동자의 소비구조에 관한
　　　분석을 중심으로」. 한국사회경제학회 제5회 학술대회 발표논문집.

_____. 1996a.「1980년대 후반 이후 노동자 가구의 소비지출의 변화 양상」.『한국의
　　　노사관계와 노동자 생활』. 서울사회경제연구소

_____. 1996b.「생산직 노동자 가구의 소비구조에 관한 연구」.≪대전산업대학교
　　　논문집≫, 제13권 2집.

남재량. 1997.「우리나라의 실업률 추세변화에 관한 연구」. 서울대 경제학과 박사학위
　　　논문.

_____. 2005.「임금과 고용」.『한국의 임금과 노동시장 연구』. 한국노동연구원.

남재량·이창용. 1998.「한국의 실업률 추세변화에 관한 연구」.≪경제학연구≫, 제46
　　　집 2호.

남춘호. 1995.「제조업 노동시장의 이중구조에 대한 실증적 분석」.≪한국사회학≫,
　　　제29집 겨울호.

노동부. 2003.『2003년 노동통계연감』.

_____. 2004.『노동백서』.

_____. 2004.「2003년 노동조합 조직현황 분석」

노동시장선진화기획단. 2004.『노동시장의 유연안정성 제고방안』. 한국노동연구원.

노중기. 1997.「한국의 노동정치체제 변동. 1987-1997」.≪경제와 사회≫, 통권 제36호
　　　(겨울호).

_____. 1999.「논평: 계급정치와 노동체제의 전환」.≪동향과 전망≫, 통권 제43호(겨
　　　울호).

_____. 2000.「한국 사회의 노동개혁에 관한 정치사회학적 연구」.≪경제와 사회≫,
　　　통권 제48호(겨울호).

_____. 2001.「노동체제의 전환과 산별노조 조직전환」이병천·조원희 엮음.『한국경
　　　제. 재생의 길은 있는가』. 당대.

_____. 2003.「노동체제의 변동과 노동운동의 위기」. 김진균 편저.『저항. 연대. 기억의
　　　정치2』. 문화과학사.

노항래. 1998.「노동조합운동의 조직혁신을 위한 과제」. 한국노동사회연구소 ≪노동
　　　사회≫, 11월호.

류상영 · 강석훈. 1999.『중산층의 변화실태와 정책방향』. 삼성경제연구소

류장수. 1993. 「숙련별 분단구조에 관한 연구」. ≪노동경제논집≫, 제16권.

류정순. 2000. 「빈곤의 규모 추정과 빈곤가구의 생활실태」. 김동춘 외. 『IMF이후
　　　한국의 빈곤』. 나남.

류진석. 1998. 「사회적 안전망의 실상과 허상」. ≪동향과 전망≫, 제39호.

리피에츠(A. Lipietz). 1991. 『기적과 환상』. 김종한 외 옮김. 한울아카데미.

매일경제신문사 엮음. 2002. 『2002 회사연감』. 매경출판주식회사.

민주노동조합총연맹. 2000a. 『노동운동발전전략위원회 초안』.

_____. 2000b. 『민주노총 산별노조 건설전략』.

박경숙. 2000. 「노동시장의 연령차별구조와 고연령층의 취업생활」. ≪노동경제논집≫,
　　　제23호.

_____. 2002. 『고령화 사회. 이미 진행된 미래』. 의암출판.

박광배. 2000. 『다차원척도법』. 교육과학사.

박기성. 1991. 『한국의 노동조합. III): 노동조합의 의사결정』. 한국노동연구원.

_____. 1994. 『산업별 노동조합체제에 관한 논의』. 한국노동연구원.

박덕제·박기성. 1989. 『한국의 노동조합 (I): 상급단체를 중심으로』. 한국노동연구원.

_____. 1990. 『한국의 노동조합 (II): 단위노조를 중심으로』. 한국노동연구원.

박덕제. 1998. 「선진국 산업별 노조운동의 특징과 전망」. 한국노동연구원.

박성준. 2000. 「금융위기 이후의 소득 불균등에 대한 연구」. ≪노동경제논집≫, 제23권
　　　20호.

박승옥. 2004. 「한국 노동운동. 종말인가 재생인가」. ≪당대비평≫, 가을호.

박우성. 1999. 『근로시간 단축관련 외국의 사례와 시사점』. 한국노동연구원.

박준식. 1985. 「한국에 있어서 노동조합과 정부와의 관계」. 『한국자본주의와 국가』.
　　　한울아카데미.

_____. 1997. 「1987년 이후의 작업장정치와 노동의 시민권」. ≪경제와 사회≫, 제36호
　　　(겨울호).

박태일·안옥경. 1998. 「IMF 시대 중산층의 생활과 의식」. 현대경제연구원.

박태주. 2001. 「노동조합 민주주의」. ≪노동사회≫ 3월호.

_____. 2002a. 「전투적 경제주의에서 공공서비스 노동조합주의로」. ≪창작과 비평≫,
　　　여름호.

_____. 2002b. 「노동조합 민주주의」. 『21세기 한국노동운동의 현실과 전망』. 한울아카
　　　데미.

박 회. 1985. 「생산과정에서의 노동통제와 노동력 재생산 문제」. 연세대 사회학과
　　　석사논문.

백욱인. 1989. 「노동자계급 상태연구방법론 시론」. ≪경제와 사회≫, 통권 3호.

_____. 1994a. 「계급별 생활상태연구: 부의 불평등과 소비구조 변화」. 서울대학교 사회학과 박사논문.

_____. 1994b. 「대중소비생활구조의 변화」. ≪경제와 사회≫, 제21호(봄호).

산별노조운동연구팀. 2003. 『산별노조운동의 역사와 현재』. 현장에서 미래를.

성명재. 2001. 「경제위기 이후의 소득분배 및 세부담 분석」. ≪노동정책연구≫, 창간호. 한국노동연구원.

손정순. 2004. 「이중의 고용: 파견노동과 사내하청 노동」. ≪아세아연구≫, 제47권 제3호.

송태정. 2001. 「가계부실화 진단과 파급효과 분석」. LG경제연구원.

송호근. 1990. 『노동과 불평등: 노동시장의 사회학』. 나남.

_____. 1991a. 「체제변혁기의 국가와 노동조합」. 『한국의 노동정치와 시장』. 나남.

_____. 1991b. 「한국노동시장의 구조변화: 제조업 조직부문을 중심으로」. 『한국의 노동정치와 시장』. 나남.

_____. 1994a. 「국가와 시장의 결합구조론」. 『열린 시장. 닫힌 정치』. 나남.

_____. 1994b. 「노동조합의 성격분화와 리더십: 1990년대 한국의 노동체제에 대한 함의」. 『열린 시장. 닫힌 정치』. 나남.

신광영. 1993. 『계급과 노동운동의 사회학』. 나남.

_____. 2004. 『한국의 계급과 불평등』. 을유문화사.

_____. 2005. 「사회의 양극화: 실증적 연구」. 2005년 전기사회학대회 발표문.

신광영·박준식. 1990. 「80년대 후반 한국노동조합의 조직적 성격과 발전과제」. 한국사회학회 편. 『한국사회의 비판적 인식』. 나남.

신정완. 2004. 「1987-1997년 기간의 한국 거시노사관계 변동에 대한 게임이론적 분석」. ≪산업노동연구≫, 제10권 제1호.

안국신. 1996. 「우리 나라 계층별 소득분배의 추이: 상충적인 추계결과와 평가」. 『한국의 노사관계와 노동자 생활』. 서울사회경제연구소.

양솔규. 2002. 「산별조직 전환과 지역노동운동의 변화」. 창원대학교 노동대학원 석사학위 논문.

영남노동운동연구소 엮음. 1995. 『산별노조 100문 100답』. 영남노동운동연구소.

웹스터(F. Webster). 1998. 『정보사회이론』. 조동기 옮김. 나남출판.

유경준. 1998. 『임금소득 불평등도의 변화요인 분석』. 한국노동연구원.

유관희. 1992. 『회계정보를 통한 기업의 임금지불능력 분석』. 한국경제연구원.

윤순석·위준복. 2000. 『부가가치정보의 공시』. 한국회계연구원.

윤영삼. 1997. 「임금지불능력지표의 개발을 위한 탐색적 연구」. 부경대 논문집, 제2권 제1호.

_____. 2002. 「노조민주주의에 관한 연구과제」. ≪연대와 실천≫, 제98호.

윤종일. 2000. 「소득격차 확대 지속되나」. ≪LG주간경제≫, 2000. 4. 12.

윤진호. 1998. 「노동조합 조직체계의 동향과 정책과제」. 한국노동연구원.

_____. 2000. 「한국에서 코포라티즘의 가능성」. 윤진호·유철규 엮음. 『구조조정의 정치경제학』.

_____. 2001. 「노사정 3자합의체제에 관한 실증적 연구」 한국사회경제학회. ≪사회경제평론≫, 제17호.

_____. 2005. 「기업별노조를 버려야 살 수 있다: 현 시기 산별교섭의 전망과 과제」. ≪노동사회≫, 제96호.

윤진호·이병희·강병구·서영주·박종완. 1999. 『노동시간 단축과 노동조합의 정책과제』. 전국민주노동조합총연맹.

윤진호·정이환·홍주환·서정영주. 2001. 『비정규노동자와 노동조합』. 전국민주노동조합총연맹.

은수미. 2004. 「2001년 한국의 노동연결망과 노동정치: 「관계와 상징의 연결망」을 통해 본 포섭과 배제의 노동운동 정치」. 송호근 외. 『한국사회의 연결망 연구』. 서울대 출판부.

_____. 2005. 「한국 노동운동의 정치세력화 유형연구」. 서울대 사회학과 박사학위논문.

이미란. 1994. 「노동조합운동의 내부정치연구: 내부정치 분석모델구성과 지하철노조 사례분석」. 이화여대 사회학과 석사학위논문.

이병훈. 2003. 「국내 산업사회학 연구의 동향과 향후 과제」. ≪한국사회학≫, 제37집 4호.

이병훈·노광표·오건호·인수범. 2001. 『노동조합 상근간부 연구』. 한국노동사회연구소.

이상영. 1998. 「디플레이션하의 가계소비 위축과 경제위기」. ≪동향과 전망≫, 제39호 가을호.

이성희. 1997. 「노동조합 위원장의 노조활동 성향과 상급단체별 차이에 대한 실증연구」. 고려대학교 노동대학원 석사논문.

이우성. 2000. 「자산소유 편중과 소득불평등 심화」. ≪LG주간경제≫, 제594호.

_____. 2001. 「경제위기 이후 소득격차 현황과 과제」. ≪LG주간경제≫, 제625호.

이원덕. 2003. 『한국의 노동 1987-2002』. 한국노동연구원.

이원보·김준·노중기·이민영. 1998. 『희망찬 21세기를 열기 위한 노동조합활동』. 한국노동사회연구소.

이재열·권현지. 1996. 『90년대 한국의 노동조합』. 한국노총중앙연구원.

이정우·이성림. 2001. 「한국가계자산 불평등의 최근 추이」. ≪노동정책연구≫, 창간호. 한국노동연구원.

이종래. 2002. 「'노동체제'의 개념정의와 논쟁적 지점」. 한국사회학비평 편집위원회. ≪한국사회학비평≫, 제2권 제1호(http://nongae.gsnu.ac.kr/~chisoc/reks/vol2/hb02-t2.PDF)

_____. 2003. 「노동자집단의 투표행위와 계급정체성」. ≪경제와 사회≫, 제58호.

_____. 2005. 「1990년대 축적체제와 노사관계의 구조변화」. 미발표논문.

이주호. 2005. 「새로운 단계에 들어선 한국의 산별운동과 산별교섭: 보건의료노조 2004 산별교섭 평가와 2005 전망」. ≪노동사회≫, 제96호.

이주희. 2002. 『21세기 한국 노동운동의 현실과 전망』. 한울아카데미.

_____. 2003a. 「산별교섭의 평가와 과제」. ≪매월노동동향≫, 2003년 12월호.

_____. 2003b. 「산별 조직화와 단체교섭구조의 변화」. ≪산업노동연구≫, 제9권 제2호.

_____. 2004. 『산별교섭의 실태와 정책과제』. 한국노동연구원.

이주희·이성균. 2003. 『비정규직 노사관계』. 한국노동연구원.

이주희·전종현·황혜정. 2004. 『보건의료노조 교섭실태와 개선방안』. 한국노동연구원.

이창휘. 1996. 「고도성장기 일본에서의 동원·참가형 테일러주의 형성과정에 관한 연구」. 서울대 박사학위논문.

이태희. 2003. 「보건의료산업노조의 단체협약 요구안 추이변화에 관한 연구」. 연세대학교 정경대학원 석사학위논문.

임영일. 1995. 「산별노조 조직화의 방향과 과제」. ≪산업노동연구≫, 제1권 1호.

_____. 1997a. 「노사관계 민주화의 조건과 전망」. ≪연대와 실천≫, 제 39호.

_____. 1997b. 『한국의 노동운동과 계급정치: 1987-1995』. 경남대학교 출판부.

_____. 1998a. 「산별노조 조직화의 쟁점과 과제」. ≪산업노동연구≫, 제4권 제2호.

_____. 1998b. 「한국 노동체제의 전환과 노사관계: 코포라티즘 혹은 재급진화」. ≪경제와 사회≫, 제40호(겨울호).

_____. 1999a. 「노동조합 민주주의」. ≪노동사회≫, 9월호.

_____. 1999b. 「노동운동의 위기와 혁신에 관한 몇 가지 생각」. ≪연대와 실천≫, 1월호.

_____. 2000. 「노동체제 전환과 산별노조: 현황과 쟁점」. ≪경제와 사회≫, 제48호.

_____. 2002. 「신자유주의하 노동의 위기와 노동체제 전환」. 경상대 사회과학연구원 엮음. 『신자유주의 구조조정과 노동체제의 변화』. 한울아카데미.

임영일·이성철. 1997. 『한국노동조합운동 리더십 연구(1)』. 영남노동운동연구소.

임희섭. 1999. 『집합행동과 사회운동의 이론』. 고려대 출판부.

장지연. 2003. 『고령화 시대의 노동시장과 고용정책(Ⅰ)』. 한국노동연구원.
_____ 외. 2004. 『고령화 시대의 노동시장과 고용정책(Ⅱ)』. 한국노동연구원.
장홍근. 1999a. 「한국 노동체제의 전환과정에 관한 연구: 1987-1997」. 서울대 박사학위
　　　논문.
_____. 1999b. 「한국노동체제의 전환: 1987-1997」. ≪동향과 전망≫, 통권 제43호(겨울
　　　호).
전국금속노동조합. 2001.3. 『본조·지부 임원 수련회』 회의자료
_____. 2001.3. 『제1차 중앙집행위원회』 회의자료
_____. 2001.3.9. 『정기대의원대회』 회의자료
_____. 2001.5. 『제2차 중앙위원회』 회의자료
_____. 2001.8.16. 『제2차 임시대의원대회』 회의자료
_____. 2001.9.26. 『제13차 중앙집행위원회』 회의자료
_____. 2001.10.8. 『제6차 중앙위원회』 회의자료
_____. 2001.10. 『제7차 중앙위원회』 회의자료
_____. 2001.10. 「노동조합 징계건」. 금속노조 내부자료.
_____. 2001.11. 『제3차 정기대의원대회』 회의자료
_____. 2002.2.20. 『제10차 중앙집행위원회』 회의자료
_____. 2002.2.5. 『제4차 임시대의원대회』 회의자료
_____. 2002. 『조합원설문조사』
_____. 『사업보고』. 각 년도
_____. 2003a. 『제9차 정기대의원대회 사업보고』.
_____. 2003b. 「금속노조 건설 현황과 산별 조직·교섭의 과제」.
전국금속노동조합 경남 1지부. 2001.4.9. 『창립대회 자료집』
_____. 2001.11.30. 『제2차 정기대의원대회』 회의자료
_____. 2002.3.7. 『2기 2차 임시대의원 대회』 회의자료
전국금속노동조합 경남 2지부. 2001.7.27. 『2차 임시대의원대회』 회의자료
_____. 2001.11.29. 『2기 1차 정기대의원대회』 회의자료
전국금속산업노동조합연맹. 2000.5.17. 『제10차 중앙위원회』 자료집
_____. 2000a. 「산별교섭정책 연구사업 보고서」
_____. 2000b. 『금속산별노조건설추진위원회 사업보고』.
_____. 2001년 『사업보고』
_____. 2002.4.18. 『제1차 산별노조전환 특별위원회』 자료집
전국금속산업노동조합연맹 경남본부. 2000.2. 『제3년차 정기대의원대회』 회의자료
전국금융산업노동조합. 2002. 『금융노동조합 40년사』.

_____. 2002. 『금융산업노조 노동대학 졸업논문』 1-3.

_____.『사업보고』. 각 년도.

전국금융산업노동조합 정책본부. 2004. 「금융노조 2004년 임단협평가」. 내부자료

전국노동조합협의회. 1990. 「창립선언문」

전국노동조합협의회 백서 발간위원회. 1997. 『기나긴 어둠을 찢어버리고』. 논장.

전국민주노동조합총연맹. 1995. 「강령」

_____. 1997. 「산별노조의 이해」

_____. 2000. 「민주노총의 산별노조 건설전략」

전국보건의료산업노동조합. 2003a. 『산별노조발전위원회 토론자료』.

_____. 2003b. 『2003년 조합원설문조사』

_____.『사업보고』. 각 년도

_____. 2004. 「2004년 임단협투쟁 평가(안)」

전병유. 2001. 「산업특수적 숙련과 임금」. ≪노동경제논집≫, 제24권 제1호.

전병유·정이환. 2001. 「경제위기와 고용안정」. ≪사회경제평론≫, 제17호. 풀빛.

정건화. 1987. 「한국도시빈민의 형성 및 존재형태에 관한 연구」. 서울대학교

_____. 1993. 「한국의 노동력 재생산구조 변화에 관한 연구」. 서울대학교 경제학과
    박사논문.

_____. 1994. 「한국의 자본축적과 소비양식 변화」. ≪경제와 사회≫, 제21호.

_____. 2000. 「경제위기 이후 도시가구의 생활상태 변화」. 김동춘 외.『IMF 이후
    한국의 빈곤』. 나남출판.

_____. 2003. 「노동시장의 구조변화에 대한 제도경제학적 해석」. ≪경제와 사회≫,
    제57호. 한울아카데미.

정건화·남기곤. 1999. 「경제위기 이후 소득 및 소비구조의 변화」. ≪산업노동연구≫,
    제5권 제2호.

정성진. 1997. 「한국경제의 사회적 축적구조와 그 붕괴」. 학술단체협의회.『6월민주항
    쟁과 한국사회10년 I 』. 당대.

_____. 2000. 「한국의 사회적 축적구조의 계량분석」. ≪경제학연구≫, 제48집 제2호.

_____. 2004. 「1997년 경제위기 이후 한국자본주의의 변화」. ≪경제와 사회≫, 제64호
    (겨울호).

정승국. 2003. 『산별노조와 금속노동자운동』 한국노총중앙연구원.

정영태. 2002. 「6.13 지방선거 결과 분석과 향후과제」. ≪이론과 실천≫, 7월호 민주노
    동당.

정이환. 1986. 「저임금구조에 대한 노동자들의 경제적 적응양식-생산직 남성노동자를
    중심으로」. 서울대학교 사회학과 석사학위논문.

_____. 1992. 「제조업 내부노동시장의 변화와 노사관계」. 서울대 박사학위논문.

_____. 1994. 「노동자계급 내부 구성의 변화」. 한국산업사회연구회 엮음. 『계급과 한국사회』. 한울아카데미.

_____. 2002a. 「한국은 장기근속과 연공임금의 나라인가: 미국과의 비교」. ≪경제와 사회≫, 제53호(봄호).

_____. 2002b. 「노동시장 불평등과 조직내 불평등」. ≪한국사회학≫, 제36집 6호.

정이환·이병훈. 2000. 「경제위기와 고용관계의 변화: 대기업의 사례를 중심으로」. ≪산업노동연구≫, 제6권 제1호.

정이환·전병유. 2001. 「1990년대 한국 임금구조의 변화」. ≪경제와 사회≫, 제52호(겨울호).

정이환·황덕순. 1996. 『한국의 노동조합과 조합원 참여』. 한국노총 중앙연구원.

정인수·금재호·조준모·김동배. 2003. 『기업내부노동시장의 변화』. 한국노동연구원.

정일부. 2004. 「금속노조 2004년 중앙교섭 합의까지의 과정과 의미」. ≪연대와 실천≫, 2004년 7월호.

정주연. 2001. 「한국의 단체교섭 구조의 형성과 변화: 국제비교적인 시각의 분석」. ≪경제학연구≫, 제49집 제1호

정진상·김재훈·이종래. 2003. 『금속노동자의 생활과 의식』. 한울아카데미.

정진상·주무현·이진동. 2003. 『금속노동조합과 금속노조지도자』. 한울아카데미.

정진호. 2001. 「최근의 소득불평등도 변화와 소득원천별 분해」. ≪노동정책연구≫, 창간호. 한국노동연구원.

_____. 2005. 「임금수준 격차 및 그 변화」. 『한국의 임금과 노동시장 연구』. 한국노동연구원.

정진호·최강식. 2001. 『임금소득 불평등 확대에 대한 요인분석』. 한국노동연구원.

정진호·황덕순·금재호·이병희·박찬임. 2005. 『한국의 근로빈곤 연구』. 한국노동연구원.

조돈문. 2004. 「민주노조운동의 조건과 과제」. ≪산업노동연구≫, 제10권 제1호.

조성재·이병훈·홍장표·임상훈·김용현. 2004. 『자동차산업의 도급구조와 고용관계의 계층성』. 한국노동연구원.

조용만·문무기·이승욱·김홍영. 2003. 『국제노동기준과 한국의 노사관계』. 한국노동연구원.

조용만·문무기·이승욱. 2004. 『노조 조직형태의 다양화와 노동법의 과제』. 한국노동연구원.

조우현·황수경. 1993. 「독점-비독점부문간 노동자숙련의 폭과 깊이의 비교분석」. ≪노동경제논집≫, 제16권.

368

조주은. 2004. 『현대가족 이야기』. 이가서.

조효래. 2001a.「기업별 노동조합의 내부정치: H자동차 노조의 현장조직을 중심으로」. 강종열 외. 『대안적 생산체제와 노사관계』. 한울.

_____. 2001b. 「울산과 창원의 지역노동운동」. ≪지역사회학≫, 제3호.

_____. 2002a. 「노동조합 조직연구의 동향과 쟁점」. 경상대 사회과학연구원 엮음. 『신자유주의 구조조정과 노동체제의 전환』. 한울아카데미.

_____. 2002b. 『1987년 이후 노동체제의 변동과 노사관계』. 한국노총 중앙연구원.

_____. 2002c. 「노동체제전환과 민주노조운동의 재구성」. 김경동교수 정년기념논총 간행위원회 엮음. 『현대사회와 인간: 직업과 노동의 세계』. 박영사.

_____. 2002d. 「87년 이후 민주노조운동의 정체성」. ≪창작과 비평≫, 제118호.

_____. 2003a. 「전국금속노조 지역지부의 조직과 운영: 경남 1·2지부의 사례」. 한국산업사회학회 엮음. 『노동과 발전의 사회학』. 한울아카데미.

_____. 2003b. 「생산직 노동조합 리더십의 특성과 가치지향」. 사회과학회. 『사회과학연구』 제3집.

_____. 2003c. 「금속산업의 노동조합 민주주의: 민주노총 금속산업연맹 산하의 노조들을 중심으로」. ≪경제와 사회≫, 제58호.

_____. 2004a. 「산별노조 전임간부들의 가치지향: 금속노조 보건의료노조 금융노조의 비교」. ≪경제와 사회≫, 제62호.

_____. 2004b. 「산별노조들의 조직운영과 민주주의」. ≪산업노동연구≫, 제10권 제1호.

주무현·이진동. 2004. 『금속노동조합의 노동과 교섭』. 한울아카데미.

최광은. 1999. 『노동자운동과 산별노조』. 박종철출판사

최영기·김준·노중기·유범상. 1999. 『한국의 노사관계와 노동정치(Ⅰ)』. 한국노동연구원.

최영기·김준·조효래·유범상. 2001. 『1987년 이후 한국의 노동운동』. 한국노동연구원.

최영기·배규식. 2003. 「노사관계의 한국형 발전모델」. 『노사관계모델에 관한 국제비교』. 한국노동연구원.

최장집. 1988. 『한국의 노동운동과 국가』. 열음사.

톰슨(E. P. Thompson). 2000. 『영국노동계급의 형성』. 나종일 외 옮김. 창작과 비평사.

통계청 부산통계사무소. 1999. 「부산광역시 1999년 7월 고용동향」.

팽경인. 1988. 「노동자가족의 노동력 재생산방식에 대한 사례연구-제조업 생산직노동자 가족에서 여성의 역할을 중심으로」. 이화여자대학교 사회학과 석사논문.

페퍼(J. Pfeffer). 1986. 『현대조직이론』. 서울대 산업 및 조직심리학연구실 옮김. 법문사.

한국노동연구원. 1998. ≪분기별 노동동향분석≫, 제11권 4호.

_____. 2004. 『2004 KLI 노동통계』.

_____. 2005. 『2005 KLI 노동통계』.

한국노동이론정책연구소. 1999. 『경제위기 신자유주의 그리고 노동운동』. 현장에서 미래를.

한국사회연구소. 1988a. 『한국사회 노동자연구: 독점대기업 노동자 I』. 백산서당.

_____. 1988b. 『한국사회 노동자연구: 독점대기업 노동자 II』. 백산서당.

_____. 1989. 『노동조합 조직연구』. 백산서당.

한국산업사회연구회. 1994. 『산별노조론』. 미래사.

한국산업사회학회 엮음. 2003. 『노동과 발전의 사회학』. 한울아카데미.

현대경제연구원. 1998. 「IMF 시대의 중산층 생활과 의식변화」.

현진권·강석훈. 1998. 「한국 소득분배의 국제비교」. ≪경제학연구≫, 제46권 제3호.

홍성우. 1996. 「한국의 노조 조직률 하락원인에 관한 연구」. ≪산업노동연구≫, 제2권 제2호.

황덕순. 2001. 『보건의료산업의 노사관계 현황과 발전방향』. 한국노동연구원.

황수경. 2005. 「임금체계와 노동시장-연공임금을 중심으로」. 『한국의 임금과 노동시장 연구』. 한국노동연구원.

Aldrich, H. E. 1979. *Organizations and Environments.* Englewood Cliffs. NJ: Prentice Hall.

Aldrich, H. and J. Pfeffer. 1976. "Environments of Organizations." *Annual Review of Sociology,* Vol.2.

Allen, V. L. 1954. *Power in Trade Union: A Study of their Organization in Great Britain.* London: Longman.

Baccaro, L. 2001a. "Aggregative and Deliberative Decision-Making Procedures: A comparision of two Southern Italian Factories." *Politics and Society,* Vol.29 No.2.

_____. 2001b. "Union Democracy Revisited: Decision-Making Procedures in the Italian Labor movement." *Economic and Industrial Democracy,* Vol.22.

_____. 2002. "The Construction of Democratic Corporatism in Italy." *Politics and Society,* Vol.30 No.2.

Banks, J. A. 1974. *Trade Unionism.* London: Collier-Macmillan Publishers.

Benson, J. 1996. "A Typology of Japanese Enterprise Unions." *British Journal of Industrial Relations,* Vol.34 No.2.

Bok, D. & J. Dunlop. 1970. "How Trade Unions Policy is Made." in W. McCarthy(ed.). 1987. *Trade Unions: Selected Readings.* Pengin Books.

Boxall, P. and P. Haynes. 1997. "Strategy and Trade Union Effectiveness in a Neo-liberal Environment." *British Journal of Industrial Relations,* Vol.35 No.4.

Carroll, G. and M. Hannan. 1995. *Organizations in Industry: Strategy. Structure and Selection.* Oxford University Press.

Child, J. 1972. "Organizational Structure. Environment. and Performance: The Role of Strategic Choice." *Sociology.* Vol.6.

Clegg, S. 1975. "Pluralsim in Industrial Relations." *British Journal of Industrial Relations,* Vol.13 No.3.

Crouch, C. 1982. *Trade Unions: the Logic of Collective Action.* Cambridge: Fontana Paperback.

DiMaggio, P. & W. Powell. 1983. "The Iron Cage Revisited: Institutional Isomorphism and Collective Rationality in Organizational Fields." in W. Powell & P. DiMaggio(eds.). *The New Institutionalism in Organizational Analysis.* Chicago and London: The University of Chicago Press.

Edelstein, J. 1967. "An Organizational Theory of Union Democracy." *American Sociological Review,* Vol.32.

Edelstein, J. and M. Warner. 1979. *Comparative Union Democracy.* Transcation Books

Edwards, R. 1979. *Contested Terrain.* New York: Basic Books.

Edwards, R. and C. Reich and M. Gordon(ed.). 1975. *Labor Market Segmentation.* New York.

Fairbrother, P. 1983. *All Those in Favour: The Politics of Union Democracy.* London: Pluto Press.

_____. 2000. *Trade Unions at the Crossroads.* London and New York: Mansell

Fishman, R. 1990. *Working Class Organization and the Return to Democracy in Spain.* Ithaca and London: Cornell University Press.

Flanders, A. 1952. *Trade Unions.* Hutchinson University Library.

_____. 1970. "What are Trade Unions for?" in McCarty(ed.). 1987. *Trade Unions: Selected Readings.* Pengin Books.

Fosh, P. 1993. "Membership Participation in Workplace Unionism: The Possibility of Union Renewal." *British Journal of Industrial Relations,* Vol.31.

Frege, C. & J. Kelly(eds.). 2004. *Varieties of Unionism: Strategies for Union Revitalization in a Globalizing Economy*. Oxford Univesity Press.

Golden, M. 1988. *Labor Divided: Austerity and Working-Class Politics in Contemporary Italy*. Itaca and London: Cornell University Press.

Grannovetter, M. 1985. "Economic Action and Social Structure: The Problem of Embeddedness." *AJS, Vol.* 91. Reprinted in Granovetter, M. and R. Swedberg. *The Sociology of Economic Life*. Boulder: Westview Press.

Hannan, M. and J. Freeman. 1977. "The Population Ecology of Organization." *AJS*, Vol.82. No.5.

_____. 1984. "Structural Inertia and Organizational Change." *ASR*, Vol.49.

_____. 1989. *Organizational Ecology*. Havard University Press.

Heery, E. 2002. "Partnership versus organising: Alternative futures for British trade unionism." *Industrial Relations Journal*, Vol.33 No.1.

Heiser, W. J. and F. Busing. 2004. "Multidimensional Scaling and Unfolding of Symmetric and Asymmetric Proximity Relations." David Kaplan(ed.). *The SAGE Handbook of Quantititive Methodology for the Social Sciences*. Thousand Oaks: Sage Publications. Inc.

Harcourt, M. & G. Wood(eds.). 2004. *Trade Unions and Democracy : Strategies and Perspectives*. Manchester & New York: Manchester University Press .

Hyman, R. 1971. *The Worker's Union*. Oxford University Press.

_____. 1975. *Industrial Relations: A Marxist Introduction* London: The Macmillan Press Ltd.

_____. 1994. "Changing Trade Union Identities and Strategies." in Hyman & Ferner(ed.). *New Frontiers in European Industrial Relations. Basil Blackwell.*

_____. 2001. *Understanding European Trade Unionism : Between Market, Class and Society*. Sage Publications.

Huzzard, T. & D. Gregory & R. Scott. 2004, *Strategic Unionism and Partnership: Boxing or Dancing?* Palgrave Macmillan.

Hyman, R. & Freyer. 1974. "Trade Unions: Sociology and Political Economy." in Tom Clarke & Laurie Clements(eds.). 1977. *Trade Unions under Capitalism*. London: The Humanities Press.

Jeong, Seongjin. 2005. "Trend of Marxian Ratios in Korea: 1970-2003." *Paper for 2005 Internationl Conference. Korean Economy: Marxist Perspective.* May 20.

Katz, H. C. and Wonduck Lee and Joohee Lee. 2004. *The New Structure of Labor Relations: Tripartism and Decentralization.* Cornell University.

Kelly, J. 1988. *Trade Unions and Socialist Politics.* Verso.

_____. 1998. *Rethinking Industrial Relations: Mobilization, Collectivism and Long Waves.* Louteledge.

_____. 2004. "Social Partnership Agreements in Britain: Labor Cooperation and Compliance." *Industrial Relations,* Vol.43 No.1.

Kelly, J. and E. Heery. 1994. *Working for the Union : British Trade Union Officers.* Cambridge University Press.

Kruskal, B. and M. Wish. 1978. *Multidimensional Scaling.* Beverly Hills. CA: Sage publications.

Lash, S. 1990. *Sociology of Postmodernism.* London·New York.

Lipset, S. & M. Trow & J. Coleman. 1956. *Union Democracy: The Internal Politics of the International Typographical Union.* The Free Press A Division of Macmillan Publisers.

Lipset, S. 1981. *Political Man: The Social Bases of Politics.* Baltimore: The Johns Hopkins University Press.

Macdonald, L. et al. 1959. *Leadership Dynamics and the Trade union Leader.* New York: New York University Press.

Madsen, M. 1996. "Trade Union Democracy and Individuaisation: The Case of Denmark and Sweden." *Industrial Relations Journal,* Vol.27 No.2.

Marshall, Th. H. 1950. *Citizenship and Social Class,* Cambridge.

Martin, R. 1968. "Union Democracy: An Explanatory Framework." in McCarthy(ed.). *Trade Unions: Selected Readings.* Pengin Books.

Michels, R. 1962. *Political Parties: A Sociological Study of the Oligarchical Tendencies of Modern Democracy.* London: The Free Press.

Morris, H. & P. Fosh. 2000. "Measuring Trade Union Democracy: The Case of the UK Civil and Public Services Association." *British Journal of Industrial Relations,* Vol.38 No.1.

Offe, C. & H. Wiesenthal. 1980. "Two Logics of Collective Action." in Claus Offe. 1985. *Disorganized Capitalism: Contemporary Transformation of Work and Politics.* Cambridge, Massachusetts: MIT Press.

Pfeffer, J. 1981. *Power in Organizations.* Massachusetts: Pitman Publishing Inc.

Pizzorno, A. 1978. "Political Exchange and Collective Identity in Industrial Conflict." in Pizzorno, A. 1979. *The Resurgence of class conflict in western Europe since 1968,* Vol.2. Holmes & Meiner Publishers.

Poole, M. 1981. *Theories of Trade Unionism: A Sociology of industrial relations.* London and Boston: Routledge & Kegan Paul.

Ramaswamy, E. A. 1977. "Participatory Dimensions of Trade Union Democracy." *Sociology,* Vol.11 No.3.

Regini, M. 2003. "Tripartite Concertation and Varieties of Capitalism." *European Journal of Industrial Relations,* Vol.9 No.3.

Romo, O. 2005. "Political Exchange and Bargaining Reform in Italy and Spain." *European Journal of Industrial Relations.* Vol.11 No.1.

Roxborough, I. 1981. "The Analysis of Labor Movement in Latin America: Typologies and Theories." *Bulletin of Latin America Research,* Vol.1 No.1.

Salamon, M. 2001. Industrial Relations: Theory and Practice. Hertfordshire: Prentice Hall International Ltd. UK

Siegel, N. 2005. "Social Pacts Revisited: Competitive Concertation and Complex Causality in Negotiated Welfare State Reforms". *European Journal of Industrial Relations.* Vol.11 No.1.

Tilly, C. 1978. *From Mobilization to Revolution.* Reading. Mass. Addison-Wessley.

Traxler, F. 2003. "Bargaining. State Regulation and the Trajectories of Industrial Relations." *European Journal of Industrial Relation,* Vol.9 No.2.

Turner, L. & H. Katz & R. Hurd. 2001. *Rekindling the Movement: labor's quest for relevance in the 21st century.* Ithaca:ILR Press.

Valenzuela, S. 1989. "Labor Movement in Transition to Democracy: A Framework for Analysis." *Comparative Politics 2.*

Verma, A. & T. Kochan(eds.). 2004. "Unions in the 21st Century." *An International Perspective.* Palgrave Macmillan

▌지은이

김재훈
서울대학교 문학박사
현재 경상대학교 사회과학연구원 연구교수(사회학)
주요 저서 및 논문
　『금속노동자의 생활과 의식』(공저)
　『노동조합의 조직과 리더십』(공저)
　『신자유주의적 구조조정과 노동체제의 변화』(공저)
　『신자유주의적 구조조정과 노동문제: 1997-2001』(공저)
　『한국반도체산업, 세계기술을 선도한다』(공저)
　「한국 반도체기업의 동형화에 대한 연구」 외 다수

조효래
서울대학교 문학박사
현재 창원대학교 사회학과 부교수(사회학)
주요 저서 및 논문
　『1987년이후 노동체제의 변동과 노사관계』
　『신자유주의적 구조조정과 노동운동: 1997-2001』(공저)
　『1987년 이후 한국의 노동운동』(공저)
　『신자유주의와 세계노동자계급의 대응』(공저)
　『대안적 생산체제와 노사관계』(공저)
　「민주화와 노동정치: 한국, 브라질, 스페인의 비교」 외 다수

한울아카데미 783

노동과 조직, 그리고 민주주의

ⓒ 김재훈·조효래, 2005

지은이 | 김재훈·조효래
펴낸이 | 김종수
펴낸곳 | 도서출판 한울

편집 책임 | 안광은

초판 1쇄 인쇄 | 2005년 9월 7일
초판 1쇄 발행 | 2005년 9월 15일

주소 | 413-832 파주시 교하읍 문발리 507-2(본사)
      121-801 서울시 마포구 공덕동 105-90 서울빌딩 3층(서울 사무소)
전화 | 영업 02-326-0095, 편집 02-336-6183
팩스 | 02-333-7543
홈페이지 | www.hanulbooks.co.kr
등록 | 1980년 3월 13일, 제406-2003-051호

Printed in Korea.
ISBN 89-460-3439-4 93330

* 가격은 겉표지에 표시되어 있습니다.

이 책은 경상대학교 사회과학연구원이 한국학술진흥재단의 지원으로 수행하고 있는 2003년 중점연구소 지원과제 "한국노동계급의 형성: 1987-2003(KRF-2003-005-B00008)"의 연구성과물이다.